Taschenbuch der Arbeitsgestaltung

Grundlagen und Anwendung
arbeitswissenschaftlicher Erkenntnisse

mit Beiträgen von

Dr. Wilfried Brokmann, Prof. Dr. Friedhelm Burkardt,
Dipl.-Ing. Alfred Emig, Dr. Ekkehardt Frieling,
Dr. Heinrich Frieling, Prof. Heinrich Jüptner,
Prof. Dr. Gerhard Kaminsky, Dr. Peter Knauth,
Dr. Günter Last, Prof. Dr. Wolf Müller-Limmroth,
Dr. Benno Natzel, Dr. Rüdiger Röbke,
Prof. Dr. Walter Rohmert, Prof. Dr. Lutz von Rosenstiel,
Prof. Dr. Dr. Joseph Rutenfranz, Prof. Dr. Hugo Schmale,
Prof. Dr. Heinz-Günther Schmidt,
Prof. Dr. Heinz Schmidtke, Prof. Dr. Herbert Schnauber,
Prof. Dr. Bernd Schulte, Ing. (grad.) Armin Simon,
Prof. Dr. Hans Gerd Wenzel, Dr. Gerd Wobbe

Bearbeitung und Textabstimmung
Dr. Rüdiger Röbke, Dr. Wilfried Brokmann

Redaktion
Dr. Rüdiger Röbke

Herausgegeben vom
Institut für angewandte Arbeitswissenschaft e. V.

Verlag J. P. Bachem · Köln 1977

1977
© J. P. Bachem Verlag GmbH, Köln
Gesamtherstellung: Druckerei J. P. Bachem KG, Köln
Printed in Germany
ISBN 3-7616-0423-8

Inhaltsverzeichnis

Seite

Vorwort	11
Bemerkungen zur Zitierweise	13
Einheiten im Meßwesen	13
Abkürzungen	15

RÜDIGER RÖBKE (Kap. 1 und 2)

1 Einführende Bemerkungen — 17
1.1 Entstehung des Taschenbuches — 17
1.2 Hinweise für die Benutzung des Taschenbuches — 18

2 Wesen menschengerechter Arbeitsgestaltung — 20
2.1 Begriff und Ziele — 20
　○ *Begriff der Arbeitsgestaltung* ○ *Menschengerechte Gestaltung der Arbeit* ○ *Wohlbefinden und Zufriedenheit*

2.2 Bedeutung und Umfang menschengerechter Arbeitsgestaltung — 22
　○ *Soziale und ökonomische Bedeutung* ○ *Rechtlicher Hintergrund menschengerechter Arbeitsgestaltung* ○ *Angesprochene Unternehmensbereiche und Personen*

2.3 Vorgehensweise bei der Arbeitsgestaltung — 24
　○ *Erkennen des Problems und Zielbestimmung* ○ *Beschaffung von Informationen* ○ *Ermittlung von Alternativen und ihrer Auswirkungen* ○ *Bewertung der Alternativen* ○ *Auswahl der optimalen Alternative (Entscheidung)*

3 Arbeitswissenschaftliche Grundlagen — 27
3.1 Wesen menschlicher Leistung — 27

BERND SCHULTE (Kap. 3.1.1 bis 3.1.3)
3.1.1 Leistungsbegriff — 27
3.1.2 Leistungsfähigkeit — 29
3.1.2.1 Einflüsse auf Grundfähigkeiten — 29
　○ *Altersbedingter Fähigkeitswandel* ○ *Trainingsstand des Organismus* ○ *Gesundheitszustand* ○ *Ermüdung*

3.1.2.2 Erworbene Fertigkeiten — 32

Seite

3.1.3 Leistungsbereitschaft 33
3.1.3.1 Physische Leistungsbereitschaft 33

○ *Hormonelle Schwankungen* ○ *Tages-, wochen- und jahreszeitliche Schwankungen* ○ *Einfluß des Wetters* ○ *Physikalisch-chemische Umgebung* ○ *Anregende und dämpfende Wirkstoffe*

3.1.3.2 Psychische Leistungsbereitschaft 38

○ *Generelle Einstellung zur Arbeit* ○ *Physisch bedingte variable Stimmungslagen und daraus resultierende Motivationslagen* ○ *Motivationale Einflüsse aus der Arbeit und der physikalisch-chemischen Umgebung* ○ *Motivationale Einflüsse aus der Personenumgebung* ○ *Stimmungslagen, die aus der Privatsphäre herrühren*

HEINZ-GÜNTHER SCHMIDT
3.1.4 Gesundheit als persönliche Leistungsvoraussetzung – Mittel und Wege zur Erhaltung der Gesundheit 42

○ *Ernährung* ○ *Rauchen, Arzneimittelmißbrauch* ○ *Hygiene* ○ *Arbeitskleidung* ○ *Freizeit, Erholung, Schlaf* ○ *Schädigende Einflüsse am Arbeitsplatz*

ARMIN SIMON
3.2 Körpermaße 46

○ *Schwankungen der Körpermaße* ○ *Ermittlung der Körpermaße* ○ *Maße in der Literatur*

WALTER ROHMERT
3.3 Körperkräfte 51

RÜDIGER RÖBKE
3.4 Prinzipien menschlicher Informationsverarbeitung 59

○ *Filtermechanismus* ○ *Lang- und Kurzzeitspeicher* ○ *Verarbeitungsmechanismus* ○ *Neurophysiologische Hinweise*

3.5 Arbeitsbelastung und -beanspruchung des Menschen 64

WALTER ROHMERT
3.5.1 Arbeitsbelastung und -beanspruchung sowie Methoden ihrer Erfassung 64

Seite

3.5.1.1	Arbeitsbelastung und -beanspruchung des Menschen im Arbeitssystem	64
3.5.1.2	Belastungen durch die Arbeitsaufgabe	66
3.5.1.3	Belastungen durch die Arbeitsumgebung	74

HEINZ SCHMIDTKE
3.5.2 Ermüdung und Erholung 77
○ *Begriffsbestimmung* ○ *Physiologische Grundlagen von Ermüdung und Erholung*

4 Die praktische Anwendung arbeitswissenschaftlicher Erkenntnisse 82

4.1 Die Gestaltung von Arbeitsplätzen und Arbeitsräumen 82

GERHARD KAMINSKY und GERD WOBBE
(Kap. 4.1.1 bis 4.1.8)

4.1.1 Die menschlichen Körpermaße als Bezugspunkte für die Gestaltung von Arbeitsplätzen und -räumen 82
4.1.2 Der Bewegungsraum des Menschen 83
○ *Schulter, Arme, Handgelenk* ○ *Kopf* ○ *Rumpf* ○ *Knie- und Fußgelenk*
4.1.3 Der Wirkraum von Armen, Beinen und das Sehfeld 88
○ *Der Wirkraum der Arme* ○ *Der Wirkraum der Beine* ○ *Wirkraum und Sehfeld*
4.1.4 Arbeits- und Sitzhöhen 94
○ *Sitzende oder stehende Arbeit* ○ *Die richtige Arbeitshöhe* ○ *Die Armhaltung* ○ *Die Bewegungsfreiheit der Arme* ○ *Die Abstützung des Oberkörpers* ○ *Die Sehleistung*
4.1.5 Arbeitstische und Arbeitsstühle, Sonderformen 102
4.1.6 Armstützen, Fußstützen, Podeste 109
4.1.7 Pulte, Tafeln, Steuerstände 112
○ *Die Sehbereiche* ○ *Der Stellbereich* ○ *Bereich der unteren Extremitäten*
4.1.8 Abstimmung von Stellteilen und Anzeigeelementen 121

HEINRICH FRIELING
4.1.9 Farbe in Arbeitsräumen 125
○ *Kennzeichnung durch Farbe* ○ *Farbe in Arbeitsräumen*

			Seite
	GÜNTER LAST		
4.1.10		Musik am Arbeitsplatz	129

○ *Wirkungen der Arbeitsmusik* ○ *Musikübertragung* ○ *Gestaltung der Arbeitsmusik*

WALTER ROHMERT

4.2 Grundsätze der Gestaltung des manuellen Lastentransports — 134

○ *Auswahl und Schulung von Arbeitspersonen* ○ *Heben und Abstellen von Lasten* ○ *Tragen und Halten von Lasten* ○ *Umsetzen von Lasten* ○ *Maximale Gewichte von Traglasten*

FRIEDHELM BURKARDT

4.3	Anzeigen und Signale	140
4.3.1	Allgemeines	140
4.3.2	Wahrnehmungsaufgaben	141
4.3.3	Anzeigen und Anzeigeelemente	142

○ *Ziffern* ○ *Strichskalen* ○ *Zeiger* ○ *Kontrast, Reflexionsgrad und Beleuchtung*

4.3.4 Verwendung von Anzeigen auf Schaltpulten und an Meßwänden — 147

○ *Gruppierung von Anzeigen* ○ *Gruppierung von Anzeigen und Stellteilen*

HEINRICH JÜPTNER

4.4	Gestaltung von Griffen und Stellteilen	148
4.4.1	Griffe	148
4.4.2	Stellteile	151

○ *Auswahl der Stellteile* ○ *Stellwege, Stellkräfte* ○ *Gestaltung, Konstruktion* ○ *Einbau und Anordnung*

4.5	Gestalten der Arbeitsumgebung	156

HANS GERD WENZEL

4.5.1	Klima	156

○ *Klimafaktoren, Klimabeurteilung* ○ *Behaglichkeitsbedingungen* ○ *Klimameßgerät COMFYTEST, thermische Behaglichkeit – individuelle Unterschiede* ○ *Bekleidung* ○ *Beurteilung der Erträglichkeit klimatischer Belastungen* ○ *Effektiv-Temperaturen* ○ *Obere Klimagrenzen, Hitzearbeit* ○ *Weitere Klimabelastungsindices*

Seite

HEINZ-GÜNTHER SCHMIDT
4.5.2 Schadstoffe am Arbeitsplatz 166
4.5.2.1 Begriffe 166
4.5.2.2 Wirkungen der Schadstoffe auf Leistung und Gesundheit 166
4.5.2.3 Gesetze, Verordnungen, Vorschriften 169
4.5.2.4 Messung und Bewertung von Schadstoffen 169
4.5.2.5 Schutzmaßnahmen 171
○ *Aufklärung* ○ *Technische Schutzmaßnahmen* ○ *Persönliche Schutzmaßnahmen*

4.5.3 Schall und Schwingungen 173

HERBERT SCHNAUBER und WILFRIED BROKMANN
4.5.3.1 Schall 173
○ *Grundlagen, Begriffe* ○ *Meß- und Beurteilungsverfahren* ○ *Immissions-Richtwerte* ○ *Schutzmaßnahmen*

HERBERT SCHNAUBER
4.5.3.2 Mechanische Schwingungen 183
○ *Kennzeichnung und Vorkommen* ○ *Schwingungseinwirkungen (Schwingungsbelastung) und Schwingungsauswirkungen (Schwingungsbeanspruchung)* ○ *Messung und Beurteilung der Schwingungen* ○ *Maßnahmen zum Schutz des Menschen vor schädlichen Schwingungseinflüssen*

4.5.4 Beleuchtung und Sehen 187

HUGO SCHMALE
4.5.4.1 Licht, Auge und Beleuchtungsfaktoren 187
○ *Beleuchtung und Leistung* ○ *Beleuchtungsmaße* ○ *Der Reflexionsgrad* ○ *Stufen der Nennbeleuchtungsstärken* ○ *Funktionseigenschaften des Auges* ○ *Adaptation* ○ *Das Erkennen von Helligkeitsdifferenzen* ○ *Das Gesichtsfeld* ○ *Unterschiedsempfindlichkeit des Auges für Helligkeiten* ○ *Kontrast* ○ *Blendung*

ALFRED EMIG
4.5.4.2 Planung der Innenbeleuchtung 196
○ *Beleuchtungsart* ○ *Lampenart* ○ *Leuchtenart* ○ *Bestimmung der Anzahl der erforderlichen Lampen und Leuchten* ○ *Festlegung der Leuchtenanordnung* ○ *Überprüfung der Bedingungen zur Begrenzung der Blendung* ○ *Nachprüfen der Planungsergebnisse*

		Seite
4.6	Organisation und Arbeitszeit	201

WOLF MÜLLER-LIMMROTH (Kap. 4.6.1 und 4.6.2)

4.6.1	Pausen	201

○ *Physische Ermüdung als Ursache für Pausen* ○ *Erholungszuschläge* ○ *Nervöse Ermüdung als Ursache für Pausen*

4.6.2	Regelung der Arbeitszeit	205

○ *Ruhepausen* ○ *Tägliche Arbeitszeit und tägliche arbeitsfreie Zeit* ○ *Gleitzeit* ○ *Urlaub*

PETER KNAUTH und JOSEPH RUTENFRANZ

4.6.3	Schicht- und Nachtarbeit	209

○ *Befindlichkeitsstörungen und gesundheitliche Gefahren bei Wechselschichtarbeit* ○ *Organisatorische Lösungsversuche*

4.7	Prinzipien des Personaleinsatzes und der Personalführung	216

EKKEHART FRIELING

4.7.1	Feststellen der Anforderungen und der Eignung	216

LUTZ VON ROSENSTIEL (Kap. 4.7.2 und 4.7.3)

4.7.2	Anlernung und Unterweisung	220
4.7.3	Führungsverhalten, Konfliktbewältigung im Betrieb und Betriebsklima	222

○ *Führungskonzepte und Führungsverhalten* ○ *Interpersonale Konflikte und ihre Lösung* ○ *Verbesserung des Betriebsklimas*

RÜDIGER RÖBKE

4.8	Neue Formen der Arbeitsorganisation	229

○ *Ursachen, Motive und Ziele* ○ *Prinzipien der Neustrukturierung* ○ *Betriebliche Realisierungen* ○ *Positive und negative Aspekte* ○ *Grenzen neuer Formen der Arbeitsorganisation*

BENNO NATZEL

5	**Die Arbeitsgestaltung im Arbeitsrecht**	**238**
5.1	Rechtliche Grundlagen der Arbeitsgestaltung im Betrieb	238
5.1.1	Fürsorgepflicht	238

		Seite
5.1.2	Arbeitsschutzrecht	239

○ *Staatliches Arbeitsschutzrecht* ○ *Satzungsrecht der Berufsgenossenschaften* ○ *Zusammenarbeit zwischen staatlicher Gewerbeaufsicht und Trägern der Unfallversicherung*

5.1.3	Menschengerechte Gestaltung der Arbeit	245
5.2	Unterrichtungs- und Belehrungspflichten des Arbeitgebers über das Geschehen am Arbeitsplatz	245
5.3	Mitwirkung und Mitbestimmung des Betriebsrates bei der Gestaltung der Arbeit	246

○ *Allgemeine Überwachungs- und Beratungsaufgaben* ○ *Mitbestimmung auf Grund des BetrVG* ○ *Zusammenarbeit zwischen den betrieblichen sowie außerbetrieblichen Stellen und dem Betriebsrat*

Gesamtliteraturverzeichnis	249
Rechtsvorschriften	263
Richtlinien, Normen, Empfehlungen	265
Adressenverzeichnis	271
Stichwortverzeichnis	273

Vorwort

Nichts ist enger mit der Natur, dem Wesen und den Bedürfnissen des Menschen verbunden als Arbeit. Seitdem Menschen arbeiten, haben sie darüber nachgedacht, wie man die Arbeit erleichtern und ihre Wirkung erhöhen kann. So wurden über die Jahrhunderte hinweg Werkzeuge und Arbeitsmethoden entwickelt und von Generation zu Generation weitergegeben.

Eine ganz neue Bedeutung hat Arbeit jedoch mit dem Einsetzen der industriellen Revolution im 18. Jh. und mit der Ausbreitung der Industrie im 19. Jh. gewonnen. An die Stelle von Werkzeugen traten Maschinen, an die Stelle des Handwerksbetriebes die industrielle Fabrik. Was in Jahrhunderten an Erfahrung gewonnen war, konnte nicht ohne weiteres auf neue Arbeitsformen übertragen werden. Infolgedessen dominierte in den Anfängen dieses Zeitalters meist die Anpassung des Menschen an die Arbeit. Obgleich auch im Industriezeitalter immer der Gedanke einer dem Menschen gerecht werdenden Arbeitsweise im Blickfeld blieb, dauerte es doch lange, bis man genügend Erfahrungen sammeln und die Anpassung der Arbeit an den Menschen in den Vordergrund rücken konnte.

Was von praktischer Erfahrung her seinen Anstoß erhielt, versuchte eine neu entstehende Wissenschaft, die Arbeitswissenschaft, systematisch zu durchdenken und in Form von Erkenntnissen für die Erleichterung und Wirksamkeit der Arbeit weiterzugeben. Von den Anfängen dieser Wissenschaft bis zur Absicherung ihrer Erkenntnisse durch praktische Erprobung war es ein weiter Weg. Es scheint so, daß der Arbeitswissenschaft erst in diesem Jahrzehnt, nicht zuletzt mit Hilfe der Gesetzgebung, der breite Durchbruch gelingt. Mit dem Betriebsverfassungsgesetz von 1972 fordert der Gesetzgeber erstmals „expressis verbis" die Beachtung und Berücksichtigung arbeitswissenschaftlich gesicherter Erkenntnisse bei der Gestaltung der Arbeit und legt Regeln fest, wie die Beteiligten im Betrieb diesen Auftrag erfüllen sollen. Und danach folgte eine Fülle von Einzelgesetzen, die sich wiederum auf arbeitswissenschaftliche Erkenntnisse berufen und stützen.

Das Institut für angewandte Arbeitswissenschaft will mit diesem Taschenbuch einen Beitrag zur Umsetzung arbeitswissenschaftlicher Erkenntnisse in die Praxis leisten. Es ist ihm gelungen, die führenden Vertreter der Arbeitswissenschaft in unserem Lande zur Mitarbeit zu gewinnen. Ziel war, die Grundlagen und Zusammenhänge arbeitswissenschaftlicher Erkenntnisse darzustellen und die für die Anwendung wichtigen Daten und Fakten wiederzugeben, die jedem Praktiker bekannt sein sollten. Für die Vertiefung des erforderlichen Wissens wird in jedem Sachgebiet sowohl auf weiterführende Standardliteratur als auch auf spezielle Untersuchungen verwiesen. Vielleicht wird es notwendig sein, in weiteren Taschenbüchern auf einzelne Gebiete näher einzugehen oder in einem weiteren Band Beispiele zur Gestaltung der Arbeit zu geben. Insofern kann diese Schrift als ein Anfang gesehen werden. Wir überreichen sie dem Leser in der Hoffnung, ein hohes Maß an Sachkenntnissen von Wissenschaftlern so aufbereitet und zusammengestellt zu haben, daß sie für den Praktiker von unmittelbarem Nutzen sind.

INSTITUT FÜR ANGEWANDTE
ARBEITSWISSENSCHAFT E.V.
– Der Direktor –

Bemerkungen zur Zitierweise

Bei Zitaten und in der Standardliteratur am Schluß der größeren Kapitel ist der Einfachheit halber jeweils nur der Verfasser (oder Herausgeber) sowie das Jahr der zitierten Veröffentlichung genannt. Vollständige Angaben der Quellen finden sich alphabetisch nach Verfassern (oder Herausgebern) und nach dem Erscheinungsjahr geordnet ausschließlich im Gesamtliteraturverzeichnis am Schluß des Buches. Sofern aus einem Erscheinungsjahr mehr als eine Veröffentlichung eines Autors zitiert wurde, ist zur Identifikation jeweils ein kleiner lateinischer Buchstabe hinter die Jahreszahl gesetzt worden.

Einheiten im Meßwesen

Ab 1. Januar 1978 dürfen auf Grund § 1 des Gesetzes über Einheiten im Meßwesen[1]) und § 51 Abs. 2 der Ausführungsverordnung zu diesem Gesetz[2]) eine Reihe früher üblicher Einheiten im geschäftlichen und amtlichen Verkehr nicht mehr verwendet werden. Die folgende Aufstellung enthält die im Gesetz über Einheiten im Meßwesen aufgeführten Basisgrößen und -einheiten sowie eine Auswahl abgeleiteter Einheiten aus der Ausführungsverordnung zu diesem Gesetz.

Wenngleich nach dem Gesetz die Verwendung dieser Einheiten nur für den geschäftlichen und amtlichen Verkehr zwingend ist, erscheint es aus Gründen der Einheitlichkeit zweckmäßig, sie darüber hinaus auch in anderen Bereichen zu verwenden. Dieses Taschenbuch enthält neben gesetzlich vorgeschriebenen Einheiten auch früher übliche Einheiten, insbesondere bei zitierten Aussagen. Die Umrechnung der Einheiten kann mit Hilfe der Aufstellung vorgenommen werden.

---

[1]) Gesetz über Einheiten im Meßwesen vom 2. Juli 1969 (BGBl. I S. 709), geändert durch das Gesetz zur Änderung des Gesetzes über Einheiten im Meßwesen vom 6. Juli 1973 (BGBl. I S. 720).

[2]) Ausführungsverordnung zum Gesetz über Einheiten im Meßwesen vom 26. Juni 1970 (BGBl. I S. 981), geändert durch die Verordnung zur Änderung der Ausführungsverordnung zum Gesetz über Einheiten im Meßwesen vom 27. November 1973 (BGBl. I S. 1761).

Basisgrößen und -einheiten des Internationalen Einheitensystems (SI)

Größen	Symbole	Ein-heiten	Einheitenzeichen	Umrechnungen
Länge	l	Meter	m	
Masse	m	Kilogramm	kg	
Zeit	t	Sekunde	s	
elektrische Stromstärke	I	Ampere	A	
thermodynamische Temperatur	T	Kelvin	K	$1\,K = 1°\,C + 273{,}15$
Stoffmenge	n	Mol	mol	
Lichtstärke	I_V	Candela	cd	

Abgeleitete SI-Einheiten

Größen	Symbole	Einheit	Einheitenzeichen	Umrechnungen
Kraft	F	Newton	N	$1\,N = 1\,mkgs^{-2} = 0{,}102\,kp$ ($1\,kp = 9{,}81\,N$)
Druck	p	Pascal	Pa	$1\,Pa = 1\,Nm^{-2} = 10^{-5}\,bar$ ($1\,kpm^{-2} = 9{,}81\,Nm^{-2} = 9{,}81\,Pa$)
Energie E Arbeit W Wärmemenge Q		Joule	J	$1\,J = 1\,Ws = 1\,Nm$ $1\,J = 0{,}102\,mkp = 0{,}23884\,cal$ ($1\,cal = 4{,}1868\,J = 0{,}427\,mkp$)
Leistung	P	Watt	W	$1\,W = 1\,Js^{-1} = 0{,}102\,mkps^{-1}$ ($1\,mkps^{-1} = 9{,}81\,Js^{-1} = 9{,}81\,W$)

Abkürzungen

ArbSichG	=	Arbeitssicherheitsgesetz
ArbStättV	=	Arbeitsstättenverordnung
ArbStoffV	=	Arbeitsstoffverordnung
ASR	=	Arbeitsstätten-Richtlinie(n)
AZO	=	Arbeitszeitordnung
BAU	=	Bundesanstalt für Arbeitsschutz und Unfallforschung
Bek.	=	Bekanntmachung
BeKV	=	Berufskrankheiten-Verordnung
BetrVG	=	Betriebsverfassungsgesetz
BGB	=	Bürgerliches Gesetzbuch
BGBl.	=	Bundesgesetzblatt
BMA(S)	=	Bundesministerium (Bundesminister) für Arbeit (und Sozialordnung)
DGB	=	Deutscher Gewerkschaftsbund
DIN	=	Deutsches Institut für Normung e. V.
Diss.	=	Dissertation
FH(S)	=	Fachhochschule
GewO	=	Gewerbeordnung
GfA	=	Gesellschaft für Arbeitswissenschaft e. V.
HGB	=	Handelsgesetzbuch
i. d. F.	=	in der Fassung
IEC	=	International Electrotechnical Commission (Internationale Elektrotechnische Kommission)
IfaA	=	Institut für angewandte Arbeitswissenschaft e. V.
ILO	=	International Labour Office (Internationales Arbeitsamt)

ISO	=	International Organization for Standardization (Internationale Organisation für Normung)
JArbSchG	=	Jugendarbeitsschutzgesetz
MuSchG	=	Mutterschutzgesetz
ÖGB	=	Österreichischer Gewerkschaftsbund
REFA	=	Verband für Arbeitsstudien – REFA – e. V.
RKW	=	Rationalisierungs-Kuratorium der Deutschen Wirtschaft e. V.
RVO	=	Reichsversicherungsordnung
SchwBG	=	Schwerbehindertengesetz
SEB	=	Stahl-Eisen-Betriebsblätter des Vereins Deutscher Eisenhüttenleute
SGB	=	Schweizerischer Gewerkschaftsbund
StrahlenschutzV	=	Strahlenschutzverordnung
TU	=	Technische Universität
UVV(s)	=	Unfallverhütungsvorschrift(en)
VDEh	=	Verein Deutscher Eisenhüttenleute
VDI	=	Verein Deutscher Ingenieure

Rüdiger Röbke (Kap. 1 und 2)
1 Einführende Bemerkungen

1.1 Entstehung des Taschenbuches

Am 19. Januar 1972 ist das neue Betriebsverfassungsgesetz, nach dessen §§ 90 und 91 sich die menschengerechte Gestaltung der Arbeit auf der Grundlage der gesicherten arbeitswissenschaftlichen Erkenntnisse vollziehen soll, in Kraft getreten. Seither hat die Bundesregierung arbeitswissenschaftliche Erkenntnisse auch in der Arbeitsstättenverordnung und in den Arbeitsstätten-Richtlinien angesprochen.

Wissenschaftler und Sozialpartner, die zunächst versucht haben, den Begriff der gesicherten arbeitswissenschaftlichen Erkenntnisse abzugrenzen (vgl. Kap. 5), waren besonders in den letzten Jahren bestrebt, arbeitswissenschaftliche Daten, Fakten und konkrete Hinweise für die Arbeitsgestaltung in sehr unterschiedlich angelegten Veröffentlichungen zusammenzustellen.

Entweder sind solche Veröffentlichungen sehr wissenschaftlich gehalten und für den Praktiker nicht leicht verständlich, widmen sich ganz speziellen Fragestellungen, ohne übergeordnete Zusammenhänge zu diskutieren, oder sie sind sehr allgemein und enthalten keine Begründungen für Einzelaussagen, nicht die gewünschten Daten und keine konkreten Gestaltungshinweise. Manche Veröffentlichungen kommen dagegen den Wünschen der Praxis zwar entgegen, halten aber einer wissenschaftlichen Prüfung nicht stand.

Aus dieser Situation heraus ist das Taschenbuch mit folgenden Leitzielen entstanden:

– Die für die ergonomische Gestaltung in der Praxis wichtigen Gebiete der Arbeitswissenschaft sollten knapp und übersichtlich in einem geschlossenen Buch behandelt werden.
– Die Aussagen sollten auf eigenen wissenschaftlichen und praktischen Erfahrungen der Autoren beruhen, literarisch belegt oder begründet werden.
– Das Buch sollte praxisrelevante Daten und Empfehlungen enthalten, leicht verständlich sein und größere Zusammenhänge aufzeigen.

Ohne Kompromisse lassen sich diese hochgesteckten, z. T. miteinander konkurrierenden Ziele kaum erreichen. Besonderer Wert wurde darauf gelegt, daß für die einzelnen Gebiete nur fachkompetente Autoren zur Sprache kommen sollten. Daher erklärt sich die relativ große Zahl der Verfasser.

Einige Beiträge waren in ihrer ursprünglichen Fassung länger. Mit dem Ziel, die Texte überschaubarer zu machen, wurden diese Beiträge im Einvernehmen mit den Verfassern gekürzt. Trotz des dadurch bedingten Verzichts auf manche Detailaussage ist nicht anzunehmen, daß die Ausführungen insgesamt in ihrer wissenschaftlichen Präzision gelitten haben.

1.2 Hinweise für die Benutzung des Taschenbuches

Das Taschenbuch teilt sich in fünf Kapitel auf, von denen die ersten beiden Kapitel der Einführung dienen. Das dritte Kapitel erörtert Grundlagen der Arbeitswissenschaft und diskutiert Zusammenhänge sowie Hintergründe der dann im vierten Kapitel im einzelnen behandelten Gesichtspunkte der Arbeitsgestaltung.

Der Text des vierten Kapitels, der für den Praktiker besondere Bedeutung hat, ist ohne die Lektüre der übrigen Kapitel verständlich, wenngleich darin auch auf Textstellen anderer Kapitel verwiesen wird.

Das fünfte Kapitel behandelt Aspekte des Arbeitsrechts im Hinblick auf die Arbeitsgestaltung. Am Schluß des Buches findet sich das Gesamtliteraturverzeichnis, ein Verzeichnis wichtiger Gesetze, Vorschriften, Richtlinien und Normen sowie ein Adressen- und ein Stichwortverzeichnis.

Das Taschenbuch ist so aufgebaut und gestaltet, daß es mindestens vier verschiedene Möglichkeiten der Benutzung erlaubt.

– Zunächst eignet es sich, wie ein Lehrbuch ganz durchgearbeitet zu werden, weil der Stoff vom Allgemeinen zum Besonderen führt. Hierzu wird empfohlen, sich vorab an Hand der Gliederung einen Überblick zu schaffen und das Buch erst einmal durchzu*blättern,* bevor es durchg*earbeitet* wird. Auf diese Weise erhält der Leser eine Vorstellung von dem, was er von dem Buch erwarten kann. Der Gewinn, den der Leser bei der Lektüre zieht, ist um so größer, je kritischer er den Text dann liest und je mehr er die Aussagen mit eigenen Erfahrungen vergleicht.

  Eine gewisse Hilfe stellen die umrahmten Textstellen dar, die besonders wichtige Aussagen, Leitsätze, Empfehlungen oder Zusammenfassungen enthalten. Sie können gut für die Wiederholung des Stoffes genutzt werden.

- Dem eiligen Leser bieten die umrahmten Textstellen die Möglichkeit, sich in relativ kurzer Zeit einen knappen Überblick über wichtige Aspekte der Arbeitsgestaltung zu verschaffen, indem er nur diese Stellen liest und beim Durchblättern des Buches vielleicht der einen oder anderen Abbildung Beachtung schenkt. Hierzu reichen etwa zwei Stunden aus. Erfahrungsgemäß beginnt man aber, bei dieser Art der Lektüre auch Einzelheiten nachzugehen.
- Das Taschenbuch besitzt den Vorzug, daß abgrenzbare Gebiete jeweils auch abgeschlossen behandelt und für sich verständlich sind. Deshalb kann sich der Leser ohne weiteres nur einem speziellen Kapitel zuwenden. Die im Text enthaltenen Verweise sollen die Suche nach weiterführenden Informationen erleichtern oder andeuten, daß das betreffende Problem auch in anderen Kapiteln angesprochen wird.
- Das Buch läßt sich auch als ein reines Nachschlagewerk benutzen. Im Stichwortverzeichnis sind sehr detailliert alle im Text angesprochenen Begriffe und Sachverhalte durch (alphabetisch geordnete) Schlüsselwörter zusammengestellt. Halbfetter Druck weist auf besonders wichtige Stichwörter sowie (bei den Seitenangaben) auf die Textstellen hin, in denen der mit dem Stichwort angesprochene Sachverhalt ausführlich behandelt ist. Dagegen finden sich auf den anderen angegebenen Seiten manchmal nur ganz spezielle Aspekte des jeweiligen Sachverhaltes.

> Das Taschenbuch ist mit dem Ziel entstanden, dem Arbeitsgestalter durch Beiträge fachkompetenter Autoren eine Zusammenstellung wichtiger arbeitswissenschaftlicher Erkenntnisse, Daten und Zusammenhänge in geschlossener und verständlicher Form anzubieten. Das Buch, dessen einzelne Kapitel für sich verständlich sind, eignet sich als Lehrbuch und als Nachschlagewerk gleichermaßen. Der Leser kann es aber auch nutzen, um sich über ein spezielles (geschlossen behandeltes) Gebiet der Arbeitsgestaltung zu informieren oder um sich mit Hilfe der umrahmten Aussagen einen Überblick über wichtige Aspekte der Arbeitsgestaltung zu verschaffen.

2 Wesen menschengerechter Arbeitsgestaltung

2.1 Begriff und Ziele

○ *Begriff der Arbeitsgestaltung*

Arbeitsgestaltungslehre wird oft sehr weit verstanden und manchmal mit Ergonomie, Human Engineering oder Ingenieurpsychologie gleichgesetzt. Zur Kennzeichnung der Arbeitsgestaltung dient häufig die Beschreibung ihres allgemeinen Zieles oder ihrer Aufgabe: Arbeitsgestaltung soll im Hinblick auf die Erfüllung der gestellten Arbeitsaufgaben alle notwendigen Voraussetzungen für ein optimales Zusammenwirken von Menschen, Betriebsmitteln und Werkstoffen schaffen oder verbessern (ähnlich z. B. GfA 1967, S. 11, BIESALSKI 1964, S. 13, REFA 1973b, S. 64). Erreichen läßt sich dies, indem die Arbeitsgestaltung einerseits die Arbeitsbedingungen durch ergonomische Maßnahmen an den Menschen und andererseits den Menschen durch Einstellungsuntersuchungen und Ausbildung an die Arbeit anpaßt (vgl. z. B. ROHMERT 1974, S. 9, VALENTIN 1971, S. 93). Zur Arbeitsgestaltung, die sich durch die Umsetzung arbeitswissenschaftlicher Erkenntnisse vollzieht, gehören demnach im weitesten Sinne die

– Arbeitsablaufgestaltung,
– sog. Bestgestaltung des Arbeitsvorganges, des Arbeitsplatzes und der Arbeitsumgebung,
– Maßnahmen des Arbeitsschutzes,
– fertigungstechnische und ergonomisch günstige Produktgestaltung,
– Verfahren zur Eignungsermittlung, zur Ausbildung und zur Arbeitsunterweisung.

Das vorliegende Taschenbuch behandelt diese Gebiete, wie aus der Gliederung hervorgeht, nicht alle in gleicher Ausführlichkeit. Im Mittelpunkt des Buches steht die ergonomische Gestaltung des Arbeitsvorganges, des Arbeitsplatzes und der Arbeitsumgebung.

○ *Menschengerechte Gestaltung der Arbeit*

Wenngleich in den Ansichten über Ziele, Bereiche und Aufgaben der Arbeitsgestaltung noch weitgehend Einigkeit besteht, gehen in der Literatur die Meinungen über das, was unter *menschengerechter* Arbeitsgestaltung zu verstehen ist, auseinander[1]).

Das von ROHMERT (1968) ursprünglich für die Abgrenzung der Fachkompetenz verschiedener Disziplinen der Arbeitswissenschaft entwickelte Vier-Stufen-Konzept, das er später zur Bewertung des Gestaltungszustandes eines Arbeitssystems vorgeschlagen hat (ROHMERT 1972, vgl. Kap. 3.5.1), wird in letzter Zeit auch als Beurteilungskriterium für menschengerechte Arbeit herangezogen. Danach soll eine Arbeit menschengerecht sein, wenn *alle* in den vier hierarchisch geordneten Ebenen (1. Ausführbarkeit, 2. Erträglichkeit, 3. Zumutbarkeit, 4. Zufriedenheit) enthaltenen Forderungen von der Arbeitsgestaltung erfüllt sind. Hierbei haben Forderungen der ersten Ebene Vorrang vor denen der zweiten usw. (vgl. ROHMERT, in: RKW 1976, S. 78).

Es sei hier nur angemerkt, daß die Ebenen interpretationsbedürftig sind und daß in vielen Fällen (noch) keine ergonomischen Erkenntnisse und Daten verfügbar sind, um genau sagen zu können, wann eine Arbeit erträglich oder zumutbar ist.

○ *Wohlbefinden und Zufriedenheit*

Der DGB/ÖGB/SGB (1975, S. 8) halten eine Arbeit dann für menschengerecht, „wenn sie keine gesundheitliche Gefährdung hervorruft und ein Höchstmaß an Wohlbefinden erreicht wird".

Gerade der letzte Teil dieser Formulierung, an dem bereits verschiedentlich Kritik geübt worden ist (siehe z. B. BROKMANN 1973, S. 26 f., WEIL 1973 b, S. 14 f.), eignet sich aus mehreren Gründen nicht zur Definition menschengerechter Arbeit. Zunächst einmal ist ROHMERT, auf dessen Bewertungsebenen sich die Gewerkschaftsbünde hier indirekt berufen, mißverstanden worden. ROHMERT hat mit Zufriedenheit weder allgemeines Wohlbefinden noch allgemeine (Lebens-)Zufriedenheit des einzelnen gemeint, sondern stets auf Arbeitszufriedenheit abgestellt. Dabei ist auch nicht die Zufriedenheit *während* der oder *durch* die Arbeit angesprochen, sondern allein die Zufriedenheit *mit* den *ergonomischen Bedingungen* der Arbeit. Diese allein lassen sich ja auch nur von der Arbeitsgestaltung beeinflussen.

Gleichwohl ist selbst eine so verstandene Arbeitszufriedenheit als (zusätzlicher) Gradmesser für menschengerechte Arbeitsgestaltung nicht unproblematisch. Denn Zufriedenheit mit der Arbeit hängt vom Anspruchs- und allgemeinen Zufriedenheitsniveau des einzelnen, seinen

---

[1]) Auf die vielen Meinungen und Definitionen zur menschengerechten Arbeitsgestaltung, über die es von WEIL (1973 a, b) eine detaillierte Gegenüberstellung gibt, soll hier nicht näher eingegangen werden.

Persönlichkeitseigenschaften, von Gewöhnungsprozessen, privaten Ereignissen, deren Auswirkung auf die allgemeine (Lebens-) Zufriedenheit und ihren Rückwirkungen auf die Arbeitswelt ab. Außerdem äußert sich Zufriedenheit nur individuell und läßt sich nur durch Befragen der Einzelperson ermitteln.

Bei solchen Befragungen wird sich zeigen, daß z. B. bei identischen Tätigkeiten ein Teil der Mitarbeiter mit der Arbeit zufrieden ist und ein anderer Teil nicht. Eine Umgestaltung der Arbeit könnte dann dazu führen, daß sich die Zufriedenheitsäußerungen umkehren und sich jetzt der vorher zufriedene Teil unzufrieden zeigt, weil ihm vielleicht die Arbeit zu anspruchsvoll geworden ist oder die neue Farbe der Arbeitsmittel nicht gefällt.

Die Zufriedenheit ist im Laufe der Zeit stets Schwankungen und Änderungen unterworfen. Deshalb können Umgestaltungen und Eignungsuntersuchungen nicht bei jedem einzelnen Mitarbeiter über längere Zeit Arbeitszufriedenheit garantieren.

Diese Erwägungen deuten an, wie problematisch es ist, Zufriedenheit als Kriterium für menschengerechte Arbeit zu verwenden.

> Eine objektive definitorische Abgrenzung menschengerechter Arbeit sollte auf den Gesundheitsschutz und dessen Um- sowie Vorfeld abstellen. Hierzu dienen Maßnahmen des Arbeitsschutzes, Vermeidung von Über- und Unterforderungen, eine ergonomisch gute Gestaltung des Arbeitsvorganges, des Arbeitsplatzes und der Arbeitsumgebung sowie eine richtige Eignungsauswahl. Zufriedenheit am Arbeitsplatz sollte nicht übergeordnetes Beurteilungskriterium für menschengerechte Arbeit sein, sondern anzustrebendes *Ziel* der Arbeitsgestaltung darstellen.

2.2 Bedeutung und Umfang menschengerechter Arbeitsgestaltung

○ *Soziale und ökonomische Bedeutung*

Menschengerechte Arbeitsgestaltung hat sowohl einen sozialen als auch einen ökonomischen Hintergrund. Die soziale Bedeutung bezieht sich vor allem auf das Gesundheitsniveau einer Gesellschaft. Eine menschengerechte Arbeitsgestaltung vermindert jedoch nicht nur die Kranken-, Invaliditäts- und Unfallzahlen sowie die dadurch entstehenden Sozialkosten, sondern liefert auch einen Beitrag zum sozialen Frieden.

Gesunde und zufriedene Mitarbeiter sind leistungsfähiger und leistungsmotivierter, wobei erbrachte und anerkannte Leistungen wiederum erhebliche (oft unterschätzte) positive Rückwirkungen auf die Zufriedenheit haben. Bereits hierdurch wirkt sich eine menschengerechte Arbeitsgestaltung ökonomisch aus: Zwar erfordert sie zusätzliche Investitionen, diesen stehen aber höhere Leistungsmotivation und -hergabe, steigende Konkurrenzfähigkeit des Unternehmens, sinkender Krankenstand und geringere Fluktuationen gegenüber (vgl. auch Kap. 4.8).

Menschengerecht gestaltete Arbeitsvorgänge und -plätze tragen auch deshalb zu einer höheren Leistungsfähigkeit bei, weil Arbeitshandlungen effektiver vollzogen werden und sich die Beanspruchungen sowie die Arbeitsermüdung verringern lassen.

○ *Rechtlicher Hintergrund menschengerechter Arbeitsgestaltung*

Durch neuere Rechtsvorschriften hat die menschengerechte Arbeitsgestaltung in den letzten Jahren eine stärkere rechtliche Bedeutung gewonnen (vgl. Kap. 5). Die §§ 90 und 91 des Betriebsverfassungsgesetzes, die Arbeitsstättenverordnung, die Arbeitsstätten-Richtlinien und das Arbeitssicherheitsgesetz – um nur einige Bestimmungen zu nennen – zielen auf die Umsetzung arbeitswissenschaftlicher Erkenntnisse für eine menschengerechte Arbeitsgestaltung. Aber bereits mit der Fürsorgepflicht des Arbeitgebers (vgl. Kap. 5) läßt sich eine menschengerechte Arbeitsgestaltung rechtlich begründen.

○ *Angesprochene Unternehmensbereiche und Personen*

In allen Industriezweigen und in allen Bereichen eines Unternehmens – von der Werkstatt über das Lager bis hin zur Verwaltung – sollte die Arbeit menschengerecht gestaltet werden. Zwar sind hierbei vorwiegend Arbeitsgestalter, Arbeitsvorbereiter, Arbeitsstudienleute, Sicherheitsfachkräfte, Arbeitspsychologen, Betriebsärzte und Konstrukteure angesprochen, aber auch Produktions- und Fertigungsleiter, Betriebsingenieure, Fertigungstechniker und -planer, Betriebsräte, Meister, Vorarbeiter sowie Sachbearbeiter im Einkauf und Verkauf sollten sich ebenso wie Mitglieder der Unternehmensleitung für die Umsetzung arbeitswissenschaftlichen Gedankengutes einsetzen. Sie alle tragen mehr oder weniger die Verantwortung für eine menschengerechte Arbeitsgestaltung. Aber auch der einzelne Mitarbeiter sollte sich für die Probleme der Arbeitsgestaltung interessieren, denn die konkreten Erfahrungen mit seinen ergonomischen Arbeitsbedingungen können für Verbesserungsmaßnahmen eine wertvolle Hilfe liefern.

> Menschengerechte Arbeitsgestaltung hat soziale, ökonomische und rechtliche Aspekte. Alle Industrie- und Gewerbezweige so-
> →

> wie alle Bereiche und Instanzen eines Unternehmens, von der Werkstatt bis zur Verwaltung und von der Geschäftsleitung bis hin zum ausführenden Mitarbeiter, sind aufgerufen, eine menschengerechte Gestaltung der Arbeit zu fördern.

2.3 Vorgehensweise bei der Arbeitsgestaltung

Arbeit gut zu gestalten bedeutet letztlich, ergonomische Alternativen zu entwickeln, die beste davon auszuwählen und zu realisieren. Wie bei der Erfüllung anderer betrieblicher Aufgaben handelt es sich auch hier um Entscheidungsprozesse[2]), die in mehreren Phasen ablaufen.

Die Frage nach der Anzahl dieser Phasen wird in der (betriebswirtschaftlichen) Literatur sehr unterschiedlich beantwortet. Manche Autoren teilen den Entscheidungsprozeß in drei Phasen (z. B. SIMON 1960, S. 1 ff., 1966, S. 69, HEINEN 1966, S. 21) und manche in vier Phasen ein (z. B. ROSENSTOCK 1961, S. 116), während der überwiegende Teil eine fünfstufige Gliederung wählt[3]):

1. Erkennen des Problems und Zielbestimmung
2. Beschaffung von Informationen
3. Ermittlung von Alternativen und ihrer Auswirkungen
4. Bewertung der Alternativen
5. Auswahl der optimalen Alternative (Entscheidung)

○ *Zu 1.: Erkennen des Problems und Zielbestimmung*

Zunächst ist das arbeitsgestalterische Problem zu analysieren, um bestimmen zu können, wer es lösen und worauf der Schwerpunkt liegen soll. Dem, der es löst, müssen die anzustrebenden Ziele (z. B. Senkung der Belastungshöhe oder Verbesserung der Arbeitszufriedenheit) bekannt sein, um sich daran auszurichten.

○ *Zu 2.: Beschaffung von Informationen*

Zur Entwicklung von Lösungsvorschlägen werden Informationen über die Ausgangssituation (Istzustand im Betrieb), über vorhandene arbeitswissenschaftliche Erkenntnisse, über den Stand der Technik, über wirtschaftliche oder rechtliche Bedingungen, z. B. Arbeitsstättenverordnung, UVVs, über zukünftige Entwicklungen auf dem Arbeitsmarkt usw. benötigt. Aufwand und Umfang der Informationsbe-

---

[2]) Es gibt eine Fülle von Definitionen des Entscheidungsbegriffes (RÖBKE 1971, S. 10 ff.). Überwiegend wird „Entscheidung" als Wahl einer Alternative verstanden (siehe z. B. DRUCKER 1966/1967, S. 11, HOFFMEISTER 1955, S. 203 f., SANDIG 1953, S. 20, THOMAE 1960, S. 18).
[3]) RÖBKE (1971, S. 19 ff.) in Anlehnung an BRIM u.a. (1961, S. 9 f.).

schaffung müssen zueinander in vernünftigem Verhältnis stehen. An die Beschaffung der erforderlichen Daten schließt sich deren Aufbereitung an.

○ *Zu 3.: Ermittlung von Alternativen und ihrer Auswirkungen*

Im Hinblick auf das Ziel werden auf der Grundlage der aufbereiteten Daten die Gestaltungsmöglichkeiten erarbeitet. Hierbei sollte man sich weder mit dem erstbesten Lösungsvorschlag zufriedengeben noch zu viele Lösungsvorschläge vorlegen, weil es mit zunehmender Zahl der Alternativen immer schwieriger wird, das Entscheidungsfeld zu überblicken. Um die Alternativen miteinander vergleichen zu können, sind einerseits alle betriebstechnischen, beschäftigungswirtschaftlichen oder organisatorischen Voraussetzungen sowie das erforderliche Kosten- und Zeitvolumen anzugeben und andererseits die voraussichtlichen Auswirkungen zu beschreiben.

○ *Zu 4.: Bewertung der Alternativen*

Vor der Bewertung der einzelnen Gestaltungsmöglichkeiten sind jene Alternativen auszusondern, die (z. B. aus rechtlichen oder finanziellen Gründen) nicht realisierbar sind oder die das arbeitsgestalterische Problem nicht im gewünschten Maße lösen können. Die Grundlage für diesen Selektionsprozeß bilden die vorher formulierten Minimal- oder Maximalgrenzen der gewählten Ziele. Zur Bewertung der (verbleibenden) Alternativen dienen neben den Kosten auch Bewertungskriterien, die sich nicht oder nur schwer in Geldeinheiten ausdrücken (also nicht quantifizieren) lassen. Solche Kriterien sind Belastungshöhe oder Belastungswechsel, Handlungs- und Entscheidungsspielraum des Mitarbeiters, Mitarbeiterkommunikation, Sichtkontakt, Arbeitssicherheit, Qualität usw. (vgl. WARNECKE 1976, S. 22 ff., DITTMAYER/METZGER/SCHÄFER 1976, WINTER 1977). Die Kriterien sind (wie die Anforderungen bei der analytischen Arbeitsbewertung) einerseits zu gewichten, wobei individuelle oder unternehmensspezifische Wertvorstellungen einfließen, und andererseits ist zu beurteilen, wie gut die Alternativen jeweils die einzelnen Kriterien erfüllen.

○ *Zu 5.: Auswahl der optimalen Alternative*

Die Entscheidung für eine bestimmte Alternative orientiert sich an der Höhe der für die einzelnen Lösungsvorschläge ermittelten Bewertungsergebnisse (Zielerreichungsgrade) und an der Höhe der Kosten. Für die Auswahl der optimalen Alternative sollten auf der Grundlage vorher entwickelter Entscheidungsregeln die Kosten den Zielerreichungsgraden gegenübergestellt werden. Mögliche Entscheidungsregeln finden sich in allgemeiner Form bei ZANGEMEISTER (1971) und auf das hier vorliegende Problem bezogen bei WINTER (1977).

Dem Entscheidungsakt, der den Abschluß dieses fünfphasigen Prozesses darstellt, folgen Durchsetzung und Ausführung der Entscheidung sowie später die Kontrolle der Realisation und etwaige Korrekturentscheidungen.

Die gedankliche Aufteilung der Vorgehensweise bei der Arbeitsgestaltung in einen Entscheidungs- und einen Ausführungsprozeß sowie die Unterteilung des Entscheidungsablaufes in fünf Stufen ist nicht zwingend. Je nach Bedarf kann die Vorgehensweise gröber, aber auch feiner unterteilt werden. NADLER (1967, 1969), mit dessen Erkenntnissen der REFA-Verband seine frühere Vier-Stufen-Methode zu einer Sechs-Stufen-Methode erweitert hat (REFA 1961, S. 101 ff., 1973b, S. 69 ff.), nennt z. B. zehn Schritte zur Entwicklung arbeitsgestalterischer Lösungsvorschläge.

Die genannten Stufen und ihre Reihenfolge sind als ein theoretisches Konzept der Entscheidungsfindung zu verstehen, an dem sich der Praktiker für eine systematische Vorgehensweise orientieren kann, das aber nicht als eine starre Methode zu betrachten ist. In der praktischen Wirklichkeit läuft der Zyklus der Phasen denn auch viel komplizierter und verschachtelt ab: Jede Phase kann für sich einen kleinen Entscheidungsprozeß darstellen, der seinerseits wiederum Rückwirkungen auf einen der übrigen Entscheidungsabschnitte nach sich zieht (KLOIDT/DUBBERKE/GÖLDNER 1959, S. 13, SIMON 1966, S. 71). Die beschafften Informationen können z.B. zu Änderungen der Ziele führen, oder es ist möglich, daß sich bei der Entwicklung der Lösungen die Notwendigkeit weiterer Informationsbeschaffung zeigt (vgl. WEINGART 1969, S. 38, WITTE 1968).

Zur Lösung arbeitsgestalterischer Probleme ist, wie bei jeder Problemlösung, eine systematische Vorgehensweise zu empfehlen: Das Problem muß erkannt und beschrieben werden, die Ziele sind zu bestimmen, es müssen Informationen beschafft, Alternativvorschläge erarbeitet und bewertet und schließlich die optimale Alternative ausgewählt, ausgeführt und die Ausführung kontrolliert werden.

Standardliteratur zu Kap. 2

(vollständige Quellenangaben siehe Gesamtliteraturverzeichnis)

BROKMANN (1973), GÄFGEN (1963), NADLER (1969), REFA (1973b), WEIL (1973a, b).

3 Arbeitswissenschaftliche Grundlagen

Das Kapitel 3 bietet dem Leser Informationen über Hintergründe und Zusammenhänge arbeitswissenschaftlicher Erkenntnisse, die über eine reine Anwendung hinausgehen. Die Ausführungen werden dem Praktiker nicht direkt bei der Lösung seiner Probleme helfen. Aber sie können eine indirekte Hilfe bei der Anwendung der Erkenntnisse liefern. Wenn der Leser z. B. die Arbeitsplatzmaße aus Kap. 4.1 der Arbeitsplatzgestaltung zugrunde legen möchte, kann er im Kap. 3.2 erfahren, wie die Empfehlungen dieser Maße aus der Erfassung der Körpermaße entstanden sind und welche Problematik damit verbunden ist. Das Erkennen solcher Zusammenhänge versetzt den Leser in den Stand, die Empfehlungen und Daten über ihre schematische Anwendung hinaus jeweils im Sinne einer vernünftigen Arbeitsgestaltung anzuwenden. Andererseits sind alle nachfolgenden Ausführungen des 4. und 5. Kapitels, die eine Reihe konkreter Verweise auf das 3. Kapitel enthalten, auch ohne die Kenntnis des Kapitels 3 verständlich.

3.1 Wesen menschlicher Leistung

BERND SCHULTE (Kap. 3.1.1 bis 3.1.3)

3.1.1 Leistungsbegriff

Ohne ständiges Erbringen von Leistungen vermag sich die Menschheit auf der Erde nicht zu behaupten und zu entfalten. In allen Lebensbereichen und Lebenssituationen wird sie zu Leistungen herausgefordert. Die Umwandlung von Naturstoffen in einen konsumreifen Zustand für das tägliche Leben ist vielfach mit sehr mühseligen Arbeitsprozessen verbunden. Ein wesentlicher Teil der Lebenszeit und Lebensenergie muß allein der Arbeit für diese Umwandlung geopfert werden.

Unter dem Begriff „menschliche Leistung" ist allgemein das Erfüllen von „Verhaltenserwartungen" in einer bestimmten „Aufgabenrolle" zu verstehen. Solche „Verhaltenserwartungen" sind z. B. „das sorgfältige Reinigen von 150 m² Büroraum pro Tag", „das Mähen von zwei Morgen Getreide" oder „das Gewinnen eines Fußballspieles mit mindestens einem Tor Vorsprung". In der Arbeitswelt sind Leistungserwartungen für das einzelne Mitglied vom Arbeitsziel her mehr oder weniger fest umrissen vorgegeben. Eine Autoproduktion mit einem Programmziel von beispielsweise 1000 Autos pro Schicht bei vorgegebenem Aufwand wäre sonst nicht erfüllbar.

Verhaltenserwartungen bekunden ein Richtmaß, nach dem die Höhe der erbrachten Leistung beurteilt wird. Im gesellschaftlichen Wertgefüge hat Leistung eine zentrale Bedeutung; somit besitzt der Grad, mit dem die Erwartungen erfüllt werden, eine enge Verknüpfung zum Sozialprestige des einzelnen. Hierdurch widerfährt demjenigen vielfach Kritik, der den Erwartungen seiner Mitmenschen nicht entspricht, und er wird zum Versager gestempelt, wenn er es nicht durch Leistung „zu etwas bringt".

Bei der beruflichen Arbeit in der Wirtschaft existieren Richtmaße für die Erfüllung von Verhaltenserwartungen. Diese Richtmaße betreffen z. B. Ausschußquoten oder Vorgabezeiten. Sie finden als wichtige und unentbehrliche Daten eines Betriebes Verwendung in der Leistungsbewertung, in der Terminplanung, in der Kostenkalkulation sowie bei der quantitativen Personalplanung.

Für die Darstellung und Bemessung menschlicher Leistung spielt der Zeitfaktor jedoch nicht jene klar definierte Rolle wie in der Naturwissenschaft, die den Leistungsbegriff streng als „Arbeit (= Kraft mal Weg) pro Zeiteinheit" versteht. Leistungen werden nicht nur nach dem Zeitverbrauch, sondern auch nach der Güte des gelieferten Ergebnisses (z. B. beim Konstrukteur), nach dem Erfolg (z. B. beim Verkäufer) usw. beurteilt.

Daraus ergibt sich zugleich eine zweite charakteristische Eigenschaft menschlicher Leistung, nämlich ihre Vielschichtigkeit. Diese wird in der beruflichen Praxis durch Leistungsmerkmale abgebildet, wobei das Mengen- und Gütemerkmal stets als Grundelemente beteiligt sind, auch wenn sich diese beiden Merkmale nicht immer durch Zahlen angeben lassen.

Die Gesamtleistung des Systems „Mensch – Arbeit" ergibt sich aus dem Wirkzusammenhang der biologischen Leistung des Menschen und der Leistung der technischen und organisatorischen Gegebenheiten. Diese Leistung läßt sich durch menschbezogene oder durch technische und organisatorische Maßnahmen im System erhöhen, wobei eine Wechselwirkung zwischen beiden Komponenten erfolgen kann, jedoch nicht zwangsläufig auftreten muß. →

Die angesprochenen Richtmaße der Verhaltenserwartungen haben sich an der biologischen, also an der psycho-physischen Leistungsfähigkeit des Menschen zu orientieren; sie stellen jedoch keine einheitlichen Größen dar, vielmehr unterliegen sie zahlreichen Einflüssen, die zu Unterschieden zwischen den Menschen (interindividuelle Unterschiede) und zu zeitlichen Schwankungen bei demselben Menschen (intraindividuelle Unterschiede) führen. Damit ergibt sich ein Beziehungszusammenhang nach Abb. 1.

3.1.2 Leistungsfähigkeit

Der menschliche Organismus verfügt zur Anpassung an die Lebensbedingungen in der Natur über zwei Leistungsstufen:
– über die Fähigkeit, kurzzeitig *Höchstleistungen* zu vollbringen,
– und über eine *Dauerleistungsfähigkeit,* die, abgesehen von einzelnen Ruhepausen, während des ganzen Arbeitstages und des gesamten Arbeitslebens gehalten werden kann.

Im 100-Meter-Lauf erreicht der Mensch z. B. eine Geschwindigkeit von etwa 36 km/Stunde, wogegen die Dauerleistungsgrenze zwischen 4 und 5 km/Stunde liegt. In der Arbeitswelt wird nur in Ausnahmefällen eine Höchstleistung in Anspruch genommen. Die Dauerleistungsgrenze liegt bei etwa 15 bis 25 % der kurzzeitigen Höchstleistung.

Der erfolgreiche 100-Meter-Läufer erbringt nicht von vornherein eine Bestleistung. Er hat zwar besonders gute Erbanlagen für das Laufen, doch muß er diese noch durch intensives Trainieren und Üben zu einer Lauffertigkeit entwickeln. Ebensowenig ist der Mensch von vornherein für eine bestimmte Arbeit optimal geeignet.

3.1.2.1 Einflüsse auf Grundfähigkeiten

Grundfähigkeiten sind ererbte Anlagen und Fähigkeiten, die sich durch Reifung und Lernen heranbilden, so z. B. die Fähigkeit des Sehens und Hörens, des Wahrnehmens und Erfassens von Zusammenhängen, die Fähigkeit, auf Reize richtig zu reagieren oder Hitze zu ertragen. Keineswegs handelt es sich hierbei um von vornherein festgeschriebene Größen; sie entwickeln sich vielmehr in der Kindheit und Jugend und weiter während der aktiven Auseinandersetzung mit der Arbeit. Arbeit trägt damit zur Formung von Fähigkeiten bei. Das Niveau der jeweiligen Fähigkeiten ist weiterhin abhängig vom
– altersbedingten Fähigkeitswandel,
– Trainingsstand des Organismus,

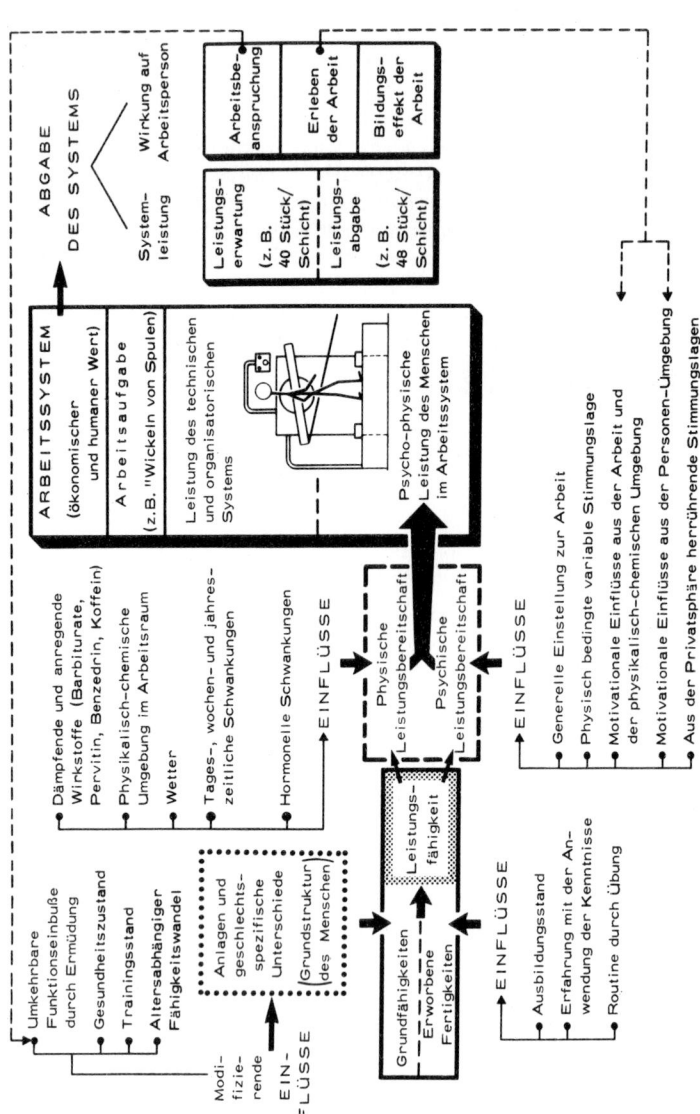

Abb. 1: Struktur menschlicher Leistung

- Gesundheitszustand und
- von der Ermüdung.

○ *Altersbedingter Fähigkeitswandel*

Mit zunehmendem Alter verändert sich die Fähigkeitsstruktur des Menschen, was eine Versetzung an einen anderen Arbeitsplatz erfordern kann. So läßt z. B. die Verträglichkeit von körperlicher Arbeit unter großer Hitzebelastung zwischen dem 40. und 50. Lebensjahr nach, weil sich die Funktionstüchtigkeit des Kreislaufes in diesem Lebensabschnitt merklich verringert. Mit dem Erfahrungsgut, das der Mensch im Laufe seines Berufslebens sammelt, vermag er jedoch Funktionseinbußen seines Organismus bei vielen Arbeiten auszugleichen; er arbeitet wirtschaftlicher, was insbesondere auch für die geistige Arbeit zutrifft.

○ *Trainingsstand des Organismus*

Durch Training und Übung paßt sich der Organismus den täglich wiederkehrenden Anforderungen an, was je nach den Anforderungen der Arbeit und nach dem Ausgangszustand, in dem sich der Mensch befindet, Wochen, Monate und Jahre dauern kann.

Eine Anpassung an nicht gewohnte Hitzearbeit dauert etwa 4 bis 6 Wochen. Das körperliche Training bewirkt eine Veränderung des gesamten Stoffwechsels, begleitet von einer Leistungszunahme von Herz, Lunge und Muskulatur. Der Trainierte kann deshalb eine bestimmte körperliche Arbeit leichter als der Untrainierte bewältigen (vgl. Kap. 3.1.4).

Übung als eine laufende Wiederholung des gleichen Handlungsvollzuges führt dagegen zu einer Verbesserung der Koordination, also des Zusammenspiels einzelner Muskeln. Dies zeichnet sich in der Gleichmäßigkeit, Einheitlichkeit sowie in der Wirksamkeit des Handlungsvollzuges bezüglich des Arbeitsergebnisses ab.

Veränderungen im Organismus durch Training und Übung verlaufen naturgemäß parallel, sind jedoch unabhängig voneinander. Für die Anpassung an eine leichte Montagearbeit sind es vorrangig Übungseffekte, für die Anpassung an körperliche Schwerarbeit überwiegend Trainingseffekte. Das, was durch Übung an Leistungsfähigkeit gewonnen wird, gehört nicht zur Veränderung der Grundfähigkeiten, sondern zu den Fertigkeiten.

○ *Gesundheitszustand*

Das jeweilige Niveau der Grundfähigkeiten ist in hohem Maße vom Gesundheitszustand des Menschen abhängig. Bei fast allen organischen Krankheiten lassen sich auch psychische Veränderungen beobachten. Von Epidemien abgesehen, bleiben ungefähr 5 % einer Belegschaft infolge Erkrankungen ständig der Arbeit fern (Hochrein/Schleicher 1953).

○ *Ermüdung*

Ermüdung ist eine umkehrbare Herabsetzung der Funktionsfähigkeit eines Organs (z. B. Muskels) oder des ganzen Menschen als Folge einer vorangegangenen Tätigkeit (siehe Kap. 3.5.2 und 4.6.1). Ausgeglichener Wechsel zwischen Tätigkeit und Ruhe gilt als Grundprinzip der Lebensführung und bedingt ein der Art und Höhe der Arbeitsbeanspruchung angepaßtes Pausenregime (Hochrein/Schleicher 1953).

3.1.2.2 Erworbene Fertigkeiten

Fertigkeiten sind im Gegensatz zu den Grundfähigkeiten aufgabenorientiert. Die Grundfähigkeiten zusammen mit den auf ihnen aufgebauten Fertigkeiten machen die Leistungsfähigkeit des Menschen aus und bestimmen zugleich seine Eignung. Fertigkeiten werden erworben

- über den Weg der Ausbildung (z. B. angelernte Mitarbeiter, Facharbeiter),
- vertieft und erweitert durch Sammeln von Erfahrung mit der Anwendung der Kenntnisse im praktischen Einsatz und
- durch Entwickeln von Routine über den Weg des Übens.

Die Routine wird durch Üben verändert, ist also abhängig von der Häufigkeit der Wiederholung der gleichen Tätigkeit. Das Niveau der Routine sinkt (Übungsverlust), sobald die Tätigkeit für einige Tage oder Stunden unterbrochen wird. Von besonderer Bedeutung in vielerlei Hinsicht ist dieses Phänomen in der Einzel- und Serienfertigung, wenn der Prozeßablauf öfter einen Aufgabenwechsel erfordert.

Es ist zu bedenken, daß die Einarbeitungskosten mit der Häufigkeit des Aufgabenwechsels und infolge des damit verbundenen geringeren Übungsgrades zunehmen. Nachteilig in diesem Zusammenhang ist auch eine hohe Fluktuationsquote, insbesondere an jenen Arbeitsplätzen, die lange Einarbeitungszeiten haben. Als Einarbeitungszeit gilt die Zeit von der Aufnahme einer neuen Arbeit bis zum Erreichen der Normalleistung für diese Arbeit. Auf den Einarbeitungsverlauf nehmen Einfluß:

- der Schwierigkeitsgrad der Arbeit,
- die Grundfähigkeiten der Person für die Arbeit,
- die Motivation der Person,
- die Güte der Arbeitsunterweisung und
- die Häufigkeit und Dauer der Arbeitsunterbrechungen.

Es ist zwischen Höchst- und Dauerleistungsfähigkeit des Menschen zu unterscheiden. Die Dauerleistungsgrenze beträgt etwa 15 bis 25 % der Höchstleistungsgrenze.

Das Fähigkeitsniveau ist einerseits an die Grundfähigkeiten (Erbanlagen und entwickelte Fähigkeiten) gebunden. Andererseits ist es in gewissen Grenzen durch Training sowie Übung beeinflußbar und hängt direkt vom Gesundheits- und Ermüdungszustand ab. Die Struktur menschlicher Fähigkeiten ist einem altersbedingten Wandel unterworfen.

Für die individuelle Leistungsfähigkeit und Eignung sind neben den Grundfähigkeiten die erworbenen Fertigkeiten ausschlaggebend.

3.1.3 Leistungsbereitschaft

Nur in Ausnahmefällen und mit höchstem Willenseinsatz vermag der Mensch seine Leistungsfähigkeit voll auszuschöpfen, wie z. B. der Marathonläufer, der nach Abgabe seiner Meldung tot zusammenbrach. Was von der maximalen Leistungsfähigkeit tatsächlich zur Verfügung steht, bestimmen die physische und psychische Leistungsbereitschaft (vgl. Abb. 1). Die psychische Leistungsbereitschaft kann jedoch unter der Wirkung verschiedener Einflüsse ein solches Ausmaß annehmen, daß die physische Dauerleistungsgrenze über längere Zeit überschritten wird und der Organismus dadurch Schaden nimmt.

Die Grenze der organisch noch schadensfreien Erträglichkeit muß an der Arbeitsbeanspruchung bemessen werden. Sehnenscheidenentzündungen am Unterarm bei Maschinenschreiberinnen oder bei Montiererinnen, die die gleichen Handlungen tagaus tagein viele tausend Male wiederholen müssen, sind Folgen einer örtlichen Überforderung des menschlichen Bewegungsapparates. Ebensogut kann z. B. der Kreislauf bei Arbeiten unter hohen Temperaturen Schaden leiden.

Beide Komponenten der Leistungsbereitschaft unterliegen tages-, wochen- und jahreszeitlichen Schwankungen. Arbeitsprozesse sollten daher technisch und ablauforganisatorisch so angelegt werden, daß die menschliche Leistung mindestens zwischen einem Leistungsgrad von 80 % bis 130 % variieren und die Arbeit möglichst durch kurze Pausen nach freier Wahl (z. B. durch die Einrichtung von Puffern) unterbrochen werden kann.

3.1.3.1 Physische Leistungsbereitschaft

Veränderungen im Niveau der physischen Leistungsbereitschaft sind

- teils durch Anlagen mehr oder weniger streng *periodisch* vorgegeben,
- teils von *nichtperiodischen* Umgebungseinflüssen und eigenen Eingriffen modifiziert.

Zu den *periodischen* Veränderungen gehören:
- hormonelle Schwankungen und
- tages-, wochen- sowie jahreszeitliche Schwankungen.

Ursachen *nichtperiodischer* Veränderungen können sein:
- das Wetter,
- die physikalisch-chemische Arbeitsumgebung sowie
- anregende und dämpfende Wirkstoffe (Barbiturate, Pervitin, Benzedrin, Koffein u. a.).

○ *Hormonelle Schwankungen*

Hormone sind körpereigene funktionsspezifische Wirkstoffe, die aus Drüsen oder Zellgruppen (z. B. Hypophyse als Organ übergeordneter Steuerung, Schilddrüse, Nebenniere, Bauchspeicheldrüse) in andere Organe oder Zellgruppen gelangen. Sie lösen dort chemische Reaktionen aus, welche die Organe zu vermehrter Tätigkeit anregen oder sie in ihrer Tätigkeit dämpfen.

Die Veränderungen hormoneller Ausschüttungen beeinflussen tiefgreifend das Befinden des Menschen und sein daraus resultierendes Verhalten. Produzieren die Drüsen zuviel oder zuwenig Hormone, so kommt es zu hormonellen Störungen.

○ *Tages-, wochen- und jahreszeitliche Schwankungen*

Die Drehung der Erde um ihre Achse in 24 Stunden und der Erdumlauf um die Sonne innerhalb eines Jahres bedingen eine Periodik unterschiedlicher Energiezufuhr durch die Sonne und unterschiedlicher Klimabedingungen, denen der Mensch als Bewohner der Erde ausgesetzt ist. Weiterhin unterliegt der Mensch möglicherweise auch noch kosmischen Einflüssen aus verschiedenen physikalischen Vorgängen. Er reagiert darauf in sehr verschiedener Weise, auch im Niveau seiner Leistungsbereitschaft. Die Zusammenhänge sind jedoch weitgehend ungeklärt.

– *Tageszeitliche Schwankungen*

Die physische Leistungsbereitschaft des Menschen zeigt im Verlauf von 24 Stunden Schwankungen mit periodischem Charakter. Man spricht in diesem Zusammenhang auch von einem 24-Stunden-Rhythmus und erklärt ihn als eine Verschiebung der vegetativen[1]) Schaltung

---

[1]) Das Vegetativum ist das dem Willen nicht unterliegende Nervensystem.

des Organismus zwischen den sog. ergotropen und trophotropen Phasen. In der trophotropen Phase schalten sich die Körperfunktionen auf Ruhe, Schlaf und Erholung sowie auf Aufnahme und Verarbeitung von Nahrung zur Auffüllung der Energiedepots für zukünftige Leistungen, während in der ergotropen Phase der Körper auf Wachheit, Aufmerksamkeit sowie auf geistige und körperliche Leistungshergabe geschaltet ist.

Der Verlauf der tatsächlichen Leistungsabgabe der Arbeitsperson während der Schicht (siehe Abb. 2) muß sich durchaus nicht mit dem Verlauf der physischen Bereitschaftslage decken, weil auch die psychische Leistungsbereitschaft starken Schwankungen unterworfen sein kann. Leistungsabgabe und physische Leistungsbereitschaft stimmen um so eher überein, je höher die Leistungsabgabe liegt. Bei niedrigerem Leistungsniveau können Leistungsabgabe und Leistungsbereitschaft sogar gegensätzlich verlaufen.

Der in Abb. 2 dargestellte Verlauf beruht auf Mittelwerten. Es gibt erhebliche Unterschiede zwischen den Menschen. Den extremen Ab-

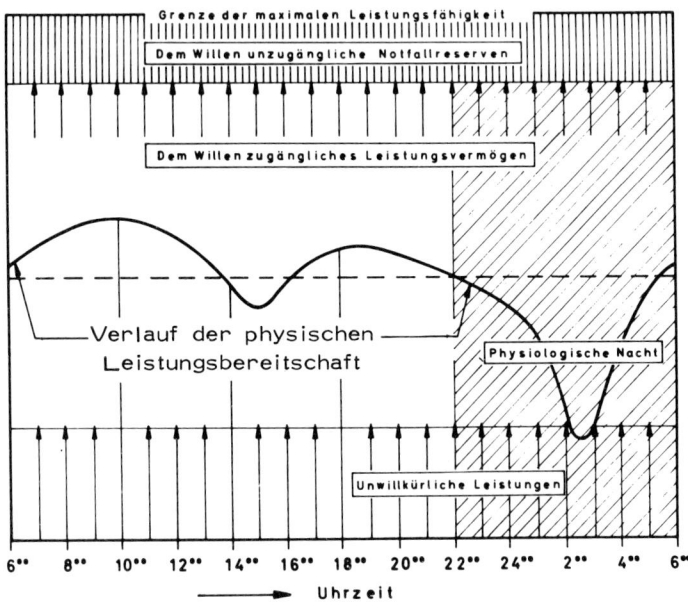

Abb. 2: Verlauf der physischen Leistungsbereitschaft über 24 Stunden (nach GRAF). Für eine Reihe von Vorgängen im menschlichen Organismus konnten ähnlich gelagerte Verläufe nachgewiesen werden, wie z. B. für die Schwankungen der Körpertemperatur und des Blutdruckes (vgl. LEHMANN 1962, S. 92–116).

weichungen lassen sich zwei Menschengruppen zuordnen. Die eine hat eine ausgesprochen hohe Leistungsbereitschaft am Morgen gegen 8.00 Uhr (der Morgentyp), ist aber häufig schon am späten Nachmittag müde; die andere Gruppe hat eine hohe Leistungsbereitschaft am Abend (Abendtyp). Der Abendtyp möchte morgens gern schlafen und erlebt eine ausgesprochene Erwachensflaute. Am Nachmittag wird er mobil und kann unter Umständen bis Mitternacht ohne nennenswerte Ermüdungserscheinungen tätig sein.

Besondere Bedeutung haben die tageszeitlichen Schwankungen für Wechsel- und Nachtschichtarbeit. Hierauf geht Kap. 4.6.3 näher ein (vgl. auch LEHMANN 1962).

– Wochenschwankungen
Für die Woche läßt sich keine Periodik nachweisen, die von biologischen Gesetzmäßigkeiten gesteuert wird. Wenn häufig am Montag und auch am Freitag die Mengenleistung niedriger liegt als an den anderen Tagen und wenn montags fehlerhafter gearbeitet wird, so hat das an Lebensgewohnheiten gebundene und psychisch bedingte Gründe. Die Unterbrechung durch das Wochenende bewirkt einen Übungsverlust, und es bedarf einer erneuten psychischen und physischen Anpassung an die Mitmenschen und die Arbeit, also eines psychischen Umschaltens auf Leistungserbringung (siehe LEHMANN 1962).

– Jahreszeitliche Schwankungen
Innerhalb eines Jahresablaufes sollen sich nach HELLPACH (1911) die physische und psychische Leistungsbereitschaft in einer Form ändern, wie dies Abb. 3 zeigt. Die Jahresperiodik wird laut herrschender Meinung durch Hormone gesteuert: Ultravioletteinstrahlung des Sonnenlichtes, deren Intensität unter anderem von der Sonnenhöhe über dem Horizont abhängt, und unterschiedliche Lichtmengen, die von den Augen aufgenommen werden, wirken über das vegetative Nervensystem auf endokrine (in die Blutbahn abscheidende) Drüsen ein und beeinflussen dort die Hormonausschüttung in die Blutbahn.

In den Wintermonaten sollen sich die physische und psychische Leistungsbereitschaft auf gleicher Höhe bewegen, im Frühjahr und Sommer die psychische tiefer als die physische liegen. Exakte wissenschaftlich abgesicherte Beweise gibt es dafür nicht.

○ *Einfluß des Wetters*
Bekannt ist, daß Krankheiten wie Herz-Kreislauf-Störungen, Herzinfarkt oder Lungenembolien wetterabhängig sind[1]). Die Wetteremp-

---

[1]) Eine Embolie ist die Verstopfung eines Blutgefäßes durch einen in die Blutbahn geratenen Fremdkörper.

findlichkeit als örtliche Schmerzempfindung in Amputationsstümpfen und Narben läßt eindrucksvoll erkennen, daß der Mensch auf atmosphärische Vorgänge anspricht. Die wetterbedingten Veränderungen im Stoffwechsel und Kreislauf nehmen Einfluß auf die physische, aber auch auf die psychische Leistungsbereitschaft. So stellte man unter dem Einfluß von Wetterlagen Schwankungen der Konzentrationsfähigkeit, der Reaktionszeit bei Lichtreizen und der Leistung bei Schulkindern und Erwachsenen fest.

Das Reagieren des Menschen auf bestimmte Wettersituationen wie feuchte und warme Luftströmungen mit nachweisbarer Beeinträchtigung des Allgemeinbefindens verbunden mit den Symptomen der Mattigkeit, Reizbarkeit, Verdrießlichkeit und Konzentrationsschwäche – als Wetterfühligkeit bezeichnet – kann unmittelbar die psychische Leistungsbereitschaft verändern.

Eine klare Beziehung wetterbedingter Störimpulse zur Leistung ließ sich jedoch bisher – abgesehen von Leistungsveränderungen bei unterschiedlicher Lufttemperatur und Luftfeuchtigkeit – wegen der Überdeckungseffekte durch den Tagesrhythmus, durch den akuten

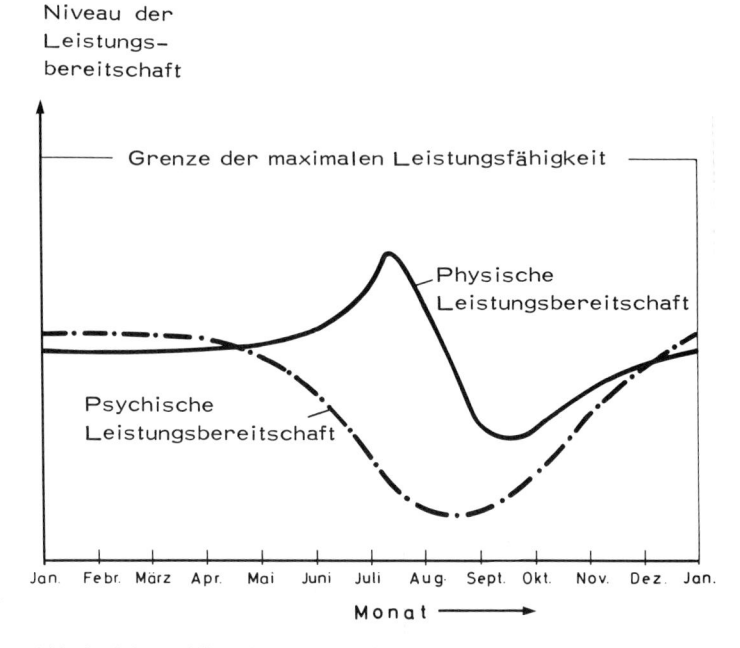

Abb. 3: Jahreszeitliche Veränderung im Niveau der physischen und psychischen Leistungsbereitschaft nach HELLPACH (1911)

Leistungsanreiz bei Arbeiten im Leistungslohn und durch andere Einflüsse auf die physische und psychische Leistungsbereitschaft nicht zweifelsfrei nachweisen (NESSWETHA 1970).

○ *Physikalisch-chemische Umgebung*

Hierzu gehören das Raumklima, Lärm, mechanische Schwingungen, Gase, Dämpfe, Licht, Staub u. a. (vgl. Kap. 4.5). Diese Einflüsse zeigen erst dann Störwirkungen, wenn ihre Zustandsdaten Grenzwerte überschreiten bzw. unterschreiten. Die Höhe der Grenzwerte ist teilweise abhängig von den Arbeitsanforderungen, wie beim Raumklima und Licht.

○ *Anregende und dämpfende Wirkstoffe*

Es gibt eine Reihe von Mitteln, mit denen künstlich die Funktionszustände im Organismus anregend oder dämpfend beeinflußt werden können. So fördern manche Arznei- und Beruhigungsmittel (z. B. Antihistaminika und Barbiturate) die trophotrope Schaltung, also die Einstellung des Menschen auf Untätigsein, während andere Stoffe (z. B. Koffein, Benzedrin oder Pervitin) den Organismus zum Tätigsein anregen, also die ergotrope Schaltung beeinflussen. Starke Reizmittel wie z. B. Pervitin erhöhen zwar vorübergehend beträchtlich die physische und auch die psychische Leistungsbereitschaft, doch besteht Gefahr, daß bei häufiger Verwendung dieser Mittel Ermüdungserscheinungen als natürliche Mahner zur Ruhe unterdrückt werden und es zur Überforderung und schließlich zum „Zusammenbruch" kommt (vgl. Kap. 3.5.2).

3.1.3.2 Psychische Leistungsbereitschaft

Das individuelle Niveau psychischer Leistungsbereitschaft und seine zeitabhängigen Schwankungen werden – abgesehen von den bereits genannten, über den physischen Bereich wirkenden Faktoren – durch folgende Einflüsse bestimmt:
– generelle Einstellung zur Arbeit,
– physisch bedingte variable Stimmungslage,
– motivationale Einflüsse aus der Arbeit und der physikalisch-chemischen Umgebung,
– motivationale Einflüsse aus der Personenumgebung,
– Stimmungslagen, die aus der Privatsphäre herrühren.

○ *Generelle Einstellung zur Arbeit*

Der generellen Einstellung zur Arbeit können religiöse, philosophische oder ideologische Motive zugrunde liegen; doch wird sie im großen und ganzen von einer sinnvollen Erziehung zur Arbeit abhängen.

Eine solche Erziehung sollte den Wert der Arbeit für den individuellen Daseinsvollzug und die Unentbehrlichkeit der Arbeit für ein funktionsfähiges Zusammenleben in einer Menschengemeinschaft ins Bewußtsein des einzelnen rücken.

○ *Physisch bedingte variable Stimmungslagen und daraus resultierende Motivationslagen*

Alles Psychische ist über das vegetative (dem Willen nicht unterliegende) Nervensystem eng mit dem Physischen verbunden. Veränderungen der physischen Bereitschaftslage ziehen daher in aller Regel auch Veränderungen in der psychischen Bereitschaftslage nach sich, z. B. erkennbar in Form veränderter Stimmungslagen, die die Leistungsmotivation beeinflussen.

Die engen Wechselbeziehungen zwischen Körper und Seele bedingen auch organische Erkrankungen, z. B. Magengeschwüre, Hautekzeme, Geschwüre, krankhaften Bluthochdruck (essentielle Hypertonie) oder Dickdarmentzündungen (Kolitis), als Folge seelischer Störungen. Solche Störungen können beispielsweise länger andauernde soziale Konflikte zwischen Kollegen oder zwischen Vorgesetzten und Mitarbeitern sein (BRÄUTIGAM/CHRISTIAN 1975).

○ *Motivationale Einflüsse aus der Arbeit und der physikalisch-chemischen Umgebung*

Zwei Phänomene prägen im besonderen Maße die gegenseitige Anpassung von Mensch und Arbeitswelt und damit die psychische Leistungsbereitschaft; das sind
– das Phänomen des Erlebens und
– das Phänomen der Bedürfnisgebundenheit.

Erleben ist die im Menschen empfundene Wirkung innerer Vorgänge sowie äußerer Veränderungen in der Umgebung. Zu den inneren Vorgängen zählen z. B. der Ablauf gedanklicher Vorgänge oder Änderungen im Hormonhaushalt. Die hierbei beteiligten Gefühle steuern in hohem Maße das Verhalten des Menschen, indem sie seine Befindenslage verändern, vielfach begleitet von aufkommenden Lust- und Unlustgefühlen. Da Lustgewinn Triebkraft des Handelns ist, wirken Lust und Unlust fördernd oder dämpfend auf die Motivation des Menschen. Daraus ergibt sich formal die einleuchtende Forderung, möglichst Arbeitsbedingungen zu vermeiden, die Unlust aufkommen lassen. Der Effekt ist ein doppelter: Der Erlebniswert der Arbeit wird erhöht und das Niveau der Leistungsmotivation angehoben.

Das zweite Phänomen ist die *Bedürfnisgebundenheit* des Menschen. Der Mensch hat viele Bedürfnisse, z. B. seinen Hunger und Durst zu stillen, anerkannt zu werden, sich beruflich weiterzuentwickeln oder mit seinen Mitmenschen Kontakt zu pflegen. Ein Bedürfnis ist ein psychischer Zustand, der einen Mangel zum Ausdruck bringt und zugleich mit dem Streben verbunden ist, diesen Mangel zu beseitigen. Daraus leitet sich der sinnvolle Ansatz ab, den Arbeitsinhalt, den Arbeitsablauf, kurzum die Arbeitsbedingungen so auszulegen, daß sich möglichst viele Bedürfnisse durch die Arbeit befriedigen lassen, wodurch sich die Bereitschaft, Leistungen zu erbringen, verbessert (siehe SCHULTE 1974).

○ *Motivationale Einflüsse aus der Personenumgebung*

Zu den menschlichen Bedürfnissen gehört auch das Bedürfnis nach sozialem Kontakt. Um den sozialen Kontakt in der Arbeitswelt zu fördern, hat man z. B. bei der Entwicklung neuer Arbeitsstrukturen sog. Partnerplätze eingeführt, an denen die Arbeitsperson während des Arbeitens nach Bedarf mit einer anderen Arbeitsperson Kontakt aufnehmen kann.

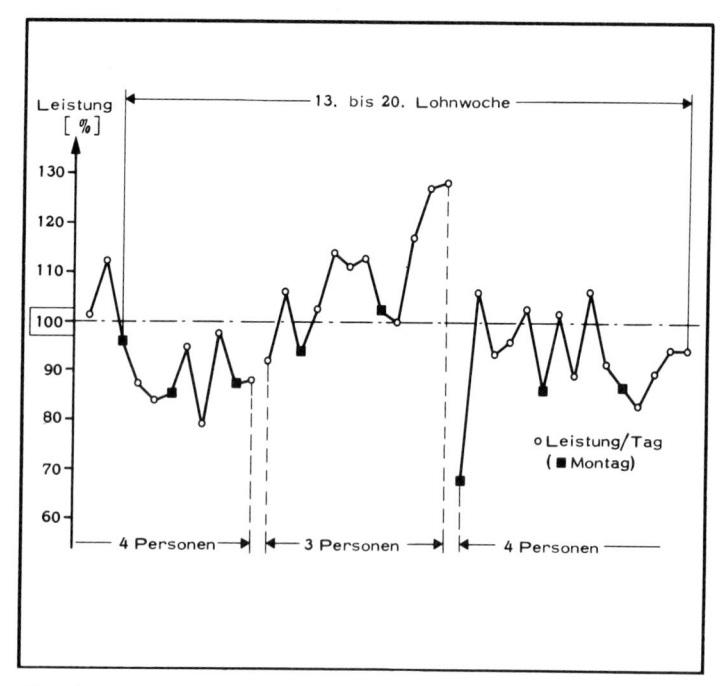

Abb. 4: Leistungsverhalten einer 4-Personen-Gruppe beim Verpacken von Kleingeräten. Ein Gruppenmitglied wirkt durch sein Verhalten in einem solchen Maße negativ auf die anderen 3 Gruppenmitglieder, daß seine Anwesenheit jeweils zu einem starken Leistungseinbruch führt.

Doch gibt es beim sozialen Kontakt im Betrieb auch Konfliktsituationen, die unter Umständen äußerst dämpfend auf die psychische Bereitschaftslage wirken. Davon ist insbesondere das Arbeiten in Gruppen angesprochen, dessen Effizienz wie auch das Befinden der Gruppenmitglieder in hohem Maße von der sozialen Beziehungsstruktur in der Gruppe abhängt (vgl. Abb. 4). Wesentliche Einflüsse sind:
– Gruppengröße,
– die Zusammensetzung der Gruppe bezüglich der Persönlichkeitsstruktur der Gruppenmitglieder und
– die Kommunikationsstruktur.

○ *Stimmungslagen, die aus der Privatsphäre herrühren*
Ereignisse aus der Privatsphäre können ebenfalls stimulierende oder dämpfende Wirkung haben. Sie üben mitunter nachhaltigen Einfluß auf die Qualität des Erlebens der beruflichen Arbeit wie auch auf die Leistung selbst aus. Erlebniswerte der Arbeit werden häufig von Erlebnisqualitäten aus dem gesamten Lebensbereich eines Menschen überlagert; darin kommt die psycho-physische Ganzheitlichkeit des Menschen zum Ausdruck. Diese spricht im Grunde auch gegen die Vorgehensweise nach Abb. 1, einzelne Einflüsse in ihrer Wirkung auf Fähigkeiten, Fertigkeiten, Leistungsfähigkeit und Leistungsbereitschaft isoliert in ihrer Wirkung auszumachen. Andererseits wird eine solche Betrachtung erforderlich, wenn arbeitswissenschaftliche Erkenntnisse in ganz konkrete Maßnahmen der Arbeitsgestaltung umgesetzt werden sollen. Ungeklärt ist die Art der Wechselwirkungen zwischen den einzelnen Einflüssen, ob und wie sie sich verstärken oder ob sie gar voneinander unabhängig sind. Praktische Arbeitsgestaltung sollte jedoch immer berücksichtigen, daß diese Wechselwirkungen für den Erfolg mehrerer Einzelmaßnahmen mitunter sehr entscheidend sein können.

> Die Leistungsbereitschaft des Menschen hat eine physische und eine psychische Komponente. Hormonelle Schwankungen im Körper, tages-, wochen- und jahreszeitliche Schwankungen, das Wetter, die Arbeitsumgebung, aber auch anregende und dämpfende Wirkstoffe können die physische Leistungsbereitschaft verändern. Veränderungen der psychischen Leistungsbereitschaft sind vor allem auf die Einstellung zur Arbeit, auf die physisch oder privat bedingten Stimmungsschwankungen sowie auf die vielschichtigen motivationalen Einflüsse zurückzuführen.

Standardliteratur zu Kap. 3.1.1 bis 3.1.3
(vollständige Quellenangaben siehe Gesamtliteraturverzeichnis)
HOCHREIN/SCHLEICHER (1953), GRAF HOYOS (1974a), LEHMANN (1962).

Heinz-Günther Schmidt

3.1.4 Gesundheit als persönliche Leistungsvoraussetzung – Mittel und Wege zur Erhaltung der Gesundheit

Die Konstitution des Menschen ist ausschlaggebend für seine Gesundheit und seine Belastbarkeit. Die Leistungshergabe, die Belastbarkeit und die Beanspruchung des Individuums kann vorwiegend der Mediziner erkennen. Er sollte deswegen im Mensch-Arbeitssystem Richtwerte und Leitlinien für die menschengerechte Gestaltung der Arbeit geben. Die Gesundheit bei entsprechender Konstitution, die sich durch Können, Wissen, Übung, Training und Motivation festigen läßt, ist entscheidend für die Erbringung von Leistungen.

> Die Möglichkeiten, die Leistungsvoraussetzung zu erhalten und zu verbessern, liegen – im weitesten Sinne – auf dem Gebiet der Gesundheitsvorsorge, der Freizeitgestaltung, der Durchführung körperlicher und geistiger Fitneßprogramme, einer der Arbeit angepaßten Ernährung, präventiver Maßnahmen auf dem Gebiet der Arbeitssicherheit und des Schutzes des Menschen vor beruflichen Gesundheitsgefahren. Auch die Rehabilitation gehört hierher.

Die Gesunderhaltung des Individuums ist bei entsprechender Konstitution zu allererst eine Aufgabe, die der Mensch durch eine gesunde Lebensweise nur selbst erfüllen kann, wobei jedoch schicksalsbedingte Einflüsse sein Bemühen durchkreuzen können. Dem betrieblichen Vorgesetzten kommen im Rahmen seiner Fürsorgepflicht (vgl. Kap. 5) mitwirkende Einflüsse auf den Menschen zu.

Hier sollen nur wenige Fakten aus dem großen Gebiet der Gesundheitsvorsorge und -fürsorge, wie auch der Gesundheitserziehung im Zusammenhang mit der Leistungshergabe des Menschen genannt werden.

○ *Ernährung*

Die Aufnahme von Nahrung und Flüssigkeit muß auf die Arbeitsanforderung abgestimmt sein. Dabei muß die Eiweißzufuhr (Fleisch-, Eier-, Milchprodukte) eine bestimmte Menge betragen (75 g Eiweiß pro Tag). Die tägliche Fettmenge soll sich nach dem Grad der körperlichen Arbeit richten (etwa 75 g und mehr). Die Menge Kohlehydrate sollte etwa 400 g (Brot, Kartoffeln, Nudelgerichte etc.) betragen.

Die Quantität und Qualität des Essens muß sich nach der Schwere der Arbeit richten. Zu reichhaltiges und besonders zu fettes Essen ist gesundheitsschädlich. Der Mensch sollte täglich wenigstens eine warme

Mahlzeit zu sich nehmen. Damit gewinnt das Kantinenessen eine besondere Bedeutung. Es muß für verschiedene Personengruppen unterschiedlich gestaltet sein. Personen, die im Büro arbeiten, sollte ein kalorienärmeres Essen angeboten werden als Personen, die körperliche Arbeit verrichten, wobei die Schwere der Arbeit ausschlaggebend ist. Bei Nachtschicht ist nur ein leichtes, fettarmes Essen angebracht.

Das Einhalten der für Nahrungsaufnahme bestimmten Pausen und das Verlassen des Arbeitsplatzes zur Hauptmahlzeit sollte die Beachtung des Vorgesetzten finden. Leider ist es zur Nahrungsaufnahme immer noch nicht selbstverständlich geworden, auch die hygienischen Gesichtspunkte (Hände waschen etc.) zu berücksichtigen.

Milch, das ein gutes Nahrungsmittel, aber kein Vorbeugungsmittel gegen Vergiftungen ist (vgl. Kap. 4.5.2), löscht den Durst nicht so gut wie Tee, der weder zu heiß noch zu kalt getrunken werden sollte.

Der Konsum alkoholischer Getränke – dazu zählt auch Bier – ist im Betrieb genauso wie beim Führen eines Kraftfahrzeuges zu beanstanden. Die Gesetze, die für den Autofahrer gelten, sollten wegen der Unfallgefahren und der Erfordernis von Konzentration und Aufmerksamkeit im Betrieb genauso scharf angewandt werden. Hierbei kommt dem Arbeitgeber eine besondere Fürsorgepflicht zu (vgl. Kap. 5).

○ *Rauchen, Arzneimittelmißbrauch*

Im Interesse der Gesundheitsvorsorge verdient das Rauchen Beachtung. Leider ist der Bevölkerung noch nicht ausreichend die schädliche Wirkung des Rauchens zum Bewußtsein gekommen. Schwierigkeiten ergeben sich im Betrieb beim Zusammenleben von Rauchern und Nichtrauchern.

Eine unkontrollierte Anwendung von Arzneimitteln stellt volksgesundheitlich ein ernsthaftes Problem dar. Eine große Nachfrage besteht nach schmerzlindernden Mitteln, Beruhigungsmitteln, die „Seele" beeinflussenden Mitteln, Abmagerungsmitteln etc. Sie setzen häufig Konzentrations- und Reaktionsvermögen herab, wodurch Unfallgefahren entstehen können.

○ *Hygiene*

Für das Zusammenleben der Menschen im Betrieb sind neben den individuellen Maßnahmen zur Gesunderhaltung (wie Waschen, Nagelpflege, Zahn- und Mundpflege) auch Gesichtspunkte allgemeiner Art wichtig, z. B., daß die Gesunderhaltung von den hygienischen Maßnahmen der Arbeitskollegen abhängt. Hierbei ist vor allem auf die Gemeinschaftseinrichtungen, wie Umkleideräume, Waschräume,

Toiletten und Küchen hinzuweisen, die einer besonderen Aufsicht bedürfen.

Zur Hygiene gehört auch die Auswahl eines Reinigungsmittels für verunreinigte Haut. Der Markt bietet eine große Zahl hautschonender Reinigungsmittel an. Besonders schwierig gestaltet sich die Befreiung der Haut von Farben, Lacken oder Kunststoffresten. In hartnäckigen Fällen können relativ ungefährliche Lösemittel (z. B. Reinigungsbenzin, Aceton, Ketone) benutzt werden. Zu beachten ist hierbei, daß diese Mittel leicht entzündbar sind und die Haut entfetten. Es empfiehlt sich, eine geeignete Hautcreme anzuwenden, um der Hand einen äußeren Fettmantel zu geben.

○ *Arbeitskleidung*

Betriebsleiter, Sicherheitsfachleute und Ärzte müssen sich je nach Art der Arbeit um die Arbeitskleidung der Mitarbeiter kümmern. Die Berufskleidung ist nicht nur ein Symbol, sondern dient auch vor allem der Verhütung von Unfällen und Krankheiten. Sie soll bei größtmöglicher Bequemlichkeit Sicherheit gegen Gefahren am Arbeitsplatz und gegen ungünstige Umgebungseinflüsse bieten. Stoffart und Farbe sind zu beachten. Sicherheitsschuhe, -brillen, -handschuhe und -helme gehören zur Arbeitskleidung.

○ *Freizeit, Erholung, Schlaf*

Eine positive Wirkung für die Gesunderhaltung und die Erhaltung der Leistungsfähigkeit haben Pausen, Freizeit, Schlaf und Urlaub (vgl. Kap. 4.6). Das Pausenregime des Betriebes sollte eingehalten werden. In den übrigen Punkten besteht kein direkter Einfluß des Vorgesetzten. Dieser kann nur beratend oder mahnend auf die Mitarbeiter einwirken. Über die zweckmäßige Freizeitgestaltung gibt es ein reichhaltiges Schrifttum. Insbesondere kann der Hausarzt beratend tätig werden. In der Freizeit sollte ein ausgewogenes Mittel zwischen körperlicher und geistiger Beanspruchung gefunden werden. Es ist falsch, nur von körperlicher Fitneß zu sprechen und den geistigen Bereich zu vernachlässigen. Der sog. Freizeit- und Wochenendstreß, der in Verbindung mit Schlafdefizit, Nikotin- und Alkoholgenuß zu gesundheitlichen Beeinträchtigungen und natürlich zu einer verringerten Belastungsfähigkeit nach der Freizeit führt, sollte im Interesse des Betroffenen vermieden werden. Häufig wird übrigens die erhöhte Unfallquote am Montag auf das (Freizeitstreß auslösende) gute Wetter am Sonntag zurückgeführt.

Der Urlaub sollte für die Erholung und die Bildung genutzt werden. Man sollte im Jahr wenigstens einen zusammenhängenden Urlaub von drei Wochen nehmen (vgl. Kap. 4.6.2).

Daß der Schlaf der Regeneration der körperlichen und geistigen

Kräfte dient, ist allgemein bekannt. Er sollte von ausreichender Länge sein, die sich individuell bestimmt (vgl. Kap. 4.6.2). Zuviel Schlaf kann jedoch auch negative Auswirkungen haben.

○ *Schädigende Einflüsse am Arbeitsplatz*

Der Gesunderhaltung, der Erhaltung der Leistungsfähigkeit und der Bereitschaft zur Leistungshergabe dienen eine Fülle von betrieblichen Maßnahmen (vgl. das ganze Kap. 4), die nach Möglichkeit mit dem Mediziner abzustimmen sind. Sie betreffen u. a. die Gestaltung des Arbeitsplatzes, der Arbeitsumgebung, des Arbeitsablaufes, der Arbeitsorganisation und einer Reihe von psychologischen Momenten. Hier ist der Ergonomie das Feld überlassen. Eine ganz besondere Rolle verdient die Körperhaltung. Bewegungsmangel und Bewegungseinseitigkeit werden heute viel zuwenig beachtet. Bei mangelnder Bewegung ist der Körper nicht mehr ohne weiteres in der Lage, überflüssige Nährstoffe auszuscheiden. Dieses kann zu Übergewicht führen, worunter das Befinden und die Arbeitsleistung leiden. Übergewicht und Bewegungsmangel sind wie das Rauchen und der Alkoholkonsum die ausschlaggebenden Risikofaktoren für Herzinfarkt und Schlaganfall.

Das richtige Klima am Arbeitsplatz, die Beleuchtung, der Lärm, die Luftverhältnisse, insbesondere das mögliche Auftreten von schädlichen Arbeitsstoffen, Erschütterungen, die Farbgestaltung des Arbeitsplatzes und -raumes ergeben Probleme, die am besten mit dem Arbeitsmediziner zusammen gelöst werden.

Auch Untersuchungen im Hinblick auf eine vorzeitige Ermüdung des Menschen (vgl. Kap. 3.5.2 und 4.6) und das evtl. Auftreten von Monotoniegefühlen berühren unmittelbar den Arbeitsmediziner im Betrieb. Psychologische Probleme, die durch das sog. Betriebsklima bestimmt sind, dürften die Fähigkeiten des Vorgesetzten im Betrieb direkt angehen (vgl. Kap. 4.7.3). Sie sind wichtige Faktoren für die Gesundheit des einzelnen, für seine Leistungsfähigkeit und für die Bereitschaft zur Leistungshergabe.

Trotz aller Bemühungen des Betriebes um die Gesundheit des einzelnen gilt das Wort von Demokrit: „Gesundheit erflehen von den Göttern die Menschen, daß sie aber selbst die Macht darüber in sich tragen, das wissen sie nicht."

Standardliteratur zu Kap. 3.1.4

(vollständige Quellenangaben siehe Gesamtliteraturverzeichnis)

GLATZEL (1973), KOELSCH (1963, insbesondere S. 15–147), LEHMANN (1961, insbesondere S. 362–404 und S. 471–553), SYMANSKI (1963, insbesondere 2. Teilband, S. 1–17), WITTGENS (1961, insbesondere S. 679–737).

3.2 Körpermaße

○ *Schwankungen der Körpermaße*

Die für die Gestaltungsarbeit erforderlichen Körpermaße von Erwachsenen liefert die Industrieanthropometrie (Anthropometrie bedeutet Körpermeßkunde) in Form von Maßspannen – bedingt durch die Schwankungen (Variabilität) der Längen-, Breiten- und Umfangsmaße sowie der Körperproportionen. Diese Schwankungen sind vor allem auf die interindividuelle Streuung der Körpermaße zurückzuführen. Aber auch andere Ursachen spielen eine Rolle (vgl. JÜRGENS 1971, S. 10 ff., 1973, S. 121 ff.).

– *Akzeleration (Zunahme der Körpermaße)*

Im Verlauf der letzten 100 Jahre wurde eine ständige Zunahme der Körpergröße festgestellt; sie betrug annähernd 1 cm pro Jahrzehnt, also insgesamt ca. 10 cm. Bei Verwendung von Körpermaßen ist deshalb das Untersuchungsjahr wichtig, um die durch die Akzeleration bedingte Verschiebung der Maße abschätzen zu können.

– *Alter*

Nach Abschluß des Wachstums und einer kurzen Stagnationsperiode nehmen insbesondere die Längenmaße mit zunehmendem Alter ab. Umgekehrt verhält sich das Körpergewicht sowie einige Breiten- und Umfangsmaße, die mit höherem Alter zunehmen.

– *Geschlecht*

Frauen sind im Durchschnitt um 10 cm kleiner als Männer. Darüber hinaus weisen sie auch andere Körperproportionen auf (z. B. kürzere Extremitäten, breitere Becken, schmalere Schultern).

– *Rasse*

Die durchschnittlichen Längenunterschiede zwischen nord- und südeuropäischen Personen betragen 7 bis 8 cm. Neben den Unterschieden zwischen verschiedenen Völkern gibt es auch Unterschiede innerhalb eines Volkes: Norddeutsche sind z. B. im Durchschnitt etwa 2 cm größer als Süddeutsche.

– *Soziale Schichten*

In den verschiedenen sozialen Schichten sind – anlagebedingt oder auf Umwelteinflüssen beruhend – Größen- und Proportionsunterschiede festzustellen, die z. B. bei der Körpergröße durchschnittlich 2,5 bis 7 cm betragen können.

Bedingt durch solche Schwankungen zeigt sich bei einigen Körpermaßen eine Maßdifferenz im Verhältnis von 1 : 1,5 und mehr. Diese großen Maßspannen erfordern für die praktische Konstruktions- und Gestaltungsarbeit eine Abgrenzung. Da fast alle Körpermaße normalverteilt sind und insbesondere im unteren und im oberen Maßbereich überproportional große Maßspannen vorliegen, empfiehlt sich aus Gründen der Zweckmäßigkeit die Abgrenzung auf das 5. und 95. Perzentil[1]) festzulegen. Zwischen dem 5. und 95. Perzentil sind dementsprechend in den Maßangaben 90 % der in der Industrie Beschäftigten einbezogen. Für Personen, die unterhalb des 5. und oberhalb des 95. Perzentils rangieren, sind besondere Gestaltungsmaßnahmen notwendig.

○ *Ermittlung der Körpermaße*

Die wichtigsten Körpermaße für jede Gestaltungsarbeit sind die Maße für stehende und sitzende Körperhaltung. Darüber hinaus sind oftmals spezielle Maßangaben für die Hand, den Fuß und den Kopf erforderlich. Innerhalb dieser fünf Gruppen sind nochmals eine Reihe von Detailmaßnahmen zu unterscheiden (siehe Abb. 5 und 6, vgl. auch DIN 33 402).

Voraussetzung für wissenschaftlich anerkannte Maße sind ein repräsentatives Kollektiv als Grundlage der ausgewiesenen Maßangaben, eine anerkannte Meßmethode einschließlich exakter Definition der Meßpunkte sowie Angaben über das Jahr der Erfassung, das Alter der Untersuchungspersonen und schließlich regionale sowie soziale Angaben über das Kollektiv.

Zur Festlegung von Arbeitsplatzmaßen sollten grundsätzlich nur diejenigen Körpermaße herangezogen werden, die diesen Anforderungen entsprechen.

○ *Maße in der Literatur*

In der einschlägigen Literatur kann auf eine große Anzahl von Zusammenstellungen der Körpermaße zurückgegriffen werden. Dabei ist festzustellen, daß zwischen den verschiedenen Zusammenstellungen teilweise beachtliche Maßdifferenzen bestehen, wie bereits in der Zusammenstellung der Maße der Körperhöhe (Abb. 7) zum Ausdruck kommt. Zusammenstellungen weiterer Körpermaße finden sich in einer Schrift des IfaA (1973a) und bei SIMON (1973), die auch Auswer-

---

[1]) Perzentile sind Grenzwerte einer Verteilung. So repräsentiert z. B.
   das   5. Perzentil die Körpergröße „klein", d. h. nur 5 % aller Körpergrößen liegen unter diesem Grenzwert,
   das 95. Perzentil die Körpergröße „groß", d. h. nur 5 % aller Körpergrößen liegen über diesem Grenzwert, und
   das 50. Perzentil ist der Medianwert der Verteilung.

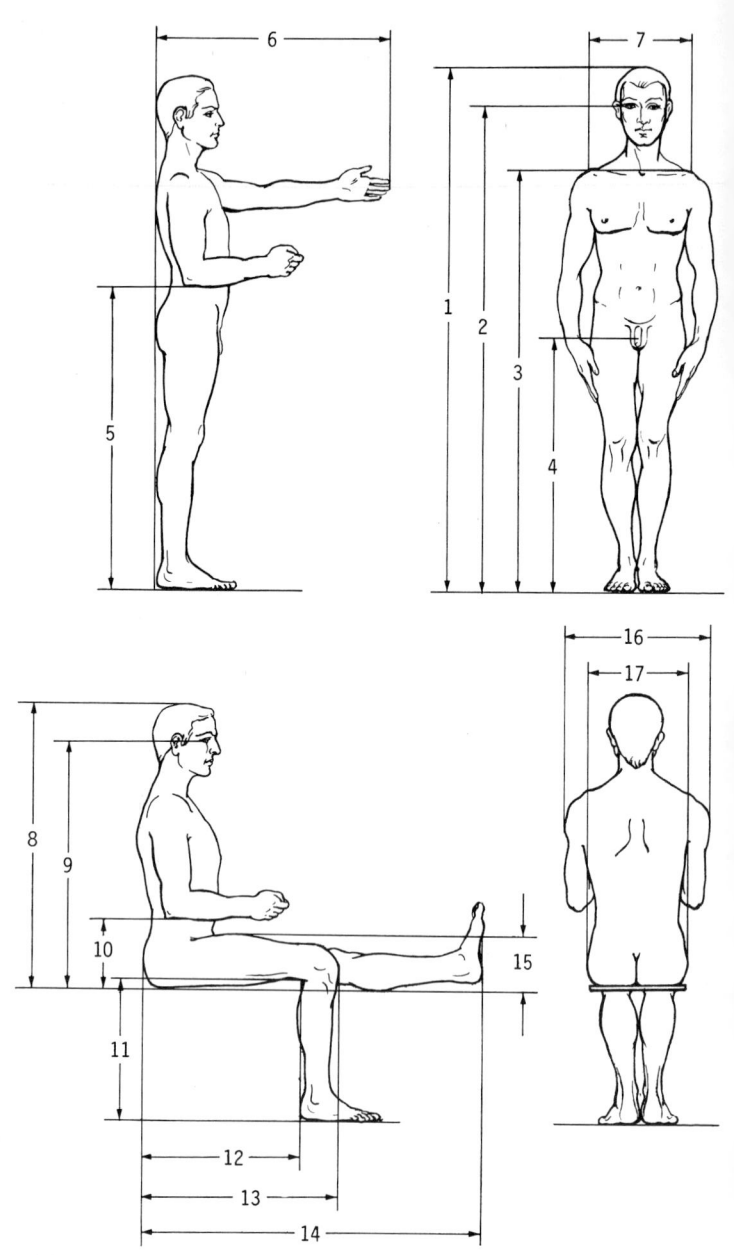

Abb. 5: Körpermaße für stehende und sitzende Körperhaltung

48

	lfd. Nr. in Abb. 1–4	Maßbezeichnung	M : Männer F : Frauen	Perzentile 5.	50.	95.
stehende Körperhaltung	1	Körpergröße	M	165,2	175,8	186,7
			F	156,7	166,0	175,4
	2	Augenhöhe	M	152,8	163,4	174,6
			F	–	–	–
	3	Sternalhöhe (Brustbeinhöhe)	M	135,0	143,9	153,2
			F	126,9	135,3	143,6
	4	Schritthöhe	M	75,5	82,7	90,1
			F	–	–	–
	5	Ellenbogenhöhe	M	103,0	110,4	117,7
			F	–	–	–
	6	Reichweite des Armes	M	78,7	84,9	91,3
			F	72,4	77,3	83,1
	7	Schulterbreite	M	36,0	39,4	42,6
			F	33,8	36,6	39,3
sitzende Körperhaltung	8	Sitzhöhe	M	86,6	92,1	97,6
			F	83,0	87,7	92,3
	9	Augenhöhe beim Sitzen	M	74,2	79,7	85,5
			F	71,1	75,9	80,9
	10	Höhe des gewinkelten Ellenbogens über der Sitzfläche	M	19,0	23,0	27,3
			F	18,2	22,3	25,9
	11	Länge des Unterschenkels	M	40,1	44,1	48,4
			F	36,1	40,1	44,0
	12	Sitztiefe	M	45,6	49,7	53,9
			F	–	–	–
	13	Gesäß-Knielänge	M	55,6	59,9	64,5
			F	53,4	57,5	63,2
	14	Gesäß-Beinlänge	M	96,4	103,9	112,1
			F	–	–	–
	15	Oberschenkeldicke	M	12,3	14,1	16,4
			F	11,7	13,4	16,3
	16	Breite über den Ellenbogen	M	36,8	41,7	48,3
			F	33,2	38,4	46,9
	17	Sitzbreite	M	31,2	34,5	38,7
			F	31,5	35,2	41,8

Abb. 6: Körpermaße nach JÜRGENS (1971, 1973, S. 127 ff.). Bei den Frauenmaßen Nr. 6, 9, 13, 15, 16 und 17 handelt es sich um Schätzwerte. Die Angaben der Ellenbogenhöhe (Maß Nr. 5) stammen von STIER/MEYER (o. J., S. 11). Die Veröffentlichung neuester Maßangaben von JÜRGENS, die auch der geplanten Norm DIN 33 402, Blatt 2, zugrunde liegen werden, ist in Vorbereitung.

Quelle	Körperhöhe Perzentile		
	5.	50.	95.
VDI 2780 vom Mai 1971	160,5	172,0	183,5
REFA-Methodenlehre (1973a, S. 109)	161,0	172,0	183,0
JÜRGENS (1971, S. 20)	165,2	**175,8**	186,7
HERTZBERG/DANIELS/CHURCHILL (1950) } nach LEHMANN/ STIER (1961, S. 727)	165,8	175,5	185,9
MCFARLAND (1953)	164,2	173,5	181,1
ASHE/BODEMAN/ROBERTS (1943)	**166,0**	175,6	185,6
GRANDJEAN (1973, S. 36)	159,5	**169,0**	**178,5**
STIER/MEYER (o.J., S. 11)	162,8	175,1	**187,4**
DGB/ÖGB/SGB (1975, S. 9f.)	**158,0**	–	186,0
Siemens (1967, Kap. 3.1.3)	162,0	172,0	182,0
DDR-Standard vom Aug. 1963, S. 3	160,6	171,0	178,6

Abb. 7: Zusammenstellung der in der Literatur angegebenen Maße der Körperhöhe. Bei den fettgedruckten Zahlen handelt es sich jeweils um die größte bzw. kleinste Maßangabe pro Spalte.

tungen hinsichtlich der Verteilung der Maßspannen und der Mittelwerte enthalten. Hierbei zeigen sich Unterschiede der Maßspannen bis zu 50 %. Diese relativ großen Unterschiede bei den in der Literatur angegebenen Körpermaßen werfen das Problem auf, aus welcher Untersuchung die Körpermaße zur Festlegung der Arbeitsplatzmaße herangezogen werden sollen. Die Bestimmung der Arbeitsplatzmaße aus den Körpermaßen stellt immer einen Kompromiß dar. Bei der Anwendung empfohlener Arbeitsplatzmaße (siehe Kap. 4.1.1 bis 4.1.8) sollte dieser Umstand berücksichtigt und daran gedacht werden, daß die Empfehlungen in erster Linie eine Orientierungshilfe liefern, möglicherweise im Einzelfall aber zu relativieren sind.

Der häufigste Anwendungsfall in der Praxis dürfte bei der Arbeitsplatzgestaltung und bei der Konstruktion von Maschinen liegen. Ausgangspunkt dieser Gestaltungsarbeit sind die vertikalen und die horizontalen Maße des menschlichen Körpers. So bestimmt z. B. die Körperhöhe (Abb. 5, Maß Nr. 1) und die Ellenbogenhöhe (Abb. 5, Maß Nr. 5) die Arbeitshöhe. Die Sitzflächenhöhe (vereinfacht Stuhlhöhe) richtet sich nach der Länge des Unterschenkels (Abb. 5, Maß Nr. 11). Die dabei berücksichtigten Maßspannen beziehen sich – wie oben angeführt – auf 90 % der Benutzer.

Die beiden Beispiele zeigen, daß unter Verwendung repräsentativer Körpermaße die Maße für den Greif- und Wirkraum, den Knie- und Fußraum, den Höhen- und Sehbereich, das Gesichts- und Blickfeld einschließlich dem Blickwinkel und der Sehentfernung festgelegt werden. Empfohlene Arbeitsplatzmaße finden sich im Kap. 4.1 (vgl. auch die Übersichten von Simon 1975).

> Individuelle Streuung, Akzeleration (Zunahme der Körpergröße), Alter, Geschlecht, Rasse und soziale Schichten sind Ursachen für die Schwankungen der Körpermaße, die für die Konstruktions- und Gestaltungsarbeit meist durch das 5. und 95. Perzentil abgegrenzt werden. Der Festlegung von Arbeitsplatzmaßen sollten nur auf wissenschaftlicher Grundlage ermittelte Körpermaße dienen. Die in der Literatur angegebenen Körpermaße zeigen Unterschiede der Maßspannen bis zu 50 %.

Standardliteratur zu Kap. 3.2
(vollständige Quellenangaben siehe Gesamtliteraturverzeichnis)
Grandjean (1973), Jürgens (1971, 1973), Lehmann/Stier (1961), Stier/Meyer (o. J.), IfaA (1973a).

Walter Rohmert
3.3 Körperkräfte

Wenn im Rahmen der Arbeitsgestaltung Zahlenangaben für Körperkräfte benötigt werden, ist anzugeben, ob maximale oder submaximale Werte gefragt sind. Während maximale Körperkräfte darüber Auskunft geben, ob eine verlangte Kraftleistung überhaupt von einer bestimmten Arbeitsperson ausführbar ist, sollen Angaben über submaximale Körperkräfte meist gleichzeitig auch bewertende Kriterien enthalten, wie z. B. darüber, ob eine häufige oder gelegentliche Kraftausübung ermüdet, biomechanisch schädlich ist, auch für Frauen gilt oder von ausländischen Arbeitnehmern erwartet werden darf.

Interessiert die Körperkraft nicht als Arbeits-, sondern als Grundfunktion des Menschen, so erfolgt ihre Ermittlung im Laboratorium. Dabei werden Arme, Rumpf und Beine des menschlichen Körpers als ein System von Hebeln und zwischengeschalteten Gelenken betrachtet. Dieses System ist von außen her schwierig zu definieren, so daß es keiner exakten Rechnung möglich ist, aus Gleichgewichtsbetrachtungen (für Schwerkraft, Muskelkräfte, Massenkräfte und äußere durch die Arbeit bedingte Kräfte) die Größe von Körperkräften zu bestimmen, die der menschliche Körper nach außen abzugeben vermag. Demzufolge werden die (maximal möglichen) Kraftwirkungen des Körpers nach außen praktisch nur durch Messung außerhalb des Kör-

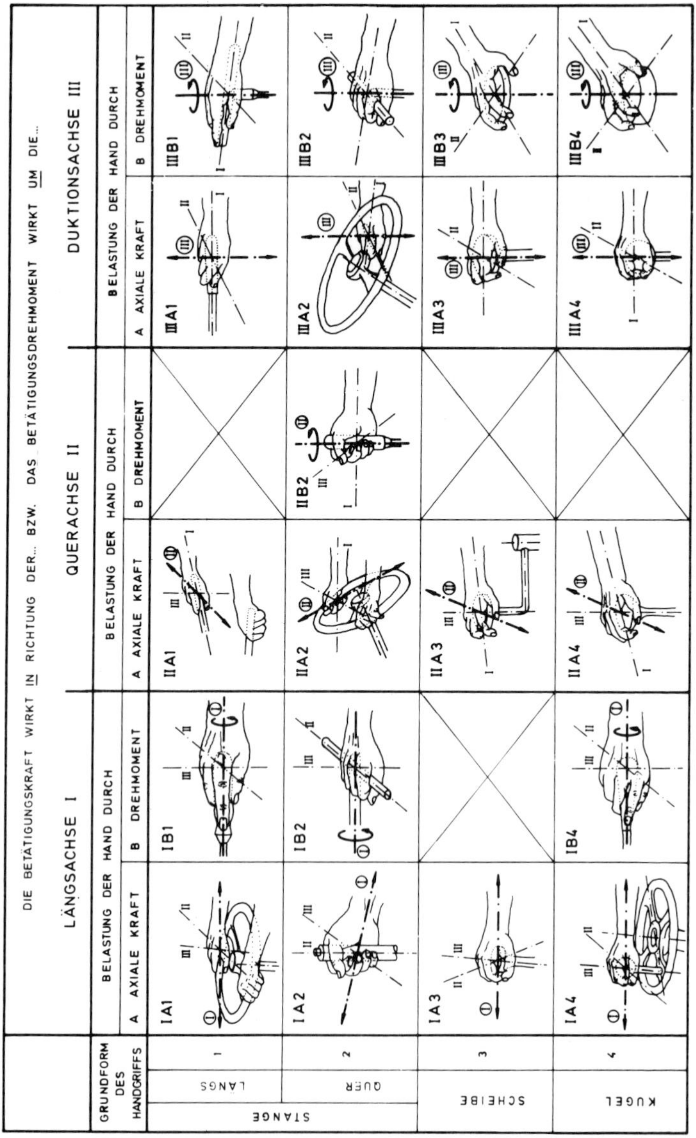

Abb. 8: Grundgreiftypen eines Handgriffs bei Kraftstellteilen

pers wirkender Reaktionskräfte ermittelt. Ziel derartiger Kraftmessungen ist aber nicht nur die Gewinnung von Werten zur Anwendung im Bereich der praktischen Arbeitsgestaltung, sondern auch die Aufklärung der inneren Struktur muskelmechanischer Zusammenhänge. Zusammenfassende Untersuchungen im Sinne beider Zielrichtungen liegen bisher nicht vor.

Die Zahlenangabe der im Laboratorium gemessenen Muskelkräfte erfolgt vielfach in der Dimension eines Drehmomentes, wodurch bereits ausgedrückt wird, daß die Übertragung der Kraft auf ein bestimmtes Stellteil oder Arbeitsmittel (Kraft als Arbeitsfunktion) bei der Messung nicht interessierte. So wird bei der Messung von Armkräften beispielsweise die Kraft häufig über eine breite, gepolsterte Schlaufe auf das Meßelement übertragen. Da diese Art der Übertragung von Körperkräften auf Arbeitsmittel praktisch so gut wie nie vorkommen dürfte, bleibt für die Zwecke der Arbeitsgestaltung jede Zahlenangabe für eine derartig ermittelte grundfunktionelle Körperkraft praktisch wertlos.

Das Beispiel zeigt, daß Angaben zu Körperkräften als konkrete arbeitsfunktionelle Meßgrößen durch zusätzliche Einflußgrößen gekennzeichnet sind, welche unter anderem auch von der jeweiligen Greifart abhängig sind, mit der Körperkräfte von der Hand in die Betätigungsteile oder Arbeitsmittel eingeleitet werden. Für die maximal übertragbare Körperkraft hat damit die Form des Griffes und des Betätigungsteiles neben anderen Einflußgrößen eine weitreichende Bedeutung. In Abb. 8 sind Grundgreiftypen eines Handgriffes bei Kraftstellteilen in systematischer Form zusammengestellt. Es wird zwischen

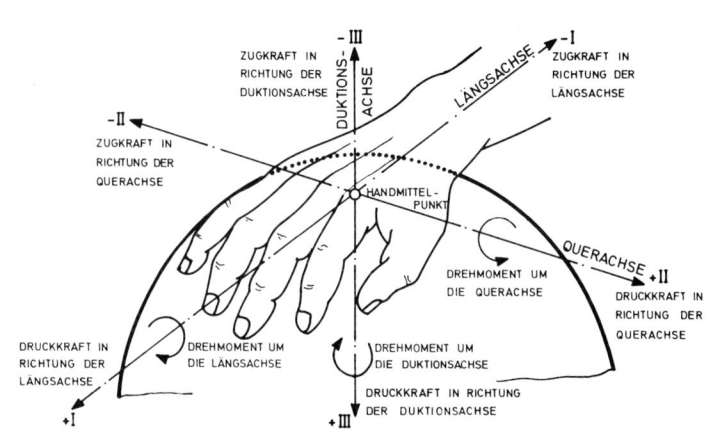

Abb. 9: Systematik der Hauptbelastungsarten der Hand durch die Betätigungskräfte und -drehmomente

einer Stange, einer Scheibe und einer Kugel unterschieden. Die drei Spaltengruppen kennzeichnen die Orientierung der Belastung zu den Hauptachsen der Hand (Längsachse, Querachse, Duktionsachse, vgl. Abb. 9) sowie bei den Drehmomenten um die entsprechende Hauptachse. Jede der in Abb. 8 enthaltenen Skizzen bedeutet einen elementaren Fall einer Körperkraft, der in einem konkreten Arbeitssystem realisiert sein kann. Bei der Anwendung von Zahlenangaben zu Körperkräften muß deshalb die Tatsache berücksichtigt werden, daß für jeden dieser elementaren Fälle die maximal mögliche Muskelkraft, die vom Arm übertragen werden kann, verschieden groß ist. Im Gegensatz hierzu reicht es zur Angabe der Grundfunktion „Muskelkraft des Armes" aus, wenn die maximalen Drehmomente um die entsprechenden Gelenkachsen angegeben werden.

Neben der beispielhaft näher erläuterten Greifart hängt die Körperkraft von weiteren mechanischen Faktoren ab. Eine Unterscheidung nach dem kraftausübenden Körperteil führt zu Armkräften, Beinkräften, Handkräften, Fingerkräften, Fußkräften, Kniekräften oder Kräften des ganzen Körperstammes kombiniert mit Bein- und gegebenenfalls auch mit Armkräften. Wesentlich dabei ist für die Größe der Körperkräfte, die bei der Kraftausübung eingenommene Körperstellung und Körperhaltung einzelner Gliedmaßen, die Lage des Kraftangriffspunktes sowie die Kraftrichtung und der Kraftrichtungssinn.

Unterschiede in der Größe einer Körperkraft können schließlich auch durch die Arbeitsperson selbst bedingt sein. Selbst unter günstigsten isometrischen Meßbedingungen (heute meist unter Verwendung des praktisch weglosen Dehnungsmeßstreifen-Prinzips) streuen wiederholt an einer Arbeitsperson durchgeführte Messungen von Körperkräften am häufigsten zwischen ± 4 % bis ± 5 % (intraindividuelle Standardabweichung, Rohmert 1970). Dies ist die Größenordnung des Einflusses, der durch Fehler in der Versuchs- und Meßordnung, durch die physiologische Disposition und durch psychologische Motivation insgesamt bedingt ist. Kurzfristig können die Körperkräfte intraindividuell durch Ermüdung (infolge anhaltenden Arbeitseinsatzes beteiligter Muskeln oberhalb ihres Dauerleistungsgrenzwertes von 15 % ihrer Maximalkraft) herabgesetzt sein.

Das Alter der Arbeitsperson hat einen langfristig intraindividuellen Einfluß. Körperkräfte weisen ein Maximum nach Erreichen der körperlichen Entwicklung (ca. mit 25 Jahren) auf. Im jugendlichen Alter wie auch in den höheren Altersstufen sind die Kräfte niedriger. Die Kraft 65-jähriger Männer beträgt 80–90% der Kraft der 25-jährigen Männer, während die Kraft 65-jähriger Frauen 70–80% der Kraft der 25-jährigen Frauen beträgt. Die altersbedingte Kraftabnahme der Rumpf- und Beinmuskulatur ist stärker als die der Hand- und Armmuskulatur (Asmussen 1969).

Höhen-winkel	Seiten-winkel	Arm-reichweite	Vertikale Kräfte		Horizontale Kräfte		Duktions-kräfte		Drehmomente	
			nach oben	nach unten	zum Körper hin	vom Körper weg	zur Handfläche hin	zum Handrücken hin	Drehrichtung nach innen	Drehrichtung nach außen
		R %	Zug VZ	Druck VD	Zug HZ	Druck HD	Zug AD	Druck AB	Pronat. MP	Supin. MS
I	II	III	1	2	3	4	5	6	7	8
+30°	0°	100	8,8	18,5	12,0	14,6	11,0	9,3	1,10	0,80
		75	10,7	26,2	10,2	11,0	13,5	10,0	1,52	1,68
		50	12,5	34,3	8,4	7,4	16,1	10,8	1,72	1,78
	30°	100	8,2	14,6	13,3	17,4	11,0	9,0	1,00	1,00
		75	10,3	21,6	11,6	14,9	12,2	9,4	1,40	1,64
		50	12,4	28,2	10,1	10,9	13,7	9,8	1,60	1,73
0°	0°	100	8,3	14,9	13,0	18,3	10,7	9,0	1,10	0,60
		75	11,9	18,0	11,7	16,0	14,8	11,3	1,58	1,62
		50	15,4	25,3	10,5	13,7	19,1	13,5	1,83	1,87
	30°	100	6,9	12,8	14,2	20,0	9,0	8,5	1,00	0,60
		75	11,0	18,1	12,6	17,2	12,5	9,5	1,55	1,65
		50	15,0	23,2	11,5	14,7	16,0	10,5	1,72	1,72
-30°	0°	100	12,7	13,7	14,2	14,3	12,0	9,8	1,20	0,50
		75	18,0	15,0	13,6	13,6	15,4	12,3	1,85	1,35
		50	22,6	16,0	12,9	12,9	19,0	14,9	2,12	1,59
	30°	100	11,8	13,1	16,3	16,9	9,6	9,4	1,30	0,60
		75	15,6	15,0	15,4	16,1	13,7	10,1	1,73	1,48
		50	20,1	17,0	14,5	15,4	18,6	10,8	1,89	1,67

Abb. 10: Maximale Stellungskräfte (kp) und -momente (mkp) von Männern im Bewegungsraum des rechten Armes, stehend (ROHMERT 1973a, S. 142)

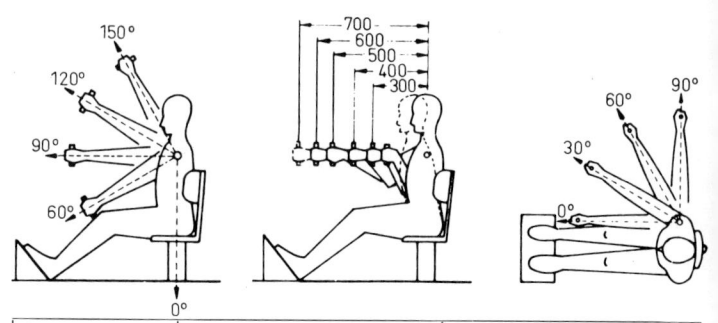

Handgriff- entfernung cm	Kräfte in kp für folgende vertikale Armstellungen				Kräfte in kp für folgende seitliche Armstellungen			
	60°	90°	120°	150°	0°	30°	60°	90°
	Zug				Zug			
30	30,6	30,6	31,6	36,1	31,9	32,8	33,3	30,9
50	43,2	36,0	35,8	37,8	37,4	39,1	38,6	37,7
70	48,6	38,2	38,8	42,0	43,9	41,7	40,6	41,4
	Druck				Druck			
30	32,1	31,5	28,4	23,4	29,1	30,3	28,1	28,1
50	55,6	59,2	63,5	44,7	53,8	64,8	56,5	47,8
70	49,4	47,6	61,4	55,0	62,7	56,7	50,9	43,0
	einwärts				einwärts			
30	19,9	18,3	16,6	16,5	18,4	18,4	16,8	17,5
50	18,3	15,0	13,4	13,2	15,7	15,0	15,5	13,7
70	13,2	11,6	10,8	9,4	11,6	11,4	11,2	10,8
	auswärts				auswärts			
30	10,9	11,4	11,1	11,6	12,9	11,3	10,8	10,0
50	9,9	9,3	9,1	8,9	10,8	9,5	8,6	8,2
70	8,5	8,0	8,2	7,5	8,6	8,2	7,8	7,7
	aufwärts				aufwärts			
30	15,9	16,2	15,8	15,1	16,4	16,0	15,5	15,0
50	12,7	12,3	12,2	11,8	11,8	12,8	12,9	11,4
70	10,7	10,9	11,0	11,4	12,4	11,0	11,2	9,4
	abwärts				abwärts			
30	28,0	36,7	37,0	36,0	35,0	39,2	35,3	28,1
50	26,8	28,8	25,7	22,6	25,3	27,9	26,5	24,2
70	20,0	18,6	19,4	15,1	18,5	19,9	18,3	16,4

Abb. 11: Durchschnittliche Maximalkraft von Männern in sitzender Position (nach L. S. CALDWELL 1959)

Die Körperkraft streut nicht nur bei Messungen innerhalb einer Person, sondern auch zwischen verschiedenen Personen (interindividuelle Streuung). Der Körperbautyp, grob durch Körpergewicht und Körpergröße gekennzeichnet, beeinflußt die Körperkräfte. Kräfte von Frauen betragen im allgemeinen im Durchschnitt ca. zwei Drittel der Männerwerte. Bei vergleichbaren personenbedingten Einflußfaktoren beträgt die interindividuelle Streuung von Kraftmessungen am häufigsten ± 15 % bis ± 20 % (ASMUSSEN 1969).

Alle diese in der Arbeitsperson gelegenen Einflußfaktoren äußern sich darin, daß die Werte von Körperkräften nur einen statistischen Charakter besitzen, so daß niemals mit einem bestimmten konstanten Wert gerechnet werden kann.

Eine vollständige Übersicht über die Körperkräfte des Menschen läßt sich nur durch systematische Untersuchungen im Bereich des gesamten Bewegungsraumes der Arme und Beine gewinnen. Die Darstellung der Meßergebnisse erfolgt vielfach in Form sogenannter Isodynen (siehe z.B. ROHMERT 1966). Hierunter werden Linien gleicher Kräfte im Bewegungsraum der Arme und Beine verstanden. Zahlenangaben finden sich bei ROHMERT (1966) und ROHMERT/JENIK (1972). Eine kleine Zusammenstellung liefert Abb. 10, in der die Werte maximaler Stellungskräfte in Abhängigkeit von der Lage des Kraftangriffspunktes angegeben sind. Abb. 11 enthält eine Zusammenstellung durchschnittlicher Maximalkräfte von Männern in sitzender Position.

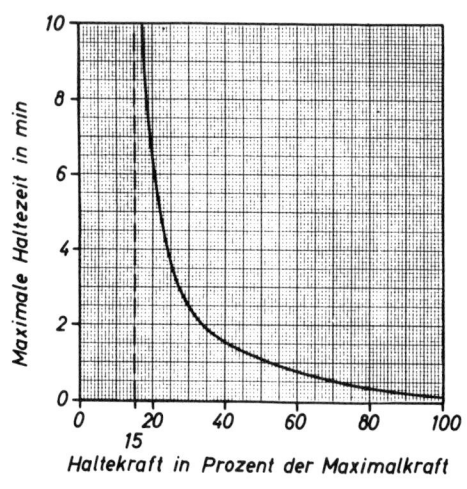

Abb. 12: Maximale Haltezeit bei statischer Haltearbeit in Abhängigkeit von der relativen Haltekraft (ROHMERT 1962, S. 18)

Für die Anwendung dieser Zahlenwerte in der praktischen Arbeitsgestaltung empfiehlt es sich, sie mit Zu- oder Abschlagsfaktoren zu multiplizieren, die vorhandene mechanische, individuelle und betriebliche Einflußgrößen (z. B. Lage des Handgriffes außerhalb der bequemen Armreichweite, ungünstige Armstellung, unzweckmäßige Form des Handgriffes mit der Folge großer Flächendrücke auf der Hand oder größte Kraft am Ende statt am Anfang der Bewegung) beinhalten, wodurch die Körperkraft als arbeitsfunktionelle Größe angegeben werden kann.

> Statische Daueranspannungen der Muskeln sind möglich, wenn die jeweilige Kraft 15 % der individuellen maximalen Muskelkraft nicht übersteigt (vgl. Abb. 12).

Für im Sitzen betätigte Fußstellteile werden schließlich folgende Maximalwerte empfohlen:

Fußschalter:
Druckkraft	6 kp
Hublänge	6 cm
Hubarbeit	20 kpcm
Häufigkeit	25 je min
Haltedauer	20 s
Haltearbeit	50 kps

Fußhebel:
Druckkraft	15 kp
Hublänge	30 cm
empfohlen	8–16 cm
Hubarbeit	
bei 25 Hüben/min	30 kpcm
bei 15 Hüben/min	100 kpcm

Häufigkeit und Haltedauer nach Abb. 13

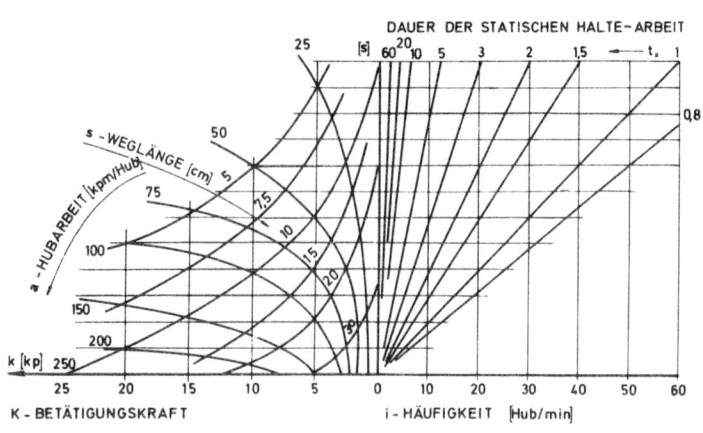

Abb. 13: Mechanische Parameter für sitzend betätigte Fußhebel (ROHMERT 1973, S. 148)

Im Laboratorium gemessene Muskelkräfte sind für Zwecke der Arbeitsgestaltung, z.B. für die Auslegung von Stellteilen, nur verwertbar, wenn die Messungen jeweils für konkrete Greifarten und Handgriffe erfolgten. Die Größe einer Muskelkraft hängt von der Körperstellung und -haltung, von der Lage des Kraftangriffspunktes, von der Kraftrichtung, vom Kraftrichtungssinn und schließlich von der Arbeitsperson selbst ab. Die Streuung der Kräfte beträgt bei derselben Arbeitsperson am häufigsten ± 4 % bis ± 5 % und zwischen verschiedenen Arbeitspersonen bei vergleichbaren personenbedingten Einflußfaktoren meist ± 15 % bis ± 25 %.

Standardliteratur zu Kap. 3.3
(vollständige Quellenangaben siehe Gesamtliteraturverzeichnis)
ROHMERT (1966, 1973), ROHMERT/JENIK (1972).

RÜDIGER RÖBKE

3.4 Prinzipien menschlicher Informationsverarbeitung

Menschliches Handeln und Denken vollzieht sich auf der Grundlage vielfältiger Informationsverarbeitungen. Beispielsweise ist zur Ausführung einer Körperbewegung neben der entsprechenden Muskelkraft auch die Steuerung dieser Bewegung und die Verarbeitung z. B. optischer Umgebungssignale erforderlich, an denen sich der Bewegungsablauf orientieren soll. Gleichermaßen stellen alle Denktätigkeiten komplexe Informationsverarbeitungen dar: Von außen aufgenommene oder aus dem Gedächtnis abgerufene Daten werden z. B. für eine Problemlösung bewertet und miteinander kombiniert, wonach das Denkergebnis im Gedächtnis abgespeichert oder anderen mitgeteilt werden kann.

Die Prinzipien menschlicher Informationsverarbeitung sollen in einem vereinfachten Modell (Abb. 14) dargestellt werden[1].

---

[1] Differenzierte Fassungen dieses Modells finden sich bei RÖBKE/SCHULTE/THIMM (1973, S. 117 ff.) und bei RÖBKE (1974, S. 30 ff.).

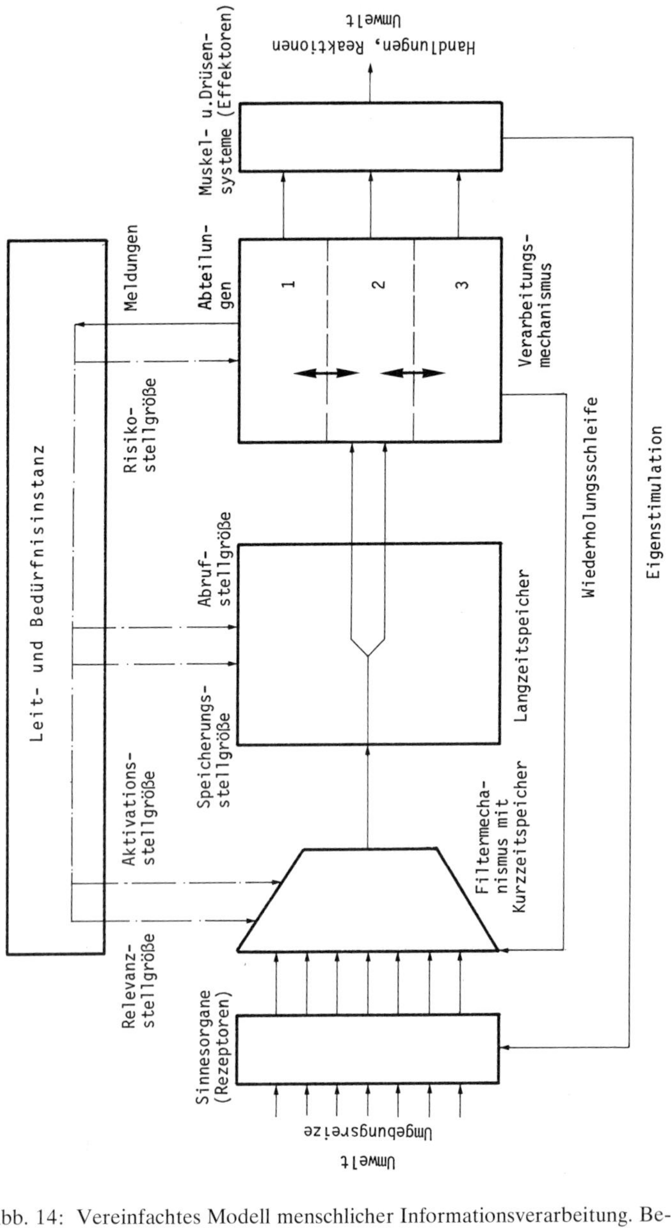

Abb. 14: Vereinfachtes Modell menschlicher Informationsverarbeitung. Beschreibung siehe Text.

○ *Filtermechanismus*

Auf die Sinnesorgane (Rezeptoren) des Menschen strömt eine Vielzahl von Umweltreizen ein, die der Organismus wegen seiner begrenzten Kapazität nicht alle zur gleichen Zeit verarbeiten kann. Aus diesem Grunde ist eine Aussonderung unwichtiger Informationen notwendig. Diese Selektion geschieht in einem Filtermechanismus, nachdem die Reize analysiert und erkannt worden sind.

Welche Informationen der Filter zur Weiterleitung an die folgenden Verarbeitungseinheiten auswählt, hängt von der Bedeutsamkeit der Information für den einzelnen Menschen in der jeweiligen Situation ab. Reizeigenschaften und äußere Faktoren, die die Bedeutsamkeit beeinflussen, sind z. B. [2]): Absolute Reizintensität, Kontrast der Reize, Neuheit, Fremdheit, Rätselhaftigkeit, Gefährdung, Benachteiligung, Begünstigung, Reizerwartung oder Reizabwechslung.

Die Filterung wird aber darüber hinaus individuell beeinflußt durch die im Inneren des Organismus kreisenden Informationen (Denkvorgänge, Erinnerungen, Sorgen usw.), durch Erfahrungen und lernbedingte Bedeutsamkeitsausprägungen sowie durch Motivationen (z. B. Bedürfnisse, Triebe, Interessen).

Neben der *Art* der ausgewählten und weitergeleiteten Informationen verändert sich in Abhängigkeit vom Wachheitsgrad oder Erregungszustand (Aktiviertheit) des Menschen auch die *Menge* der Nachrichten, die der Filter pro Zeiteinheit durchläßt. Die Aktiviertheit wird ihrerseits durch eine Fülle von Faktoren[3]) beeinflußt, z. B. von: Arbeits- und Tageszeit, Schlaf- und Erholungszeiten, Emotionen (Ärger, Aggressionen, Erfolgs- und Mißerfolgserlebnisse usw.), Krankheiten, Medikamente, Gifte (z. B. Kohlenmonoxid, Alkohol), Eintönigkeit, Beobachtungsumfang, Reizarmut, Reizüberflutung oder Umgebungsbedingungen (z. B. Lärm, Klima usw.). Die Frage nach der genauen Funktion des Filters kann auf dem heutigen Stand der Forschung nicht abschließend beantwortet werden. In der Literatur finden sich hierzu sehr unterschiedliche psychologische Modellvorstellungen und neurophysiologische Erklärungsansätze[4]).

---

[2]) [3]) Eine umfangreiche Aufstellung der Faktoren, von denen die Bedeutsamkeit der Informationen und die Aktiviertheit des Menschen abhängen können und die allesamt in gegenseitiger Wechselwirkung stehen, findet sich bei RÖBKE (1974, S. 72 ff.).

[4]) Siehe z. B. BROADBENT (1958, S. 297 ff., 1973, S. 77 ff.), TREISMAN (1964a, S. 215, 1964b, S. 14), DEUTSCH/DEUTSCH (1966, S. 212 ff.), MORAY (1970a, b), NORMANN (1969, 1970), REYNOLDS (1964), EGETH (1967), NEISSER (1967), CROSSMANN (1964), HERNÁNDEZ-PEÓN (1966, S. 182 ff., 1969, S. 422 f.) und RÖBKE (1974, S. 30 ff.).

○ *Lang- und Kurzzeitspeicher*

Informationen, die den Filter durchlaufen haben, werden in den Langzeitspeicher weitergeleitet, dessen wesentlicher Teil das Gedächtnis ist, und gelangen anschließend in den Verarbeitungsmechanismus. Eine gewisse Zeit (etwa bis zu einer Minute) stehen alle empfangenen Reize im Kurzzeitspeicher des Filters noch zur Verfügung, danach lassen sie sich nicht mehr abrufen, sofern sie nicht vom Langzeitspeicher aufgenommen wurden[5]).

Im Langzeitspeicher können die durchlaufenden Informationen abgespeichert werden, und sie können andererseits dort gespeicherte Daten (Erinnerungen, Bewegungsprogramme, Handlungsziele usw.) abrufen, die dann in den Verarbeitungsmechanismus gelangen.

○ *Verarbeitungsmechanismus*

Hier werden

– die Entscheidungen über die Auslösung unwillkürlicher Bewegungen gefällt,
– Befehle für Willkürbewegungen erteilt, und
– hier vollziehen sich alle Denktätigkeiten.

Entsprechend dieser (relativ groben) Einteilung nimmt das Modell an, daß der Verarbeitungsmechanismus drei Abteilungen besitzt, in denen Entscheidungen auf unterschiedlich hohem Niveau der Erkenntnis und des Denkens (kognitives Niveau) getroffen werden. In Abteilung 1 bedürfen die Entscheidungen kaum eines Erkenntnis- und Denkvorganges (niedriger kognitiver Grad), während die Informationsverarbeitung in Abteilung 3 ein hohes Maß an Erkenntnis- und Denkprozessen erfordert (hoher kognitiver Grad).

Die Kapazität des Verarbeitungsmechanismus hat, wie gesagt, eine individuelle Grenze. Innerhalb dieser Kapazität ist jedoch, so wird angenommen, ein gewisser Austausch zwischen den Abteilungskapazitäten möglich, indem sich eine Abteilung auf Kosten einer anderen ausdehnt. Dies entspricht der Erfahrung, daß z. B. bei intinsiven Denktätigkeiten Bewegungs- und Geschicklichkeitsleistungen schlechter werden.

---

[5]) Diese Vorstellung, daß es neben dem Langzeitspeicher einen getrennten Kurzzeitspeicher gibt, wird überwiegend in der Fachliteratur vertreten (vgl. LEWIS-SMITH 1975, SCHULTER 1975, CIMBALO/BALDWIN/NEIDER 1976 sowie die o. a. Arbeiten). Sicherlich richtig ist die Auffassung über die zeitlichen Funktionen der beiden Speicher. Diese Auffassung stellt keinen Widerspruch zu experimentellen Befunden von WÖLLERSDORFER (1975) dar, wonach Kurz- und Langzeitspeicher eine physiologische (!) Einheit sind.

Die Ergebnisse des Verarbeitungsmechanismus werden den Muskelsystemen (Effektoren) zugeführt, welche die Bewegungen ausführen, oder die Ergebnisse laufen zurück über den Filter in den Langzeitspeicher, rufen dort neue Daten ab (z. B. Assoziationen) und werden erneut verarbeitet. Durch die ausgeführten Bewegungen werden die Propriozeptoren (Rezeptoren in den Gelenken, Muskeln, Sehnen und in den Bogengängen des inneren Ohres) stimuliert, so daß Eigenreize entstehen, die genauso wie die äußeren Reize Filter, Langzeitspeicher und Verarbeitungsmechanismus durchlaufen. Andererseits gehen mit den Bewegungen Umweltveränderungen einher, die als neue Reizsituationen von den äußeren Rezeptoren (Exterozeptoren) empfangen werden.

Von allen Vorgängen im Verarbeitungsmechanismus laufen Meldungen an die übergeordnete Leit- und Bedürfnisinstanz, von der aus über Stellgrößen in gegenseitiger Abhängigkeit die Bedeutsamkeit (Relevanz), die Aktivation, die Speicherungs- und Abruffähigkeit sowie die Risikoneigung des Individuums gesteuert werden.

○ *Neurophysiologische Hinweise*

Das beschriebene Modell ist psychologisch, nicht neurophysiologisch zu verstehen. Dennoch haben die meisten Modellelemente eine physiologische Entsprechung. Dies betrifft zunächst die

– Rezeptoren und Effektoren; dies betrifft in gewisser Weise aber auch den
– Langzeitspeicher, dessen größter Teil (das Gedächtnis) in den sog. Assoziationsfeldern des Großhirns liegen dürfte,
– die Abteilungen des Verarbeitungsmechanismus, die sich zu den verschiedenen Teilen des Gehirns und dem Rückenmark zuordnen lassen; und dies betrifft
– die Leit- und Bedürfnisinstanz, die eine Zuordnungsbeziehung zum limbischen System (einer besonders für die Gefühlswelt zuständigen funktionellen Einheit im Gehirn) und zu den Frontal- und Schläfenlappen des Großhirns besitzt.

Schwierig ist auf dem gegenwärtigen Erkenntnisstand die physiologische Zuordnung des Filtermechanismus mit seinem Kurzzeitspeicher. Sicher ist lediglich, daß die sog. Retikulärformation (ein funktioneller Bereich vom Rückenmark bis zum Zwischenhirn) für die verschiedenen Aktivationsgrade zuständig ist[6]).

---

[6]) Einzelheiten zu den neurophysiologischen Hinweisen finden sich bei ECCLES (1975), KEIDEL (1975) und RÖBKE (1974, S. 44 ff.) sowie in der dort zitierten Literatur.

> Das beschriebene (vereinfachte) Modell stellt nur eine von vielen Möglichkeiten dar, gewisse Vorstellungen von den Vorgängen der Informationsverarbeitung im Menschen zu vermitteln. Bereits dieses einfache Modell zeigt, wie vielfältig die Prozesse der Informationsverarbeitung sein können und von welcher Fülle sich wechselseitig bedingender Faktoren die Verarbeitung der Information im Menschen abhängt.

Standardliteratur zu Kap. 3.4
(vollständige Quellenangaben siehe Gesamtliteraturverzeichnis)
Eccles (1975), Keidel (1975), Klix (1971), Sanders (1971).

3.5 Arbeitsbelastung und -beanspruchung des Menschen

Walter Rohmert

3.5.1 Arbeitsbelastung und -beanspruchung sowie Methoden ihrer Erfassung

3.5.1.1 Arbeitsbelastung und -beanspruchung des Menschen im Arbeitssystem

Das Arbeitssystem stellt ein Modell zwischen dem arbeitenden Menschen und seiner Arbeitsaufgabe dar (vgl. Abb. 15). Beispielsweise können der Fahrer und seine Fahraufgabe im Kraftfahrzeug als ein konkretes Arbeitssystem aufgefaßt werden. Zur Lösung der gestellten Arbeitsaufgabe, nämlich des Erbringens einer Fahrleistung, benötigt der Mensch einerseits Stellteile, Energie als Hilfsmittel für die Einwirkung und Information in Form des Fahrtauftrages bzw. -zieles sowie andererseits eine aus seiner Fahrausbildung und Erfahrung bekannte Arbeitsmethode, mit der er im Arbeitssystem einwirkt. Die Lösung der Fahraufgabe stellt an den Menschen Anforderungen, die das Überwinden gewisser Widerstände (Arbeitsschwere und Arbeitsschwierigkeit) verlangen.

> Die Rückwirkung einer Arbeitsaufgabe (hier der Fahraufgabe) auf den Menschen wird als Belastung bezeichnet. Im Menschen selbst führt die Belastung zum Entstehen einer Beanspruchung als Folge der Belastung. Demnach hängt die Höhe der Beanspruchung nicht allein von der Höhe der Belastung und ihrer Einwirkungsdauer, sondern auch von den individuellen Eigenschaften, Fähigkeiten und Fertigkeiten der Arbeitsperson ab.
>
> Beanspruchung = f (Belastung; individuelle Eigenschaften, Fähigkeiten, Fertigkeiten)
>
> Der Gestaltungszustand eines Arbeitssystems läßt sich mit einem hierarchischen Vier-Stufen-Konzept bewerten (ROHMERT 1972). Die Bewertung menschlicher Arbeit erfolgt danach, ob sie ausführbar ist, erträglich ist, zugemutet werden kann oder subjektiv zufriedenstellt.

Hieraus ergibt sich ein hierarchischer Anforderungskatalog für eine menschengerechte Arbeitsgestaltung: Ausführbarkeit und Erträglichkeit menschlicher Arbeit müssen grundsätzlich gesichert sein, bevor über Zumutbarkeit und Zufriedenheit diskutiert wird. Während die Forderungen nach Ausführbarkeit und Erträglichkeit menschlicher Arbeit durch ergonomische Messungen mit naturwissenschaftlichen Methoden überprüft werden können, verlangt die Verwirkli-

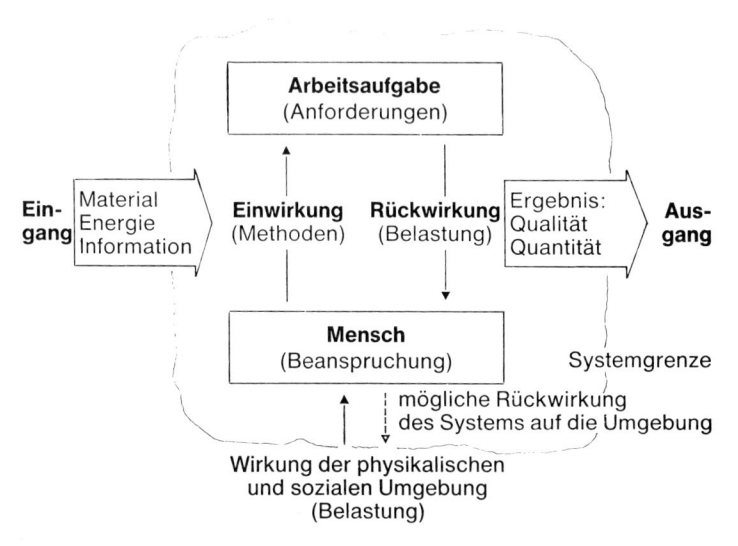

Abb. 15: Modell des Arbeitssystems (LAURIG 1975)

chung und Überprüfung der Forderungen nach Zumutbarkeit und Zufriedenheit die Anwendung sozialwissenschaftlicher Methoden.

Aus Abb. 15 ergibt sich, daß die Belastung sich zusammensetzt aus Teilbelastungen, die aus der Arbeitsaufgabe und der Arbeitsumgebung stammen. Die Belastung stellt die Zusammenfassung dieser Teilbelastungen dar. Sofern diese Teilbelastungen aus objektiv beschreibbaren oder meßbaren Anforderungen bestehen, spricht man von quantitativen (durch Zahlenwerte angebbaren) Belastungsgrößen, die nach ihrer Intensität (Belastungshöhe) und ihrer Dauer (Belastungsdauer) zu erfassen sind. Darüber hinaus können auch lediglich qualitativ (also nicht durch Zahlenwerte) beschreibbare Belastungsfaktoren einwirken.

Belastung = f (Belastungshöhe, Belastungsdauer)

Die erfaßten Belastungsgrößen müssen im Hinblick auf ihre Wirkung auf den arbeitenden Menschen beurteilt werden. Dies ist nur über die Beanspruchung möglich, die demzufolge ebenfalls mit geeigneten Meßgrößen bestimmt werden muß. Da ein funktioneller Zusammenhang zwischen Belastung und Beanspruchung besteht, wird eine erträgliche Belastung zwar in Zahlenwerten und Einheiten von Belastungsgrößen angegeben, die jedoch danach beurteilt worden sind, wie sich die beim Menschen gemessenen Beanspruchungsgrößen im Zeitablauf verhalten haben.

> Als erträglich gilt diejenige Belastungshöhe, bei der Meßgrößen der Beanspruchung (für den Gesamtkörper wie auch für Engpässe in einzelnen Organsystemen des menschlichen Körpers) auch bei fortgesetzter Belastungsdauer keinen ständigen Anstieg zeigen. Es gilt als gesichert, daß dies bei günstigen Formen einer Ganzkörpertätigkeit im allgemeinen z. B. bei einem Arbeitsenergieumsatz unterhalb von 4 kcal/min = 16,76 kJ/min (Dauerbelastungsgrenze) oder bei weniger als 40 Arbeitspulsen/min (Dauerbeanspruchungsgrenze) noch der Fall ist (vgl. Kap. 3.5.2).

Die Frage nach erträglichen Belastungen wird damit zu einer Frage nach der Meßbarkeit von Belastungsgrößen sowie der Meßbarkeit relevanter Beanspruchungsgrößen. Dies setzt eine Gliederung der Belastungen durch die Arbeitsaufgabe und die Arbeitsumgebung voraus, die beanspruchungsbezogen vorgenommen wird.

3.5.1.2 Belastungen durch die Arbeitsaufgabe

Die Rückwirkungen der Arbeitsaufgabe (vgl. Abb. 15) können körperliche (physische) und nichtkörperliche (psychische) Belastungen

Form der Muskelarbeit		Bezeichnung	Kennzeichnen	Beispiele	Kennzeichen der Beanspruchung
statisch		Haltungsarbeit	Keine Bewegung von Gliedmaßen, keine Kräfte auf Werkstück, Werkzeug oder Stellteile	Halten des Oberkörpers beim gebeugten Stehen	Durchblutung wird bereits bei Anspannungen von 15 % der maximal möglichen Kraft durch Muskelinnendruck gedrosselt, dadurch starke Beschränkung der maximal möglichen Arbeitsdauer auf wenige Minuten
		Haltearbeit	Keine Bewegung von Gliedmaßen; Kräfte an Werkstück, Werkzeug oder Stellteile	Überkopfschweißen oder Montieren, Tragearbeiten	
dynamisch		Kontraktionsarbeit	Folge statischer Kontraktionen	Gußschleifen	Übergang zu mit statischer Arbeit vergleichbarer Beanspruchung bei geringen Bewegungsfrequenzen
		einseitige (dynamische) Arbeit	Kleine Muskelgruppen im allgemeinen mit relativ hoher Bewegungsfrequenz	Handhebelpresse, Schere betätigen	maximal mögliche Arbeitsdauer durch Arbeitsfähigkeit des Muskels beschränkt
		schwere (dynamische) Arbeit	Muskelgruppen > 1/7 der gesamten Skelettmuskelmasse	Schaufelarbeit	Begrenzung durch Leistungsfähigkeit der Sauerstoffversorgung durch Kreislauf

Abb. 16: Einteilung der Muskelarbeit entsprechend unterschiedlicher Beanspruchung

darstellen. Eine exakte Trennung zwischen körperlich und nichtkörperlich belastenden Tätigkeiten oder Tätigkeitselementen ist jedoch nicht möglich, da jede körperliche Belastung mit (wenn auch geringfügigen) nichtkörperlichen Belastungen einhergeht und umgekehrt: Der manuelle Transport einer Last z. B. bedeutet vor allem eine körperliche Belastung, ist aber auch mit psychischen Anforderungen an die Informationsaufnahme und -verarbeitung im Menschen zur Bewegungssteuerung verbunden (vgl. Kap. 3.4). Oder: Die Anfertigung einer Konstruktion ist eine Arbeitsaufgabe mit vornehmlich nichtkörperlichen Anforderungen, die Bewegungen beim Zeichnen ergeben darüber hinaus jedoch auch eine körperliche Beanspruchung. Wenn vereinfacht von körperlich und nichtkörperlich belastenden Tätigkeiten oder Tätigkeitselementen gesprochen wird, so sind deshalb damit eigentlich vorwiegend körperlich oder vorwiegend nichtkörperlich belastende Tätigkeiten gemeint (vgl. hierzu ROHMERT/RUTENFRANZ/LUCZAK 1975, S. 50 ff.).

Höhe und Dauer der körperlichen und nichtkörperlichen Belastungen können für verschiedene Arbeitsinhalte in einer Belastungsstudie ermittelt werden. Im Unterschied zum Arbeits- und Zeitstudium ist das Gliederungskriterium einer Belastungsstudie nicht ein Ablaufabschnitt, sondern ein Belastungsabschnitt, der durch die Belastungsart definiert wird. Abb. 16 bietet einen Überblick über die bei Muskelarbeit zweckmäßigerweise zu unterscheidenden Belastungsarten. Für diese ist in Abb. 17 zusammengestellt, mit welchen Methoden (qualitative Schätzmethoden für Belastungsfaktoren und quantitative Meßmethoden für Belastungsgrößen) Belastungsstudien durchgeführt werden können.

In besonderer Weise können Belastungen des arbeitenden Menschen durch bestimmte erzwungene Körperhaltungen vorliegen. Sie sind vielfach durch die Tätigkeit selbst nicht determiniert, sondern vielmehr eine Folge der menschlichen Verhaltensnorm, Unzulänglichkeiten einer nicht menschengerechten Arbeitsgestaltung eher zu ertragen, als diese abzustellen. Die Körperhaltung ist demnach als eine von der Arbeit und deren Gestaltungszustand abhängige Belastung zu betrachten. Sie läßt sich im allgemeinen nur qualitativ beschreiben (vgl. Abb. 17), stellt also einen qualitativen Belastungsfaktor dar. Jedoch bestehen auch Möglichkeiten zur quantitativen Analyse von Körperhaltungen im Sinne der Ermittlung einer Belastungshöhe darin, Energieumsätze für bestimmte Körperhaltungen zu ermitteln oder sog. biomechanische Analysen für Teilmassen einzelner Körperglieder durchzuführen.

So ist im allgemeinen der Energieumsatz des arbeitenden Menschen im Sitzen gegenüber einer liegenden Körperhaltung um mehr als

0,1 kcal/min erhöht; er erhöht sich dann weiter in der Rangreihe Stehen, gebeugtes Sitzen, Hocken, Knien, gebeugtes Stehen bis zum stark gebeugten Stehen, das eine Energieumsatzerhöhung von ca. 0,6 kcal/min aufweist. Zu einer quantitativen Systematik kann man gelangen, wenn man die an Arbeitsplätzen vorkommenden Körperhaltungen entweder auf Grund direkter Beobachtung oder durch Auswertung von Film- bzw. Fernsehaufzeichnungen und fotografischen Aufnahmen systematisch klassifiziert. Für die drei Körperstellungen Stehen/Sitzen/Liegen und die zusätzlichen Sonderstellungen Hocken/Knien werden in Abb. 18 spezifische Merkmale zur Beschreibung der Haltung genannt (nominale Kategorie der Haltungsvariation) und durch „Stufenangaben" zum Ausprägungsgrad der Haltung ergänzt (Beschreibung der Variation).

Abb. 17:
Zugänge zur
Ermittlung der Belastung
bei Muskelarbeit

	qualitativen Belastungsfaktoren	quantitativen Belastungsgrößen
Belastungsdauer	Schätzung (z. B. Time Budget Study)	Dauer eines Belastungsabschnittes
Belastungshöhe	Arbeitsinhalt und Arbeitsablauf, Form der Muskelarbeit, Körperhaltung, soziale und psychologische Umgebungsbedingungen	z. B. zu bewegende Gewichte, Schwere der Muskelarbeit (Leistung, Energieumsatz), Somatogramm, biomechanische Analyse, physikalische Umgebungsbedingungen

Belastungsabschnitte sind zu erfassen durch Beschreibung oder Messung von

Belastungsabschnitte sind gekennzeichnet durch

Körperstellung und Sonderstellung	Haltung des	Nominale Kategorie der Haltungsvariation	Beschreibung der Variation
Stehen Sitzen Liegen Hocken Knien	Kopfes Rumpfes	Beugen und Strecken in Sagittalebene, seitliches Neigen in Frontalebene, Drehung in Horizontalebene	starke, mittlere, leichte, keine Beugung/Neigung/Drehung nach vorn/hinten-rechts/links
	Armes (rechts/links) Hand (rechts/links)	Reichweite in % der maximalen Reichweite, Höhenlage bezüglich Schultergelenk, Seitenlage der Hand bezüglich Schultergelenk	50 %/ 75 %/ 100 % sehr weit oberhalb,weit... sehr weit unterhalb sehr weit nach außen, weit..., sehr weit nach innen
	Beines (rechts/links)	Beschreibung der Beinhaltung	stark, mittel, leicht gebeugt
	Fußes (rechts/links)	Abstand in % des maximalen Abstandes, Höhenlage bezüglich Hüftgelenk	25 %/ 50 %/ 75 %/ 100 % oberhalb, wenig unterhalb..., sehr weit unterhalb

Abb. 18: Systematik der Körperstellungen/Körperhaltungen und deren ordinale Beschreibung

> Mit den geschilderten Belastungsstudien werden lediglich objektivierbare einzelne Belastungsgrößen oder Belastungsfaktoren analysiert, die durch die Erfüllung einer bestimmten Arbeitsaufgabe sowie durch eine konkrete technische, ergonomische und organisatorische Arbeitsgestaltung bestimmte Anforderungen an den arbeitenden Menschen stellen. Mit Beanspruchungsstudien wird dagegen das Ausschöpfen der unterschiedlichen individuellen Funktions- und Leistungsfähigkeiten bestimmter Arbeitspersonen durch vorgegebene Belastungen ermittelt.

Im allgemeinen ist eine Auswirkung von größeren Belastungen als Abnahme mittlerer Arbeitsleistungen oder Zunahme der Streuung von Einzelleistungen direkt am Arbeitsergebnis beobachtbar. Überdies kommen im Rahmen der Beanspruchungsstudien gerade auch physiologische, arbeitspsychologische und arbeitsmedizinische Methoden zum Einsatz, die beispielhaft in Abb. 19 für die Untersuchung der Fluglotsentätigkeit zusammengestellt sind.

Angestrebt werden kontinuierliche Meßmethoden der Belastung und Beanspruchung, so daß eine zeitabhängige Verknüpfung der Beanspruchungsgrößen mit den Belastungsgrößen vorgenommen werden kann (Ermittlung der Meßgrößen der Belastung und Beanspruchung in Abhängigkeit von der Fortschrittszeit). Voraussetzung für derartige Messungen an industriellen Arbeitsplätzen ist, daß die Messung selbst den Arbeitsablauf möglichst wenig stört und auch die Arbeitsperson wenig behindert oder belästigt. Man verwendet deshalb zu solchen Registrierungen heute meist drahtlose Sendegeräte zur Übertragung der Meßgrößen. Durch die drahtlose Übertragung ist die Arbeitsperson frei von behindernden Kabeln. Das Gewicht der Sendegeräte beträgt derzeit je nach Anzahl der zu übertragenden Meßgrößen zwischen 100 g und 1 kg.

> Bei der Beanspruchungsermittlung konzentriert man sich bevorzugt auf solche Meßgrößen, die elektrophysiologische Begleiterscheinungen direkt am arbeitenden Menschen an seinem Arbeitsplatz meßbar machen und Unterschiede in Abhängigkeit von der Belastungsart, der Belastungshöhe und der Belastungsdauer aufweisen.

Da je nach Art der Arbeit im arbeitenden Menschen unterschiedliche Organsysteme beansprucht werden, werden derartige Beanspruchungsmessungen orientiert am Engpaß der Belastung vorgenommen. So wird z. B. bei schwerer körperlicher Arbeit neben den arbeitenden

Verfahren	Untersuchungsobjekt	Methoden
BEANSPRUCHUNGSSTUDIE physiologisch	Höhe und Zeitliche Folge der Beanspruchung	Pulsfrequenzmessung, Arrhythmie der Pulsfrequenz, Langzeit - Elektrokardiographie, Atemfrequenzmessung, Tremormessung, Elektromyographie, Elektroencephalographie, Elektrookulographie, Katecholaminausscheidung im Harn
arbeitspsychologisch	Arbeitszufriedenheit	Fragebogen
arbeitsmedizinisch	berufsbezogene Gesundheitsstörungen	Fragebogen, Time Budget Studies, Langzeit -Elektrokardiographie, Experimentelle Schichtarbeit

Abb. 19: Verfahren, Untersuchungsobjekte und Methoden der Beanspruchungsermittlung (Beispiel: Untersuchung und Beurteilung der Fluglotsentätigkeit)

Muskelgruppen vor allem das Herz-Kreislauf- und Atmungssystem beansprucht. Bei manuellen Montagetätigkeiten dagegen werden bei relativ geringer Beanspruchung des Kreislaufs vor allem die für die Montage notwendigen Muskeln und die die Montage überwachenden Sinnesorgane beansprucht. Die Beanspruchung der Muskeln ist dagegen bei informationsverarbeitenden Tätigkeiten von geringerer Bedeutung.

Die bekannteste und am häufigsten angewendete Methode der Beanspruchungsermittlung ist die *Pulsfrequenzmessung* (vgl. Abb. 19). Durch viele Untersuchungsergebnisse ist belegt, daß die Pulsfrequenz für sehr unterschiedliche Belastungsarten als Beanspruchungsgröße herangezogen werden kann (z. B. Muskelbelastung, Fluglotsentätigkeit, Kontrolltätigkeiten, Kodiertätigkeiten). In einigen Fällen wird auch eine aus der Pulsfrequenz abgeleitete Meßgröße erfolgreich zur Beurteilung der Beanspruchung angewendet. Es handelt sich dabei um die Unregelmäßigkeit der Pulsfrequenz oder des Herzschlages, die sogenannte *Arrhythmie der Pulsfrequenz,* die zusätzliche Aussagen zur Beanspruchung vor allem in emotional bedingten Erregungszuständen erlaubt. Ergänzend können auch Atmungsmessungen zur Beanspruchungsbeurteilung herangezogen werden.

Bei Beurteilung von Tätigkeiten, bei denen es weniger auf die Muskelkraft und mehr auf die Genauigkeit der auszuführenden Bewegungen ankommt, wie dies bei Montage- und Steuertätigkeiten der Fall ist, können im Gegensatz zum Kreislauf einzelne Muskeln lokal weit über ihre spezifischen Erträglichkeitsgrenzen beansprucht sein. Dies muß nicht in einer Reaktion der Pulsfrequenz zum Ausdruck kommen. Hier bietet sich die Methode der *Elektromyographie* an, welche die mechanische Muskeltätigkeit begleitende elektrische Muskelaktivität auswertet. Aus dem zeitabhängigen Verhalten dieser elektrischen Spannungsänderungen kann dann ähnlich wie aus der Pulsfrequenz auf die Beanspruchung von einzelnen Muskeln geschlossen werden. Die Elektromyographie dient ferner als Methode zur Ermittlung der Belastung durch Haltungs- und Haltearbeit sowie durch dynamische Muskelarbeit und unter bestimmten Bedingungen auch zur Beurteilung des Grades der Aktiviertheit der Arbeitsperson.

Wenn mit Hilfe des Auges Bewegungsabläufe überwacht oder Informationen aufgenommen werden, kann dies durch Auswertung der elektrischen Augenaktivität aus dem *Elektrookulogramm* (Amplitudensummenmaß) erfaßt werden. Dazu werden ähnlich wie beim Elektromyogramm elektrische Spannungsänderungen, die bei der Bewegung des Augapfels entstehen, registriert. Wenngleich die Anwendung der Registrierung von Gehirnströmen (sogenannte *Elektroenzephalographie*) bisher nur in Sonderfällen und Laboratoriumsuntersuchungen zur Beurteilung der Auswirkung von nichtkörperlichen Belastungen herangezogen worden ist, steht doch in der Zukunft mit dieser Methode eine weitere Beanspruchungsbeurteilungsmöglichkeit zur Verfügung.

Emotionale Belastungen (z. B. der Fluglotsen, vgl. Abb. 19) lassen sich an Hand von Meßgrößen des *Handtremors* (Mikrobewegungen von Unterarm und Hand) oder der *Katecholaminausscheidung* im Urin beurteilen. Jedoch spricht grundsätzlich auch die Pulsfrequenz sowie deren Arrhythmie an.

> Außer diesen aus den Bereichen der Physiologie bzw. Biochemie stammenden Beanspruchungsstudien kommen auch Methoden aus der Arbeits- und Sozialpsychologie sowie der Arbeitsmedizin zur Beurteilung der Beanspruchung zum Einsatz.

Durch *Fragebogen* werden Aussagen zur Arbeitszufriedenheit sowie zu berufsbezogenen Gesundheitsstörungen gewonnen. Schließlich werden durch *experimentelle Schichtarbeitsuntersuchungen* die Bedeutung der typischen Form der Schichtarbeit, der Freizeit sowie der Schlafzeiten für die Gesamtbeanspruchung des arbeitenden Menschen nachgewiesen.

Es ist darauf hinzuweisen, daß der gerätetechnische und methodische Aufwand der beschriebenen experimentellen Beanspruchungsmessungen in der Praxis sowohl im Bereich der Datenerfassung als auch im Bereich der Datenanalyse erheblich ist. Hieraus folgt derzeit noch, daß derartige experimentelle Erhebungen in der Regel auf Beispiele beschränkt werden, denen dann der Charakter von Richt- oder Brückenbeispielen zukommt. Auf diese Weise kann – analog zu den Systemen vorbestimmter Zeiten – in der Zukunft ein System vorbestimmter Beanspruchungen entwickelt werden.

3.5.1.3 Belastungen durch die Arbeitsumgebung

Auch die Beschreibung der Arbeitsumgebung des Menschen (vgl. Abb. 15) erfolgt in Belastungsgrößen bzw. Belastungsfaktoren, ihre Beurteilung an Hand der Beanspruchungsauswirkungen. Es geht um die menschengerechte Gestaltung der Bedingungen der Arbeitsumgebung zur Unterstützung der Arbeitsausführung für eine angenehme Arbeitssituation und gegen störende und schädliche Einflüsse. Die Gestaltung betrifft die physikalisch bestimmte und soziologisch zu beschreibende Arbeitsumgebung und die hygienischen und sozialen Einrichtungen in Verbindung mit der menschlichen Arbeit. Hierdurch werden folgende ergonomische Erkenntnisse berücksichtigt (KIRCHNER/ROHMERT 1974):

- Leistung und Befinden des Menschen bei der Arbeit hängen von den Umgebungseinflüssen ab.
- Die Beleuchtung dient der Unterstützung der Arbeitsausführung.
- Die farbliche Raumgestaltung kann das Befinden des Menschen beeinflussen.
- Das Raumklima beeinflußt Leistung und Befinden des Menschen.
- Gase, Dämpfe, Stäube, Nässe u. a. sind teilweise gesundheitsschädlich oder beeinträchtigen zumindest die Leistung und das Befinden des Menschen.
- Es müssen bestimmte hygienische und soziale Einrichtungen bei der Arbeit gegeben sein.

> Durch Gestaltung der Arbeitsumgebung werden folgende Ziele verfolgt: Gesundheitsgefährdung durch die Arbeit verhindern, Wahrnehmbarkeit und Erkennbarkeit von Informationen verbessern, Beeinträchtigung der Arbeit vermeiden, Fehlleistungen verhindern, Unfallschutz verbessern, Behaglichkeit bei der Arbeit erhöhen, Zumutbarkeit der Arbeit einhalten.

Die belastenden Umgebungseinflüsse haben Beanspruchungen zur Folge, die ihrerseits die Erträglichkeitsgrenzen für die einzelnen Arbeitsinhalte verändern können. Dies gilt besonders für diejenigen physikalischen Umgebungseinflüsse, die sich nach den relevanten Elementen der menschlichen Sensorik (vgl. Kap. 3.4) gliedern lassen und durch unterschiedliche Rezeptorgruppen trennbar sind: Klima, Lärm, mechanische Schwingungen, Beleuchtung. In Abb. 20 sind vier Umgebungseinflüsse aufgeführt, deren (auf den Menschen wirkende) Belastung durch bestimmte Belastungsgrößen sowie durch die Belastungsdauer beschrieben werden muß. Die einzelnen Belastungsgrößen werden in bestimmter Weise entsprechend ihrer (subjektiven Empfindungs-) Wirkung auf den Menschen zusammengefaßt (z. B. Klimasummenmaße, K-Wert für mechanische Schwingungen, dB(A)/Phon). Abb. 20 gibt ferner an, mit Hilfe welcher Meßgrößen die Beanspruchung physiologisch gemessen oder psychologisch befragt werden kann. Da es sich dabei teilweise um die gleichen Meßgrößen der Beanspruchung handelt, wie sie zur Beurteilung physischer und psychischer Arbeit zur Anwendung gelangen (vgl. Abb. 19), lassen sich mit ihnen auch erträgliche Belastungen für die praktisch vorkommenden Kombinationen von Belastungen aus Arbeitsaufgabe und Arbeitsumgebung ermitteln. Allerdings werden bislang in der Arbeitsstättenverordnung und in den Arbeitsstätten-Richtlinien (oder deren Entwürfen) lediglich für die Arbeitsumgebungsbelastung quantitative Werte angegeben, während die Belastung durch die Arbeitsaufgabe dabei nur qualitativ beschrieben wird.

> Belastungen aus der Arbeitsumgebung durch Gase, Dämpfe, Stäube, Nässe, Schmutz, Strahlen u. a. sollten im Durchschnitt maximale Arbeitsplatz-Konzentrationen (MAK-Werte) nicht überschreiten. Andernfalls ist die menschliche Arbeit (im Extremfall) nicht ausführbar oder langfristig infolge Gesundheitsbeeinträchtigung nicht erträglich.

Zusätzliche Belastungen können auftreten durch Abschirmung der Arbeitsperson infolge Schutzkleidung oder Fernbedienung. Dabei ändern sich entweder die Belastungen durch die Arbeitsaufgabe oder die individuellen Eigenschaften, Fähigkeiten und Fertigkeiten der Arbeitsperson. Bei der Beanspruchungsbeurteilung muß hierauf Rücksicht genommen werden. Ferner ist zu bedenken, daß die Belastungen durch die Arbeitsumgebung zusätzlich auch als Belästigungen von der Arbeitsperson empfunden werden können, welche die Zumutbarkeit der Arbeit in Frage stellen oder die Zufriedenheit mit der Arbeit herabsetzen können.

Schließlich sind die hygienischen und sozialen Einrichtungen in Verbindung mit der menschlichen Arbeit zu gestalten. Hierdurch soll die Zumutbarkeit der Arbeit eingehalten und die Behaglichkeit bei der

Arbeit ermöglicht werden. Auf die Bedürfnisse der Mitarbeiter wird Rücksicht genommen (Toilettenanlagen mit Waschgelegenheiten, Kleidungswechsel zur Arbeit, Waschgelegenheit für die persönliche Reinigung, Räume für Esseneinnahme und Pausenaufenthalt sowie Bereitschaftsräume). Es sei in diesem Zusammenhang auf die Arbeitsstättenverordnung und die hierzu bisher herausgegebenen Arbeitsstätten-Richtlinien hingewiesen, in denen die Anforderungen an bestimmte Räume (Arbeitsräume, Pausen-, Bereitschafts-, Liegeräume, Räume für körperliche Ausgleichsübungen, Sanitärräume, Sanitätsräume) definiert und Richtlinien für ihre Einrichtung und Betreibung festgelegt sind.

Umgebungs-einfluß	Belastung	Beanspruchung	
	physikalisch beschrieben durch Expositions*dauer* und	physiologisch meßbare Reaktionen z. B.	psychologisch erfragte Reaktionen z. B.
Lärm	Schalldruckpegel (Maßeinheit: Dezibel [dB])	Pulsfrequenzerhöhung Durchblutungsänderung von Kapillaren Blutdruckänderung	Lautstärkeempfindung (Maßeinheit: Phon) Lautheit (USA) (Maßeinheit: sone)
mechanische Schwingungen	Schwing- { Weg / Geschwindigkeit / Beschleunigung } Schwingungs- { Amplitude / Frequenz / Form }	Veränderung des Patellar-Sehnenreflex Änderung des Muskeltonus Änderung der Pulsfrequenz	Erträglichkeitstoleranz (Maßeinheit: K-Werte nach VDI-Richtlinie 2057)
Klima	Lufttemperatur Luftfeuchte Windgeschwindigkeit Strahlung (Bekleidung, Arbeitsschwere)	Veränderung der Körpertemperatur (Rektaltemp. = Kerntemp.) Veränderung der Pulsfrequenz Schweißabgabe	Temperatur bzw. Wärmeempfindung (Maßeinheit: verschiedene sogenannte Effektivtemperaturen oder Klimasummenmaße)
Beleuchtung	Lichtstrom bzw. Lichtstärke (Maßeinheit: Lumen bzw. Candela) Beleuchtungsstärke (Maßeinheit: Lux) Leuchtdichte (Maßeinheit: Candela/m^2)	Adaptation durch Regelung des Pupillendurchmessers (Übergang von Stäbchensehen auf Zäpfchensehen und chemische Prozesse, nicht direkt meßbar)	Blendung Veränderung visueller Funktionen (Sehschärfe, Tiefensehen, Farbensehen – verschiedene Maßeinheiten je nach Testverfahren)

Abb. 20: Belastende physikalische Umgebungseinflüsse und Methoden zu deren Beurteilung (nach LAURIG/ROHMERT 1974)

Standardliteratur zu Kap. 3.5.1
(vollständige Quellenangaben siehe Gesamtliteraturverzeichnis)
KIRCHNER/ROHMERT (1974), ROHMERT (1973b), ROHMERT/RUTENFRANZ/LUCZAK (1975), Arbeitsstättenverordnung, Arbeitsstätten-Richtlinien.

HEINZ SCHMIDTKE

3.5.2 Ermüdung und Erholung

○ *Begriffsbestimmung*

Führen Belastungen durch körperliche oder nichtkörperliche Arbeiten oder solche durch die Einwirkung besonderer Umgebungseinflüsse zu einer Beanspruchung, die jenseits der „Dauerleistungsgrenze"[1]) liegt, so reagiert der Körper darauf mit Ermüdung. Je nach Belastungsart und damit je nach Art der Vorbeanspruchung kann sich die Ermüdung auf die Muskulatur, das periphere und zentrale Nervensystem oder andere Organsysteme (z. B. Drüsen) beziehen. Vernachlässigt man einmal den Ort der Ermüdung, d. h. das Organsystem, in dem sich die Beanspruchungsfolgen bemerkbar machen, so kann die Ermüdung in allgemeiner Form wie folgt definiert werden:

> Ermüdung tritt als Folgeerscheinung einer vorhergehenden Beanspruchung auf und geht einher mit einer umkehrbaren (reversiblen) Leistungs- oder Funktionsminderung, einer abnehmenden Leistungsmotivation und einem gesteigerten Anstrengungsgefühl. Die Ermüdung kann sowohl das harmonische Zusammenspiel biologischer Funktionen als auch das Funktionsgefüge der Persönlichkeit stören. Sofern Erschöpfungszustände und Zusammenbruch ausgeschlossen werden, ist die Ermüdung kein krankhafter Prozeß, sondern kann durch angemessene Erholungszeiten voll ausgeglichen werden.

Diese Definition umgeht kausale und funktionale Gesichtspunkte bewußt. Dennoch unterscheidet sich diese Definition der Ermüdung von dem in der Technik gebräuchlichen Ermüdungsbegriff (Materialermüdung) durch den Aspekt der Reversibilität (Wiederherstellung des

---
[1]) Die Dauerleistungsgrenze ist die Leistung, die eine durchschnittliche Arbeitsperson ohne gesundheitliche Schäden während ihres ganzen Arbeitslebens erbringen kann.

ursprünglichen Zustandes). Die Unterscheidung zwischen einem biologischen und einem technischen Ermüdungsbegriff schließt nicht aus, daß auch im biologischen Bereich Organschäden auftreten können, die nach ihrem Zustandekommen und ihrem Erscheinungsbild dem technischen Ermüdungsbegriff nahekommen. Gedacht ist hier an Knochenbrüche nach langdauernder Überbeanspruchung des Stützapparates und Gefäßerweiterungen als bleibende Elastizitätsverluste der Gefäße nach mechanischer Überbelastung.

In der Arbeitswissenschaft wird von Ermüdung immer dann gesprochen, wenn die in der vorstehenden Definition enthaltenen Merkmale im Zusammenhang mit arbeitsmäßiger Vorbeanspruchung oder als Folgeerscheinung von Belastungen auftreten. Andere Ausfüllungen des Ermüdungsbegriffes, wie die im Zusammenhang mit der biologischen 24-Stunden-Rhythmik auftretenden Ermüdungserscheinungen während der Nachtstunden, die Schlafmangel-Folgeerscheinungen und die nur dem subjektiven Erleben zugänglichen Müdigkeitsgefühle müssen wohl beachtet, jedoch vom Begriff der Arbeitsermüdung getrennt werden.

Besonders wesentlich erscheint die Abgrenzung zwischen der objektiven Arbeitsermüdung und den subjektiven Müdigkeitsgefühlen. Da dem Menschen kein Sinnesorgan zur Verfügung steht, welches ihm Informationen über die aktuelle Leistungsmöglichkeit seines Körpers vermittelt, ist Arbeitsermüdung der Selbstbeobachtung nur über den Weg der Müdigkeitsgefühle zugänglich.

Müdigkeitsgefühle können als vegetative Gefährdungsgefühle bezeichnet werden, die das Eindringen des Organismus in eine gesundheitliche Gefahrenzone kennzeichnet. Da Müdigkeitsgefühle jedoch auftreten können, wenn die objektive Beanspruchung vergleichsweise gering war (z. B. in Fällen einer Diskrepanz zwischen Anforderungen und Neigungen oder in Fällen neurotischer Scheinermüdung) oder auch bei intensiver Vorbeanspruchung auszubleiben vermögen (z. B. wenn die Tätigkeit von hoher Leistungsmotivation getragen ist), kommt den Müdigkeitsgefühlen nur eine geringe diagnostische Bedeutung für die Beurteilung der tatsächlichen Höhe der Beanspruchung des Menschen zu.

Bei Überschreitung der Dauerleistungsgrenze durch muskuläre oder informatorische Beanspruchung bzw. bei Einwirkung von Umgebungsfaktoren, die jenseits der Toleranzgrenze[2]) des menschlichen Körpers liegen, wächst die Ermüdung um so steiler an, je größer die Beanspruchung und je länger ihre Wirkdauer ist. Entsprechendes gilt für den Erholungszeitbedarf. Je höher der
→

Ermüdungsgrad anwächst, desto länger dauert es, bis der Mensch sein ursprüngliches Leistungsvermögen wieder erreicht.

Für die betriebliche Praxis ist es notwendig, die Ermüdung als Beanspruchungsfolge scharf zu trennen von ermüdungsähnlichen Zuständen. Besonders bei Überwachungs- und Kontrolltätigkeiten unter reizarmen Bedingungen kann es zu Störungen des Wachsamkeitsniveaus kommen, die in ihrem äußeren Erscheinungsbild und in ihren Folgeerscheinungen der Ermüdung ähnlich sind. Auch einförmige Arbeitsvorgänge bewirken Müdigkeit, Schläfrigkeit, verminderte geistige Spontaneität und Stumpfheit, d. h. Erscheinungsbilder, die denen der Ermüdung ähnlich sind, jedoch zu Zeiten auftreten, zu denen nach dem Grad der Vorbeanspruchung noch keine Ermüdung vorliegen kann. Dieser als Monotonie bezeichnete Sachverhalt unterscheidet sich jedoch genauso wie die zuvor erwähnten Wachsamkeitsstörungen von Ermüdung dadurch, daß Wachsamkeitsstörungen und Monotoniegefühle bei Änderungen des Arbeitsinhaltes wie auch bei Bedingungsvariationen schlagartig abklingen.

○ *Physiologische Grundlagen von Ermüdung und Erholung*

Grundsätzlich kann unterstellt werden, daß alle mit Stoffwechselvorgängen behaftete, d. h. durch Sauerstoffverbrauch gekennzeichnete biologische Substanzen, ermüden können. Unter den Bedingungen menschlicher Berufsarbeit kann man sich jedoch darauf beschränken, die Ermüdung der Skelettmuskulatur und des Zentralnervensystems zu betrachten. Muskelermüdung kann dann auftreten, wenn sich der Muskel bei gleichbleibender Muskelspannung aktiv verkürzt (dynamische Muskelarbeit) oder bei gleichbleibender Muskellänge seine Spannung beibehält oder erhöht (Haltearbeit oder statische Muskelarbeit). Eine Muskelermüdung durch dynamische oder statische Muskelarbeit ist immer dann zu erwarten, wenn die Sauerstoffversorgung nicht mit dem Sauerstoffverbrauch Schritt hält, d. h. der Organismus eine Sauerstoffschuld eingeht.

Da die Sauerstoffversorgung des Körpers durch den Blutkreislauf erfolgt, muß das Herz bei wachsendem Sauerstoffbedarf pro Zeiteinheit eine größere Blutmenge umwälzen, da der Sauerstoff von den roten Blutkörperchen transportiert wird. Nun besteht in weiten Beanspruchungsbereichen eine lineare Beziehung zwischen Sauerstoffaufnahme und Pulsfrequenz. Insofern ist es möglich, aus der relativ leicht

---

[2]) Die Dauerleistungsgrenze ist ebenso wie die Toleranzgrenze belastungsspezifisch. Für schwere dynamische Arbeit liegt z. B. der Grenzwert der Dauerleistung bei 4 kcal/min = 16,76 kJ/min (vgl. Kap. 3.5.1). Grenzwerte für andere Belastungsarten finden sich bei SCHMIDTKE (1976).

meßbaren Pulsfrequenz auf die Höhe der Sauerstoffaufnahme des Körpers zu schließen. Experimentelle Untersuchungen bei Arbeitsformen, die mit der Beanspruchung großer Muskelgruppen einhergehen, haben gezeigt, daß so lange ein Gleichgewicht zwischen Sauerstoffaufnahme und Sauerstoffverbrauch herbeigeführt werden kann, wie die Pulsfrequenz nicht um mehr als 30–35 Schläge je Minute über das Ruheniveau hinausgeht[3]). Dieser Wert definiert zugleich die von Lebensalter, Trainingsniveau und Geschlecht unabhängige individuelle Dauerleistungsgrenze für die dynamische Beanspruchung großer Muskelgruppen. Die äußere Belastung hingegen, die zu diesem Anstieg der Pulsfrequenz um 30–35 Schläge je Minute führt, ist selbstverständlich von konstitutionellen Merkmalen und vom Trainingsgrad abhängig.

Ganz ähnlich wie aus dem Anstieg der Pulsfrequenz über der Zeit ein Hinweis gewonnen werden kann, ob es sich um erträgliche oder ermüdende Arbeit handelt, läßt sich auch aus dem Pulsverlauf nach Arbeitsende ein Rückschluß auf die vorhergehende Beanspruchungshöhe ziehen. Es zeigt sich nämlich, daß bei ausgeglichener Sauerstoffversorgung (d. h. bei einem Anstieg der Pulsfrequenz über Ruheniveau von nicht mehr als 30 bis 35 Schläge je Minute) die Erholungspulssumme [4]) im allgemeinen den Wert 100 nicht überschreitet. Bei ermüdender Arbeit steigt dieser Wert um so steiler an, je höher der Pulsanschlag während der Arbeitsperiode war.

Aus diesem Zusammenhang zwischen Arbeitsschwere, Arbeitsdauer, Pulsanstieg und Erholungspulsverlauf lassen sich Einsichten über die optimale Organisation körperlicher Schwerarbeit gewinnen. Da bei gleicher Arbeitsschwere sowohl der Pulsanstieg als auch die Erholungspulssumme überproportional größer werden, je länger die Arbeit auszuführen ist, wächst auch der Erholzeitbedarf überproportional mit der Dauer der ununterbrochenen Arbeitsperiode.

> Kurze Arbeitsperioden haben demgemäß einen geringeren Ermüdungsanstieg zur Folge und bedürfen kürzerer Erholungspausen (vgl. auch Kap. 4.6.1).

---

[3]) Hierbei handelt es sich um Anhaltswerte. Entscheidend ist, bei welcher Körperstellung (Stehen, Sitzen, Liegen) das Ruheniveau gemessen wird. Gegenüber dem Ruhepuls im Liegen gelten 40 Arbeitspulse noch als erträglich (vgl. Kap. 3.5.1.1).

[4]) Die Erholungspulssumme errechnet sich wie folgt: Direkt im Anschluß an die Belastung wird für alle nachfolgenden Minuten, in denen die Arbeitspulsfrequenz noch nicht wieder auf die Ruhepulsfrequenz abgesunken ist, jeweils pro Minute die tatsächliche Pulsfrequenz gemessen und die Differenz zur Ruhepulsfrequenz gebildet. Diese Differenzen werden aufaddiert; ihre Summe stellt die Erholungspulssumme dar.

Dieser hier für dynamische Muskelarbeit skizzierte Zusammenhang gilt hinsichtlich der daraus abzuleitenden Schlußfolgerungen auch für Haltearbeiten und mit hoher Wahrscheinlichkeit auch für alle informatorischen Arbeiten, mit denen eine mentale Beanspruchung einhergeht. Für Haltearbeiten konnte von Rohmert (1960) der multiplikative Zusammenhang zwischen aufzubringender Haltekraft und erforderlicher Haltezeit für die Ermittlung von Erholzeiten nachgewiesen werden, wobei sich der Dauerleistungsgrenzwert für ermüdungsfreie Arbeit bei Belastungshöhen ergab, die etwa 15 % der Maximalkraft der beanspruchten Muskelgruppen entsprechen. Für mentale Beanspruchung durch informatorische Arbeit, d. h. Aufnahme, Verarbeitung und Umsetzung von Informationen, können z. Z. noch keine allgemeingültigen Dauerleistungsgrenzkriterien genannt werden, wenn auch Untersuchungen des Verfassers zeigten, daß die Beziehungen zwischen Arbeitsdauer, Arbeitsschwierigkeit und Erholzeitbedarf sich ganz ähnlich denen bei dynamischer und statischer Muskelarbeit darstellen.

Was jedoch die physiologischen Hintergründe der mentalen Ermüdung betrifft, so fehlen uns dafür derzeitig noch viele Erkenntnisse. Zwar gibt es Hinweise dafür, daß die Ursachen der Monotonieerscheinungen und des Wachsamkeitsabfalles in einer Verminderung des Aktivierungsniveaus retikulärer Strukturen des Zwischenhirns zu suchen sind (vgl. hierzu und zum Folgenden auch Kap. 3.4); was jedoch die Störungen im Bereich der Wahrnehmung, des Denkens, der Aufmerksamkeit und Konzentration bis hin zur Willkürmotorik und zum Sozialverhalten bei Arbeiten mit hohem Anregungswert oder hohem Informationsfluß verursacht, ist noch weitgehend ungeklärt. Sicher ist nur, daß auch bei geistigen Arbeiten im engeren Sinne wie auch bei Überwachungs-, Kontroll- und Steuerungstätigkeiten ermüdungsbedingte Leistungsminderungen auftreten, die nur durch Erholungszeiten auszugleichen sind. Das erforderliche Ausmaß an Erholungszeiten kann gegenwärtig jedoch nur über breitangelegte arbeitswissenschaftliche Untersuchungen bestimmt, nicht hingegen aus Tabellenwerken entnommen oder aus biologischen Regelhaftigkeiten bzw. Gesetzmäßigkeiten repräsentierende Formeln errechnet werden.

Standardliteratur zu Kap. 3.5.2
(vollständige Quellenangaben siehe Gesamtliteraturverzeichnis)
Lehmann (1962), Müller (1961), Schmidtke (1965), Schmidtke (1973).

4 Die praktische Anwendung arbeitswissenschaftlicher Erkenntnisse

Im Vordergrund des Kapitels 4 stehen detaillierte Hinweise und Empfehlungen zur Gestaltung der Arbeitsplätze, der Arbeitsräume und der Arbeitsumgebung. Hier wird eine Fülle konkreter Daten, Fakten und Leitsätze ausgebreitet, die sich für die praktische Arbeitsgestaltung und die Organisation der Arbeitszeit direkt nutzen lassen. Das Kapitel beleuchtet am Rande aber auch Prinzipien des Personaleinsatzes sowie der Personalführung und schließt mit einer Darstellung über neue Formen der Arbeitsorganisation ab.

4.1 Die Gestaltung von Arbeitsplätzen und Arbeitsräumen

GERHARD KAMINSKY und GERD WOBBE (Kap. 4.1.1 bis 4.1.8)

4.1.1 Die menschlichen Körpermaße als Bezugspunkte für die Gestaltung von Arbeitsplätzen und -räumen

Die Berücksichtigung der Maßverhältnisse des menschlichen Körpers (vgl. Kap. 3.2) ist die grundlegende Voraussetzung einer sinnvollen Gestaltung von Anlagen, Maschinenvorrichtungen, Arbeitsplätzen usw. Auf diese Weise können Arbeiten rationeller, ermüdungsfreier und unfallsicherer ausgeführt werden (vgl. Kap. 3.2).

Da die Körpermaße der Menschen differieren, drängt sich die Forderung nach einer individuellen Anpassung eines jeden Arbeitsplatzes an den jeweiligen Arbeitsplatzinhaber auf. Ohne Schwierigkeiten lassen sich z. B. verstellbare Stühle und Schraubstöcke körpergerecht einstellen.

In den meisten Fällen ist aber eine individuelle Anpassung an den einzelnen Arbeiter nicht möglich. Daher müssen Maschinen, Stellteile usw. so gestaltet sein, daß ein möglichst großer Teil der in Frage kommenden Benutzer in der Lage ist, diese zweckentsprechend zu handhaben. Es sind also Körpermaße zu verwenden, die einem möglichst großen Prozentsatz aller Menschen gerecht werden. Ein Prozentsatz von 90 % der Bevölkerung wird dabei im allgemeinen als ausreichend angesehen. Üblicherweise nimmt man als obere Prozentgrenze das 95. und als untere das 5. Perzentil (vgl. hierzu Kap. 3.2).

Sofern Arbeitsplätze eine Anpassung an individuelle Körpermaße zulassen, wie z. B. bei Stühlen oder Arbeitstischen, sollten diese über einen Verstellbereich vom 5. bis zum 95. Perzentil verfügen. An Arbeitsplätzen, bei denen keine individuelle Anpassung durchführbar ist (z. B. Werkzeugmaschinen), sollte eine Dimensionierung vorgenommen werden, die möglichst vielen Individuen optimale Arbeitsbedingungen bietet. Die vorwiegende Berücksichtigung des 50. Perzentils ist allerdings unzweckmäßig; so sollte z. B. die Gestaltung von Arm- und Beinfreiheit am Arbeitsplatz nach der oberen Perzentilgrenze (z. B. 95. oder 90. Perzentil) vorgenommen werden, damit auch größere Menschen die Arbeitsmittel uneingeschränkt benutzen können. Bei der Festlegung der Sitzflächenhöhe oder des Wirk- und Greifraumes sollte jedoch der untere Perzentilbereich (z. B. 5. oder 10. Perzentil) berücksichtigt werden, da es großen Menschen durchaus möglich ist, diese für kleine Personen angepaßten Arbeitsmittel ebenfalls voll zu nutzen.

> Die Gestaltung von Arbeitsplätzen und Arbeitsräumen hat ihren eindeutigen Bezugspunkt in den anthropometrischen Maßen der arbeitenden Menschen [1]. Diese Maße – in Verbindung mit den Bewegungsräumen – sind die Grundlage für die Bemessung von Arbeits- und Sitzhöhen, Arbeitstischen und -stühlen, für die Gestaltung von Steuerständen u. ä. Hierauf wird im folgenden eingegangen.

4.1.2 Der Bewegungsraum des Menschen

Die Körpermaße und die Drehbereiche der Gelenke bestimmen den Bewegungsraum der Arme, der Beine, des Rumpfes und des Kopfes.

Die in den folgenden Bildern angegebenen Drehbereiche der Gelenke werden kaum voll ausgenutzt, da in den Endlagen der Gelenke der Bewegungswiderstand stark ansteigt. So beträgt z. B. der Drehbereich im oberen Sprunggelenk des Fußes zwar maximal 60°, aber normalerweise wird nur ein Winkel von ca. 25° ausgenutzt. Der nutzbare Bewegungsraum wird außerdem durch das begrenzte Gesichtsfeld des Menschen eingeengt. Beinbewegungen sind weniger genau als Arm- oder Handbewegungen. Daher sollten überall dort, wo es auf Genauigkeit der Bewegungsausführung ankommt, eher der Arm und die Hand eingesetzt werden als der Fuß.

---

[1] Vgl. Kap. 3.2; als gesetzlichen Bezug siehe §§ 90 f. BetrVG, §§ 23 ff. Arb. StättV, Arbeitsstätten-Richtlinie 25/1, vgl. ferner NATZEL (1975). BÖHNER (1975), KARLOWSKI (1975), SEITER (1975).

Schulter

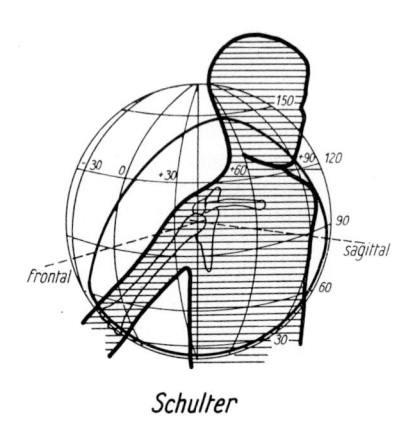

Abb. 21:
Der Bewegungsraum
der Schulter
(nach LEHMANN/STIER 1961,
S. 729)

○ *Schulter, Arme, Handgelenk*

Die Schulter hat ein Kugel- oder Pfannengelenk, wodurch ein großer Bewegungsraum möglich wird (Abb. 21). Deshalb können die Arme sehr große Kreis- und Drehbewegungen beschreiben. Der maximale Bewegungsraum bzw. -winkel ist für die Arme sehr groß (Abb. 22). LEHMANN/STIER (1961, S. 784) haben die Bewegungsrichtungen der Arme (hier: die des rechten Armes) für jeden Punkt des Arbeitsfeldes analysiert (Abb. 23). Bei der Arbeitsgestaltung sind ferner unterschiedliche Zug- und Druckkräfte der Arme in Abhängigkeit von der Armstellung zu berücksichtigen (vgl. Kap. 3.3 und Kap. 4.2). Der Bewegungsraum des Handgelenkes spielt insbesondere bei feinen Montagearbeiten sowie bei der Auslegung von Schalttafeln und Steuerständen eine Rolle (Abb. 24).

○ *Kopf*

Der Bewegungsraum des Kopfes ist aus Abb. 25 zu entnehmen. Der Kopf läßt sich nach rechts und links nur etwa 55 bis 70°, die Augen dagegen 90 bis 100° drehen. Wenn Kopf und Augen gleichzeitig gedreht werden, kann der Eindruck entstehen, daß sich der Kopf in einem größeren Winkel als 55 bis 70° drehen läßt. Das ist aber nicht der Fall, denn der Drehwinkel der Augen addiert sich zu dem des Kopfes, so daß sich durch Kopf- und Augendrehen eine direkte Sicht (Fovealsicht) von etwa 180° ergibt.

Das Gesichtsfeld des Menschen bei beidäugigem Sehen zeigt Abb. 26.

○ *Rumpf*

Die meisten Rumpfbewegungen werden zusammen mit anderen Körperteilen ausgeführt. Die Wirbelsäule weist eine Drehmöglichkeit von etwa 40° nach rechts bzw. links auf.

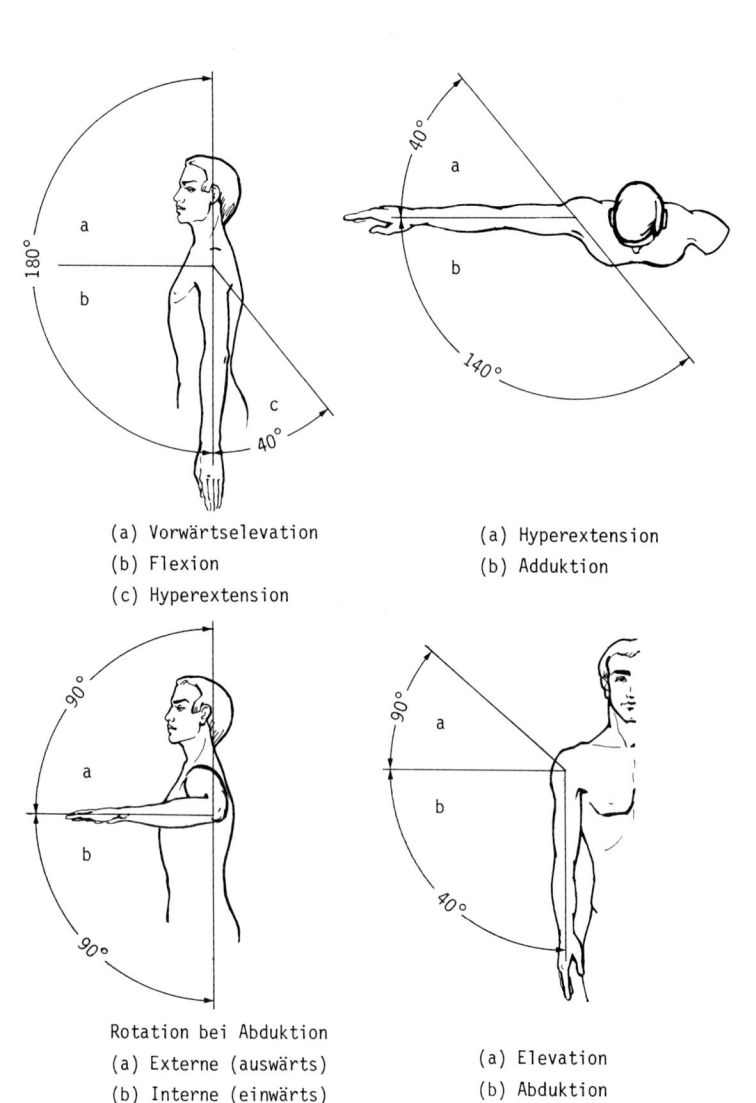

(a) Vorwärtselevation
(b) Flexion
(c) Hyperextension

(a) Hyperextension
(b) Adduktion

Rotation bei Abduktion
(a) Externe (auswärts)
(b) Interne (einwärts)

(a) Elevation
(b) Abduktion

Abb. 22: Bewegungsräume des Armes (nach MURRELL 1971, S. 92)
Abduktion: Seitwärtsheben des Armes bis zur Horizontalen
Adduktion: entgegengesetzte Bewegung
Elevation: Bewegung des Armes über die Horizontale hinaus
Vorwärtselevation: Bewegung des Armes über die Horizontale hinaus (nach vorne)
Flexion: Heben des Armes nach vorne bis zur Horizontalen
Extension: entgegengesetzte Bewegung von oben nach unten

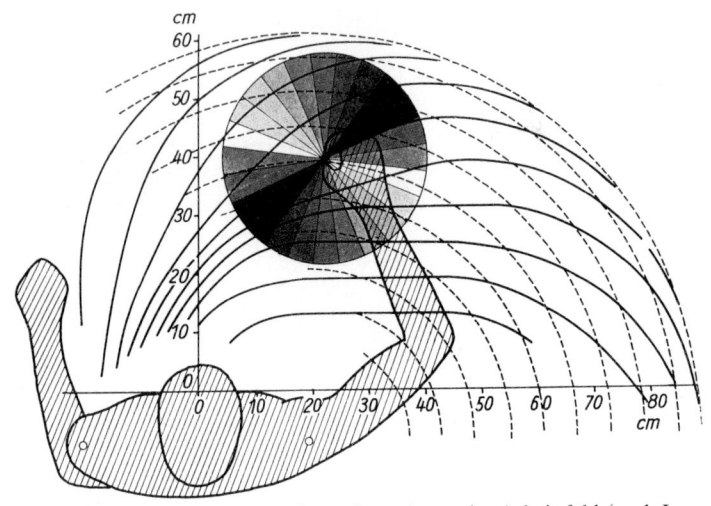

Abb. 23: Bewegungsrichtung des rechten Armes im Arbeitsfeld (nach LEHMANN/STIER 1961, S. 784)

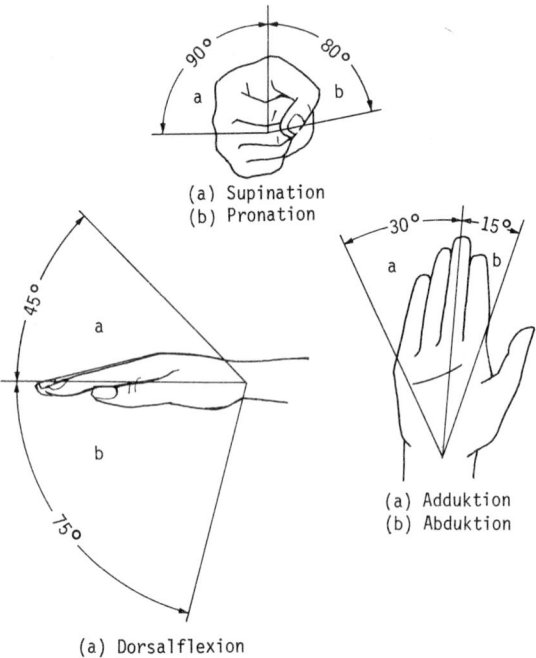

(a) Supination
(b) Pronation

(a) Adduktion
(b) Abduktion

(a) Dorsalflexion
(b) Palmarflexion

Abb. 24: Bewegungsraum des Handgelenkes (nach MURRELL 1971, S. 93)

Rotation
(Drehen d. Kopfes)

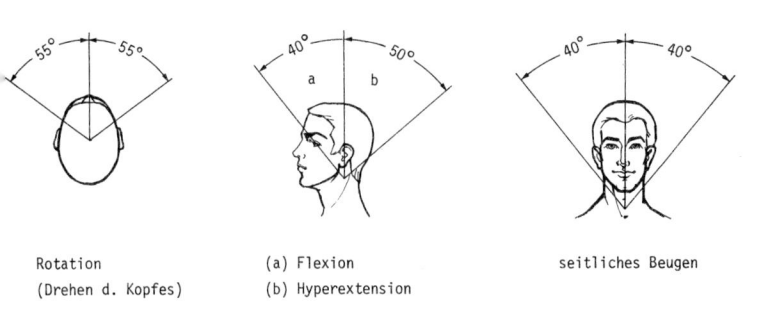

(a) Flexion
(b) Hyperextension

seitliches Beugen

Abb. 25: Der Bewegungsraum des Kopfes (nach MURRELL 1971, S. 92)

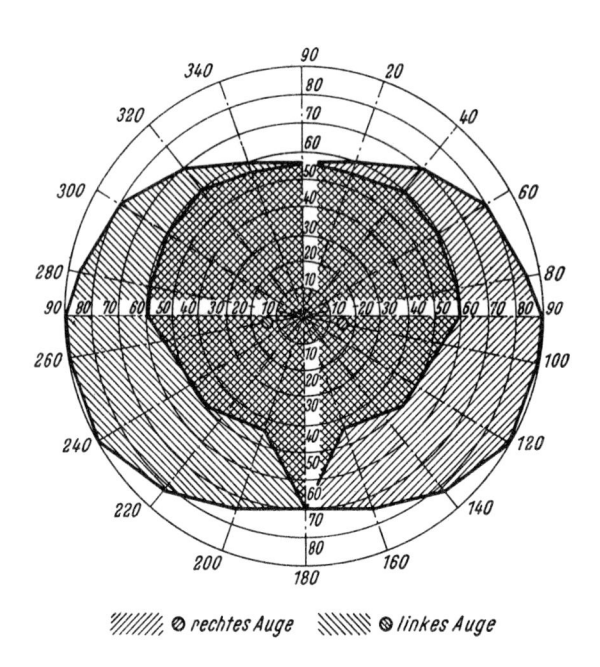

⦸ rechtes Auge   ⦶ linkes Auge

Abb. 26: Das Gesichtsfeld des Menschen bei beidäugigem Sehen (nach SCHOBER, aus: SIMON 1975, S. 46)

○ *Knie- und Fußgelenk*

Das Knie ist ein Scharniergelenk mit einem Beugungswinkel (Flexion) von etwa 150°. Es läßt sich nicht um die (vom Oberschenkel zum Fuß verlaufende) Längsachse drehen. Das Fußgelenk kann sich aus seiner neutralen Stellung heraus um 20° nach oben und um 40° nach unten bewegen. Dieser Bewegungsbereich ist bei der Konstruktion von Fußstützen und besonders bei der Gestaltung von Fußpedalen oder Stellteilen jeder Art, die mit dem Fuß betätigt werden, zu berücksichtigen (Abb. 27).

> Auf der Grundlage der Körpermaße (Kap. 3.2) und der genannten Drehwinkel lassen sich Maße für Bewegungsräume des Menschen in unterschiedlichen Arbeitssituationen (Abb. 28) sowie Maße für den optimalen Greif- und Wirkraum von Armen und Beinen angeben.

4.1.3 Der Wirkraum von Armen, Beinen und das Sehfeld

Aus den in Kap. 4.1.2 angegebenen Drehwinkeln und den daraus abgeleiteten Bewegungsräumen ergibt sich an einem Arbeitsplatz ein bestimmter maximaler Greif- und Wirkraum für die Arme und Beine, innerhalb dessen eine ergonomisch richtige Arbeitsgestaltung anzusetzen hat.

Die Grenzen des anatomisch maximalen Greifraumes, die sich nur mit ausgestrecktem Arm erreichen lassen, werden für die Praxis nicht verwendet, um das Mitbewegen des Schultergelenkes zu vermeiden. Für die praktische Anwendung wird also nur der physiologisch maxi-

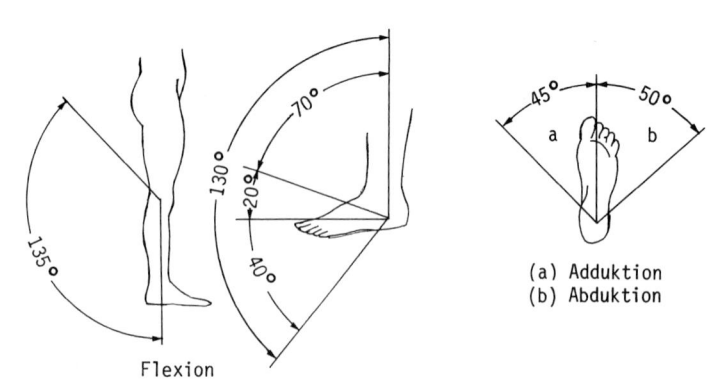

Abb. 27: Der Bewegungsraum des Knies und des Fußknöchels (nach MURRELL 1971, S. 100)

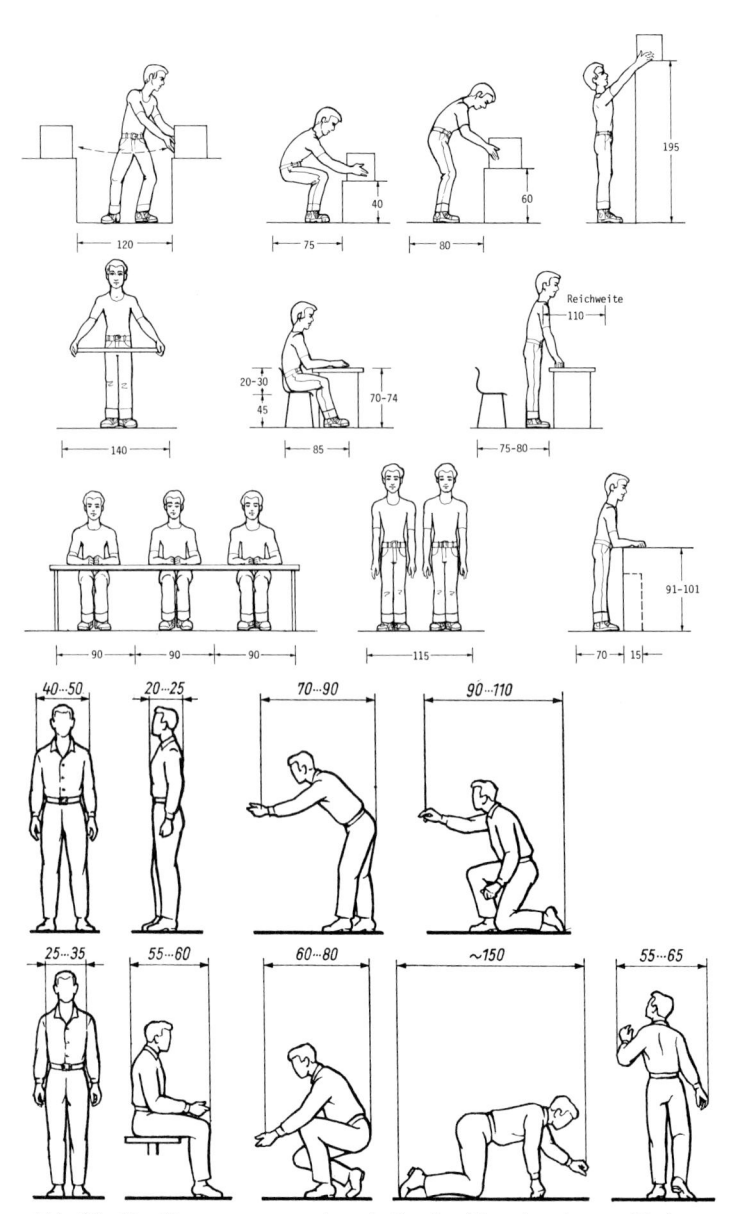

Abb. 28: Der Bewegungsraum des arbeitenden Menschen in verschiedenen Arbeitssituationen und -haltungen, Maße in cm (unterer Teil der Darstellung nach HERING/SCHMIDT/EISELE, aus: Autorenkollektiv 1972, S. 260)

male Greifraum berücksichtigt, der etwa 10 % kleiner ist als der anatomisch maximale Greifraum (auch geometrisch maximaler Greifraum genannt). Trotzdem ist es für Konstruktionsarbeiten wichtig, alle maximalen Grenzen zu kennen, um selten benötigte Stellteile nicht außerhalb dieser Grenzen anzuordnen.

Nach DIN 33 400 soll der Wirkraum nach dem von der jeweiligen speziellen Tätigkeit abhängenden Raumbedarf bemessen werden, insbesondere sind auch die Höhe der Arbeitsfläche, die anatomisch und physiologisch richtige Ausgestaltung von Sitzen sowie die ausreichende Bemessung des Bewegungsraumes zu beachten.

○ *Der Wirkraum der Arme*

Die Abmessungen des Wirk- oder Greifraumes sind durch die Länge und Beweglichkeit des Armes gegeben; aber nicht alle Zonen dieses Raumes lassen einen harmonischen Bewegungsfluß zu. Günstige oder weniger günstige Gelenkstellungen schränken den Bewegungsraum ein. Abb. 29 zeigt als Beispiel die optimalen Maße, bezogen auf eine sitzende Tätigkeit.

Bei der Gestaltung eines Arbeitsplatzes sollen alle Stellteile, Werkzeuge und Werkstücke innerhalb des physiologisch maximalen Greifraumes angeordnet sein. Ist das nicht möglich, sollen die selten benötigten Teile oder Hebel so angeordnet sein, daß durch eine zusätzliche Rumpfbewegung auch diese erreichbar sind. Besonders bei stehender Arbeitsweise wird dadurch der Wirkraum wesentlich erweitert.

Für Arbeiten mit hohem Bewegungsanteil ist die Anordnung von Stellteilen und die Lagerung von Werkzeugen im physiologischen Greifraum notwendig. Bei der Anordnung von Greifbehältern im Greifraum ist zu beachten, daß die Hand bei Ruhestellung eine gradlinige Verlängerung des Unterarms darstellt. Behälter sollten deshalb nicht auf einem Kreisbogen um die Körpermitte herum angeordnet werden, da die Hand beim Greifen des seitlich stehenden Behälters nach außen verdreht werden muß. Günstiger ist es, die Behälter auf Kreisbögen um die Schultergelenke herum anzuordnen (vgl. Abb. 30).

An Tischen liegt die optimale Arbeitsstelle je nach Sehanforderungen zwischen 150 und 450 mm von der Tischkante entfernt. Bei Handarbeiten ohne große Anforderungen an das Auge wird die Arbeit bei etwa 325 mm in einem günstigen Griffbereich ausgeführt.

○ *Der Wirkraum der Beine*

Der Wirkraum der Beine, in dem z. B. Fußhebel angeordnet werden

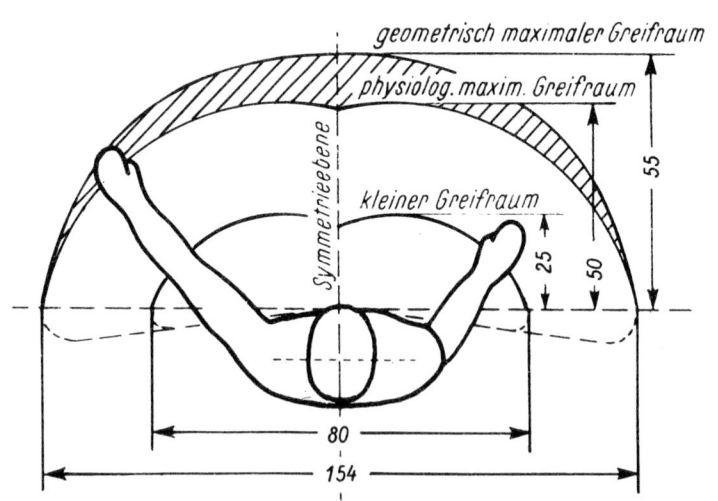

Abb. 29: Der geometrisch maximale und physiologisch maximale (= optimale) Bewegungs- bzw. Greifraum bei sitzender Tätigkeit, Maße in cm

Falsch: Die Anordnung der Griffkästen ist ungünstig, weil die Hände nach außen verdreht werden müssen

Richtig: Günstige Griffkästenanordnung

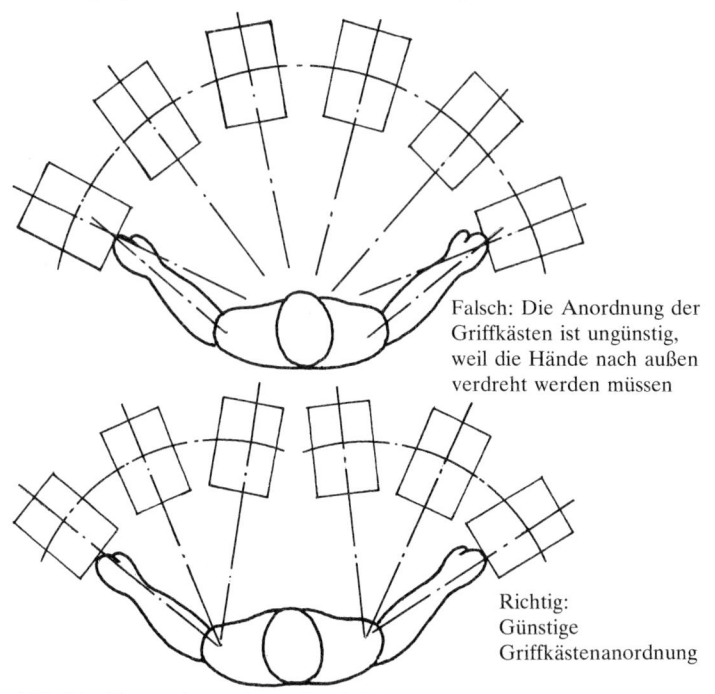

Abb. 30: Ungünstige und günstige Griffkästenanordnung

Art des Arbeitsplatzes	Benennung	Maße in mm	Bemerkung
Sitzplatz	Normaler Beinraum		
	Lichte Höhe	750 (600)	anzustreben Mindestmaß
	Lichte Tiefe	650	oder mehr
	Lichte Breite	500 (400)	möglichst mehr Mindestmaß
	Abgeschrägter Beinraum		
	Lichte Tiefe	650 mit 250 lichte Höhe	oder mehr
		300 mit 750 (600) lichte Höhe	Mindestmaß
	Lichte Breite	500 (400)	möglichst mehr Mindestmaß
	Geteilter Beinraum		
	Lichte Höhe Lichte Tiefe	wie oben wie oben	möglichst wie „normaler Beinraum"
	Lichte Breite	je 300 (je 250)	möglichst mehr Mindestmaß
	Höchstzulässige Breite der Mittelsäule oder Mittelrippe	150 in 250 Entfernung von der Tischvorderkante 75 in 125 Entfernung von der Tischvorderkante 25 in 0 Entfernung von der Tischvorderkante	

Abb. 31: Mindestanforderung an den Beinraum eines Sitz-Arbeitsplatzes

können, ist sowohl im Sitzen als auch im Stehen begrenzt. Maße für den Beinraum eines Sitz-Arbeitsplatzes finden sich in Abb. 31. Sind bei stehender Tätigkeit Pedale zu bedienen, so sollen sie nur einen geringen Hub aufweisen (Abb. 32, siehe auch Kap. 3.3). Der Absatz sollte beim Betätigen auf dem Boden bleiben und einen Teil des Körpergewichtes tragen.

○ *Wirkraum und Sehfeld*

Dem Wirkraum sind durch das Gesichtsfeld Grenzen gesetzt. Das Gesichtsfeld ist der gesamte Bereich, in dem mit beiden Augen größere ruhende oder kleinere sich bewegende Gegenstände und Lichtsignale gleichzeitig, d. h. ohne Augen- und Kopfbewegungen, mit Sicherheit wahrgenommen werden. Mit einem Blickwinkel von 110° in vertikaler und 120° in horizontaler Richtung wird ein ovales Feld umfaßt (vgl. Kap. 4.5.4). Das Gesichtsfeld muß durch Augen- oder Kopfbewegungen oft erweitert werden, um alle Arbeitsgegenstände und Anzeigeeinrichtungen zu erfassen.

Gute Sehbedingungen bestehen im zentralen Bereich dieses Gesichtsfeldes etwa 30° rund um die Sehachse. Wichtige Betätigungselemente und Kontrolleinrichtungen sollten vom Konstrukteur nur in diesem Bereich vorgesehen werden. Es sollten nur Arbeitsgegenstände und Anzeigeeinrichtungen außerhalb des Gesichtsfeldes angeordnet werden, die nicht ständig benutzt oder beobachtet werden müssen.

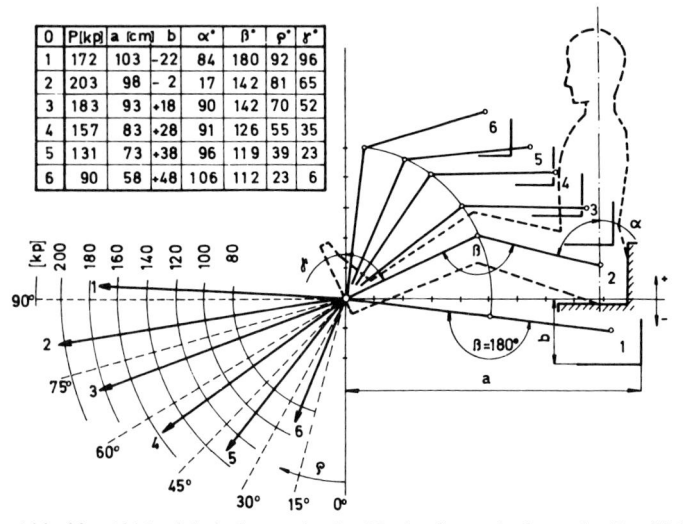

Abb. 32: Abhängigkeit der maximalen Tretkraft von der Lage der Tretfläche relativ zum Sitz (nach E. A. MÜLLER, aus: ROHMERT 1973, S. 147)

Sehentfernung (cm)	Durchmesser des Gesichtsfeldes (cm)
30	49
40	66
50	82
60	98
70	115
100	164
150	245
200	330
500	820

Abb. 33: Die Beziehung zwischen Sehentfernung und Größe des Gesichtsfeldes

Mit steigender Entfernung des zu betrachtenden Objektes nimmt die Größe des Gesichtsfeldes zu (Abb. 33), die Erkennbarkeit des Objektes wird jedoch geringer.

4.1.4 Arbeits- und Sitzhöhen

○ *Sitzende oder stehende Arbeit*

Es ist nicht möglich, eine bestimmte Körperhaltung ununterbrochen einzuhalten, ohne daß die Konzentration nachläßt. Man ermüdet frühzeitig, und schließlich wird die Arbeitsgüte vermindert, weil sich durch die ständige Anspannung der belasteten Körperteile die Durchblutung verschlechtert. Besonders bei eintönigen Tätigkeiten, die aber eine gewisse Aufmerksamkeit erfordern, ist eine wechselnde Arbeitshaltung angebracht, um eine vorzeitige Ermüdung zu verhindern. Deshalb ist es vorteilhaft, Arbeitsplätze so einzurichten, daß eine Tätigkeit in verschiedenen Körperhaltungen durchgeführt werden kann (DIN 33 400). Hierzu sollte zuerst der Arbeitsplatz (Arbeitshöhe) für eine stehende Arbeitshaltung ausgelegt werden, die Sitzhöhe ist dann entsprechend höher als im Falle eines Sitz-Arbeitsplatzes (vgl. die Ausführungen weiter unten).

Unterschiedliche Körperhaltungen wie Sitzen, Stehen, Liegen, Bücken oder Hocken sind unterschiedlich anstrengend. Während der Körper z. B. in der Bückstellung (Abb. 34) durch erhebliche statische

Muskelarbeit (sog. Haltungsarbeit) gehalten wird, ist das Stehen ohne allzu große Haltungsarbeit möglich. Bei bestimmten Körperhaltungen können Störungen des Organismus auftreten. Von den Körperhaltungen am Arbeitsplatz gilt aus arbeitsphysiologischer Sicht das Sitzen gegenüber dem Stehen, Bücken, Hocken und Liegen als die zweckmäßigste Arbeitshaltung.

Abb. 34:
Ungünstige Arbeitshaltung
(Bückstellung)
an einer Spritzpresse

Das Sitzen kann jedoch nur als eine relativ günstige Dauerhaltung angesehen werden. Gegenüber dem Stehen kommt es zwar zu einer Entlastung der Beine, so daß der Energieverbrauch etwa um 3 bis 5 % vermindert und die Kreislaufbelastung herabgesetzt wird; dafür ist aber die Kraftwirkung der Arme im Sitzen meist geringer als im Stehen. Der Arbeitsbereich der Hände ist außerdem reduziert und das Blickfeld eingeengt. Weiterhin kann eine nach vorn gebeugte sitzende Haltung die Ursache von Atmungs- und Verdauungsschwierigkeiten sein und zur Erschlaffung der Bauchmuskulatur führen. Präzisionsarbeiten lassen sich grundsätzlich am besten im Sitzen ausführen.

Die Haltungsfrage ist dann optimal gelöst, wenn der Arbeitende am Arbeitsplatz zwischen sitzender und stehender Körperhaltung wechseln kann. Dies kann durch eine entsprechende Arbeitsgestaltung oder auch durch Arbeits(platz)wechsel (Job Rotation) erreicht werden.

○ *Die richtige Arbeitshöhe*

Ist von der Arbeitsaufgabe her die Voraussetzung für sitzende oder stehende Arbeit gegeben, so bleibt zu bestimmen, welches die richtige Arbeitshöhe ist. Als Arbeitshöhe bezeichnet man diejenige Höhe, in der sich die zu bearbeitenden, zu betätigenden oder zu beobachtenden Arbeitsgegenstände befinden. Sie wird bei stehender Tätigkeit vom Boden und bei sitzender Tätigkeit von der Sitzfläche aus gemessen und ist von der Größe des arbeitenden Menschen und der Art der zu verrichtenden Arbeit abhängig.

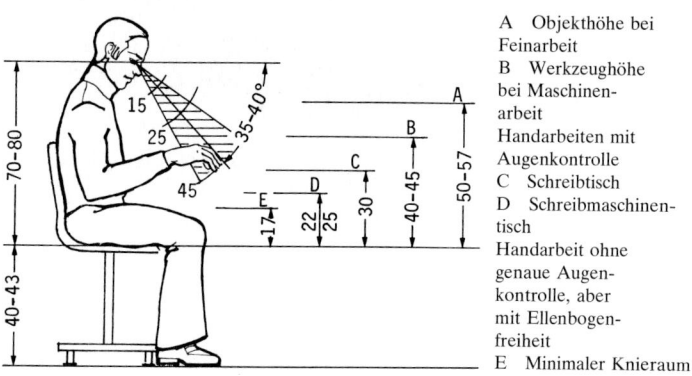

A Objekthöhe bei Feinarbeit
B Werkzeughöhe bei Maschinenarbeit
   Handarbeiten mit Augenkontrolle
C Schreibtisch
D Schreibmaschinentisch
   Handarbeit ohne genaue Augenkontrolle, aber mit Ellenbogenfreiheit
E Minimaler Knieraum

Abb. 35: Arbeitshöhen bei sitzender Haltung, Maße in cm (nach STIER/MEYER o. J., S. 32)

Benennung	Maß bei Feinstarbeit	Maß bei Feinarbeit	Maß bei Maschinenarbeit	Maß bei Handarbeit
Sitz-Arbeitsplatz Tischhöhe	rund 100 − H	rund 90 − H	85 bis 80 − H	rund 65
Waagerechte Entfernung der Arbeitsstelle von der Tischvorderkante	rund 15 (max. 25)	rund 30 (max. 45)	rund 32,5 (max. 50)	rund 32,5 (max. 60)

H = Abstand zwischen Arbeitsstelle und Tischhöhe
max. = maximal

Abb. 36: Tischhöhen beim Sitz-Arbeitsplatz, Maße in cm (nach KROEMER 1963)

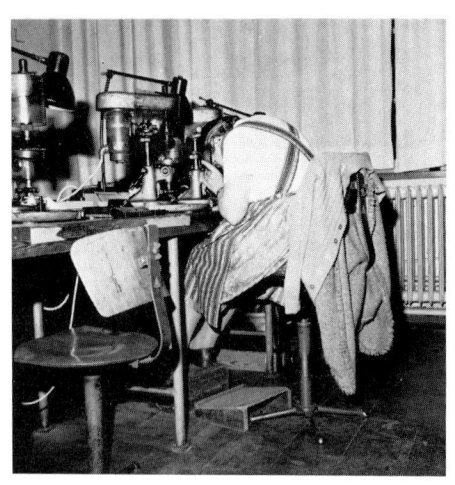

Abb. 37: Die falsche Arbeitshöhe zwingt zu einer ungünstigen Körperhaltung

Zu beachten ist hierbei, daß die Arbeits- und Tischhöhe nicht immer identisch sind. Bei hohen Werkstücken oder Vorrichtungen muß entweder die Tischhöhe entsprechend niedriger oder bei gegebener Tischhöhe die Sitzhöhe entsprechend höher gewählt werden. Die richtige Arbeitshöhe ist je nach Art der Arbeit nach folgenden Kriterien zu bestimmen:

– *Sitzende Arbeit*

Bei sitzender Arbeit ist für die Tischhöhe der Augenabstand vom Arbeitsobjekt bestimmender als die Ellenbogenhöhe über der Arbeitsfläche, da im Sitzen meist körperlich leichtere Arbeit ausgeführt wird. Abb. 35 und Abb. 36 geben die empfohlenen Maße wieder (vgl. auch DIN 33406). Abb. 37 demonstriert die Wirkung eines zu hohen Arbeitssitzes. Abb. 38 zeigt die tabellarische Berechnung der Höhenmaße eines Sitz-Arbeitsplatzes in Abhängigkeit von der Körpergröße.

– *Stehende Arbeit*

In den Abb. 39 und 40 sind die günstigsten Arbeitshöhen für stehende Arbeit zusammengestellt. Allgemein kann man sagen, daß bei stehender Tätigkeit für Handarbeit Arbeitshöhen zwischen 5 und 10 cm unter Ellenbogenhöhe bei hängendem Oberarm am günstigsten sind. Abb. 41 zeigt die Höhenmaße in Abhängigkeit von der Körpergröße.

– *Sitzende und stehende Arbeit*

Bei der Einrichtung eines Arbeitsplatzes für sitzende und stehende Arbeit muß darauf geachtet werden, daß sich die Augenhöhe beim

Abb. 38: Tabellarische Berechnung der Höhenmaße eines Sitz-Arbeitsplatzes in Abhängigkeit von der Körpergröße (aus: Autorenkollektiv 1972, S. 246)

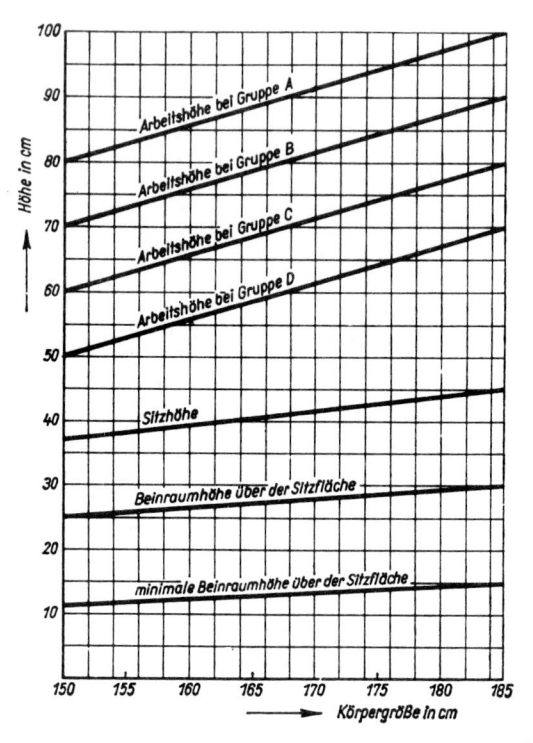

Gruppe	Sehentfernung
A	12 .. 25 cm
B	25 .. 35 cm
C	bis 50 cm
D	> 50 cm

Wechsel vom Sitzen zum Stehen nicht ändert. Gleiches gilt für die Höhe der Hände. Dies läßt sich durch entsprechend höhere Arbeitssitze erreichen (vgl. auch Kap. 4.1.5).

Unabhängig von der Art der Arbeitshaltung sind nachstehende Forderungen zu beachten:

○ *Die Armhaltung*

Bei Tätigkeiten mit geringen Sehanforderungen sollte man in erster Linie um eine bequeme Armhaltung bemüht sein. Eine Armhaltung ist dann bequem, wenn die Oberarme zwanglos herabhängen und die Unterarme mehr oder weniger (je nach Sehanforderung) über die Ho-

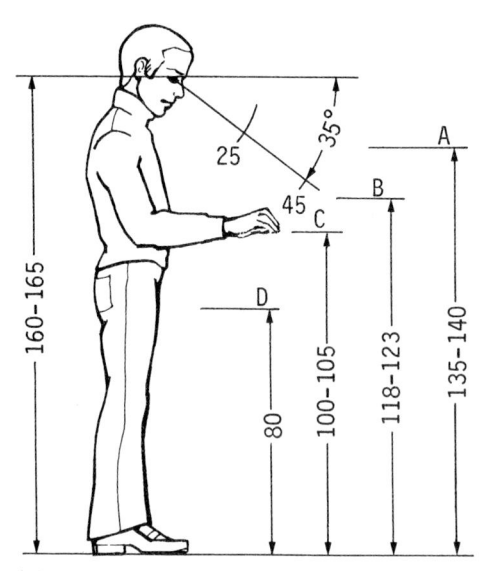

(A) Höhe von Objekten, die dauernd beobachtet werden müssen
(B) Werkzeughöhe bei Maschinenarbeit
(C) Handarbeit ohne genaue Augenkontrolle, aber mit Ellenbogenfreiheit
(D) Arbeitshöhe beim Hantieren mit schweren Gegenständen

Abb. 39: Arbeitshöhen bei stehender Tätigkeit, Maße in cm (nach STIER/MEYER o. J., S. 46)

Benennung	Maß bei Feinst-arbeit	Maß bei Fein-arbeit	Maß bei Maschinen-arbeit	Maß bei Hand-arbeit
Steh-Arbeits-platz Tischhöhe	rund 137,5 – H	rund 127,5 – H	122,5–117,5 – H	90 oder mehr
Waagerechte Entfernung der Arbeits-stelle von der Tisch-vorderkante	rund 15 (max. 25)	rund 30 (max. 45)	rund 32,5 (max. 50)	rund 32,5 (max. 60)
H = Abstand zwischen Arbeitsstelle und Tischhöhe max. = maximal				

Abb. 40: Tischhöhe bei einem Steh-Arbeitsplatz, Maße in cm (nach KROEMER 1963, S. 46)

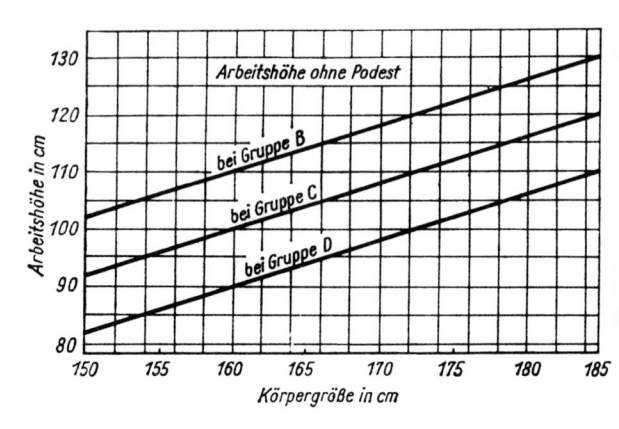

Abb. 41: Höhenmaße eines Steh-Arbeitsplatzes in Abhängigkeit von der Körpergröße (aus: Autorenkollektiv 1972, S. 248 f.)

Gruppe	Arbeitshöhe
B	130 cm
C	120 cm
D	110 cm

rizontale leicht angewinkelt sind. Bei Tätigkeiten mit hohen Sehanforderungen (meist Präzisionsarbeiten) läßt sich eine bequeme Armhaltung durch eine feste Armauflage, d. h. Armstütze (siehe Kap. 4.1.6), erreichen.

○ *Die Bewegungsfreiheit der Arme*

Arbeitsvorgänge, die häufige und schnelle Bewegungen voraussetzen, erfordern eine entsprechende Bewegungsfreiheit der Ellenbogen. Um dies zu erreichen, darf bei sitzender Tätigkeit die Tischhöhe über der Sitzfläche nicht größer sein als die Höhe des Ellenbogens über der Sitzfläche. Bei stehender Tätigkeit soll die Tischhöhe über dem Fußboden die maximale Höhe der Ellenbogen über dem Boden erreichen. Besonders bei groben Montage- oder Sortierarbeiten ist eine genügende Ellenbogenfreiheit sehr wichtig.

○ *Die Abstützung des Oberkörpers*

Bei Schreibtischarbeiten ergibt sich eine bequeme Sitzhaltung, wenn der Mitarbeiter die Möglichkeit hat, seinen Oberkörper durch die Arme an der Tischkante abzustützen. Eine Abstützung ist aber nur empfehlenswert, wenn der Oberkörper nicht zu weit nach vorn geneigt werden muß. Um dies zu verhindern, sollte der senkrechte Abstand von der Sitzfläche zur Tischoberfläche um ca. 6–8 cm größer sein als der Abstand Sitzfläche zu Ellenbogen bei herabhängenden Armen.

Der Abstand zwischen Sitzfläche und Ellenbogen ist mit den Körpergrößen kaum veränderlich und beträgt etwa 24 cm. Es ergibt sich damit ein Maß von 30 bis 32 cm für den Abstand von der Sitzfläche bis zur Tischoberkante, d. h. bei einer Sitzhöhe von 40 bis 43 cm soll die Schreibtischhöhe 70 bis 75 cm betragen (vgl. DIN 4549, 4551, 4552).

○ *Die Sehleistung*

Kommt es bei bestimmten Tätigkeiten, wie bei Feinarbeit oder -montage, auf die Sehleistung an, so ergibt sich die günstige räumliche Lage des Arbeitsgegenstandes vor allem aus der Blickneigung, der richtigen Sehentfernung und der Augenhöhe über der Sitzfläche. Handelt es sich um eine stehende Tätigkeit, so muß entsprechend von der Augenhöhe über dem Boden ausgegangen werden.

Ellbogenhöhe

+ 30
+ 20
+ 10
0
− 10
− 20

Arbeit mit höchsten Sehanforderungen | feine Arbeit mit hohen Sehanforderungen | leichte Arbeit mit normalen Sehanforderungen | mittelschwere Armarbeit (Drücken, Heben usw.)

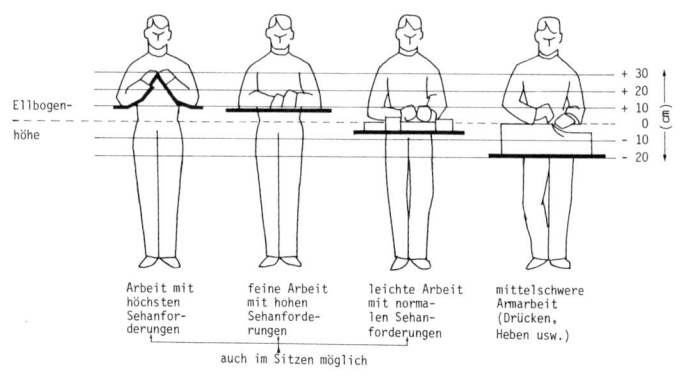

auch im Sitzen möglich

Abb. 42: Arbeitshöhen in Abhängigkeit vom Genauigkeitsgrad (nach SCHULTE 1973, S. 46)

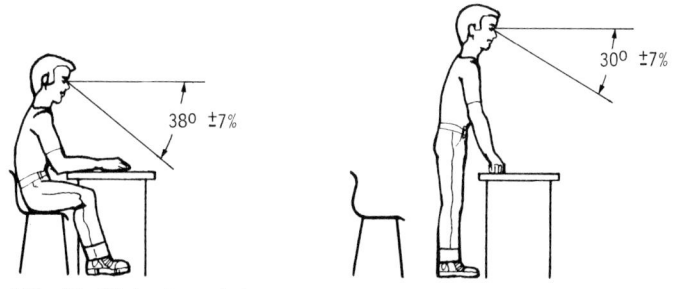

$38°$ ±7% $30°$ ±7%

Abb. 43: Blickneigung bei sitzender und stehender Tätigkeit

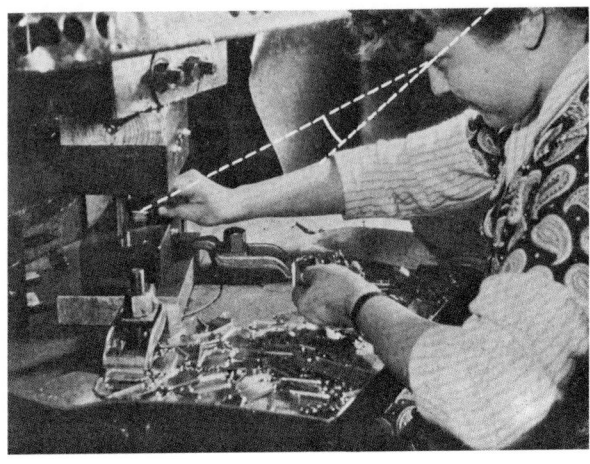

Abb. 44:
Schlechter
Blickwinkel
an einer
Exzenterpresse

Für hohe Sehanforderungen liegt die richtige Sehentfernung bei normalsichtigen Erwachsenen zwischen 25 und 35 cm, bei Jugendlichen etwa bei 15 cm (vgl. zu den unterschiedlichen Sehanforderungen Abb. 42).

Die günstigste Blickneigung gegen die Horizontale beträgt im Sitzen 38° ± 7 %, im Stehen etwa 30° ± 7 % (Abb. 43). Wird diese Neigung nicht beachtet, so kommt es zu erheblichen statischen Belastungen der Augen- oder der Rückenmuskeln (Abb. 44; vgl. auch Kap. 4.1.7).

4.1.5 Arbeitstische und Arbeitsstühle, Sonderformen

○ *Arbeitsstühle*

Das Problem des Sitzens bei der Arbeit ist nicht einfach dadurch zu lösen, daß man einen Sitz anbringt oder einen Stuhl neben die Maschine stellt. Der Sitz muß auch von dem arbeitenden Menschen benutzt werden können. Daraus ist unmittelbar die Forderung abzuleiten, daß Sitzgelegenheiten nach Form, Größe und sonstiger Beschaffenheit den Eigenschaften des menschlichen Körpers und der Art der Arbeit angepaßt sein müssen (DIN 33 400).

– *Rückenlehne*

Die Rückenlehne eines Arbeitssitzes soll eine Stützfunktion erfüllen. Leider wird die Rückenlehne während der Arbeit nicht oder nur in Ausnahmefällen benutzt, zumal der Mensch bei seiner Tätigkeit meist eine leicht vornübergebeugte Haltung einnimmt. Die Rückenlehne wird in der Regel also lediglich dazu benutzt, sich bei der Arbeit oder während der zahlreichen kurzen Pausen zurückzulehnen, um sich zu entspannen. Das ist falsch. Die Rückenlehne sollte so bei der Sitzkonstruktion konzipiert werden, daß sie auch während der Arbeit den Kraftstrom kurzschließt. Die Rückenlehne muß dafür sorgen, daß der Rücken an keiner Stelle passiv gebogen oder die Muskulatur gedehnt wird. Diese Gefahr ist vor allem an der Stelle der stärksten Biegsamkeit der Wirbelsäule (etwa in der Gegend des oberen Beckenrandes) gegeben.

> Der Rücken muß also in dieser Gegend, 18 bis 20 cm oberhalb der Sitzfläche, gestützt werden (sog. AKERBLOM-Knick). Eine so gestaltete Rückenlehne hat überdies den Vorteil, daß der untere Teil, die sog. Lendenstütze, häufig auch während der Arbeit benutzt wird.

Um diesen Effekt zu unterstützen, kann man überdies der Sitzfläche eine Neigung von 6 bis 7° nach hinten verleihen, wodurch zum einen die beabsichtigte Richtung zur Lendenstütze verstärkt und zum anderen verhindert wird, daß der Körper nach vorne rutscht. Durch eine Neigung der Rückenlehne nach hinten und eine leichte Wölbung wird die Rückenmuskulatur entlastet und außerdem ein Teil des Oberkörpergewichtes aufgefangen.

– *Sitzfläche*

> Selbst auf dem bequemsten Stuhl hat man nach einer gewissen Zeit das Bedürfnis, seine Haltung zu verändern. Die Sitzfläche eines Stuhles sollte deshalb so beschaffen sein, daß sie einen gewissen Wechsel der Sitzstellung zuläßt. Vorgeformte Sitzflächen erschweren eine solche Lageänderung.

Eine ebene Sitzfläche kommt dieser Forderung am weitesten entgegen. Das Körpergewicht ruht dann beim Sitzen fast ausschließlich auf den Sitzhöckern des Beckens. Diese sind zur Aufnahme größerer Druckbelastungen geeignet, jedoch empfiehlt es sich, bei längerem Sitzen die Sitzfläche mit einer flachen, nicht zu weichen und etwa 1 cm starken Polsterung zu versehen. Man erreicht dadurch eine bessere Verteilung des Körpergewichtes auf eine größere Fläche des Gewebes.

Ist die Polsterung zu weich, so verteilt sich der Druck zwar auf einen sehr großen Teil des Gesäßes, aber dieser große Teil wird dann auch gleichzeitig belastet, und es besteht keine Möglichkeit, eine „taub gewordene" Stelle durch eine Verlagerung des Körpergewichtes zu entlasten und dadurch frisch zu durchbluten. Überdies hindert ein zu weiches Polster die normale Wärmeabgabe der Haut.

Ist die Sitzfläche des Stuhles drehbar, wird das Aufstehen und Hinsetzen erleichtert. Müssen horizontale Kräfte bei der Arbeitsverrichtung aufgebracht werden, so dürfen die Sitze nicht drehbar sein.

– *Sitzhöhen, Sitztiefen*

Die Sitzhöhe ist so zu wählen, daß die Oberschenkel mit ihrem unteren Ende die Sitzfläche nicht berühren oder nur leicht aufliegen. Die Vorderkante sollte möglichst abgerundet sein und nicht weiter als 10 cm an die Kniekehlen heranreichen. Das führt zur Vermeidung von Blutstauungen, da in den Kniekehlen starke Blutgefäße dicht unter der Haut liegen, die leicht abgesperrt werden können. Eine zu hohe Sitzfläche wird nach kurzer Zeit als sehr unangenehm empfunden, weil dann die Oberschenkel einer gewissen Druckbelastung ausgesetzt sind.

> Man kann eine Höhe der Sitzfläche von etwa 40 bis 43 cm empfehlen. Da die Höhe nicht für alle Körpergrößen günstig sein kann, sollte jeder Arbeitsstuhl über eine entsprechende Höhenverstellung verfügen. Bei nicht verstellbaren Stühlen ist besonders der kurzbeinige Mensch (5. Perzentil, vgl. Kap. 3.2) zu berücksichtigen, da es unangenehmer ist, auf einem zu hohen als auf einem zu niedrigen Stuhl zu sitzen.
>
> Die Sitztiefe sollte 35 bis 40 cm betragen, so daß auch hier ein kleiner Mensch (5. Perzentil) die Rückenlehne benutzen kann, ohne mit den Kniekehlen an die Sitzvorderkante zu stoßen. Eine kurze Sitzfläche erlaubt eine größere Bewegungsfreiheit der Beine, und die Rückenlehne wird mehr in Anspruch genommen.

Abb. 45 zeigt einen höhenverstellbaren Arbeitsstuhl mit Armstützen und verstellbarer Rückenlehne (nach DIN 4552, vgl. auch DIN 4551).

○ *Arbeitstische*

Arbeitstische sind Arbeitsmittel, an denen in stehender und/oder sitzender Körperhaltung eine Tätigkeit verrichtet wird. Es sind dies: Werkbänke, Schreibtische, Montage- und Kontrolltische u. ä. Sie müssen entsprechend ihrem Zweck nach unterschiedlichen Gesichtspunkten konstruiert werden. Es bestehen jedoch neben der Auslegung des Griffeldes (vgl. Kap. 4.1.3) einige für fast alle Arten von Tischen gleichermaßen zutreffende Grundanforderungen.

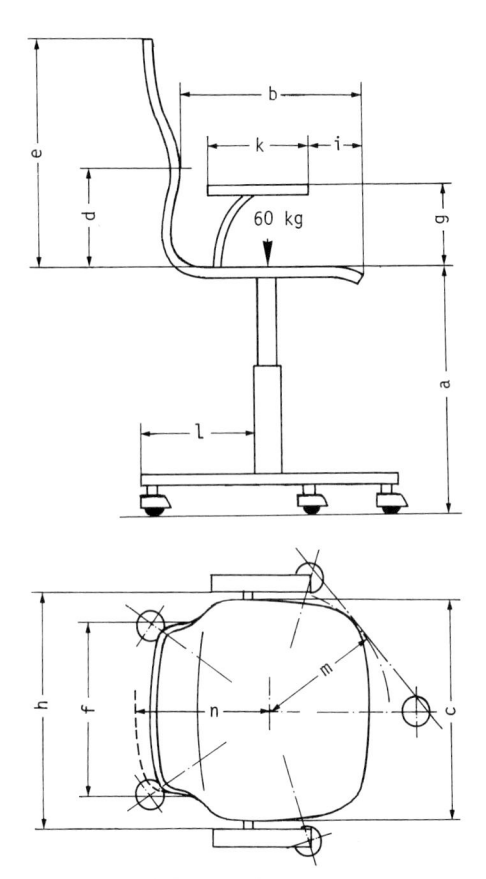

Abb. 45: Bürodrehstuhl nach DIN 4552
Maße in mm, min. = minimal, max. = maximal
a Sitzhöhe, Verstellbereich: 420 – 500
b Sitztiefe, 380 min., 440 max.
c Sitzbreite 400 min., 480 max.
d Höhe des Abstützpunktes über dem Sitz 130 min., 200 max.
e Rückenlehnenhöhe 320 min.
f Rückenlehnenbreite 360 min.
g Höhe der Armauflage über dem Sitz 230 ± 20
h Lichte Weite zwischen den Armauflagen 490 ± 10
i Armstützenabstand von der Vorderkante 110 min., 180 max.
k Länge der Armauflage 200 min.
l Größte Ausladung des Untergestells 365 max.
m Kippsicherheitsmaß (Radius des Kreises, den die Verbindungslinien der Abstützungspunkte tangieren) 195 min.
n Größte Ausladung der Rückenlehne m + 75 max.

– *Tischhöhe*

Bei der Bestimmung der Tischhöhe für stehende Arbeitshaltung ist die mittlere Bauhöhe des zu bearbeitenden Gegenstandes zu berücksichtigen. Bei großem Variationsbereich der Bauhöhen muß von einem Mittelwert ausgegangen werden. Im Stehen werden häufig Arbeiten ausgeführt, die in der Regel höhere Betätigungskräfte erfordern, wie z. B. Meißel- oder Sägearbeiten. Um die Arbeitsermüdung möglichst klein zu halten, sollte der Arbeiter in großem Umfang sein Körpergewicht einsetzen können. Das wird schwierig, wenn der Arbeitstisch zu hoch ist.

Nimmt man die durchschnittliche Größe eines Mannes mit 1,75 m und die der Frau mit 1,66 m an, dann befinden sich die Ellenbogen im Mittel in einer Höhe von 110 cm beim Mann und 100 cm bei der Frau. Die günstigste Arbeitshöhe ist dann gegeben, wenn der angewinkelte Unterarm so geneigt ist, daß die Hand 5 cm tiefer als der Ellenbogen liegt.

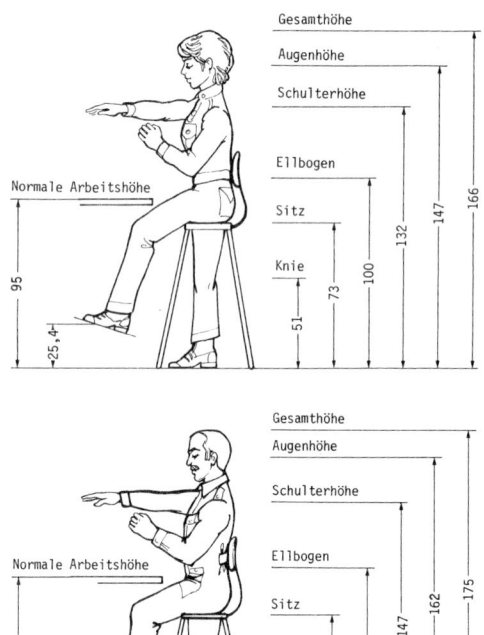

Abb. 46: Arbeitshöhen an kombinierten Steh- und Sitz-Arbeitsplätzen für Frauen (oben), Männer (unten), Maße in cm

> Die günstigste Arbeitshöhe für stehende Verrichtung beträgt also etwa 105 cm für den Mann und 95 cm für die Frau (Abb. 46).

Die Tischhöhe sollte auch kleinen Menschen (5. Perzentil) ein Arbeiten in entspannter Haltung ermöglichen. Bei großen Bauhöhen läßt sich z. B. durch Podeste eine angenehme Arbeitshöhe realisieren (vgl. Kap. 4.1.6).

Für sitzende Tätigkeiten gelten die gleichen Überlegungen wie für Tätigkeiten im Stehen. Es muß auch hier die Arbeitshöhe gefunden werden, die möglichst vielen Menschen günstige Arbeitsbedingungen bietet.

> Eine Höhe der Arbeitstische bei Männern von 72 cm und bei Frauen von 69 cm hat sich allgemein für sitzende Tätigkeiten bewährt.

Diese Maße sind natürlich nicht für alle Arbeiten günstig. So sind z. B. für Feinarbeiten die Tischhöhen größer zu wählen, da das Arbeitsobjekt möglichst nah am Auge des Bearbeiters liegen sollte (vgl. Abb. 35 und 42).

○ *Sonderformen von Arbeitssitzen*

Ständiges Stehen bei der Arbeit ist arbeitsphysiologisch ebenso ungünstig wie ausschließliches Sitzen. Wo es technisch und technologisch

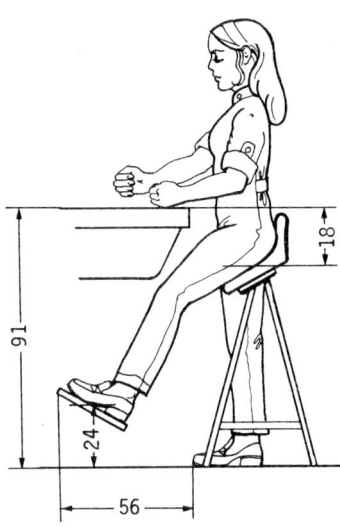

Abb. 47:
Arbeitsplatz mit
gewichtsentlastendem
Stehsitz (Stehhilfe),
Maße in cm

möglich ist, sollte sich Sitzen und Stehen abwechseln. In diesem Fall bieten sich Steh-, Pendel- und Rollsitze an.

Bei richtiger Benutzung und Dimensionierung eines Stehsitzes (Stehhilfe) werden etwa 60 % des Körpergewichtes von der Sitzfläche und 40 % durch das Abstützen der Beine aufgenommen (Abb. 47). Es ist zu beachten, daß bei einer solchen Steh- und Sitzhaltung die Füße neben einer senkrechten auch eine waagerechte Kraftkomponente auf den Boden übertragen, so daß bei glattem Belag die Gefahr des Ausrutschens besteht. Rutschsicherer Bodenbelag oder eine Fußstütze können hier Abhilfe schaffen. Man könnte auch dem Fußboden eine Schrägung von etwa 10° geben, so daß sich das Körpergewicht wieder gleichmäßig über die Fußsohlen verteilt.

Für Arbeitsplätze mit einer breiten frontalen Ausdehnung eignen sich Rollsitze (Abb. 48). Diese laufen auf Schienen, so daß sich der Arbeiter sitzend fortbewegen kann. Ein solcher Sitz ist aber nur dann sinnvoll, wenn die Kraftkomponente in der Verschieberichtung des Sitzes nicht zu groß ist. Dieses gilt insbesondere auch für allseitig bewegliche Hänge- oder Schwenksitze (Abb. 49).

Abb. 48: Rollsitz

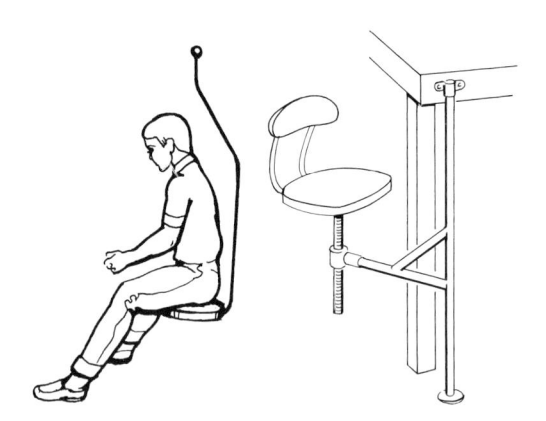

Abb. 49: Hänge- und Schwenksitz

4.1.6 Armstützen, Fußstützen, Podeste

○ *Armstützen*

Die Durchführung von Präzisionsarbeiten erfordert oft nur kleine Bewegungen der Hand oder sogar nur der Finger. Die anderen Körperpartien dienen dann praktisch nur als Stativ und leisten Haltearbeit. In solchen Fällen bewirkt die Abstützung der Arme eine Arbeitserleichterung mit einer weitgehenden Entlastung des Körpers.

Durch Benutzung einer Armstütze wird die statische Muskelspannung vermieden. In vielen Fällen ist die Armstütze auch ein Ersatz für die Rückenlehne, weil der vorgebeugte Oberkörper abgestützt wird.

Abb. 50:
Arbeitsplatz mit Armstütze

Abb. 51:
Vertikal und horizontal
verstellbare Armstützen

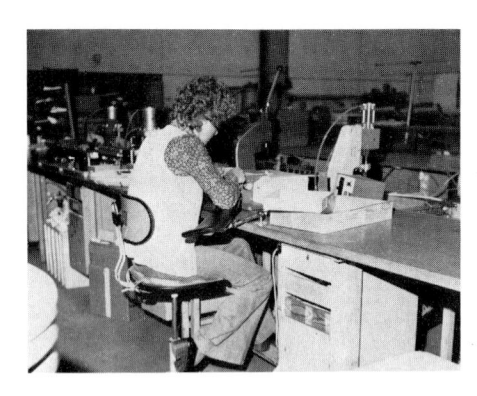

Abb. 52:
Falsche Benutzung
einer Armstütze

Die Armstütze muß so angebracht sein, daß sie den Arbeiter in seiner Bewegungsfreiheit nicht einengt und sich für den Bedarfsfall ohne Aufwand entfernen läßt (Abb. 50). Es empfiehlt sich deshalb, diese Stütze auf einen Schwenkhebel zu setzen, der, wie Abb. 51 zeigt, mit einem Bügel an jedem Tisch festgeschraubt werden kann. Eine Armstütze für den Unterarm sollte leicht gepolstert, nicht scharfkantig und in der Höhe verstellbar sein. Falsch positionierte Armstützen bewirken, daß sie nicht benutzt werden oder bei Benutzung zu einer verkrampften Muskelanspannung führen (Abb. 52).

○ *Fußstützen*

Bei vielen Maschinen läßt sich aus technischen Gründen die Arbeitshöhe nicht den Körpermaßen anpassen. Die Arbeitshöhe liegt dann oft so hoch, daß eine übernormale Sitzhöhe meist in Verbindung mit einem Stehsitz erforderlich wird. Um den Füßen einen Halt zu geben, ist eine Fußstütze anzubringen. Die Höhe der Fußstütze ermittelt man aus der erforderlichen Sitzhöhe abzüglich der normalen Sitzhöhe.

Die Fußstütze soll dem ganzen Fuß eine Auflagefläche bieten, damit dieser wirklich entspannt wird. Für die Gestaltung sind nachfolgende Maßangaben zu beachten:

Höhe (stufenlos) bis 30 cm
Auflagefläche für Füße 40 x 40 cm
Neigungswinkel (stufenlos) bis 20°

Die Höhe der Fußstütze muß der Stuhlhöhe und der Länge der Unterschenkel angepaßt sein. Die Unterseite muß rauh sein, um ein Abrutschen zu verhüten. Wegen der Möglichkeit des Abrutschens sollten deshalb feste Fußstützen bevorzugt werden.

Mit dem Sitz verbundene Fußstützen, die meistens aus einem Rohr oder Flacheisen bestehen, stellen nur eine Notlösung dar. Sie werden zwar für einen gelegentlichen Lagewechsel der Beine als angenehm empfunden, ersetzen aber wegen der zumeist fehlenden Entspannungsmöglichkeit der Unterschenkelmuskulatur keine Fußstütze mit breiter Auflagefläche.

○ *Podeste*

Eine ähnliche Funktion wie die Fußstützen nehmen Podeste zum Ausgleich unterschiedlicher Körpergrößen ein. Podeste werden meist bei stehender Arbeit eingesetzt. Denkbar sind auch Podeste, die unter Arbeitssitze gestellt werden. Die Dimensionierung der Podeste richtet sich einmal nach der an diesem Arbeitsplatz tätigen Person und zum anderen im wesentlichen nach den mit Hilfe des Podestes zu erreichenden Objektzielen. Soll z. B. ein großes Maschinenaggregat bedient werden, so muß das Podest so bemessen sein, daß auch der oberste Bedienungshebel erreichbar ist. Da das Podest in der Regel in der Ausdehnung der Breite des zu bedienenden Arbeitssystems entspricht, ist vor allem auf Rutschsicherung des Fußbodens sowie auf eine ausreichende Gefahrenkennzeichnung (Stufe!) zu achten.

4.1.7 Pulte, Tafeln, Steuerstände

Im Zuge der allgemeinen technischen Entwicklung gerade im industriellen Fertigungsbereich hat sich der traditionelle Arbeitsplatz um spezielle Arbeitsplätze erweitert, an denen der Mensch nunmehr nur noch mittelbar in den überwiegend automatisch ablaufenden Arbeitsprozeß steuernd und kontrollierend eingreifen muß. Solche Tätigkei-

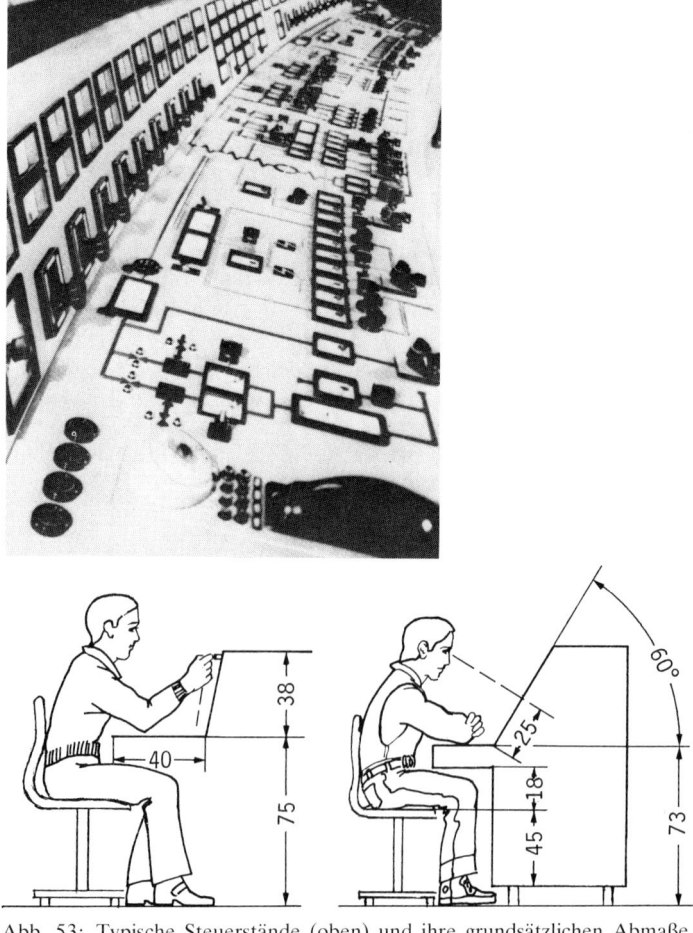

Abb. 53: Typische Steuerstände (oben) und ihre grundsätzlichen Abmaße (unten), Maße in cm

ten erfordern vom Menschen unter anderem oft ein hohes Maß an Übersicht, Konzentrations- und Reaktionsvermögen. Diese Anforderungen sollten bei der Arbeitsplatz- und -raumgestaltung berücksichtigt werden.

Bei der Gestaltung von Pulten, Tafeln, Konsolen und Steuerständen – im folgenden zusammengefaßt unter dem Begriff des Steuerstandes – sind unter Berücksichtigung der bereits behandelten ergonomischen Kriterien auf Grund der Änderung der Anforderungsprofile Arbeitsplätze zu entwickeln, die den Tätigkeitsmerkmalen „Steuern und Kontrollieren" in besonderem Maße Rechnung tragen. So muß der Mensch z. B. in der Lage sein, auf Grund einer Störung des techni-

	Pultbereich		
	oben	Mitte	unten
Untere Kante	max. 30° unter horizontaler Sehlinie	max. 45° unter horizontaler Sehlinie	etwa Grenze des Bewegungsraumes der Hände
Neigung	max. 20° gegen Vertikale	max. 50° gegen Horizontale, min. 30°	max. 30° gegen Horizontale
Verwendung	Anzeigeinstrumente Eichinstrumente und Steuerelemente	Anzeigeinstrumente mit zugehörigen Steuerelementen	Steuerelemente und verschiedene Ausrüstungen

Abb. 54:
Angaben zur Gestaltung von Steuerpulten (nach ELY/THOMPSON/ORLANSKY, aus: Peters 1973, S. 203 f.)
min. = minimal, max. = maximal

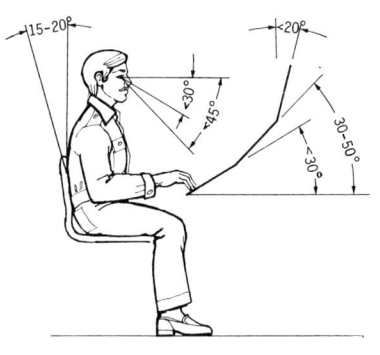

schen Ablaufs unmittelbar zu reagieren (z. B. Cockpit im Flugzeug). Das bedeutet, daß die entsprechenden Anzeigen, Stellteile (sowohl Hand- als auch Fußhebel) so anzuordnen sind, daß sie unverwechselbar, möglichst schnell zu erreichen und ohne großen Kraftaufwand zu stellen sind (vgl. auch DIN 33 400 und DIN 33 401).

Da der Mensch in der Regel zugleich den Arbeitsprozeß weiter beobachten muß – er also „automatisch" zu reagieren hat –, wird die Bedeutung, die gerade diesen Steuerständen zukommt, deutlich. Abb. 53 zeigt schematisch einen Steuerstand mit den entsprechenden grundsätzlichen Abmaßen. Typisch und für die Gestaltung von Steuerständen gleichermaßen wichtig sind die Bereiche

– des Sehens,
– des Greifens und
– der unteren Extremitäten.

In Abb. 54 sind einige Gestaltungsangaben für Steuerstände zusammengestellt.

○ *Die Sehbereiche*

Beim Ablesen von Analoganzeigen und Skalen kommt es auf die Genauigkeit an. Der optimale Sehwinkel (Minimierung der Parallaxe) ist gegeben, wenn die (Seh-) Augenachse und die zu beobachtende Fläche einen Winkel von 90° bilden. Daraus folgt, daß die abzulesenden Anzeigen nicht in der Ebene, sondern in einem Winkel von 50 bis 60° zu ihr angebracht sein sollten. SCHMIDTKE/DUPIUS (1974, S. 30f.) un-

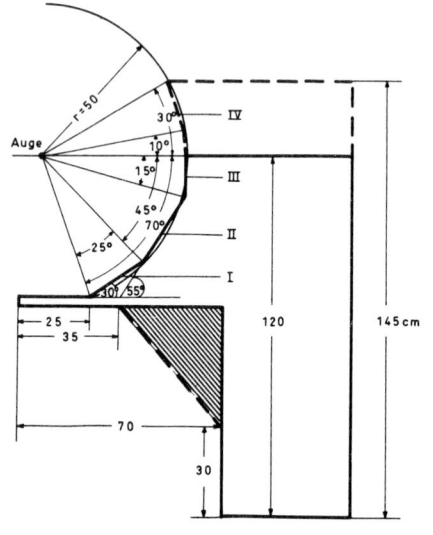

Abb. 55:
Maße für Steuerstände
(nach: SCHMIDTKE/DUPIUS
1974, S. 30)

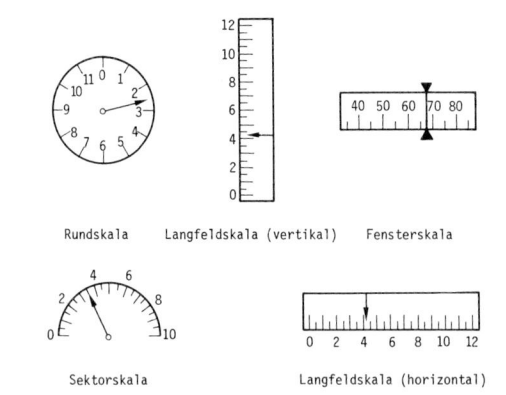

Abb. 56:
Gebräuchliche
Skalenformen

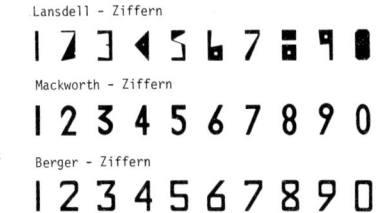

Rundskala   Langfeldskala (vertikal)   Fensterskala

Sektorskala   Langfeldskala (horizontal)

Abb. 57:
Gebräuchliche Ziffernformen
(nach McCormick, aus:
Bernotat 1974, S. 80)

Lansdell - Ziffern

1 2 3 4 5 6 7 8 9 0

Mackworth - Ziffern

1 2 3 4 5 6 7 8 9 0

Berger - Ziffern

1 2 3 4 5 6 7 8 9 0

terscheiden hier vier Bereiche (vgl. Abb. 55), wobei sie davon ausgehen, daß die für den jeweiligen Arbeitsprozeß wichtigsten Instrumente im zentralen Blickwinkel und -raum liegen sollten (Bereich II). In den Bereichen I und III sollten die nicht so häufig zu beobachtenden Anzeigen angeordnet werden, und der Bereich IV ist nur für diejenigen Instrumente zu benutzen, die selten kontrolliert werden müssen.

Es ist ein unmittelbarer Zusammenhang zwischen der Ableseschnelligkeit und der Auslegung der Instrumente festzustellen. Murrel (1971, S. 216 ff.) berichtet von verschiedenen diesbezüglichen Untersuchungen. Demnach sollte sich die Skalenform nach dem jeweiligen Anzeigezweck sowie auch nach der Ziffernform richten (Abb. 56 und 57, vgl. Kap. 4.3). Die Frage, ob Analog- oder Digitalanzeigen zu verwenden sind, richtet sich ebenfalls nach der jeweiligen Zielsetzung. In Abb. 58 sind die Vor- und Nachteile digitaler und analoger Anzeigen gegenübergestellt.

Anwendung	Digital-Anzeiger	Analog-Anzeiger	
		Bewegte Skala	Bewegter Zeiger
1. Quantitative Ablesung	Gut – Ablesezeit und -fehler für das Erfassen numerischer Werte minimal.	Mäßig	Mäßig
2. Qualitative Ablesung und Vergleich	Ungünstig – Zahlen müssen abgelesen werden. Positionsänderungen werden schlecht bemerkt.	Ungünstig – Richtung und Größe der Abweichung sind ohne Ablesung der Skalenwerte schwierig zu beurteilen.	Gut – Zeigerstellung leicht erkennbar. Skalenwerte müssen nicht abgelesen werden. Positionsänderungen werden schnell bemerkt.
3. Einstellen von Werten	Gut – Genaue Überwachung der numerischen Einstellung. Die Beziehung zur Bewegung des Bedienelementes ist weniger direkt als beim bewegten Zeiger. Schwer ablesbar bei schnellen Einstellungen.	Mäßig – Mißverständliche Beziehung zur Bewegung des Bedienelementes. Keine Veränderung der Zeigerstellung als Überwachungshilfe. Schwer ablesbar bei schnellen Einstellungen	Gut – Eindeutige Beziehung zwischen der Bewegung von Zeiger und Bedienelement. Die Änderung der Zeigerstellung erleichtert die Überwachung. Schnelle Einstellung möglich.
4. Regeln	Ungünstig – Für Überwachungsaufgaben fehlen Stellungsänderungen. Schwerverständliche Beziehung zur Bewegung des Bedienelementes. Bei schnellen Änderungen schwer ablesbar.	Mäßig – Für Überwachungsaufgaben fehlen auffällige Stellungsänderungen. Bedingt verständliche Beziehung zur Bewegung des Bedienelementes. Bei schnellen Änderungen schwer ablesbar.	Gut – Die Zeigerstellung ist leicht zu überwachen und zu regeln. Leicht verständliche Beziehung zur Bewegung des Bedienelementes.

Abb. 58: Vor- und Nachteile von Analog- und Digital-Anzeiger (nach BERNOTAT 1974, S. 79)

○ *Der Stellbereich*

Neben der Forderung, die zu kontrollierenden Geräte in ihrer Wichtigkeit gemäß dem physiologisch optimalen Griffbereich zu gruppieren – Abb. 59 zeigt eine ergonomisch ungünstige und eine günstige Anordnung –, spielt gerade bei Steuerständen, bei denen ja nicht nur das exakte Erkennen, sondern ebenso das genaue und sofortige Reagieren wichtig ist, die Auslegung der Stellteile eine sehr bedeutende Rolle. Die Stellteile sollen richtig dimensioniert, material- und funktionsgerecht (rutschsicher) sein und dürfen in der Bedienung nicht zu schwergängig sein.

Kriterien für die Gestaltung von Stellteilen gibt Abb. 60 wieder. Weitere Maße für Drehknöpfe, -schalter, Kippschalter finden sich im Kap. 4.4 und in der dort angegebenen Literatur.

○ *Bereich der unteren Extremitäten*

Bei der Auslegung von Fußstellteilen sind ähnliche Gesichtspunkte zu

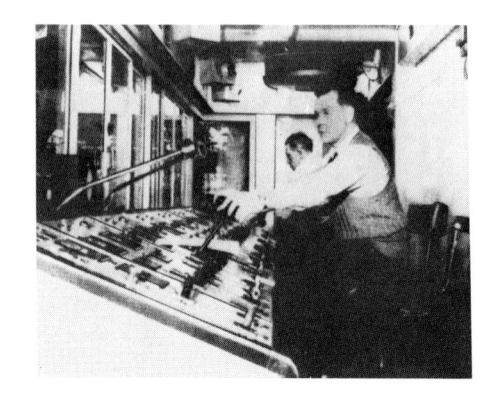

Abb. 59:
Ergonomisch ungünstige (oben)
und günstige (unten)
Auslegung von Steuerständen

Betätigungsart	Anwendungsbereich	Beispiel
1. Ziehen, Drücken oder Schwenken eines Hebels a) aus dem Schultergelenk b) aus dem Unterarm oder dem Handgelenk	große Kräfte (<25 kg) große Wege kleine Kräfte (<1 kg) kleine Wege	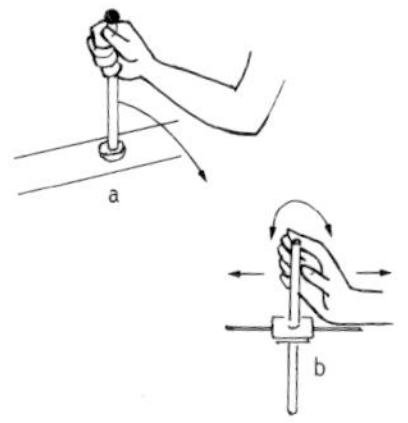
2. Kurbeln a) aus dem Schultergelenk, ganze Hand umfaßt den Kurbelgriff b) aus dem Ellbogengelenk, Kurbelgriff mit Fingerspitzen gefaßt c) aus dem Handgelenk, Kurbelgriff mit Fingerspitzen gefaßt	große Kräfte große Drehwinkel langsam mittlere Kräfte große Drehwinkel schnell ($\varnothing < 40$ cm) kleine Kräfte große Drehwinkel sehr schnell ($\varnothing < 12$ cm)	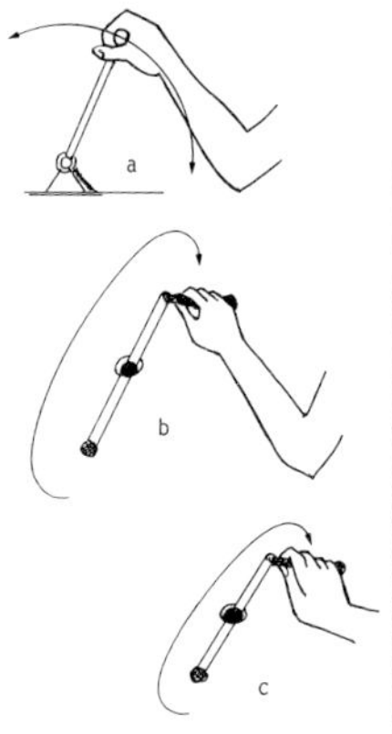
3. Drehen a) aus dem Schultergelenk b) um die Unterarmlängsachse c) mit den Fingern	große Kräfte (<25 kg) kleine Drehwinkel (<100°) mittlere Kräfte (<5 kg) kleine Drehwinkel ($\leq 120°$)($\varnothing = 8...12$ cm) kleine Kräfte (<2 kg) große Drehwinkel schnell ($\varnothing = 2...8$ cm)	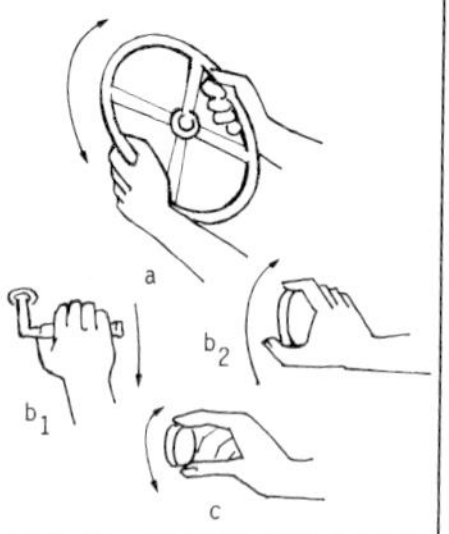
4. Drücken von Knöpfen a) mit einem Finger b) mit der Handfläche	kleine Kräfte mittlere Kräfte (blind greifbar)	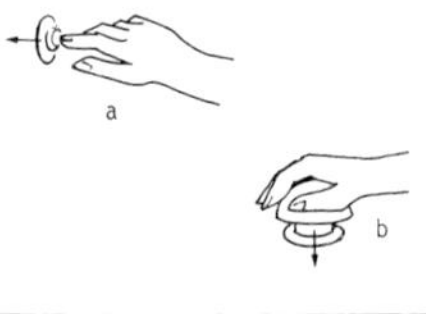

Abb. 60: Allgemeine Kriterien für die Gestaltung von Handstellteilen (nach LEHMANN/STIER 1961, S. 759)

beachten. Abb. 61 gibt Beispiele und Hinweise für die Gestaltung der Stellteile im unteren Extremitätenbereich wieder.

Insbesondere bei Steuerständen ist es wichtig, die Beinfreiheit zu beachten. Bei sitzender und zumeist angespannt konzentrierter Steuer- und Kontrolltätigkeit muß ein gewisser Beinraum vorhanden sein, um

Betätigungsart	Anwendungsbereiche	Beispiel
1. Drehen des Fußes im oberen Sprunggelenk a) bei aufgestützter Ferse	Kräfte: sitzend 3...6 kg stehend 10...30 kg je nach Häufigkeit Wege: 40...60 mm	
b) bei aufgestütztem Ballen	Kräfte: sitzend 4...9 kg stehend: 14...40 kg Wege: 40...60 mm	
c) als Wippbewegung	Kräfte: sitzend 2...4 kg stehend 5...15 kg Wege: 30...40 mm	
2. Auf- und Abbewegung des Fußes	Kräfte: sitzend 8...10 kg stehend 8...50 kg große Wege ungünstig bei häufiger Betätigung	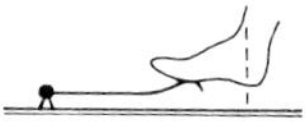
3. Rückwärts-Vorwärts-Bewegung des Fußes a) frei b) mit aufgestütztem Fuß	kleine Kräfte kleine Wege mittlere Kräfte große Wege	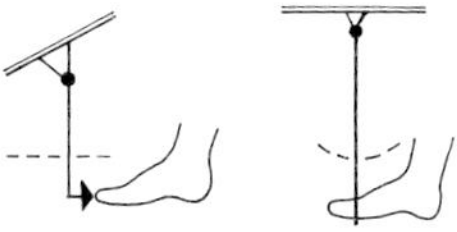
4. Kniebewegung	kleine Kräfte kleine Wege	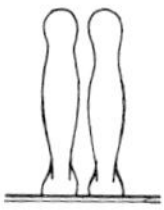

Abb. 61: Allgemeine Kriterien für die Gestaltung von Fußstellteilen (nach LEHMANN/STIER 1961, S. 765)

die Sitzhaltung verändern zu können und um den Kraftstrom in bekanntem Sinne kurzzuschließen. Abb. 62 zeigt eine schlechte Sitzposition, da die Arbeitsperson durch den zu niedrigen Beinraum gezwungen ist, weiter vom Arbeitsplatz weg zu arbeiten. Daß ein zu hoch angebrachter Fußschalter durch Eigeninitiative zwar besser werden kann, aber nach wie vor ergonomisch unbefriedigend ist, zeigt Abb. 63.

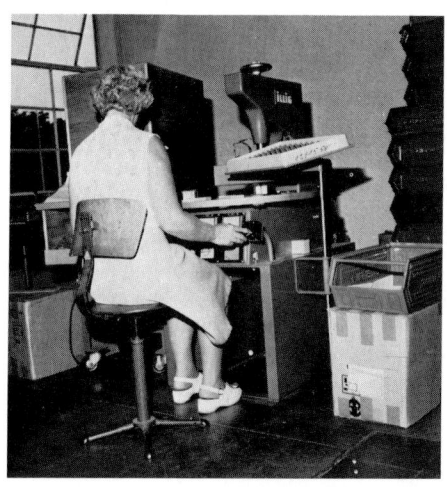

Abb. 62:
Wirkung eines zu niedrigen Beinraumes

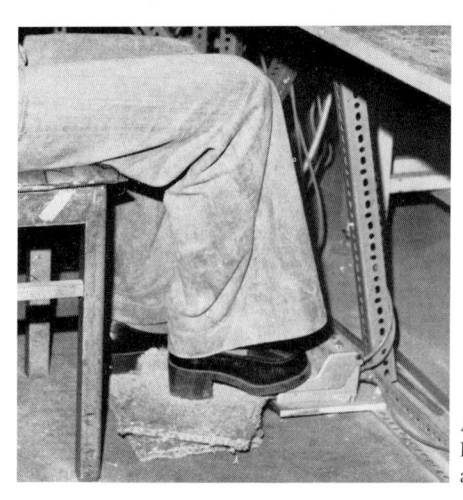

Abb. 63:
Beispiel eines zu hoch ausgelegten Fußschalters

4.1.8 Abstimmung von Stellteilen und Anzeigeelementen

Die sinnfällige Abstimmung von Stellteilen und Anzeigeelementen (vgl. auch Kap. 4.3 und 4.4) wird mit Kompatibilität bezeichnet. Wegen seiner besonderen Bedeutung soll das Problem der Kompatibilität im folgenden kurz behandelt werden.

Es ist eine natürliche Reaktion bzw. Bewegung, wenn man zum Einschalten eines Radios den Einstellknopf nach rechts herumdreht. Noch einleuchtender ist ein Beispiel von MURRELL (1971, S. 289). Der Autofahrer muß bei der Absicht, nach rechts zu fahren, das Steuerrad auch nach rechts drehen. Solche natürlichen Bewegungsrichtungen nennt MURRELL (1971, S. 289) Naturnorm. Stellteile, die dieser Naturnorm entsprechende Bewegungen erfordern, sind also kompatibel oder sinnfällig. Die unmittelbare Forderung an den Arbeitsgestalter kann daher nur lauten, daß sowohl die vorhandenen als auch die zu entwickelnden Arbeitssysteme auf ihre Kompatibilität hin zu überprüfen und ggf. zu ändern sind.

So einleuchtend und selbstverständlich die genannten Beispiele auch sein mögen, so wenig sind sie zu verallgemeinern und auf alle Stell- und Steuerungsfunktionen zu übertragen. Z. B. werden Dampfventilräder oder auch normale Wasserhähne im Haushalt gegen den Uhrzeigersinn – also links herum – gedreht, wenn man eine Steigerung des Durchflusses erreichen will. Das ursprüngliche Positiv-Positiv-Verhältnis (unterstellt man eine Rechtsdrehung mit: Zunahme, mehr) hat sich durch Gewohnheitenbildung zu einem Positiv-Negativ-Verhältnis gewandelt. Die sich hieraus unmittelbar ableitbaren Gefahren und Wirkungen sind offensichtlich.

Eine sinnvoll angelegte Kompatibilität zeigt eine zweifache Wirkung. Einmal kann sie die Präzision und die Schnelligkeit, mit der auf ein bestimmtes Zeichen (Signal) reagiert werden muß, wesentlich erhöhen. So berichtet MURRELL (1971, S. 295) von einem Versuch an einem Löscheinsatzwagen auf einem Flugplatz, bei dem die Türen für die Löschschläuche unterschiedlich arretiert waren. Der Versuch zeigte, daß zur Öffnung der linken Tür nur aus dem Grunde 10 sec länger benötigt wurden, weil man „in der Aufregung . . . in die Naturnorm" zurückfiel und den Riegel rechts herum und nicht, wie in diesem Fall vorgeschrieben, nach links herum drehte. Dieses einfache Beispiel zeigt recht deutlich, welche Bedeutung eine richtige Kompatibilität gerade in Notsituationen besitzt (10 sec können bei einem Flugzeugbrand für die Rettung von Menschenleben entscheidend sein).

Der zweite gleichermaßen wichtige Grund für eine richtig abgestimmte Kompatibilität ergibt sich aus dem Sicherheitsaspekt. Unfälle treten häufig in Unkenntnis der Betätigungsmöglichkeit spezieller Stellteile auf.

Gerade hierbei ist es besonders wichtig, daß Stellteile nicht nur für den Eingeübten, sondern auch für Außenstehende ohne Mißverständnisse betätigt werden können. So hat MURRELL (1971, S. 298) von einer hydraulischen Presse berichtet, die dadurch zerstört wurde, daß man den Steuerhebel nach unten bewegen mußte, um den Stempel zu heben. Diese im Grunde widernatürliche (also der Naturnorm entgegenstehende) Bewegung hatte zur Folge, daß der Pressenführer, als er den Stempel auf Grund einer Notlage plötzlich nach oben bringen mußte, intuitiv den Steuerhebel auch nach oben riß.

Kompatibilitätsprobleme sind komplex. GRAF HOYOS (1974b, S. 96) ordnet sie wie folgt:

○ räumliche Beziehungen von Anzeigen und Stellteilen,
○ Beziehungen der Bewegungen von Anzeige- und Stellelement, die
  – in einer Ebene angeordnet sind,
  – auf verschiedenen Ebenen angeordnet sind oder
  – spezielle Hebel und Steuerknüppel enthalten,
○ Anordnung mehrerer Stellelemente.

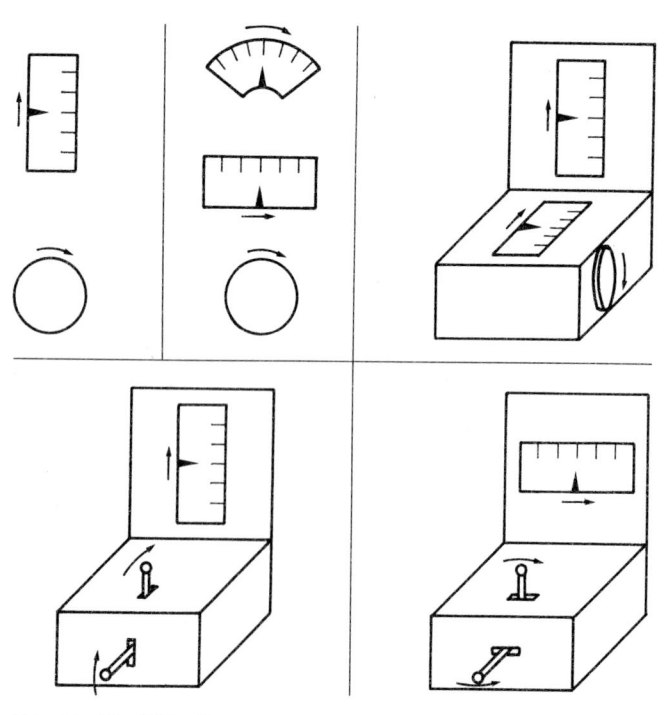

Abb. 64: Sinnfällige Bewegungen von Stell- und Anzeigeteilen

Trotz zahlreicher, gerade in der angelsächsischen Literatur berichteter Versuche und Tests gibt es noch keine letztlich gesicherten Erkenntnisse für Kompatibilitätsprobleme. Das liegt nicht zuletzt daran, daß es sich hierbei vor allem um die Erkundung psychischer Phänomene handelt.

Nachstehend sind einige Empfehlungen (MURRELL 1971, S. 293 f., GRAF HOYOS 1974b, S. 109) auf Grund von empirischen Untersuchungen zusammengestellt (vgl. die Abb. 64 und 65).

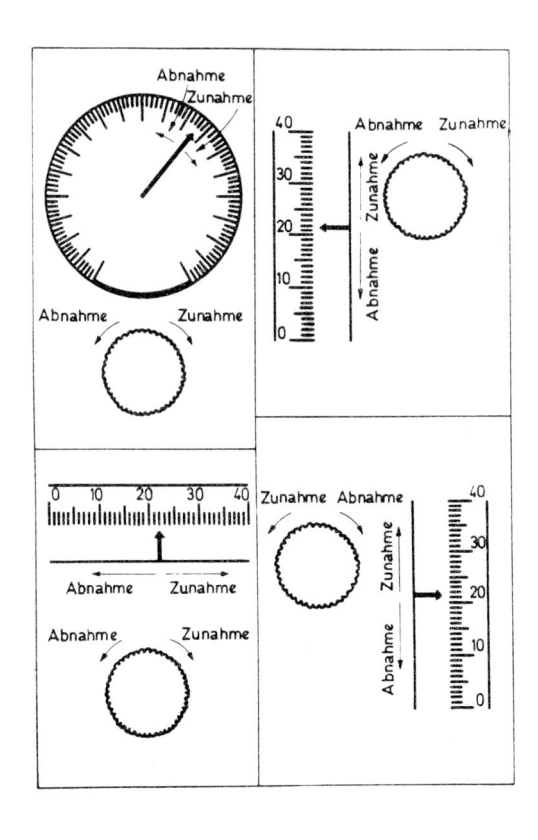

Abb. 65:
Kompatible Zuordnungen der Bewegungsrichtungen von Drehknöpfen und Zeigern bei fester Skala (nach McCORMICK 1964, S. 42)

- Bei kompatiblen Maschinen ist
  - die Anlernzeit geringer,
  - die Unfallgefahr geringer,
  - die Leistung höher.
- Es sollten möglichst alle vorhandenen Maschinen nach gleichen Kompatibilitätsaspekten ausgelegt sein.
- Stellteile und Anzeigeelemente sollten möglichst nahe und in räumlicher Entsprechung zueinander angeordnet sein. Für eine Anzeige z.B. auf der rechten Seite sollte sich auch das Stellteil rechts befinden.
- Für jede Anordnung von Anzeigen gibt es eine besonders günstige Anordnung der Stellteile und umgekehrt.
- Auf einer Anzeigeskala sollte der Zeiger in der gleichen Richtung ausschlagen, wie das Stellteil bewegt wird. Der Anzeigewert sollte von rechts nach links zunehmen.
- Das Stellteil soll bei Zunahmen nach rechts gedreht werden, bei Abnahmen nach links.
- Bei Einzelgeräten sollten stets die gleichen sinnfälligen Steuerbewegungen zur Anwendung kommen, insbesondere wenn der Mitarbeiter von Gerät zu Gerät wechselt.
- Wenn es nicht möglich ist, alle Anzeigen und die mit ihnen verbundenen Steuerelemente kompatibel zu gestalten, ist es besser, wenn alle Anzeigen und Steuerelemente inkompatibel sind, als daß einige kompatibel und andere nicht kompatibel sind.
- Nicht kompatibel ausgelegte Maschinen beeinträchtigen häufig Leistung und Sicherheit bei der Steuerung der Maschinen durch ältere Mitarbeiter.

Standardliteratur zu Kap. 4.1.1 bis 4.1.8
(vollständige Quellenangaben siehe Gesamtliteraturverzeichnis)
BERNOTAT (1974), GRAF HOYOS (1974b), JÜRGENS (1973), KAMINSKY/PILZ (1963), LEHMANN/STIER (1961), MURRELL (1971), PETERS (1973), REFA (1973a, 1973b), ROHMERT (1973a), SCHMALE (1965), SCHMIDTKE (1974a, 1966), SCHMIDTKE/DUPIUS (1974), SIMON (1975).

Arbeitsstättenverordnung, Arbeitsstätten-Richtlinien, DIN 4549, 4551, 4552, 33400, 33401, 33402.

Heinrich Frieling

4.1.9 Farbe in Arbeitsräumen

> Am Arbeitsplatz hat die Farbgebung zwei Grundaufgaben:
> - Sie dient einer besseren Erkennbarkeit von Werkzeug, Material, Maschinenteilen, Raumflächen und Mobiliar, gepaart mit mehr Information (z.B. durch Farbkennzeichnung).
> - Die Farbeindrücke des Auges führen zu psychischen und physischen Veränderungen (Becher/Frey/Hollwich 1955), die für die Arbeitsstimmung und damit für die Leistung von Bedeutung sind (Frieling 1974).

Der Farbgestalter von Arbeitsräumen strebt unter Berücksichtigung einer ästhetisch befriedigenden Harmonisierung diese beiden Ziele gleichzeitig an.

○ *Kennzeichnung durch Farbe*

Objekte oder Situationen zu „übersehen", d. h. nicht bewußt wahrzunehmen, kann Gefahren beschwören oder auch gesteigerte Anstrengung beim Erkennen erfordern. Da die Farben nicht gleichmäßig im Gesichtsfeld gesehen werden und z. B. Orangegelb sowie Blau gegen-

Sicherheits-farbe	Bedeutung	Kontrast-farbe	Anwendungs-beispiele
Rot	Unmittelbare Gefahr Verbot	Weiß	Notausschalteinrichtungen Notbremsen
Gelb	Vorsicht! Mögliche Gefahr	Schwarz	Transportbänder Verkehrswege Treppenstufen
Grün	Gefahrlosigkeit Erste Hilfe	Weiß	Türen der Notausgänge Räume und Geräte zur Ersten Hilfe
Blau	Gebot	Weiß	Hinweiszeichen mit sicherheitstechnischer Anweisung (z. B. Lärmbereich)

Abb. 66: Sicherheitsfarben und ihre Bedeutung (nach DIN 4844, Teil 1 – vgl. auch die EG-Richtlinie 576 vom 25. Juli 1977, an die in Zukunft die nationalen europäischen Normen der Sicherheitskennzeichnung angeglichen werden müssen)

über Rot oder Grün im Gesichtsfeld viel weiter randwärts als Farben erkannt werden, ist eine Markierung von Gefahrenquellen in Orangegelb-Blau (oder Gelb-Schwarz) zweckmäßig, wenn sich Gefahrenquellen von der Seite nähern können.

Kennzeichnungen durch *Warn- und Sicherheitsfarben* erhöhen die Bereitschaft, auf potentielle Gefahren zu achten. Längst eingeführt sind Rot bei Stoppschaltern und Feuermeldern, Grün als Farbsymbol für Gefahrlosigkeit, Gelb bei Gefahren des Stolperns, Anstoßens, Verletzens usw. Blau wird dagegen für Gebotsschilder und Hinweiszeichen verwandt (vgl. Abb. 66).

Je besser die Ordnungs-, Warn- und Sicherheitsfarben von der Umgebung abgesetzt sind, je stärker also der Kontrast ist, desto nachhaltiger ist die Wirkung (BIELING 1964, vgl. auch DIN 5381).

DIN 2403 nennt 10 *Kennzeichnungsfarben* für Rohrleitungen nach ihrem Durchflußstoff, die in Abb. 67 zusammengestellt sind.

Durchflußstoff	Gruppe	RAL-Farbe[1])
Wasser	1	Grün RAL 6010
Dampf	2	Rot RAL 3003
Luft	3	Blau RAL 5009
Brennbare Gase einschl. verflüssigte Gase	4	Gelb RAL 1012
Nichtbrennbare Gase einschl. verflüssigte Gase	5	Gelb RAL 1012
Säuren	6	Orange RAL 2000
Laugen	7	Violett RAL 4001
Brennbare Flüssigkeiten	8	Braun RAL 8001
Nichtbrennbare Flüssigkeiten	9	Braun RAL 8001
Vakuum	0	Grau RAL 7002

Abb. 67 Kennzeichnungsfarben (nach DIN 2403)

---

[1]) Die RAL-Farben sind im sog. RAL Farbtonregister 840 R enthalten und jeweils mit einer vierstelligen Zahl gekennzeichnet. Das RAL Farbtonregister ist vom Ausschuß für Lieferbedingungen und Gütesicherung vom Deutschen Institut für Normung e. V. herausgegeben und über den Beuth Verlag zu beziehen (Anschrift siehe Adressenverzeichnis am Schluß des Buches).

Die Werkstücke und Arbeitsmittel sollten vom Untergrund abgesetzt sein. Nicht nur ausreichende Beleuchtung am Arbeitsplatz ist hier wichtig, sondern auch ein gutes Verhältnis der Leuchtdichten, um eine ausreichende Abgrenzung der Objekte zu ermöglichen (vgl. Kap. 4.5.4). Da große Helligkeitsunterschiede im unmittelbaren Sehfeld jedoch störend wirken können, lassen sich die erforderlichen Unterschiede bei annähernd gleichhellen Flächen auch noch durch den *simultanen Farbkontrast* erreichen. Darunter verstehen wir die Erscheinung, daß die Farbe einer Oberfläche A, die gegen eine andersfarbige größere Hintergrundfläche B gesehen wird, so erscheint, als sei sie mit der Komplementärfarbe[2]) der Hintergrundfarbe faktisch gemischt. Beispiel am Grau: Mittleres Grau wird auf Schwarz heller gesehen (Gegenfarbe zu Schwarz ist Weiß), auf Weiß dunkler, auf Rot wird Grau grünblauverstimmt gesehen, da Grünblau die Komplementärfarbe zu Rot ist. Ein Rosa auf Gelb wird Violettrosa gesehen (Komplementärfarbe zu Gelb ist Violettblau) usw.

Komplementär sind: Rot - Blaugrün
Purpur – Grün
Violett – Gelbgrün
Violettblau – Gelb
Blau – Orangegelb
Grünblau – Orangerot
Blaugrün – Rot

Vereinfacht lassen sich Komplementärfarben z. B. in folgendem Farbkreis (s. Abb. 68) schematisieren. Bei den jeweils gegenüberliegenden Farben handelt es sich um Komplementärfarben.

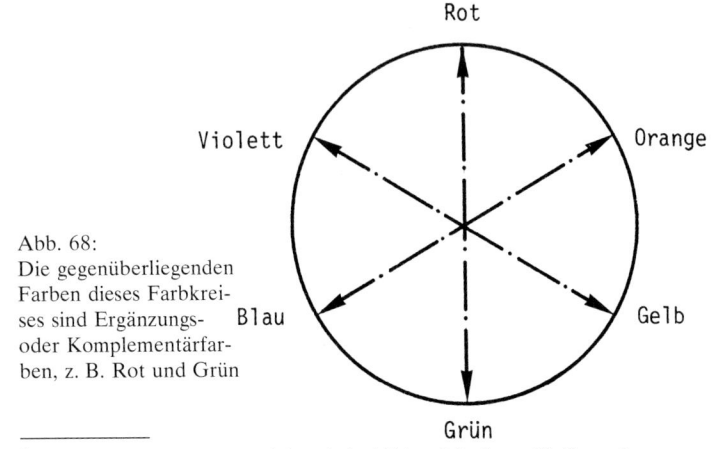

Abb. 68:
Die gegenüberliegenden Farben dieses Farbkreises sind Ergänzungs- oder Komplementärfarben, z. B. Rot und Grün

---

[2]) Wenn zwei Farben oder Lichter bei additiver Mischung Weiß ergeben, werden sie Komplementär-, Ergänzungs- oder Gegenfarben genannt.

Wenn in der Praxis z. B. Metallrohre auf Fehler zu prüfen sind, so erscheint ihre metallische Farbe gegen einen Türkisgrund, der annähernd dieselbe Helligkeit hat, rötlicher und damit „wärmer". Dadurch werden sie kompakter gesehen. Stahl gegen Ockergelb (Sichtblenden, Maschinenuntergründe) erscheint dunkler und blauer, Kupfer gegen Grün wird rötlicher und leuchtender empfunden, während Messing gegen Grün goldähnlicher gesehen wird.

Die *Maschinenfarben* sollten, soweit sie selbst als raumeigene Elemente und Sicht- oder gar Arbeitshintergründe auftreten, ebenfalls so gewählt werden, daß sie einerseits funktionale Unterschiede (Bewegtes und Bewegendes, Ruhendes, Lastendes) ausdrücken, andererseits aber den Sehvorgang bei der Arbeit im Sinne einer *simultanen Abhebung* verbessern.

Neben dem *Simultankontrast* spielt der *Sukzedankontrast* eine Rolle. Hierunter versteht man folgendes: Blickt man lange Zeit unverwandt auf eine bestimmte Farbe, so ermüden die Empfangsorgane, also die Rezeptoren der Netzhaut an dieser Stelle und die Gegenfarben werden um so deutlicher gesehen, so daß komplementärfarbige Nachbilder auf die beim Aufblicken erfaßte Wand geworfen werden.

Bei der Arbeit mit vorwiegend grünem Material entsteht z. B. ein purpurfarbiges Nachbild, das auf weißen Wänden stören kann. Grüne Wände nehmen dieses Nachbild (im Sinne einer geringeren Verstärkung) auf, rosafarbene Wände ebenfalls.

Die *Prägnanz* (Deutlichkeit, Klarheit oder Einfachheit) des Erkennens wird durch Einhaltung von Formgesetzen gewährleistet, die als *Figur-Grundgesetze* bekannt sind. Die Figur-Grundgesetze kennzeichnen das Phänomen, daß sich eine Figur gegen den Hintergrund abhebt, während der Rest des Wahrnehmungsfeldes dem Hintergrund zugeordnet wird. Nur „figurwertig" gesehene Objekte können daher nicht im Hintergrund „verschwinden". Die Figurwertigkeit kann durch Farben erhöht werden, z. B. Dunkles auf Hellem, Rotorange (satt) gegen Blau (ungesättigt, hell) oder Orangegelb (satt) gegen Grün (ungesättigt, gedämpft).

○ *Farbe in Arbeitsräumen*

Die Arbeitsstimmung kann durch Sinnesreize z. B. geruchlicher, akustischer, temperaturmäßiger oder feuchtigkeitsbedingter Art, aber auch durch Vorstellungen und Erfahrungen beeinflußt werden. Durch sog. intermodale Verknüpfungen unserer Sinneseindrücke untereinander (wir empfinden eine Farbe laut, leise, warm, kalt, schwer, leicht usw.) kann hierbei eine an sich schon negativ wirkende Kälte noch durch kalt wirkende Farben (vor allem blau bis blaugrün) verstärkt werden. In der Farbgestaltung setzt man Raumfarben ein, die kompensatorisch (ausgleichend) die betroffenen Sinnesgebiete entlasten. In Formereien und Gießereien, wo es heiß ist, sollten daher z. B. kühle Farben bevorzugt werden.

Jedoch können Farben auch den Arbeitsvorgang selbst unterstützen, z. B. durch einen Rhythmus, wenn der Arbeitsvorgang selbst unrhythmisch und monoton ist. Farbabläufe, Abfolgen an Pfeilern, Schürzenelementen etc. können hier Belebung bringen (FRIELING 1968, 1974). Schließlich läßt sich der sog. *Biotonus* (Lebensspannkraft) durch einen zwischen warm und kalt wechselnden Farbcharakter des Raumes unterstützen. Der Arbeitsraum sollte deshalb z. B. eine andere Farbgebung erhalten als der Korridor oder die Kantine. Aus diesem Grunde sollten sich auch die Beleuchtungsverhältnisse in verschiedenen Räumen voneinander unterscheiden. Einseitige Farb- und Lichtgebung sind stets negativ zu beurteilen.

Standardliteratur zu Kap. 4.1.9
(vollständige Quellenangaben siehe Gesamtliteraturverzeichnis)
BIELING (1964), FRIELING (1968, 1970, 1973, 1974).
DIN 2403, 4844, 5381.

GÜNTER LAST
4.1.10 Musik am Arbeitsplatz

Wer manche Veröffentlichungen über Musik in der Fach- und Laienpresse liest, muß zu der Überzeugung kommen, daß Musik praktisch ein Allheilmittel sei. Das trifft jedoch nicht zu. Wunder kann Musik und insbesondere Musik am Arbeitsplatz – kurz Arbeitsmusik genannt – nicht vollbringen. Sie ist z. B. kein Ausgleich für schlechte Produktionsanlagen, ungeeignete Führungskräfte, fehlerhafte Arbeitsplatzbeleuchtung oder unzureichende Arbeitspausen.

○ *Wirkungen der Arbeitsmusik*

Beobachtet man den Arbeitsablauf in Industriebetrieben mit und ohne Arbeitsmusik, so finden sich keine Anhaltspunkte für eine enge Verknüpfung zwischen Musik und Produktion. Eine signifikante (statistisch gesicherte), vor allem aber eine wissenschaftlich exakt nachweisbare Produktionssteigerung durch Arbeitsmusik ist bei den zahllosen Faktoren, die die Leistung beeinflussen, praktisch unmöglich. Gleiches gilt für die positiven Wirkungen auf Fehlerquoten, Absentismus und Fluktuation.

> Die Schwerpunkte der Musikwirkung sind: Förderung der Arbeitsfreude, Hebung des Betriebsklimas sowie Reduzierung ermüdungsähnlicher Zustände (Monotonie, psychische Sättigung, herabgesetzte Wachheit – vgl. Kap. 3.5.2). Während des Arbeitsverlaufes auftretende Stimmungstiefs können durch Musik abgefangen werden, und die Beschäftigten fühlen sich weniger als anonymes Glied einer großen Belegschaft.

Damit unterliegt der einzelne nicht so sehr dem Gefühl der Verlorenheit in der modernen Betriebswelt. Bei Arbeiten unter Zeitdruck vermindert die Arbeitsmusik das Gefühl des Gehetztseins. Außerdem bewirkt sie ein weniger häufiges Verlassen des Arbeitsplatzes zur Unterbrechung von Eintönigkeit und Langeweile.

Das alles erzeugt aber noch lange keine signifikanten Produktionssteigerungen. Die Wirkung der Arbeitsmusik auf die Motivation ist zu gering, als daß sie entscheidend zu Leistungssteigerungen, Verminderung von Fehlerquoten usw. beitragen könnte. Außerdem geht durch Gewöhnung ein großer Teil ihrer Wirkung im Laufe der Zeit verloren.

Die Musikwirkungen werden in der Literatur häufig damit erklärt, daß die Musik Weckreaktionen erzeugt und die physiologische Leistungsbereitschaft erhöht. Diese Erklärung ist jedoch unbefriedigend. Die Wirkungen der Arbeitsmusik können nicht allein durch die direkte Anregung der retikulären Formation – einer Gehirnstruktur, die für den Wachzustand verantwortlich ist (vgl. hierzu und zum Folgenden Kap. 3.4 und 3.5.2) – erklärt werden. Bei wiederholten akustischen Reizen wird die anfänglich stattfindende Aktivierung des Wachsystems im Gehirn nämlich allmählich schwächer und unterbleibt schließlich ganz. Es tritt also eine Gewöhnung ein. Außerdem bestehen zwischen Hörformation des Großhirns, emotionaler Sphäre und autonomem Nervensystem[1] enge Verknüpfungen. Musik bringt selbst dann das Vegetativum zum „Mitschwingen", wenn die Aufmerksamkeit auf andere Umweltreize gerichtet ist.

Erklärt werden können die Wirkungen der Arbeitsmusik erst dann, wenn das für die Gefühlswelt zuständige limbische System des Gehirns (vgl. Kap. 3.4) in die Betrachtungen einbezogen wird. Durch Musik wird die Gefühlswelt angesprochen, und es entsteht eine stärkere emotionale Aufgeschlossenheit. Daraus erklärt sich die spannungslösende und psychisch harmonisierende Wirkung

---

[1]) Das autonome Nervensystem (auch vegetatives Nervensystem oder Vegetativum genannt) ist der dem Willen nicht zugängliche Teil des Nervensystems.

der Arbeitsmusik. Hinzu kommen synchronisierende Einflüsse auf physiologische Körperfunktionen wie z. B. Atmung und Herztätigkeit. Außerdem können Wahrnehmungen in verschiedenen Sinneskanälen über eine Rückkopplung beeinflußt werden. So ist es beispielsweise möglich, Impulse aus Schmerzrezeptoren durch ein weißes Rauschen (das ist ein in allen Tonhöhen gleichlautes Störgeräusch) oder durch Musik zu hemmen.

Die psychische Komponente im Wirkungsspektrum der Arbeitsmusik spielt wohl die wichtigste Rolle, aber nur aus dem Zusammenspiel aller physiologischen Reaktionen läßt sich ihre Gesamtwirkung erklären.

○ *Musikübertragung*

Damit die Musik noch mit ausreichender Deutlichkeit wahrgenommen werden kann, muß ihr Schallpegel 7–10 dB(A) über dem allgemeinen Schallpegel (Störschall) liegen (die hier verwandten Begriffe und angesprochenen Zusammenhänge sind im Kap. 4.5.3 näher erläutert).

Unter Berücksichtigung der Ergebnisse der Lärmforschung ist die Darbietung von Arbeitsmusik in Betrieben mit einem Störschallpegel von über 75 dB(A) abzulehnen, weil durch die Musik ein Geräuschpegel von 85 oder mehr dB(A) erreicht würde. Damit entstünde die Möglichkeit einer bleibenden Schädigung des Hörorgans. Man darf nicht vergessen, daß auch Musik als reine Schallquelle wirkt und Schallreaktionen erzeugt oder sogar verstärkt.

Der Versuch, durch Musikübertragung im Hintergrund eines Raumes (sog. Hintergrundmusik) einen Schallpegel von z. B. 80 dB(A) nicht zu überschreiten, kann zu unangenehmen Überraschungen führen. Hintergrundmusik übertönt zwar den allgemeinen Schallpegel meist nur mit 3–4 dB(A), ist aber für die Fertigung ungeeignet. Bei der Darbietung von Hintergrundmusik kann immer wieder beobachtet werden, daß die Beschäftigten krampfhaft versuchen, die zu leise ertönende Musik wahrzunehmen. Die Aufmerksamkeit pendelt zwischen Arbeit und Musik. Eine Erhöhung der Fehlerquoten oder eine verlangsamte Aufgabenausführung sind nur die geringsten Folgen. Aus diesen Gründen sollen einzelne Lautsprecher bei Arbeitsmusik auch nicht getrennt abgeschaltet werden. Dadurch würden an vielen Arbeitsplätzen Hintergrundmusikeffekte entstehen. Abschaltungen dürfen nur für den ganzen Arbeitsraum durchgeführt werden.

Arbeitsmusik kann ohne Bedenken bei allen Arten einförmiger Arbeit, repetitiver Handarbeit, bei Fließarbeit, mit gewissen Einschränkungen auch bei Büroarbeiten und allen geistigen Routinearbeiten dargeboten werden. Es handelt sich also um Tätigkei-
→

> ten, die keine hohen Anforderungen an die Aufmerksamkeit und das Denken stellen. Wenn der geistige Anteil an einer Arbeit zu groß wird, wirkt die Arbeitsmusik als störender Faktor auf den Arbeitsablauf ein.

○ *Gestaltung der Arbeitsmusik*

Als Arbeitsmusik eignet sich am besten eine Mischung aus Schlagern, Tanzmusik, volkstümlichen Melodien, Operetten- und Marschmusik. Durchsagen während der Sendung sind dabei grundsätzlich zu vermeiden, denn sie bedingen eine unnötige Fixierung der Aufmerksamkeit. Schon deshalb sind Radiosendungen, möglicherweise aus mitgebrachten Kofferradios, ungeeignet und abzulehnen. Auch Gesangdarbietungen führen zu einer stärkeren Fixierung der Aufmerksamkeit, die aber deutlich geringer ist als bei Durchsagen oder Ansagen. Eine Arbeitsmusik mit vereinzelten Gesangstücken wirkt emotional jedoch positiver auf den arbeitenden Menschen als Musik ohne jeden Gesang. Deshalb können Musiksendungen während der Arbeit auch Gesangdarbietungen enthalten, und zwar moderne Schlager, Evergreens oder sonstige beliebte und oft gehörte Lieder. Mehr als 30 % der täglichen Sendezeit sollten die Gesangdarbietungen jedoch nicht umfassen.

Stellt man die Gesangdarbietungen an den Anfang bzw. Schluß der jeweiligen Musikperiode und streut sie nur noch gelegentlich in die Übertragung ein, so treten keine Störungen im Arbeitsablauf ein. Derartige Musiksendungen regen zum Singen an, was als Zeichen für Gemeinschaftsgefühl, Fröhlichkeit und Arbeitsfreude gewertet werden muß.

Die einzelnen Musikstücke einer Programmfolge dürfen nicht länger als 3 Sekunden voneinander getrennt sein. Größere Pausen zwischen den Musikstücken erzeugen Erwartungsreaktionen mit Störungen im Arbeitsablauf.

Für den Rhythmus der Arbeitsmusik gilt das allgemeingültige Gesetz des „mittleren Pfades". Langsame Rhythmen wirken einschläfernd, rasche Rhythmen wirken irritierend und antreibend. Eine Angleichung des musikalischen Rhythmus an den jeweiligen Arbeitsrhythmus ist praktisch nicht zu verwirklichen. Zu beachten ist, daß ein Arbeitsmusikprogramm, dessen Rhythmus schneller ist als die rhythmischen Abläufe der Arbeit, mit negativen Folgen verbunden sein kann.

> Für die Übertragung von Arbeitsmusik gibt es kein Patentrezept. Am vorteilhaftesten wirken 3 bis 6 Musikperioden pro Arbeits-
> →

tag, wobei Dauer und Zahl von Betriebsstruktur, Arbeits- und Pausenzeit abhängen. Dabei können grundsätzlich folgende Sendezeiten empfohlen werden: je 30 min zu Arbeitsbeginn, nach der Frühstücks- und Mittagspause und gegen 15 Uhr; und je 15 min gegen 11 Uhr und zu Arbeitsschluß (vgl. Abb. 69). Die bei Arbeitsbeginn und nach den Pausen auftretenden Stimmungstiefs kann man auf diese Weise durch Arbeitsmusik abfangen und das bei Arbeitsschluß auftretende Stimmungshoch fördern. Für die Sendezeiten bei der Spät- oder Nachtschicht gelten die gleichen Voraussetzungen wie bei der Tagesarbeit, wenn auch in zeitlich entsprechend abgewandelter Form. Die zulässige Gesamtübertragungsdauer liegt bei etwa 2 1/2 Stunden pro Arbeitsschicht. Werden alle Kriterien für den Einsatz von Arbeitsmusik beachtet, so wird sich diese zum Wohl des arbeitenden Menschen auswirken. Dabei sollte man jedoch keine Wunder erwarten.

Arbeitsablauf	Übertragungsdauer	Übertragungsbeginn	Gesangdarbietungen
Arbeitsbeginn 6.00 Uhr	30 min	5.55 Uhr	in den ersten 10 min und gelegentlich eingestreut
Frühstückspause 9.00 – 9.15 Uhr	30 min	9.10 Uhr	in den ersten 5 min und gelegentlich eingestreut
11.00 Uhr	15 min	11.00 Uhr	keine
Mittagspause 12.00 – 12.30 Uhr	30 min	12.25 Uhr	in den ersten 5 min und gelegentlich eingestreut
14.30 Uhr	30 min	14.30 Uhr	gelegentlich eingestreut
Arbeitsschluß 16.00 Uhr	15 min	15.55 Uhr	in den letzten 10 min der Musikperiode

Abb. 69: Beispiel für die erfolgreiche Gestaltung von Arbeitsmusik bei einer Arbeitszeit von 6.00 – 16.00 Uhr

Standardliteratur zu Kap. 4.1.10
(vollständige Quellenangaben siehe Gesamtliteraturverzeichnis)
Last (1966), Pahlen (1973).

4.2 Grundsätze der Gestaltung des manuellen Lastentransports

Manueller Lastentransport kommt regelmäßig dort vor, wo die Transportaufgabe zu differenziert, zu kompliziert oder zu selten ist, als daß sie zeitgünstig und wirtschaftlich mit mechanischen Mitteln bewältigt werden könnte. Deshalb ist manueller Lastentransport anzutreffen, wenn der Transport

- mit den Armen und Händen geschieht und in direktem Zusammenhang mit einer Montage, mit einem Prüfen oder Packen steht,
- sich mit ohnehin erforderlichem Arbeitsortswechsel koppeln läßt,
- nur wenige schwere Einheiten über kurze Strecken betrifft,
- nur gelegentlich auftritt und dabei eine trainierende oder erholende Wirkung besitzt,
- nur von kurzer Dauer und geringer statischer Muskelleistung ist,
- infolge fehlender geeigneter Fördermittel, unvermeidbarer Wartezeiten, hoher Sorgfaltsanforderungen oder ungünstiger Wegverhältnisse nicht wirtschaftlich zu gestalten ist,
- mit mechanischen Fördermitteln unwirtschaftlich oder innerhalb eines Arbeitsablaufes unzweckmäßig ist.

Eine Analyse der beiden Handhabungsarten Manipulation und Beförderung führt zu elementaren Verrichtungen. Diese sind besonders wichtig für die Formulierung von Grundsätzen zur Gestaltung des Handhabens von Lasten.

Das Befördern einer Last besteht aus Aufnehmen der Last, Tragen und Ablegen der Last. Gegebenenfalls treten hierzu noch die elementaren Verrichtungen des (vertikal wirkenden) Hebens und Senkens der Last.

Beim Manipulieren folgt auf die anfängliche elementare Verrichtung des Hinlangens/Ergreifens hauptsächlich die Art des Verlagerns der Last selbst sowie die abschließende elementare Verrichtung des Abstellens/Loslassens. Vertikales Verlagern der Last bedeutet Heben und Senken; ferner treten horizontale Bewegungen auf. Die in der Praxis äußerst häufig anzutreffenden Kombinationen der elementaren Verrichtungen bei der Manipulation führen zu Umsetzbewegungen, die auch als „Umsetzen von Lasten" bezeichnet werden.

Im Gegensatz zum Tragen verläßt die Arbeitsperson beim Umsetzen der manipulierten Last den Engbereich des ständigen Arbeitsortes nicht (Armreichweite oder höchstens zwei Schritte vom Körper entfernt). Beförderung von Lasten erfolgt erst außerhalb dieses erwähnten Bereiches.

Beim Handhaben von Lasten bezieht sich der Begriff Last nicht auf lose Materialien (z. B. Schaufelgut), sondern auf feste, tragbare Gegenstände (z. B. Packstücke, Pakete, Kartons, Schachteln, Kisten, Säcke, Gefäße wie Dosen/Kanister/Flaschen, Paletten, Bücher/Aktenmaterial, Geräte/Maschinen, Möbel, Rohlinge, Halbfabrikate, Montageteile).

Bei der Gestaltung des Handhabens von Lasten sind Einflüsse aus drei Bereichen zu beachten: Last, Arbeitsplatz und Arbeitsperson. Da die Arbeitsperson beim Lastenhandhaben definitionsgemäß unersetzbar ist, sollten notwendiger- wie zweckmäßigerweise alle Einflußgrößen aus den Bereichen der Last und des Arbeitsplatzes menschbezogen gestaltet und beurteilt werden. Gestaltung wie Beurteilung sind an den Engpässen eingesetzter menschlicher Organsysteme zu orientieren. Engpässe können liegen im Muskelsystem, Herz-Kreislauf-System, in der Wirbelsäule, im Genitalsystem, in der Psycho- und Sensumotorik.

Bei der Gestaltung des Handhabens von Lasten sollten folgende allgemeine Überlegungen berücksichtigt werden:

○ *Auswahl und Schulung von Arbeitspersonen*

— Die Auswahl der Arbeitspersonen für das Handhaben von Lasten sollte auf der Grundlage von Tests zur Ermittlung der Funktions- und Leistungsfähigkeit erfolgen (Frauen und ältere Personen sind weniger geeignet). Regelmäßige ärztliche Kontrollen sind durchzuführen. Ausgewählte Arbeitspersonen sind in den Techniken des Manipulierens und Beförderns von Lasten zu unterweisen und zu trainieren.

— Die Arbeitspersonen sollen mit entsprechenden persönlichen Hilfsmitteln für das Lastenhandhaben ausgestattet und über deren Anwendung richtig informiert werden (z. B. Bandagen, Gürtel, Schuhwerk, Schürzen, Schulterpolster, Traggurte, Handgriffe).

— Eine der wichtigsten allgemeinen Regeln für die richtige Technik des Handhabens von Lasten ist das konsequente Einhalten des „flachen Rückens", über dessen Bedeutung die Arbeitsperson gründlich belehrt werden sollte. Allerdings ist das Verdrehen der Wirbelsäule im belasteten Zustand aus biomechanischen Gründen noch gefährlicher als der „runde Rücken" und sollte vermieden werden.

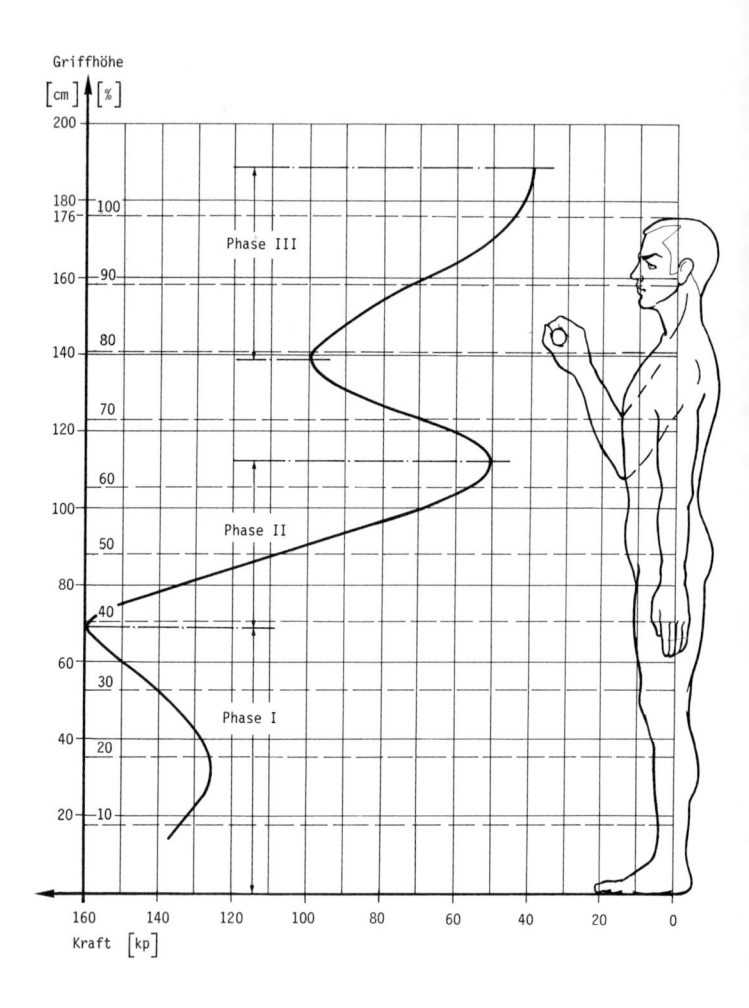

Abb. 70: Maximalkräfte bei rumpfnahem Aufwärtsziehen einer querliegenden Stange (Durchschnitt von 20 Arbeitern).

Der Verlauf der maximalen Körperkräfte hängt von der Stellung der Körpergliedmaßen ab. Die Abb. erläutert dies am Beispiel von Hubkräften in Abhängigkeit von der Höhe des Kraftangriffspunktes über dem Fußboden (bei vernachlässigtem horizontalen Abstand von der Körperachse). Die Abb. demonstriert drei typische Phasen während des Lastenhebens zwischen der Hubhöhe vom Fußboden bis zur Überkopfhöhe.

Das erste Maximum liegt in Höhe des Handmittelpunktes bei senkrecht herabhängenden Armen und kennzeichnet gleichzeitig das überragende Lastentransportvermögen des Menschen in aufrechter Körperhaltung.

Dem entspricht eine erste Phase vom Ergreifen der Last „aus den Knien" mit flachem Rücken bis zum Geradestehen. Diese Phase ist bei etwa 70 cm über dem Fußboden abgeschlossen.

In der Abbildung folgt das erste Minimum in Höhe des Ellbogengelenkes beim rechtwinklig gebeugten Unterarm. Hier endet die zweite Phase des Lastenhebens.

Voraussetzung hierbei ist, daß nach der ersten Phase die Last auf eine in ca. 70 cm hoch liegende Ebene abgesetzt, dann wieder „aus den Knien" bei senkrechten Oberarmen und nach oben gerichteten Unterarmen bis zum Geradestehen gehoben und anschließend auf eine weitere Ebene in der Höhe von ca. 110 cm über dem Fußboden abgesetzt wird.

Ein zweites Kraftmaximum entspricht der Höhe des Schultergelenkes. Hier beginnt eine dritte Phase des Hebens der Last durch Ergreifen der Last „aus den Knien" mit nachfolgendem senkrechten Nach-oben-Strecken der Arme bis zum größten Höhenniveau. Das Minimum der Hubkraft in der Höhe von ca. 110 cm (Ende der zweiten Phase) kann gegebenenfalls mit einem nicht ruckartigen Schwung überwunden werden.

○ *Heben und Abstellen von Lasten*

– Für menschengerechtes, rationelles Lastenheben ist der Verlauf der maximalen Körperkräfte in Abhängigkeit von der jeweiligen Stellung der Körpergliedmaßen zu berücksichtigen (siehe Abb. 70).

– Wenn schwere Lasten höher als 120 cm gehoben werden, sollen sie zwischendurch zum Umgreifen auf einer Höhe von 100–110 cm abgestellt werden.

– Das Abstellen von Lasten sollte in aufrechter Körperhaltung und nur mit geringer Hüft- und Kniebeuge erfolgen.

– Lasten, die auf dem Rücken getragen werden, sollten auf vorbereiteten Abstellflächen in entsprechender Höhe abgesetzt werden (entsprechende Unterlagen vorbereiten).

○ *Tragen und Halten von Lasten*

– Gleichzeitiges Tragen und Halten kann durch Anwendung entsprechender Tragegeräte (z. B. Joch) vermieden werden.

– Schwere Lasten sind derart zu halten, daß das Skelett stützt und trägt (auf Schultern, Rücken). Die Last soll an Rumpf, Hüften oder Oberschenkel abgestützt und rumpfnah getragen werden. →

- Das Tragen mit gebeugten Unterarmen und einseitiger Haltearbeit sollte vermieden werden.
- Jede Kürzung der Tragdauer bedeutet einen besonderen Gewinn infolge exponentieller Verminderung der Ermüdung. Demzufolge sind möglichst kurze Transportwege anzustreben.
- Ob ein Rückweg ohne Last beim Lastentragen eine ausreichende Erholung sichern kann, hängt sowohl von der Größe der Traglast als auch von der Tragdauer ab. Die Traglast muß um so geringer sein, je länger der Lastweg und damit die Tragdauer ist.

○ *Umsetzen von Lasten*

- Dauerndes Umsetzen von Lasten darf nur in der sagittalen Ebene des menschlichen Körpers (das ist jede Ebene parallel zur Symmetrie-Ebene) erfolgen. Drehbewegungen von Rumpf und Wirbelsäule sind konsequent zu vermeiden. Wenn dies nicht möglich ist, soll das Lastenumsetzen in einzelne Phasen zerlegt werden (Abstellmöglichkeiten vorsehen).
- Einhändig sollen nur leichtere Gegenstände manipuliert werden. Sonst sind beidarmige, gleichzeitig symmetrische Drehbewegungen vorzuziehen.
- Für kurze Transportstrecken sind vorteilhafterweise Pendelbewegungen der Arme zu wählen (Umsetzbewegungen zyklisch wiederholen). Ein Spannungswechsel für die Muskulatur durch Wechsel der Körperhaltung und Bewegungsrichtung und durch Einlegen von Erholungspausen ist anzustreben.
- Bei der Beschickung von Maschinen und bei Einlegearbeiten soll die Arbeitsperson immer frontal zur Maschine orientiert sein. Jede seitliche Stellung ist ungünstig, da sie unsymmetrische Belastungen des Rumpfes verursacht. Zur Reduzierung der Hubarbeit sollten in der Höhe kontinuierlich verstellbare Hubtische (z. B. Scherentische) vorgesehen werden.

○ *Maximale Gewichte von Traglasten*
- Im Übereinkommen 127 sowie in der Empfehlung 128 der allgemeinen Arbeitskonferenz der Internationalen Arbeitsorganisation beim Internationalen Arbeitsamt in Genf (ILO 1967) findet sich ein Wert von 55 kg als überhaupt höchstzulässiges Gewicht von Traglasten für einen erwachsenen männlichen Arbeitnehmer.
- Grenzlasten für manuelle Transportarbeiten hängen von der Häufigkeit oder der Dauer des Transportes und von der individuellen Leistungsfähigkeit ab. Die Abb. 71, in der Grenzlasten nach KÖCK (1976) zusammengestellt sind, berücksichtigt diese Einflußfaktoren.

Gesamtdauer der Transportarbeit in Stunden der täglichen Arbeitszeit	Grenzlasten in kp für					
	MÄNNER			FRAUEN		
bis 1	50	**40**	30	30	**20**	15
1 1/2 bis 4	32	**25**	18	16	**12**	9
4 bis 6	20	**14**	9	9	**6**	4
mehr als 6	10	**6**	3	5	**2,5**	1

Abb. 71: Grenzlasten für manuelle Transportarbeiten (vgl. den Text)

Die fettgedruckten Zahlen der Abb. 71 gelten für normalleistungsfähige, gesunde Personen; die jeweils links davon stehenden Zahlen gelten für besonders hochleistungsfähige, kräftige Personen und die rechten Zahlen für Personen mit verminderter körperlicher Leistungsfähigkeit. Die Gesamtdauer des Transportes in Stunden ergibt sich aus der Häufigkeit und der Dauer der einzelnen Transportgänge. Die tatsächlich getragene Durchschnittslast errechnet sich als gewogenes arithmetisches Mittel. Beispiel: Während eines Arbeitstages wird insgesamt eine Last von 14 kp über 0,75 Stunden und eine Last von 6 kp über 2,25 Stunden getragen. Die Durchschnittslast (DL) beträgt

$$DL = \frac{14 \cdot 0{,}75 + 6 \cdot 2{,}25}{0{,}75 + 2{,}25} = \frac{24}{3} = 8 \text{ kp.}$$

Diese Durchschnittslast von 8 kp in 3 Stunden liegt unterhalb der in der Tabelle sowohl für Männer als auch für Frauen angegebenen Grenzlasten (vgl. die Zeile „1 1/2 bis 4 Stunden").

Standardliteratur zu Kap. 4.2
(vollständige Quellenangaben siehe Gesamtliteraturverzeichnis)
DIN 55 550, Bl. 1 (1974), Bl. 2 (Entwurf in Vorbereitung), ILO 127 (1967), 128 (1967).

FRIEDHELM BURKARDT

4.3 Anzeigen und Signale

4.3.1 Allgemeines

Anzeigen dienen dazu, Meßwerte optisch wahrnehmbar zu machen. Das kann durch *digitale* oder *analoge* Darstellung der Meßwerte erfolgen: Meßwerte werden *digital* dargestellt, wenn der gemessene Wert durch Ziffern repräsentiert wird. Meßwerte werden *analog* angezeigt, wenn der gemessene Wert durch Abstecken einer Skalenstrecke vermittelt wird.

Es gibt eine Fülle verschieden gestalteter Anzeigeformen. Sie lassen sich wie folgt systematisieren:

○ digitale Anzeigen
○ analoge Anzeigen, Einzeiger-Instrumente
  – Kreis- oder Kreissektorskalen mit beweglichem, winkelverschobenem Zeiger
  – lineare Strichskalen (senkrecht oder waagerecht) mit beweglichem, parallelverschobenem Zeiger
  – bewegliche Kreis- oder Kreissektorskalen mit festem Zeiger
  – bewegliche lineare Strichskalen (senkrecht oder waagerecht) mit festem Zeiger
○ analoge Anzeigen, Zwei- oder Mehrzeiger-Instrumente
  – Kreisskalen mit zwei bis drei winkelverschobenen Zeigern
  – lineare Skalen (senkrecht oder waagerecht) mit doppelten, parallelverschobenen Zeigern

Daneben bestehen Sonderformen (wie Flüssigkeitsskalen, Meßinstrumente mit überlangen Skalen etc.), die hier nicht behandelt werden.

4.3.2 Wahrnehmungsaufgaben

Welche der vielen Anzeigeformen benutzt werden sollen, hängt vom Zweck des Einsatzes ab. Es gibt mehrere, grundsätzlich verschiedene Aufgaben bei der Wahrnehmung von Meßwerten:
– Orientierende Wahrnehmung, bei der im „Vorüberblicken" zu prüfen ist, ob angezeigte Werte mit vorgegebenen übereinstimmen oder ob Abweichungen sich im Toleranzbereich bewegen.
– Genaues Ablesen eines angezeigten Wertes oder einer Abweichung vom Sollwert.
– Verfolgen von Meßwertentwicklungen oder Veränderungen.
– Optische Kontrolle bei manuellem Einstellen oder Regeln.

Leider sind für diese verschiedenen Aufgaben nicht alle Arten von Meßinstrumenten gleich gut geeignet. Die folgende Zusammenstellung enthält Präferenzen nach dem bevorzugten oder überwiegenden Zweck der Wahrnehmungsaufgabe (vgl. auch Abb. 58).

Wahrnehmungs-aufgabe	Digitale Anzeige	Kreisförmige Skala, winkel-verschobener Zeiger	Lineare Skala, parallelver-schobener Zeiger	Bewegliche Skala
Orientieren	–	++	+	o
Genaues Ablesen	++	+	o	+
Verfolgen	– –	++	+	–
Einstellen, Regeln	–	+	o	–
Mischformen von Wahrneh-mungsaufgaben	–	++	+	o

Abb. 72: Zuordnung von Wahrnehmungsaufgaben und Arten von Meßinstrumenten. Bedeutung der Symbole:
– – nicht empfehlenswert
– wenig empfehlenswert
o zulässig
+ empfehlenswert
++ sehr zu empfehlen

Dieser Tabelle liegen die Kriterien der Erleichterung der Wahrnehmungsaufgabe sowie der fehlerfreien und schnellen Erkennbarkeit der Ablesewerte zugrunde. Es muß jedoch betont werden, daß diese Kriterien nicht für alle Arbeitsbedingungen anzuwenden sind. Bei reizarmen Arbeitsplätzen mit seltenen, wenig informationshaltigen Signalen ist z. B. die Erleichterung der Wahrnehmungsaufgabe problematisch, weil dadurch die Reizarmut vergrößert wird.

4.3.3 Anzeigen und Anzeigeelemente

Für die optische Wahrnehmung einer Meßanzeige sind folgende Gesichtspunkte von Bedeutung:
- Ziffern
- Strichskalen
- Zeiger
- Kontrast, Reflexionsgrad und Beleuchtung

○ *Ziffern*

Art und Größe der Ziffern sollen unter allen Gebrauchsbedingungen eine optimale Lesbarkeit gewährleisten. Um dieses Ziel zu erreichen, sind folgende Gesichtspunkte zu berücksichtigen:

– *Zifferngröße*

Bei digitalen Anzeigen spielen räumliche Begrenzungen keine wesentliche Rolle, so daß Angaben über Ziffergrößen unter Optimalisierungsaspekten vorgenommen werden können. Bei Bezifferungen von analogen Anzeigen muß eine Mindestgröße, d. h. ein Sehwinkel erreicht werden, der deutlich über dem Auflösungsvermögen des Auges liegt. Setzt man im Nahsehbereich einen Mindest-Sehwinkel von 27,5' und einen optimalen Sehwinkel von 55' an und berücksichtigt man, daß die Größenanforderungen mit steigendem Ableseabstand nicht linear ansteigen, so ergeben sich für Standardentfernungen von 30, 80 und 300 cm folgende Ziffergrößen:

Ziffergröße	Sehwinkel Nahbereich	Standardentfernungen		
		30 cm	80 cm	300 cm
Mindestgröße	27,5'	2,4 mm	6 mm	14 mm
Optimalisiert	55,0'	4,8 mm	12 mm	28 mm

Abb. 73: Ziffergrößen unter Mindest- und Optimalisierungsgesichtspunkten für verschiedene Standardentfernungen

– *Ziffernart*

Die Gestalt der Ziffer hat sicherlich eine ebenso große Bedeutung für die Wahrnehmbarkeit wie die Größe. Grundsätzlich gilt, daß Abweichungen vom wahrnehmungsmäßig besonders gut und lebenslang gewohnten arabischen Ziffernsystem eine Verschlechterung der Ableseleistung bedeuten. Im einzelnen gilt:

Ziffernvorlagen	Bezeichnung	Beurteilung
5	NAMEL-System Schulvorlagen des arabischen Ziffernsystems	sehr zu empfehlen
5 5	Variationen des arabischen Ziffernsystems	empfehlenswert
5 5	Segmentziffern Punktziffern	nicht empfehlenswert
V	Römische Ziffern	nicht empfehlenswert

Abb. 74: Gestaltung der Ziffern (vgl. Abb. 56 und 57)

– *Verhältnis von Strichdicke und Ziffernhöhe*

Das Verhältnis von Strichdicke und Ziffernhöhe soll bei etwa 1 : 8 liegen.

○ *Strichskalen*

Strichskalen werden bei analoganzeigenden Meßinstrumenten mit kreisförmiger oder senkrechter bzw. waagerechter Grundlinie angewandt. Sie sollen so gestaltet sein, daß auch unter ungünstigen Wahrnehmungsbedingungen eine genaue, quantitativ differenzierte Ablesbarkeit der Meßanzeige erfolgen kann. Genügt eine Skala diesen besonderen Anforderungen, so erfüllt sie auch die Voraussetzung für die übrigen Wahrnehmungsaufgaben. Bei der Ausführung der Strichskala sind deswegen die Leistungsgrenzen des menschlichen Auges unter schwierigen Wahrnehmungsbedingungen zugrunde zu legen.

– *Graduierung*

Der Meßwert wird durch Strich-Graduierung ablesbar gemacht, wie sie in der folgenden grafischen Darstellung verdeutlicht wird:

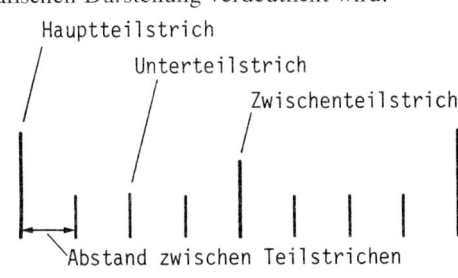

Abb. 75:
Grafische Darstellung
der Strichskalengraduierung

Für die Ausführung der verschiedenen Elemente dieser Strichskala werden folgende Größenverhältnisse, umgerechnet auf Standardentfernungen, empfohlen:

	Standardentfernung		
	30 cm	80 cm	300 cm
Höhe Hauptteilstrich	2,4	6,4	14,2
Höhe Zwischenteilstrich	1,7	4,6	10,3
Höhe Unterteilstrich	1,1	2,8	6,7
Breite Hauptteilstrich	0,44	1,1	2,9
Breite Zwischenteilstrich	0,35	0,9	2,0
Breite Unterteilstrich	0,26	0,7	1,3
Mittenabstand zwischen zwei Unterteilstrichen	0,8	1,6	4,3

Abb. 76: Größenverhältnisse der Elemente einer Strichskalengraduierung nach Standardentfernungen

– *Bezifferung und Stufung der Strichskalen*

Die Zahlenspanne der Bezifferung richtet sich natürlich nach dem Meßbereich. Im Interesse einer guten Wahrnehmbarkeit und einer leichten Interpolation zwischen Ziffern und Markierungen sollten jedoch bestimmte zahlenmäßige Einteilungen und Stufungen bevorzugt werden. Die folgende Tabelle gibt Beispiele für empfohlene, zulässige und ungünstige Zifferneinteilungen sowie für grafische Stufungen.

Zifferneinteilung \ Grafische Stufung	zu empfehlen	zulässig	nicht zu empfehlen
sehr zu empfehlen	1 2 3 4 5 10 20 30 40 50 100 200 300 400 500	1 2	1 2 3 4 5 1 2 3 4 5	1 2 3
zulässig	5 10 15 20 25 2 4 6 8 10 30 60 90 120 150		5 10 15 20 25 2 4 6 8 10	0 5 10 15
nicht zu empfehlen	0 2,5 5,0 7,5 10,5 4 8 12 16 20 0 15 30 45 60			0 2,5 5 7,5

Abb. 77: Bezifferung und Stufung der Strichskalen

– *Lokalisation der Bezifferung*

Die Ziffern sind so anzuordnen, daß sie durch andere Teile des Meßinstrumentes (Zeiger, Instrumentenrahmen) nicht verdeckt werden. Optimal ist das Design, wenn die Strichskala zwischen Ziffern und Zeiger liegt.

– *Bereichsmarkierungen*

Bereichsmarkierungen erleichtern die Orientierungsaufgabe beim Überwachen von Meßinstrumenten. Bevorzugt werden Farbmarkierungen, es sind aber auch Formmarkierungen möglich. Bei Farbmarkierungen ist zu berücksichtigen, daß sich bestimmte Bedeutungszuordnungen eingebürgert haben (vgl. Kap. 4.1.9). So bedeutet z. B.

Rot – Gefahrenbereich
Gelb – Achtungsmarkierung
Grün – Inbetriebszustand

Andere Farben sind möglich, sofern sie innerhalb eines Betriebes mit gleicher Bedeutung benutzt werden. Farbliche Bereichsmarkierungen in sektoraler Flächenform bei Kreis- oder Kreissektorskalen haben einen größeren Auffälligkeitswert als alle anderen Markierungsformen.

Bei häufig wechselnden kritischen Bereichen oder zur Speicherhilfe von Meßwerten haben sich einstellbare Markierungen oder Schleppzeiger bewährt.

○ *Zeiger*

Grundprinzip für die Zeigerkonstruktion ist die Einfachheit. Alles unnütze Beiwerk sollte weggelassen werden. Zeiger sollen möglichst in der Zifferblattebene liegen, um eine Parallaxe, also eine Ableseabweichung, zu vermeiden, wenn nicht genau senkrecht auf das Zifferblatt gesehen wird. Meßanzeigen bei Mehrzeigerinstrumenten sind nur schwer und mit typischen Fehlern wahrzunehmen, so daß nach Möglichkeit darauf verzichtet werden sollte.

– *Zeigerform*

Der Zeiger gibt durch Position und (bei Kreis- und Kreissektorskalen) durch Winkelstellung die wesentliche Basis für die Identifikation des Meßwertes ab. Er soll deswegen kräftig gestaltet und an der Spitze mit einem Winkel von 60° verjüngt oder bei besonderen Anforderungen an die Interpolation zwischen den Teilstrichen mit einer sog. „Messerspitze" versehen werden (s. Abb. 78).

Ursprung des Zeigers ist bei kreis- oder kreissektorförmigen Skalen der Mittelpunkt. Bei vertikalen Strichskalen sollen die Zeiger rechts, bei horizontalen Strichskalen unten laufen. Werden bei Kreis- oder

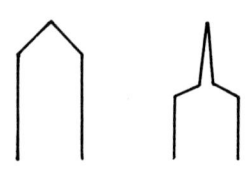

Abb. 78:
Empfohlene Zeigerformen

Kreissektorskalen Mehrfachzeiger benutzt, so sind sie in Länge und Dicke zu differenzieren. Werden bei Linearisierung Doppelanzeiger benutzt, so sind zwei Strichskalen anzubringen; die Zeiger laufen zwischen beiden Strichskalen. Diese Anordnung bedeutet jedoch wahrnehmungstechnisch keinen Gewinn gegenüber der Verwendung zweier separater Skalen.

○ *Kontrast, Reflexionsgrad und Beleuchtung*

Die Maximierung des Kontrastes zwischen
- Ziffern und Zifferblatt bei digitaler Anzeige sowie zwischen
- grafischen Markierungen einschließlich Bezifferungen und Zifferblatt bei analoger Anzeige

erleichtert die Überwachungsleistung und vergrößert die Wahrnehmungsgenauigkeit (vgl. Kap. 4.5.4.1).

Der Kontrast ist das Verhältnis der Reflexionsgrade von Markierungen und Hintergrund. Dieses Verhältnis sollte in der Größenordnung von 1 : 20 liegen. Das ist der Fall, wenn Markierungen und Bezifferungen in Schwarz (RAL 9005), der Hintergrund in Weiß (RAL 9010) ausgeführt werden[1]).

Die Beleuchtungsstärke am Meßinstrument sollte 300 Lux übersteigen. Aus besonderen Gründen kann es jedoch notwendig sein, die Beleuchtungsstärke erheblich niedriger zu halten. Unterschreitet sie 20 Lux, so ist es wahrnehmungsmäßig günstiger, weiße Markierungen und Bezifferungen auf schwarzem Hintergrund vorzusehen. Zur Heraushebung einzelner Skalen ist es möglich, Markierungen und Bezifferungen farblich zu halten. Da Gelbgrün die größte Helligkeitsempfindung hervorruft, ist bei Verwendung dieser Farbe ein maximaler Kontrast gewährleistet. Gelb und Gelborange sind zulässig.

Indirekte Beleuchtung der Skalen sollte nur dann vorgesehen werden, wenn die Helligkeit durch Anleuchten den für die Beobachtung anderer Prozesse notwendigen Zustand der Dunkeladaptation[2]) des Auges stört (wenn Adaptationsblendung auftreten kann). Die Leuchtdichte

---

[1]) Zur Bedeutung von RAL siehe Kap. 4.1.9.
[2]) Die Dunkeladaptation ist die Anpassung des Auges von hellen auf dunkle Beleuchtungsverhältnisse. Adaptation bedeutet Anpassung der Wahrnehmungsempfindlichkeit eines Sinnesorganes an die Umgebung.

der weißen Teile der Anzeige sollten zur Umgebungsleuchtdichte in keinem größeren Verhältnis als 10 : 1 stehen.

Für selbstleuchtende Ziffern oder Markierungen gelten gleiche Grundsätze. Lichtfarben der Ziffern im Rotbereich wirken sich bezüglich der Adaptation günstig aus.

4.3.4 Verwendung von Anzeigen auf Schaltpulten und an Meßwänden

Eine Anzeige wird selten allein, sondern vorzugsweise im Verbund mit vielen anderen Anzeigen oder Stellteilen verwandt. Ihre Anordnung ist dabei nicht gleichgültig, sondern beeinflußt die Wahrnehmungsleistung erheblich.

○ *Gruppierung von Anzeigen*

Sie wird begünstigt, wenn Anzeigen (und Stellteile) nach Gesichtspunkten eines *Flußdiagramms* oder nach *geometrischen Mustern* gruppiert werden (vgl. auch Kap. 4.4).

Die Gruppierung nach einem *Flußdiagramm* wird bevorzugt, wenn die Anzeigen Meßstellen in einer geschlossenen Produktionseinheit darstellen. Das Flußdiagramm folgt grob dem räumlichen Bild der Produktionseinheit. Die Plazierung der Anzeige kennzeichnet die örtliche Lage der Meßstelle. Die Gruppierung nach einem Flußdiagramm verbessert das optische Zurechtfinden, beschleunigt die Fehlersuche und erleichtert die Anlernung.

Anordnung nach *geometrischen Mustern* ist dann sinnvoll, wenn Anzeigen einer Vielzahl gleicher Produktionseinrichtungen (z. B. Pressen) zentral an einem Meßpult zusammengefaßt werden sollen. Dabei sollte jedoch eine geometrische Gruppierung von 8 x 6 Anzeigen nicht überschritten werden. Die orientierende Wahrnehmung wird erleichtert und beschleunigt, wenn die Sollstellungen der Zeiger benachbarter Anzeigen linearisiert werden können. Bei Kreisskalen ist die 9-Uhr-Stellung der Zeiger optimal, bei linearen Skalen die Gleichrichtung in der Senkrechten. Die bildliche Darstellung verdeutlicht diese Gesichtspunkte.

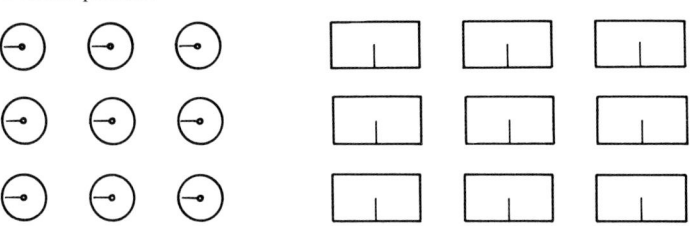

Abb. 79: Anordnung von Anzeigen nach geometrischen Mustern

○ *Gruppierung von Anzeigen und Stellteilen*

Werden Anzeigen mit Stellteilen kombiniert, so ist die Kompatibilität sicherzustellen. Unter Kompatibilität versteht man in diesem Zusammenhang die sinnfällige Bewegungsanalogie zwischen der

– Veränderungsrichtung der angezeigten physikalischen Größe und der Bewegungsrichtung des Zeigers bzw. zwischen
– der Bewegungsrichtung der Stellteile und der Zeigerbewegung der Anzeigen.

Detaillierte Ausführungen zu dem Problem der Abstimmung von Stellteilen und Anzeigeelementen finden sich in den Kap. 4.1.8 und 4.4.

> Die Eignung eines Meßinstrumentes für einen konkreten Anwendungsfall hängt von der spezifischen Wahrnehmungsaufgabe ab. Einfluß auf die Wahrnehmbarkeit einer Meßanzeige haben vor allem die Gestaltung der Ziffern, der Strichskala und der Zeiger sowie der Kontrast, der Reflexionsgrad und die Beleuchtung. Die Wahrnehmungsleistung wird durch eine sinnfällige Anordnung der Anzeigen und Stellteile verbessert (Kompatibilität).

Standardliteratur zu Kap. 4.3
(vollständige Quellenangaben siehe Gesamtliteraturverzeichnis)
BERNOTAT (1974), MURRELL (1971), NEUMANN/TIMPE (1971).

HEINRICH JÜPTNER

4.4 Gestaltung von Griffen und Stellteilen

4.4.1 Griffe

Das Wort Griff kann dreierlei bedeuten:

(1) die Handseite eines technischen Arbeitsmittels (Abb. 80),

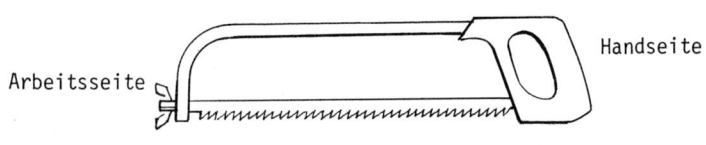

Abb. 80: Arbeits- und Handseite eines technischen Arbeitsmittels

(2) die Koppelung zwischen der Hand und einem Gegenstand (Abb. 81),

Faust/Umfassung		Faust/Klemmen		
quer zur Achse des Griffes	längs zur Unterarmachse	quer zur Achse des Griffes	längs zur Unterarmachse	Bewegungs- und Kraftrichtung
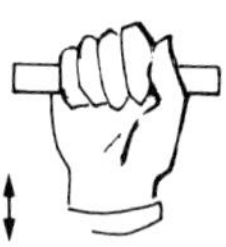 Formschluß	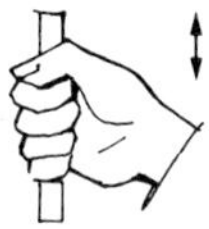 Reibschluß	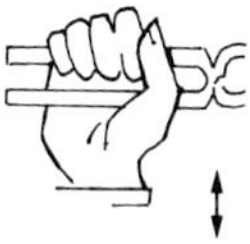 Formschluß	 Reibschluß	längs zur Unterarmachse

Zentrum/Zufassung		Zentrum/Kaverne		
quer zur Achse des Griffes	längs zur Unterarmachse und der Hand	quer zur Achse des Griffes	längs zur Unterarmachse	Bewegungs- und Kraftrichtung
	 Formschluß	 Formschluß	 Formschluß	längs zur Unterarmachse

Zentrum/3 Finger-Spitze		
Drehen 3 Finger bei Stillstand der Unterarmachse	längs zur Unterarmachse und der Hand	Bewegungs- und Kraftrichtung
 Reibschluß	 Formschluß	längs zur Unterarmachse

Abb. 81:
Ergreifen von
Gegenständen
(SOLF 1975)

(3) den Vorgang, bei dem Kräfte oder Momente durch die Hand auf einen Gegenstand übertragen werden (Abb. 82).

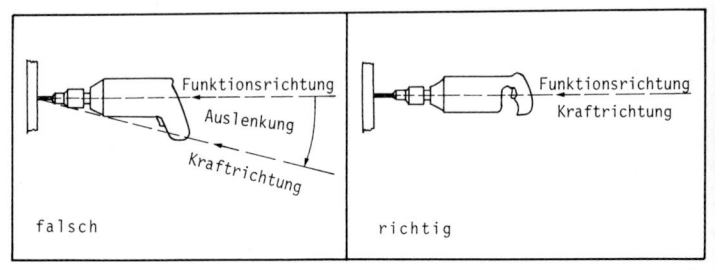

falsch	richtig
Funktionsrichtung / Auslenkung / Kraftrichtung	Funktionsrichtung / Kraftrichtung

Abb. 82: Griffanordnung an einer Bohrmaschine (vgl. REFA 1973b, S.137)

Griffe als Handseiten von technischen Arbeitsmitteln sind so zu gestalten, daß für den Benutzer je nach Arbeitsaufgabe eine optimale Steuerung und Handhabung der Arbeitsseite möglich ist und die erforderlichen Kräfte und Drehmomente in einer für das Hand-Arm-System günstigen Weise übertragen werden können.

Bei der Gestaltung von Griffen zur Kraftübertragung ist darauf zu achten, daß eine möglichst große Kontaktfläche Hand/Griff zur Übertra-

Beispiele	Anpassungsgrad %	Eigenschaften
Runde Stange 30 mm Durchmesser	20 – 30	– große Veränderbarkeit der Griffposition – Kraftübertragung unbequem – Haut- und Bindegewebe werden leicht gereizt
Übliche Griffe an technischen Arbeitsmitteln	40 – 50	– durch größere Anpassung große Kraftübertragung möglich – wenig Veränderbarkeit der Griffposition
Kameragriff	60 – 70	– durch größte Anpassung sichere, kontrollierte Führung möglich – keine Veränderbarkeit der Griffposition – rasche Ermüdung der Hand

Abb. 83: Anpassungsgrad und Griffeigenschaften

gung genutzt wird. Die zu übertragende Kraft darf 3 kp (~30 N) pro cm² Kontaktfläche nicht überschreiten.

Für die sichere Führung und Handhabung des Arbeitsmittels, aber auch für die Ermüdung der Hand ist die Anpassung des Griffes an die Hand entscheidend. Hierbei ist zu beachten: Je höher der Anpassungsgrad, desto sicherer und kontrollierter ist die Führung des Griffes, desto weniger Freiheit zur Entspannung wird der Hand allerdings gelassen. Die Folge ist eine raschere Ermüdung der Hand (Abb. 83).

Bei Werkzeugen und Geräten, die längere Zeit mit Kraftanstrengung in der Hand gehalten werden, entsteht oft eine Verkrampfung der Muskeln durch statische Haltearbeit. Hier sollen mechanische Haltekräfte, z. B. Federn, dazu eingesetzt werden, ein Werkzeug in der Stellung zu halten, in der es sich die überwiegende Zeit befindet (Abb. 84).

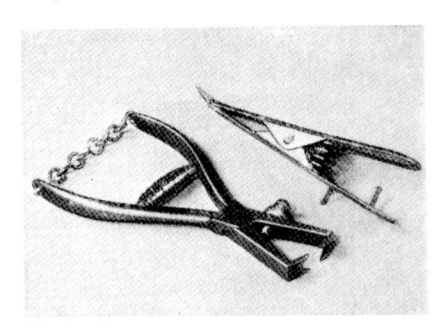

Abb. 84:
Verschiedene Federanordnungen bei Zangen. Links: Entisolierzange gegen Federdruck geschlossen, rechts: Bilderzange, gegen Federdruck geöffnet (STIER/MEIER o. J., S. 50).

4.4.2 Stellteile

○ *Auswahl der Stellteile*

Stellteile (Abb. 85) sind Elemente an technischen Arbeitsmitteln, die durch Hand, Finger oder Fuß bewegt werden. Sie sind so auszuwählen (Abb. 86), zu gestalten und anzuordnen, daß sie dem stellenden Körperteil und dessen natürlichen Bewegungen entsprechen und die Anforderungen der Arbeitsaufgabe hinsichtlich der Geschicklichkeit, Genauigkeit, Geschwindigkeit und Kraft erfüllt werden (DIN 33 400).

○ *Stellwege, Stellkräfte*

Bei der Auswahl und Gestaltung von Stellteilen sind Stellwege und Stellkräfte festzulegen. Dafür sind einerseits die Anforderungen der Arbeitsaufgabe (Beispiele siehe Abb. 87) und andererseits die physiologischen Gegebenheiten des stellenden Körperteils zu berücksichtigen (Beispiele siehe Abb. 88).

Stellbewegung	Stellteile
Drehen	Drehknopf Drehknebel Handrad Kurbel Schlüssel
Drücken	Druckknopfschalter Drucktaster Tastatur Drahtauslöser
Schieben	Daumenschieber Knopfschieber Griffschieber
Schwenken	Kippschalter Wippschalter Stellhebel Schalthebel Hebeltaste Pedal
Ziehen	Zugring Zugknopf Zuggriff Bügelgriff

Abb. 85: Gebräuchliche Stellteile

Eignungsgesichtspunkte
– 2 mögliche Stellungen – mehr als 2 Stellungen – stufenloses Stellen – Halten des Stellteiles in einer Stellung – schnelles Einstellen einer bestimmten Stellung – genaues Einstellen einer bestimmten Stellung – geringer Platzbedarf – einhändiges gleichzeitiges Stellen mehrerer Stellteile – Sehen der Stellung – Tasten der Stellung – Verhinderung unbeabsichtigten Stellens – Festhalten am Stellteil

Abb. 86: Eignungsgesichtspunkte für Stellteile

		Stellweg	Stellwiderstand
Stellaufgabe: hohe Anforderungen an die	→ Genauigkeit	groß	klein
	→ Geschwindigkeit	klein	klein/mittel
	→ Stellarbeit	groß	groß

Abb. 87: Stellkraft und Stellweg in Abhängigkeit von der Arbeitsaufgabe (J. SCHMIDT 1975)

Stellteile Beispiele		Stellweg	Stellkraft
Kontaktgriff/ Finger z. B. Druckknopf		2 - 10 mm	1 - 8 N (1 N ~ 0,1 kp)
Kontaktgriff/ Hand z. B. Drucktaster		10 - 40 mm	4 - 16 bei Notschaltern bis 60 N
Zufassungsgriff/ 3 Finger z. B. Drehknopf		>360° (bei Nachgreifen)	0,02 - 0,3 Nm bei 15 - 25 mm ⌀
Zufassungsgriff/ Hand z. B. Schalthebel		20 - 300 mm	5 - 100 N
Umfassungsgriff/ Hand z. B. Stellhebel		100 - 400 mm	10 - 200 N
Gesamtfußauflage z. B. Pedal		20 - 150 mm	30 - 100 N

Abb. 88: Empfohlene Stellwege und Stellkräfte (Bereiche) bei einigen gebräuchlichen Stellteilen (in Anlehnung an DIN 33 401, SCHMIDTKE 1974a, KROEMER 1967)

○ *Gestaltung, Konstruktion*

— Die Kontaktflächen für Finger, Hand und Fuß sollen so ausgebildet sein, daß durch die Form oder durch einen hohen Reibwiderstand ein Abgleiten verhindert wird.

— Bei Stellteilen, für die Stellkräfte aus der oberen Hälfte des in Abb. 88 jeweils angegebenen Wertebereichs erforderlich sind, oder bei Stellkräften, die häufig betätigt werden, ist in erhöhtem Maße auf geeignete Griffausbildung (Form, Größe, Oberfläche) zu achten.

— Bei Stellteilen, die zum Schalten eingesetzt werden, sind die verschiedenen Schaltstellungen durch Rastungen möglichst so zu sichern, daß beim Loslassen in einer beliebigen Position zwischen zwei Schaltstellungen das Stellteil in eine der beiden Stellungen einrastet. Die jeweilige Schaltstellung sollte während der Betätigung erkennbar sein.

— Bei Stellteilen, die zum kontinuierlichen Einstellen benutzt werden, soll die jeweilige Einstellung – auch relativ zu den
→

Endlagen – gut erkennbar sein, und zwar nach Möglichkeit auch während der Betätigung.
- Unbeabsichtigtes Stellen soll verhindert werden, z. B. durch
  -- versenkten Einbau des Stellteiles (oder durch Kragen),
  -- eine vor dem Stellen zu lösende Sperre,
  -- Abdeckung des Stellteiles,
  -- hinreichenden Stellwiderstand (Stellkraft),
  -- hinreichenden Abstand von anderen Stellteilen,
  -- einer von der Berührungsrichtung unterschiedliche Stellrichtung oder durch
  -- Einbau an Stellen geringer Berührungswahrscheinlichkeit.

Bei einem Sicherheitsrisiko für Personen sind nur die drei zuerst genannten Maßnahmen zulässig.

- Stellteile sollen die zu verstellende Größe (z. B. Temperatur) und die jeweilige Einstellung (z. B. in der Hälfte des Stellbereiches) eindeutig erkennen lassen. Dazu ist in der Regel eine Kennzeichnung erforderlich. Die Erkennung der Stellgröße kann z. B. erfolgen durch
  -- Form,
  -- Größe,
  -- Oberflächenstruktur,
  -- Lage bzw. Anordnung,
  -- Beschriftung,
  -- Farbe oder durch
  -- Bildzeichen (nach DIN 30 600).
- Die jeweilige Einstellung ist identifizierbar, z. B. durch:
  -- Lage,
  -- Zeiger, Skalen bzw. Weganfangs- und Wegendmarken,
  -- Stellwiderstand oder durch
  -- zusätzliche Signale (z. B. optisch oder akustisch).
- Eine optische Identifikation setzt geeignete Beleuchtungsverhältnisse voraus. Bei akustischen Signalen ist der allgemeine Geräuschpegel des Bezugsfeldes zu beachten. Für die Wahl des Kennzeichnungssystems ist die Gesamt-Einbausituation (Bezugsfeld) und die in Frage kommende Benutzergruppe (Bezugsgruppe) maßgebend.

○ *Einbau und Anordnung*

Bei Einbau und Anordnung einer Vielzahl von Stellteilen und Anzeigen soll deren räumliche Lage ein sicheres, eindeutiges und

→

schnelles Wahrnehmen und Stellen ermöglichen. Deshalb sind folgende Faktoren zu berücksichtigen:
- Benutzergruppe (mit/ohne Ausbildung; selten/häufig wechselnd),
- erforderliche Kräfte, Bewegungen/Stellwiderstände, Stellwege,
- Wichtigkeit der Verstellung,
- Häufigkeit der Verstellung,
- Mindestabstände zwischen Stellteilen,
- eindeutige, sinnfällige Zuordnung von räumlicher Lage des Stellteils und der Anzeigen, der Stellbewegung, der Anzeigeänderung sowie der Wirkung (Abb. 89, vgl. auch die Kap. 4.1.7 und 4.3) und
- Möglichkeit des Festhaltens am Stellteil (z. B. Lenkrad Pkw).

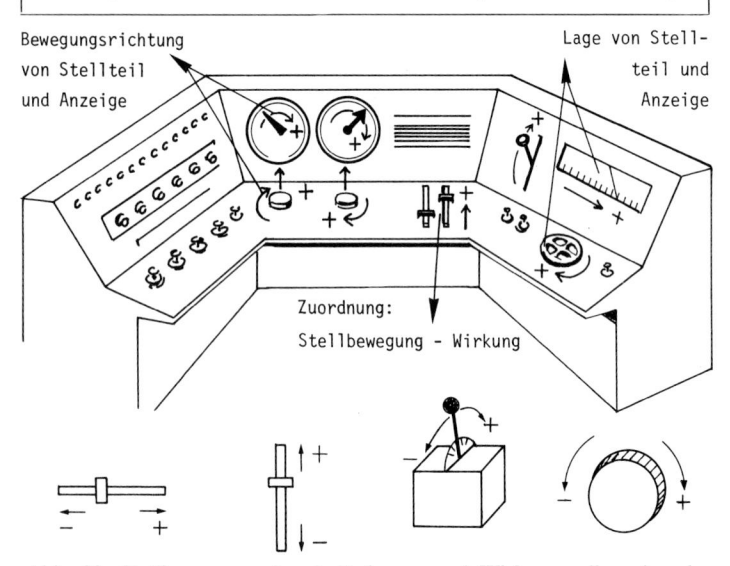

Abb. 89: Stellbewegung, Anzeigeänderung und Wirkung sollen einander sinngemäß entsprechen (kompatibel sein). Das gilt insbesondere hinsichtlich der Richtung, der räumlichen Lage und der Intensität.

Standardliteratur zu Kap. 4.4

(vollständige Quellenangaben siehe Gesamtliteraturverzeichnis)
KROEMER (1967), LEHMANN/STIER (1961), REFA (1973b), SCHMIDT (1975), SCHMIDTKE (1974a).
DIN 33 400, 33 401.

4.5 Gestalten der Arbeitsumgebung

Hans Gerd Wenzel

4.5.1 Klima

Der größte Teil der Bevölkerung vieler hochentwickelter Länder verbringt heute den weit überwiegenden Teil seines Lebens nicht im natürlichen, „gemäßigten" Außenklima, sondern im künstlichen Klima geschlossener Räume. Dabei kommt es vor, daß das Klima der Arbeitsräume aus verschiedenen Gründen, besonders infolge technischer, Wärme entwickelnder Prozesse zu einer Belastungsgröße wird, die sich auf dem Weg über eine Veränderung der normalen Körpertemperatur in subjektiv unbehaglichen thermischen Empfindungen, ggf. auch Leistungsminderungen oder sogar in einer Gefährdung des Gesundheitszustandes äußern kann.

Wünschenswert wäre ein Klima, bei dem sich der größtmögliche Teil der Arbeiter thermisch „neutral" fühlt, d. h. weder kühlere noch wärmere Bedingungen wünscht, wie es in Wohnräumen oder an günstigen Arbeitsplätzen, z. B. in Büroräumen, weitgehend erreichbar ist. Ebenso wie das natürliche Außenklima diesem Idealfall nur selten entspricht, ist unter den Gegebenheiten industrieller Arbeit ein solches Optimalklima oft nicht herstellbar. Der menschliche Körper besitzt jedoch von Natur aus die Fähigkeit, schon auf sehr geringe Änderungen seiner normalen Temperatur mit Umstellungen von Blutkreislauf, Stoffwechsel, Schweißdrüsentätigkeit u. a. zu reagieren, die den Zweck haben, stärkeren Körpertemperaturänderungen entgegenzuwirken. Damit wird erreicht, daß das Klima bei Überschreiten des Neutralbereichs zunächst zwar unbehagliche kühle bzw. warme Empfindungen hervorruft, aber die Leistungsfähigkeit und der Gesundheitszustand nicht unbedingt beeinträchtigt werden. Hierzu kommt es erst außerhalb gewisser Klimagrenzen.

○ *Klimafaktoren, Klimabeurteilung*

Für die Behandlung von Klimaproblemen in der Arbeitspraxis, etwa der Voraussage zu erwartender Wirkungen eines Klimas, der Beurteilung eines gegebenen Klimas oder der Entscheidung über Klimatisationsmaßnahmen ist es von entscheidender Bedeutung, daß Klimawirkungen auf den Menschen nicht allein von den einzelnen Klimafaktoren abhängen, zu denen außer der *Lufttemperatur* insbesondere die *Luftfeuchtigkeit,* die *Luftbewegung* und die *Wärmestrahlung,* die den Menschen aus seiner Umgebung trifft, gehören. Wie sich ein gegebenes, aus diesen Faktoren zusammengesetztes Klima auswirkt, wird stets gleichzeitig auch von nichtklimatischen Einflußgrößen mitbestimmt, insbesondere der Schwere der geleisteten Körperarbeit, die für die Wärmebildung im Körper maßgebend ist, und der Bekleidung, die den Wärmeaustausch zwischen Körper und Umgebung beeinflußt. Hieraus folgt, daß sich – von Ausnahmen abgesehen – ein einzelner Klimafaktor nicht getrennt von den übrigen beurteilen läßt und auch dem Klima als Kombination der einzelnen Faktoren nur unter Berücksichtigung von Arbeitsschwere und Bekleidung eine Beurteilung zugeordnet werden kann.

○ *Behaglichkeitsbedingungen*

Ein Beispiel des Zusammenwirkens von drei der genannten Einflußgrößen zeigt Abb. 90. Sie enthält Richtwerte darüber, in welcher Größenordnung die Umgebungstemperatur je nach der geleisteten Körperarbeit und der getragenen Kleidung wechseln muß, wenn der Mensch sich behaglich, weder zu kalt noch zu warm, fühlen soll. Die Temperaturwerte, die für mittlere Luftfeuchtigkeit und geringe Luftbewegung gelten, liegen für den unbekleideten, sitzenden Menschen bei fast 30° C, der üblicherweise in Hallenschwimmbädern eingestellten Temperatur. Bei sitzender Tätigkeit in einem üblichen Straßenanzug wird eine tiefere Temperatur (etwas über 20° C) benötigt, damit der Körper seine selbst gebildete Wärme durch den isolierenden Anzug abgeben kann. Bei körperlicher Arbeit werden je nach ihrer Schwere und der Bekleidung entsprechend tiefere Umgebungstempe-

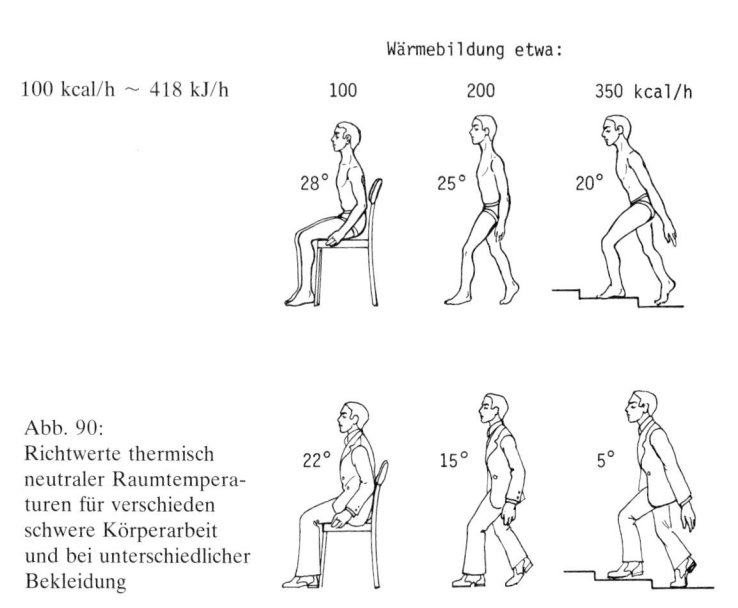

Wärmebildung etwa:

100 kcal/h ~ 418 kJ/h   100   200   350 kcal/h

                         28°   25°   20°

Abb. 90:
Richtwerte thermisch   22°   15°   5°
neutraler Raumtemperaturen für verschieden
schwere Körperarbeit
und bei unterschiedlicher
Bekleidung

raturen als behaglich empfunden, die bei sehr schwerer Arbeit und Tragen einer dichten Kleidung durchaus 0° C erreichen können.

> Eine allgemeingültige „Behaglichkeitstemperatur" existiert nicht.

Erst seit wenigen Jahren ist bekannt, wie alle sechs genannten Einflußgrößen kombiniert sein müssen, damit sich der größtmögliche Teil erwachsener Menschen in thermischer Hinsicht behaglich fühlt. Die Zahl dieser Kombinationen ist verständlicherweise sehr groß. Schon die Darstellung der praktisch wichtigsten Kombinationen erfordert Serien von Diagrammen. Vollständige Angaben sind nur durch komplizierte Berechnungen, am schnellsten mit Hilfe eines Computers zu erhalten. Hierzu sind Meßwerte aller genannten Größen erforderlich (FANGER 1973, 1974).

○ *Klimameßgerät COMFYTEST, thermische Behaglichkeit – individuelle Unterschiede*

Um dieses aufwendige Verfahren für die Arbeitspraxis zu vereinfachen, ist kürzlich ein neues *Meßgerät COMFYTEST* entwickelt worden, mit dem die Güte des Raumklimas unmittelbar bewertet werden kann (MADSEN 1974). Es enthält einen Meßkörper, der auf verschiedene Lufttemperatur, Strahlungstemperatur und Luftgeschwindigkeit ähnlich reagiert wie der menschliche Körper. Am Gerät werden gemessene oder geschätzte Werte für die Arbeitsschwere und die Bekleidung der Personen, die sich im zu beurteilenden Klima befinden, außerdem der Luftfeuchtigkeitswert eingestellt. Das Gerät gibt dann auf einer Skala an, ob die Gesamtbedingungen im Durchschnitt behaglich sind bzw. zu welchen unbehaglichen Empfindungen sie führen. Außerdem wird berücksichtigt, daß verschiedene Personen unter gleichen Bedingungen unterschiedliche thermische Empfindungen haben können. Man kann den prozentualen Anteil der Personen ablesen, die sich nicht behaglich fühlen, auch wenn sich der größte Teil der Personen behaglich fühlt. Diese ergänzende Angabe stellt eine praktisch wichtige Zusatzbeurteilung dar, weil es erfahrungsgemäß kein Raumklima gibt, bei dem sich ausnahmslos alle Menschen behaglich fühlen, wie Abb. 91 zeigt.

> ○ *Bekleidung*
>
> Es ist ein wichtiges praktisches Problem, denjenigen zu helfen, die wegen ihrer besonderen Konstitution andere Anforderungen
> →

an das Klima stellen als die Mehrzahl. Die einzige Möglichkeit, unbehaglichen Kälte- bzw. Wärmeempfindungen dieser Personen zu begegnen, besteht darin, sie zu einer Anpassung ihrer Bekleidung an ihr persönliches Empfinden zu veranlassen. Bei einem vorgegebenen Klima und einer durch die Art der Tätigkeit vorgegebenen Wärmebildung im Körper ist die Kleidung das letzte Glied, das jeder einzelne in erforderlicher Weise verändern kann. Das zunächst klimatische Problem führt damit zu der psychologischen Aufgabe, die Betroffenen davon zu überzeugen, daß sie durch Wahl einer geeigneten Bekleidung selbst zu ihrem thermischen Behaglichkeitsempfinden beizutragen haben und daß unbehagliche thermische Empfindungen nicht automatisch dem Klimatechniker anzulasten sind.

○ *Beurteilung der Erträglichkeit klimatischer Belastungen*

Schwieriger ist es, *unbehagliche Klimabedingungen* hinsichtlich ihrer belastenden Wirkungen, die sich in Minderungen der Leistungsfähigkeit oder sogar Beeinträchtigungen des Gesundheitszustandes äußern können, zu beurteilen. Von der Vielzahl der vorkommenden Belastungskombinationen ist erst ein Teil genauer untersucht worden. Für bisher nicht untersuchte Bedingungen ist man auf Schätzungen angewiesen. Außerdem sind hierbei wiederum individuelle Unterschiede zu berücksichtigen.

Die vorwiegend interessierende Frage ist die nach den Grenzen *erträglicher Klimabedingungen,* also nach den Grenzen solcher Klimabedingungen, die ohne Gesundheitsschäden ertragen werden können.

Abb. 91: Gefühlsmäßige Beurteilung verschiedener Klimazustände durch 745 bekleidete Personen bei Bürotätigkeit nach McCONNELL und SPIEGELMAN (1940). Der Optimalwert liegt bei 21° C Effektiv-Temperatur. Er schließt jedoch bei einzelnen Personen Kälte- bzw. Wärmeempfindungen nicht aus.

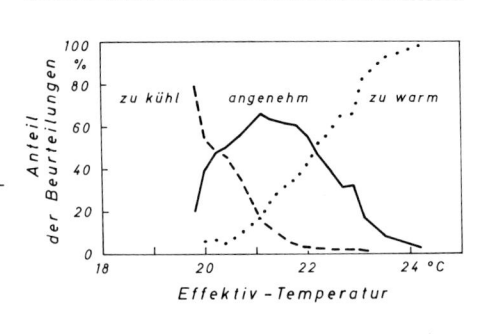

Hierzu sind Angaben auf zwei voneinander zu trennenden Wegen möglich.

(1) Man kann einmal den klimaexponierten Menschen selbst als „Meßgerät" benutzen, bestimmte physiologische Größen messen und aus ihren Werten eine Beurteilung ableiten. Die physiologische Größe, über die die meisten Erfahrungen vorliegen, ist die im Darm gemessene *Körpertemperatur*. Erreicht diese Temperatur Werte bis zu 38° C oder 38,5° C, nicht aber Werte von 39° C oder mehr, ist die Wärmebelastung nach allen bisherigen Erfahrungen als erträglich anzusehen (Wyndham 1965). Da Messungen der Darmtemperatur oft nicht ohne weiteres möglich sind, hat man ersatzweise Messungen der Temperatur anderer Stellen, besonders im Mund, in Betracht gezogen. Hierbei ist aber zu berücksichtigen, daß die Mundtemperatur durch manche örtliche Einflüsse, z. B. Atmungsvorgänge, verfälscht werden kann und daß sie außerdem tiefer liegt als die Darmtemperatur. Der Unterschied beider Temperaturen hängt von der Arbeitsschwere ab. Bei sitzender Tätigkeit beträgt er 0,3 bis 0,5° C, bei sehr schwerer Arbeit mit einer Sauerstoffaufnahme von 1,5 l/min etwa 1° C (Strydom u. a. 1965).

Eine andere, hier verwendbare Größe ist die *Herzfrequenz*. Dabei ist jedoch zu berücksichtigen, wieweit an ihrer Erhöhung die geleistete Körperarbeit und wieweit das belastende Umgebungsklima beteiligt ist. Bei sitzender Tätigkeit sollte sich die Herzfrequenz allein durch Wärmebelastung nach bisherigen Erfahrungen nicht über etwa 100 Schläge/min erhöhen, bei schwerer Körperarbeit (Energieumsatz 350 kcal/h ~ 1500 kJ/h) unter entsprechend geringerer Wärmebelastung nicht über etwa 130 Schläge/min (Belding u.a. 1969).

(2) Der zweite Weg, thermische Belastungen zu beurteilen, besteht darin, zunächst die einzelnen Klimagrößen am Arbeitsplatz zu ermitteln, weiterhin die beiden zusätzlich wirksamen Größen, Arbeitsschwere und Bekleidung, zu bestimmen und die sich hieraus ergebende Belastungssituation vergleichbaren Situationen gegenüberzustellen, für die Belastungseffekte bereits bekannt sind. Dieser gegenüber dem erstgenannten Weg meist einfachere Weg erlaubt insbesondere auch Voraussagen über zu erwartende Klimaeffekte, bevor diese eingetreten sind.

Nicht selten ergeben sich dabei erfahrungsgemäß Probleme, weil genügend gut vergleichbare, bereits bekannte Situationen oft nicht vorliegen. Insbesondere ist die Kombination der einzelnen Klimafaktoren verschieden. Es wird dann erforderlich, aus den Werten der einzelnen Klimafaktoren am zu beurteilenden Arbeitsplatz sog. *Klimasummenwerte* abzuleiten. Ein Klimasummenmaß faßt die einzelnen Klimawerte gemäß ihrer gemeinsamen Wirkung auf den Menschen zusammen und beschreibt das Klima mit einem einzigen Zahlenwert. Es können dann Klimabedingungen eines anderen, schon untersuchten Arbeitsplatzes zum Vergleich herangezogen werden, denen der gleiche Klimasummenwert zukommt.

○ *Effektiv-Temperaturen*

Besonders bekannt sind die „*Effektiv-Temperaturen*" als Klimasummenmaße, die „Normal-Effektiv-Temperatur", welche für Personen mit Straßenbekleidung gilt, und die „Basis-Effektiv-Temperatur", die aus Untersuchungen an Personen mit unbekleidetem Oberkörper abgeleitet wurde. Zu ihrer Ermittlung werden Lufttemperatur, Luftfeuchtigkeit und Luftbewegung gemessen und die Effektiv-Temperaturwerte aus Nomogrammen entnommen. Abb. 92 gibt das Nomogramm zur Ermittlung der „*Basis-Effektiv-Temperatur*" wieder. Im dargestellten Beispiel ergibt sich für eine Lufttemperatur von 29° C, eine Feuchttemperatur von 26° C (entsprechend etwa 80 % relativer Luftfeuchtigkeit) bei einer Windbewegung der Luft von 2 m/sec ein Effektiv-Temperaturwert von 23° C. Dieser Wert besagt, daß sich die angeführte Klimakombination genauso auswirken soll wie eine Umgebungstemperatur von 23° C für den Sonderfall einer Sättigung der Luft mit Feuchtigkeit (100 %) und praktisch fehlender Luftbewegung. In Abb. 93 ist das Nomogramm zur Ermittlung der „*Normal-Effektiv-Temperatur*" dargestellt.

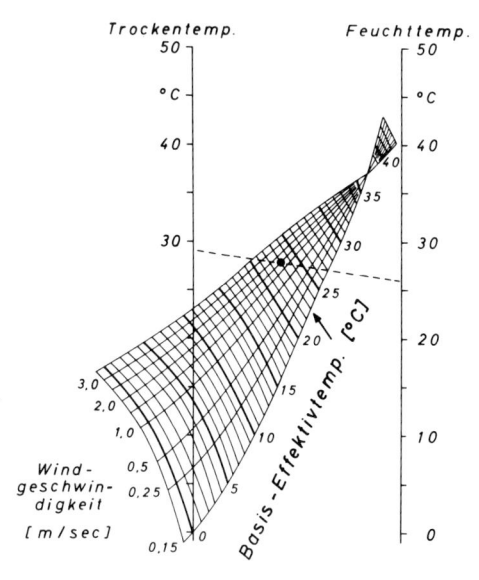

Abb. 92:
Nomogramm zur Ermittlung der Basis-Effektiv-Temperatur für den Menschen mit unbekleidetem Oberkörper mit Beispiel (nach YAGLOU 1927)

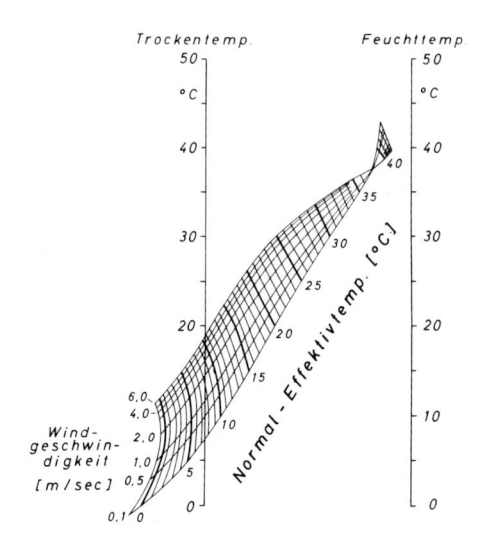

Abb. 93:
Nomogramm zur Ermittlung der Normal-Effektiv-Temperatur für den Menschen bei Tragen eines Straßenanzuges (nach YAGLOU 1927)

Abb. 94:
Globethermometer (nach VERNON/WARNER 1932)

Um auch *Wärmestrahlung* mit einbeziehen zu können, wurde vorgeschlagen, statt der Lufttemperatur die Temperatur des VERNONschen Globethermometers (Abb. 94) zu messen. Dieses Gerät, das gleichzeitig auf Lufttemperatur und Strahlungstemperatur der Umgebung anspricht, besteht aus einer außen geschwärzten Kupferhohlkugel mit etwa 15 cm Durchmesser, in die ein Quecksilberthermometer so eingelassen ist, daß sich die Kuppe des Thermometers im Kugelzentrum befindet. Leitet man mit Globetemperaturwerten eine Effektiv-Temperatur ab, so wird diese als *korrigierte* Normal- bzw. Basis-Effektiv-Temperatur bezeichnet.

○ *Obere Klimagrenzen, Hitzearbeit*

Abb. 95 gibt ein Diagramm mit Vorschlägen von Grenzen der bei täglicher Arbeit erträglichen, warmen Klimabedingungen wieder. Als Klimamaß ist auf der Abszisse die Basis-Effektiv-Temperatur, als Maß der Arbeitsschwere auf der Ordinate der Energieumsatz abgetragen. Somit gibt jeder Punkt des Diagramms eine bestimmte Kombination von Arbeitsschwere und Klima, bezogen auf weitgehend unbekleidete Personen, an. Die punktierte Zone kennzeichnet thermisch neutrale Bedingungen. Die Neigung dieser Zone gibt die allgemeine Erfahrung wieder, daß um so kühlere Bedingungen erwünscht sind, je

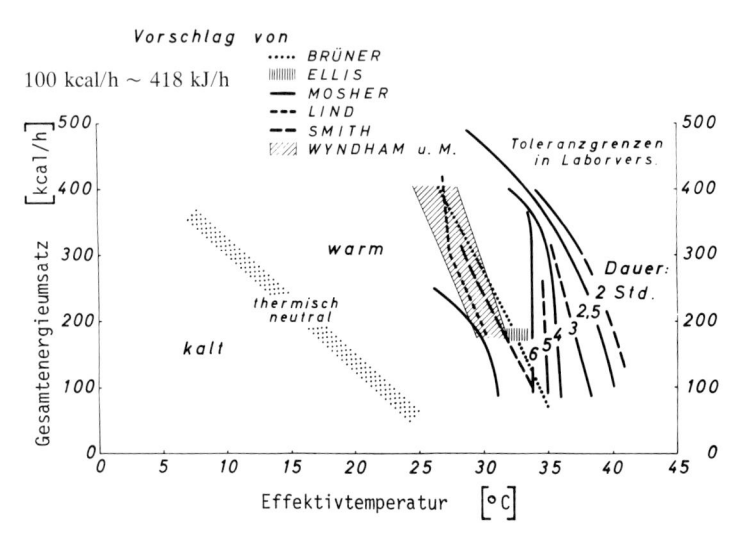

Abb. 95: Vorschläge von Höchst- und Erträglichkeitsgrenzen warmer Klimabedingungen bei täglicher Körperarbeit verschiedener Schwere (nach einer Zusammenstellung von WENZEL 1964). Die Erträglichkeit bezieht sich hier auf mehrere Stunden und auf weitgehend unbekleidete, gesunde Männer.

schwerer körperlich gearbeitet wird. Die rechts eingetragene Kurvenschar stellt oberste Toleranzgrenzen für verschiedene Arbeitszeiten dar, bis zu denen ausgesuchte, hochleistungsfähige, hitzegewohnte Männer die angegebenen Arbeit-Klima-Kombinationen gerade aushalten konnten. Diese Höchstgrenzen können verständlicherweise nicht für den Durchschnitt einer täglich Hitzearbeit leistenden Belegschaft zugrunde gelegt werden.

Die unterhalb der Höchstgrenzen eingetragenen Erträglichkeitsgrenzen und -bereiche (z. B. der schraffierte Bereich nach WYNDHAM u. M.) leiten sich sowohl von Erfahrungen aus der Arbeitspraxis als auch von Ergebnissen durchgeführter Laboratoriumsuntersuchungen ab und beziehen sich auf hitzegewohnte Männer. Sie können nur als Näherungswerte betrachtet werden, besonders weil von Mensch zu Mensch größere Unterschiede der Toleranz gegenüber Hitzearbeit bestehen. In diesem Zusammenhang ist es praktisch wichtig, mehr oder weniger für Hitzearbeit geeignete Arbeiter unterscheiden zu können. Eine erhöhte Gefährdung ergibt sich – von kranken Arbeitern abgesehen – für Arbeiter, deren Lebensalter 45 Jahre überschreitet, deren Körpermasse unter 50 kg bzw. mehr als 5 kg über dem Normalwert liegt und bei denen Messungen der körperlichen Leistungsfähigkeit ergeben, daß sie maximal nicht mehr als 2,5 l Sauerstoff pro Minute aufnehmen können (WYNDHAM 1974).

Eine bis heute offene Frage ist die, wie sich die Grenzen erträglicher, warmer Klimabedingungen verschieben, wenn am Arbeitsplatz aus Gründen z. B. des mechanischen Schutzes eine weitgehende Bekleidung des Körpers unvermeidlich ist. Nach bisher vorliegenden (allerdings vorerst noch) Einzelbefunden wirkt sich ein (verglichen mit einer üblichen Straßenbekleidung) leichterer Arbeitsanzug unter trocken-warmen Klimabedingungen wenig aus, hat jedoch bei hoher Luftfeuchtigkeit einen erheblichen Wärmebelastungseffekt. Ein der Abb. 95 entsprechendes Diagramm für (verschieden) bekleidete Personen läßt sich zur Zeit nicht erstellen. Bei dem Verdacht auf zu hohe Wärmebelastungen von bekleideten Personen muß auf das oben beschriebene Beurteilungsverfahren Nr. (1) zurückgegriffen werden.

○ *Weitere Klimabelastungsindices*

Bei Verwendung der Effektiv-Temperatur als Klimasummenmaß haben sich im Verlauf langjähriger Erfahrungen gewisse Ungenauigkeiten dieser Maße herausgestellt. Nicht alle Klimakombinationen, denen gemäß den Nomogrammen gleiche Effektiv-Temperaturwerte zukommen, haben – unter sonst gleichen Bedingungen – tatsächlich gleiche Wirkungen auf den Menschen. Neben den Effektiv-Temperaturen gibt es weitere Klimasummenmaße oder „Klimabelastungsindices", die den Effektiv-Temperaturen überlegen sein sollen. Jedoch steht die notwendige, umfassende Überprüfung aller empfohlenen Maße dieser Art noch aus.

Um einer vergleichenden Klimabeurteilung eine möglichst feste Basis zu geben, sollten zwar zunächst Effektiv-Temperaturwerte ermittelt und der Beurteilung zugrunde gelegt, jedoch nach Möglichkeit auch andere entsprechende Maße zur gesonderten Beurteilung herangezogen werden, speziell wenn die Erstbeurteilung ergibt, daß die Arbeitsbedingungen im näheren Bereich der Toleranzgrenzen liegen. Hierbei die richtige Auswahl zu treffen, stellt den schwierigsten Teilschritt im Verlauf einer Klimabeurteilung dar, zumal durchweg auf die meist nicht in deutscher Sprache verfaßten Originalaufsätze zurückgegriffen werden muß. Zu den Maßen, die sich zu Parallelbeurteilungen anbieten, gehört z. B. der P4SR-Index, der bis heute besonders in England empfohlen und benutzt wird (ELLIS u. a. 1972), oder der WBGT-Index, der erst kürzlich Empfehlungen für Klimagrenzen bei Hitzearbeit in den USA zugrunde gelegt wurde (RAMSEY 1976).

- Behaglichkeitsempfindungen und thermische Belastungen hängen nicht allein von den einzelnen Klimagrößen ab, sondern erfordern für ihre Beurteilung die Mitberücksichtigung von Wärmebildung im Körper (Arbeitsschwere) und Bekleidung.
- Ermittlung thermisch neutraler („behaglicher") Bedingungen kann mit dem Klimameßgerät COMFYTEST erfolgen.
- Beurteilungen belastender Klimabedingungen können direkt über Messungen physiologischer Größen des Menschen und indirekt durch Vergleich mit ähnlichen Bedingungen erfolgen, deren Belastungswirkungen bereits bekannt sind.
- Verschiedene zusammengesetzte Klimabedingungen lassen sich mit Hilfe von „Klimasummenmaßen" (z. B. der Effektiv-Temperatur) vergleichen.
- Die Reaktion auf Klimaeinflüsse kann von Mensch zu Mensch erheblich verschieden sein. Zu beachten sind Tauglichkeitsmerkmale für Hitzearbeit.

Standardliteratur zu Kap. 4.5.1
(vollständige Quellenangaben siehe Gesamtliteraturverzeichnis)
LEHMANN (1961), WENZEL (1970, 1973, 1974a, b), VALENTIN u. a. (im Druck).
Arbeitsstättenverordnung, Arbeitsstätten-Richtlinie.

4.5.2 Schadstoffe am Arbeitsplatz

4.5.2.1 Begriffe

Schadstoffe am Arbeitsplatz können feste, flüssige und in der Luft schwebende Stoffe sein (siehe Abb. 96), wobei die in der Luft schwebenden Schadstoffe auch als Luftverunreinigungen bezeichnet werden.

```
                    SCHADSTOFFE
    ┌──────────────────┼──────────────────┐
feste Schadstoffe  flüssige Schadstoffe  in der Luft schwebende
                                         Schadstoffe
                                         (Luftverunreinigungen)
                            ┌──────────────┼──────────────┐
                          feste         flüssige       gasförmige
                       Schwebestoffe  Schwebestoffe  Schwebestoffe
                       ┌──────┴──────┐      │        ┌──────┴──────┐
                     Stäube       Rauche  Nebel    Gase         Dämpfe
```

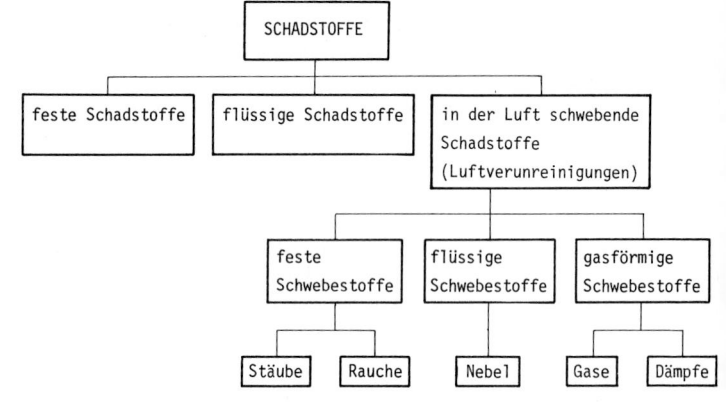

Abb. 96: Gliederung der Schadstoffe am Arbeitsplatz

Zu den Luftverunreinigungen zählen neben Rauch und luftfremdem Nebel vor allem Stäube, luftfremde Gase und Dämpfe. *Stäube* sind in der Luft schwebende, fein verteilte feste Stoffe. *Gase* sind elementare oder molekulare Stoffe, die bei normalen Raumluftbedingungen weit von ihrem Taupunkt (Kondensationstemperatur) entfernt sind und sich dreidimensional ausbreiten. Und von *Dämpfen* spricht man bei gasförmigen Stoffen, die mit ihrer flüssigen oder festen Phase in Gleichgewicht stehen.

4.5.2.2 Wirkungen der Schadstoffe auf Leistung und Gesundheit

○ *Überblick*

Feste, flüssige und in der Luft schwebende Schadstoffe können

– belästigend oder störend auf die Arbeitsperson wirken,
– Gesundheitsgefahren für die Arbeitsperson darstellen und
– Brände oder Explosionen auslösen.

Belästigende und störende Einflüsse von Schadstoffen sind schwer festzulegen, da sie von psychologischen, berufsspezifischen und individuellen Faktoren abhängen können. Gerüche, die vielleicht einen Metallarbeiter stören, wirken sich bei einem Chemiefacharbeiter möglicherweise nicht belästigend aus.

Hierzu ein konkretes Beispiel aus der Fertigung: Ein Lack, der einen unangenehmen Geruch hatte und von giftgrüner Farbe war, belästigte 6 Frauen, die ihn zu verarbeiten hatten, so stark, daß sie sich übergaben, obgleich eine gesundheitsbeeinflussende Wirkung nicht bestand. Der Wechsel der Farbe von „Giftgrün" in „Blau" schuf völlige Beruhigung.

Der Übergang von Belästigungen zu *Gesundheitsschädigungen* ist fließend und hängt von individuellen Größen ab (wie Alter, Konstitution, Geschlecht etc.). Die Gesundheitsschädigung des menschlichen Organismus kann über die *Haut*, durch *Einatmung* und durch den *Magen-Darm-Kanal* erfolgen. Bei der *Haut* kommt die Gesundheitsschädigung durch Hautkontakt der schädlichen Stoffe (z. B. Lösemittel, Lösungen, Säuren, Laugen oder Kunststoffe) zustande oder als Ausdrucksform einer Allergie (Überempfindlichkeit), während die Beeinflussung über die *Atemwege* durch Gase, Dämpfe und Stäube, und zwar durch das Eindringen der Schadstoffe bis in die Lunge geschieht. Hierbei sind auch schwerwiegende Zahnschäden möglich, wenn z. B. die Dämpfe von Säuren wiederholt und längere Zeit eingeatmet werden. Dämpfe und Stäube können sich zudem im Speichel niederschlagen, durch Schlucken in den *Magen-Darm-Trakt* gelangen (z. B. Bleistaub) und zu Vergiftungen führen.

Bei der Gefahr einer Bleivergiftung zusätzlich Milch zu trinken, wie es z. B. heute noch in manchen Betrieben den Bleiarbeitern empfohlen wird, *fördert die Gefahr der Vergiftung*, da Milch eine Vehikelsubstanz [1]) für Bleistaub in der Blutbahn darstellen kann. Milch hat bei der Inhalation von Gasen und Dämpfen keine vergiftungsverhütende Wirkung. Dessenungeachtet ist Milch ein hochwertiges Nahrungsmittel.

○ *Stäube*

Eine besondere Rolle spielen die metallischen, mineralischen und pflanzlichen Stäube. Sie können nicht nur zu Belästigungen führen, sondern auch Reizungen der Haut, der Schleimhäute sowie z. T. schwere Erkrankungen durch Einatmung bewirken. Ein Teil des Staubes wird bei intakter Nasenatmung in den oberen Luftwegen zurückgehalten. Erst bei einer Korngröße von weniger als 5µm = 5/1000 mm gelangt der Staub in die feinsten Verästelungen der Lunge und kann zu einer Staublungenerkrankung führen. Von den Staublungen-

---

[1]) Eine Vehikelsubstanz ist ein an sich wirkungsloser Stoff, der den wirksamen Stoff jedoch löst und transportiert.

erkrankungen stehen die Silikose (Steinstaublunge), die Asbestose (Asbeststaublunge), Erkrankungen durch Thomas-Schlacke, die Baumwollstauberkrankung (Byssinose) und die Talkumstauberkrankung im Vordergrund.

○ *Gase und Dämpfe*

Unter den Gasen seien besonders die Reizgase, wie z. B. Chlor, Fluor und die nitrosen Gase, erwähnt. Giftige (toxische) Gase und Dämpfe entstehen in der Fertigung häufig aus festen oder flüssigen Stoffen durch Verbrennung oder Temperaturerhöhung.

Besondere Bedeutung hat das bei unvollständiger Verbrennung entstehende giftige Kohlenmonoxid (CO), zumal wenn es bei körperlich schwerer Arbeit in erhöhtem Maße durch Zunahme der Atemtätigkeit eingeatmet wird. Geringe CO-Konzentrationen führen zu Kopfschmerzen und Ermüdung, größere CO-Konzentrationen können tödlich wirken (MAK-Wert beachten, vgl. Kap. 4.5.2.4).

Infolge Erhitzung können sich bei der Zerspanung fester Stoffe (z. B. von Kunststoffen wie Tetrafluoräthylen, auch als Teflon bekannt) hochtoxische Gase entwickeln. Durch Verdampfung von Flüssigkeiten (z. B. Lösemittel) bilden sich unter Umständen giftige Dämpfe. Sie haben eine allgemeine und eine spezifische Organwirkung. Die spezifischen Organwirkungen erstrecken sich bei einer ganzen Reihe von Lösemitteldämpfen (besonders bei einigen chlorierten Kohlenwasserstoffen, wie z. B. bei Tetrachlorkohlenstoff [2]) auf innere Organe, z. B. auf die Leber, die Niere und das Nervensystem.

Schwierigkeiten bei der Beurteilung von Lösemitteln ergeben sich durch die Vielzahl von Phantasienamen und Gemischen. Es ließen sich leicht mehr als 50 Phantasienamen nennen für Lösungsmittel, die Trichloräthylen [3] enthalten. Völlig ungefährliche Lösemittel gibt es nicht.

Die gesundheitlich weniger gefährlichen Lösemittel sind vom Standpunkt des Brand- und Explosionsschutzes nicht immer die ungefährlichsten. Mit der Abnahme des Chloranteils nimmt z. B. bei den halogenierten Kohlenwasserstoffen [4] die Gesundheitsgefährdung ab, die Brennbarkeit jedoch zu.

---

[2] Tetrachlorkohlenstoff ist ein nicht entflammbares Lösemittel.

[3] Trichloräthylen ist eine klare, farblose Flüssigkeit, die in Wasser praktisch unlöslich ist und sich nur mit reinem Sauerstoff entzünden läßt.

[4] Durch Halogenieren wird ein Halogen (Fluor, Chlor, Brom, Jod) in eine organische Verbindung eingeführt.

4.5.2.3 Gesetze, Verordnungen, Vorschriften

Eine Reihe gesetzlicher und berufsgenossenschaftlicher Regelwerke beziehen sich auf den Umgang mit Schadstoffen. Die wichtigsten von ihnen sind:

- Reichsversicherungsordnung (RVO), insbesondere § 551 RVO
- Gewerbeordnung
- die jeweils gültige Berufskrankheiten-Verordnung, z. Z. die 8. BeKV
- Verordnung über gefährliche Arbeitsstoffe mit zwei Anhängen über Gefahren, Gefahrensymbole, Sicherheitsratschläge, Schutzmaßnahmen und Vorsorgeuntersuchungen
- Gesetz über explosionsgefährdete Stoffe
- Verordnung über elektrische Anlagen in explosionsgefährdeten Räumen
- Bundes-Immissionsschutzgesetz
- Gesetz über technische Arbeitsmittel (Maschinenschutzgesetz)
- Gesetz über Betriebsärzte, Sicherheitsingenieure und andere Fachkräfte für Arbeitssicherheit (Arbeitssicherheitsgesetz)
- Arbeitsstättenverordnung
- Arbeitsstätten-Richtlinien
- Berufsgenossenschaftliche Richtlinien, Merkblätter und Grundsätze, z. B. das Bleimerkblatt (ZH1/124), das Merkblatt über den Umgang mit Lösemitteln (ZH1/319) und die jeweils neueste MAK-Werte-Liste (vgl. Kap. 4.5.2.4)
- Unfallverhütungsvorschriften (UVV) der gewerblichen Berufsgenossenschaften, insbesondere die UVV „Schutz gegen gesundheitsgefährlichen mineralischen Staub"
- Verzeichnis der Einzel-Unfallverhütungsvorschriften der gewerblichen Berufsgenossenschaften
- Berufsgenossenschaftliche Grundsätze für arbeitsmedizinische Vorsorgeuntersuchungen
  Hingewiesen sei auch auf folgende Empfehlungen:
- VDI 2266, 2449, 2457, 2460, 2462, 2660, 3491 und auf
- DIN 1946
  (vollständige Quellenangaben finden sich im Gesamtliteraturverzeichnis)

Der Umgang mit Schadstoffen setzt also das Studium vielerlei Gesetze, Verordnungen und Vorschriften voraus, die dem Schutz des Arbeitnehmers dienen, deren Berücksichtigung aber durchaus auch im Interesse des Unternehmens liegt.

4.5.2.4 Messung und Bewertung von Schadstoffen

○ *Stäube*

Genauere Staubmessungen in strömenden Gasen sind relativ kompliziert und erfordern qualifizierte Fachkräfte sowie ein gut eingerichtetes Labor. Zur Staubanalyse sind neben Art und Menge des Staubes die Stäubchengröße, die Stäubchenform und die Staubdichte an Hand repräsentativer Stichproben festzustellen. Hierzu gibt es eine Reihe von Verfahren und Geräten (z. B. Konimeter, Gravimeter von Sartorius, siehe Adressenverzeichnis am Schluß des Buches).

Die noch ohne unangemessene Belästigung und vor allem ohne Beeinträchtigung der Gesundheit am Arbeitsplatz erträglichen Schadstoffkonzentrationen sind in sog. MAK-Listen (**M**aximale **A**rbeitsplatz-**K**onzentration) durch Schwellenwerte, MAK-Werte genannt, angegeben. Die MAK-Werte sind auf einen achtstündigen Arbeitstag bezogen und sollen am Arbeitsplatz nicht überschritten werden. In den MAK-Listen, die jährlich überarbeitet und im „Bundesarbeitsblatt, Teil Arbeitsschutz" veröffentlicht werden, sind z. Z. ca. 400 Stoffe aufgeführt (siehe Heft 10, 1977, S. 266–277).

Einige Stoffe sind darin mit einem „H" oder „S" gekennzeichnet. Ein „H" bedeutet, daß bei dem betreffenden Stoff die Gesundheitsschädigung durch Hautresorption größer als durch Einatmung ist, während stark sensibilisierende (Überempfindlichkeit erzeugende) Stoffe den Zusatz „S" erhalten.

Die MAK-Werte sind in Deutschland nicht gesetzlich festgelegte Schwellenwerte und erheben auch nicht den Anspruch genauer Fixwerte. Sie sind jedoch für die Praxis brauchbare Richtwerte.

Der Vollständigkeit halber sei auf die sog. MOK-, MIK- und MEK-Werte hingewiesen: Für Schadstoffe, die sich im Körper nachweisen lassen, hat man den Begriff der MOK-Werte (Maximale Organkonzentration) geprägt. Hierbei handelt es sich um empirisch ermittelte Organkonzentrationen, deren Überschreitung ein Gesundheitsrisiko darstellt (z. B. Blut-Blei-Spiegel oder Arsen-Wert der Haare). MIK-Werte (Maximale Immissionskonzentration) sind dagegen Schwellenwerte, die auf 24 Stunden und die Umwelt (Mensch–Tier–Pflanze–Sachumwelt) bezogen sind. In der Regel liegen sie bei 1/20 der MAK-Werte. MEK-Werte (Maximale Emissionskonzentration) bezeichnen zulässige Höchstkonzentrationen von Gasen oder Schwebstoffen, die aus Schornsteinen oder Auspuffrohren von Verbrennungsmotoren ausgestoßen werden.

Für Staub werden die MAK-Werte in mg/m^3 oder gelegentlich (z. B. für Asbest) in Teilchenzahl/cm^3 angegeben. Z. B. beträgt der MAK-Wert für Bleistaub z. Z. 0,2 mg/m^3, für Quarzfeinstaub und Feinstaub mit mehr als 5 Gew.-% Quarzgehalt 0,15 mg/m^3, für Feinstaub mit 1 bis 5 Gew.-% Quarzgehalt 4,0 mg/m^3 und für Feinstaub mit weniger als 1 Gew.-% Quarzgehalt 8,0 mg/m^3.

○ *Gase*

Gase lassen sich wesentlich leichter messen als Stäube. Am einfachsten geschieht dies mit Prüfröhrchen, auch Gasspürröhrchen genannt (von Auer oder Dräger, siehe Adressenverzeichnis am Schluß des Buches): Die betreffende Luft wird durch eine Handpumpe angesaugt und durchströmt das Prüfröhrchen, das sich verfärbt. Der farbumschlagende Streckenabschnitt im Röhrchen gibt die Konzentration des Gases an. Für genauere Werte und vor allem für Langzeituntersuchungen eignen sich photometrische Verfahren und automatische Luftanalyseverfahren, insbesondere mit Hilfe der sog. Gaschromatographie. Diese Verfahren sind aber in der industriellen Praxis schwierig durchzuführen.

MAK-Werte für Gase werden (wie übrigens auch die MAK-Werte für die unten behandelten Dämpfe) in ppm (parts per million = cm^3/m^3 oder mg/m^3 bei 20° C und 760 Torr) angegeben. Der MAK-Wert für Kohlenmonoxid z. B. liegt bei 50 ppm.

○ *Dämpfe*

Dämpfe können abhängig von der Art des Stoffes entweder wie Stäube oder vereinfacht wie Gase gemessen werden. Hinweise gibt u. a. VDI 2462, Blatt 1–6. Es ist zu berücksichtigen, daß Dämpfe schwerer als Luft sein können und daß sie sich dann vor allem am Boden des Raumes oder in darunter liegenden Räumen niederschlagen.

4.5.2.5 Schutzmaßnahmen [5])

○ *Aufklärung*
- Mitarbeiter, die mit Schadstoffen umgehen, müssen über die
  -- schädigenden Wirkungen der Stoffe,
  -- die Gefahrensymbole,
  -- geeignete Handhabung der Stoffe und
  -- die in Frage kommenden Schutzmaßnahmen
  aufgeklärt werden.
- Behälter mit Schadstoffen sind entsprechend der Verordnung über gefährliche Arbeitsstoffe zu kennzeichnen. Dabei müssen Etikette mit Sicherheitshinweisen verwandt werden.

○ *Technische Schutzmaßnahmen*
- Fertigungs- und betriebstechnische Maßnahmen, z. B.
  -- Automatisierung, Einsatz von Handhabungssystemen und Industrierobotern (z. B. beim Lackieren),
  -- räumliche Trennung der Gefahrenbereiche von den Aufenthaltsbereichen,   →

---

[5]) Vgl. KAUSCHITZ (1976) sowie LENTGE/SCHWARZBACH (1976).

-- Verwendung ungefährlicher an Stelle gesundheitsgefährdender Werkstoffe (z. B. Stein- oder Mineralwolle statt Asbest),
-- Änderung des Arbeitsverfahrens (z. B. Naß- statt Trockenschleifen),
-- Vorsichtiger Umgang mit gesundheitsgefährdenden Stoffen (z. B. Transport der Schadstoffe in geschlossenen Behältern).
- *Absaugung* gesundheitsschädlicher Stoffe *an der Quelle,* z. B.
-- Randabsaugung an Beizbehältern oder an Entfettungsbädern,
-- Unterflur-Absaugung der Schweißrauche an Schweißtischen,
-- Absaugung der Quarzfeinstäube an Stein-Schneidemaschinen,
-- Absaugung der Bleirauche und -stäube an Bleischachtöfen oder Rohbleikesseln durch schwenkbare Absaughauben.
- *Lüftungstechnische Maßnahmen,* die sich auf den ganzen Raum beziehen, sind von geringerer Bedeutung als die oben genannten Absaugungen, weil sie relativ aufwendig und nur dann sinnvoll sind, wenn vielerlei Schadstoffe in geringen Konzentrationen gleichmäßig im Raum verteilt schweben. Mindestanforderungen an Lüftungen sind in DIN 1946 „Grundregeln der Lüftung" und in den Arbeitsstätten-Richtlinien enthalten.

○ *Persönliche Schutzmaßnahmen*
Persönlicher Gefahrenschutz soll erst dann angewandt werden, wenn technische oder organisatorische Maßnahmen nicht möglich sind oder nicht zum Ziel führen. Im einzelnen sind zu nennen:
- Augenschutz durch Schutzbrillen,
- Hautschutz durch Schutzkleidung, wie Schutzstiefel und Sicherheitsschuhe, Helme und Handschuhe (durch die jedoch die Haut stärker transpiriert) und schließlich
- Atemschutz:
-- Isoliergeräte, die unabhängig von der umgebenden Atmosphäre arbeiten (Frischluft- oder Druckluft-Schlauchgeräte),
-- Filtergeräte, die durch Gas-, Schwebstoff- oder kombinierte Filter die Schadstoffe auffangen. Ihr Einsatz setzt
→

> voraus, daß die umgebende Luft mindestens 15 % Sauerstoff (bei Kohlenmonoxid in der Luft mindestens 17 % Sauerstoff) enthält. (Auf Verbrauch der Filter achten!)
> -- *Keinen Atemschutz* liefern dagegen *Schwämme*, weil sie feine Stäube ungehindert durchlassen.

Standardliteratur zu Kap. 4.5.2

(vollständige Quellenangaben siehe Gesamtliteraturverzeichnis)

HENSCHLER (1972 ff.), KÜHN/BIRETT (1974), SCHMIDT (1974), SKIBA (1975), VALENTIN u. a. (im Druck), WITTGENS (1971).

Gesetze, Verordnungen und Vorschriften sind im Kap. 4.5.2.3 zusammengestellt.

4.5.3 Schall und Schwingungen

HERBERT SCHNAUBER und WILFRIED BROKMANN

4.5.3.1 Schall

○ *Grundlagen, Begriffe*

Der technische Fortschritt hat zu einer Zunahme des Lärms in vielen Lebensbereichen geführt, besonders auch an vielen Arbeitsplätzen in Produktion und Verwaltung. Die nachteiligen Folgen für den arbeitenden Menschen können von Belästigungen über Arbeitserschwernis bis zur Gesundheitsgefährdung reichen. Derartige Beeinträchtigungen gilt es, soweit wie möglich und sinnvoll abzubauen. Der für den Menschen geeigneteste Weg wird zweifelsohne beschritten, wenn durch konstruktive Maßnahmen Beeinträchtigungen von vornherein ausgeschaltet werden.

Zu den häufigsten Schallerzeugern im Betrieb zählen technische Geräte, deren bewegliche Teile die umgebende Luft in Druckschwankungen versetzen. Derartige Druckschwankungen oder Schwingungen werden als *Luftschall* bezeichnet. Auch feste und flüssige Körper können in Schwingungen versetzt werden (Körper- und Flüssigkeitsschall), die ihrerseits die Luft zu Schwingungen anregen. Liegt der Schall hinsichtlich Stärke und Höhenlage innerhalb des menschlichen Hörbereichs (Abb. 97), spricht man von Hörschall oder Geräuschen. Im engeren Sinne versteht man unter einem Geräusch ein Gemisch von Tönen (Sinusschwingungen) beliebiger Frequenz (z.B. Maschinengeräusch). Geräusche werden als *Lärm* bezeichnet, wenn sie den menschlichen Organismus *belästigen, stören, gefährden* oder *schädigen*.

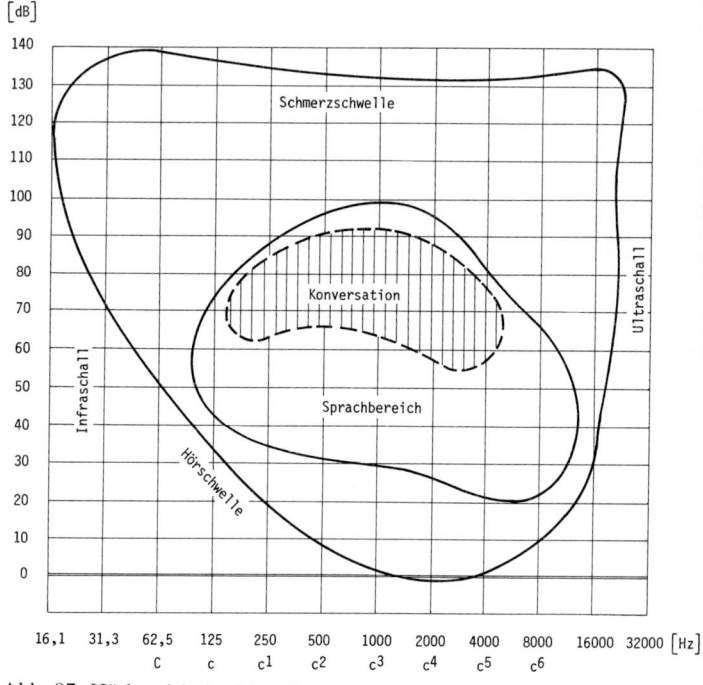

Abb. 97: Hörbereich des Menschen

Als wesentliche Größen, die über den Lärmcharakter eines Schalls entscheiden, sind zu nennen:
- die Frequenz oder die Frequenzzusammensetzung des Schalls, also die Schallhöhe (je höher die Frequenz, desto störender ist der Schall; dies gilt bis etwa 6000 Hz),
- die Schallstärke (je stärker der Schall, desto störender),
- die Einwirkungsdauer des Schalls (je länger die Einwirkungsdauer, desto störender),
- der zeitliche Schallverlauf (an- und abschwellende Schallereignisse stören mehr als gleichmäßige),
- die Art der Beschäftigung (vorwiegend geistige Arbeit ist störanfälliger als vorwiegend körperliche),
- die innere Einstellung zur Schallquelle (unfreiwillig Beschallte fühlen sich stärker gestört als Lärmverursacher),
- die augenblickliche Leistungsdisposition (Ermüdete und Kranke fühlen sich stärker gestört als Ausgeruhte und Gesunde).

Die *Schallhöhe* wird bestimmt durch die beteiligten Frequenzen, gemessen in Hertz (1 Hz = 1 Schwingung/sec). Der gesamte hörbare Frequenzumfang liegt für junge Menschen mit gesunden Ohren etwa zwischen 16 Hz und 20 000 Hz. Dieser Bereich wird mit zunehmendem Alter kleiner. Insbesondere nimmt die obere Grenzfrequenz deutlich ab.

Physikalische Maße für die *Schallstärke* sind die Schallintensität (W/cm^2) und der Schalldruck, häufig gemessen in Mikrobar (1 μbar = 1 dyn/cm^2 = 10^{-6} kp/cm^2). Der Hörbereich reicht für Töne von 1000 Hz von $2 \cdot 10^{-4}$ μbar an der unteren Hörgrenze (Hörschwelle) bis zu $2 \cdot 10^2$ μbar an der oberen Hörgrenze (Schmerzschwelle) – vgl. Abb. 98.

Unser Gehör besitzt eine *Schallempfindlichkeit*, die dem Schalldruck nicht gleichsinnig, sondern logarithmisch folgt, d. h. eine Verzehnfachung des Schalldruckes führt zu einer Verdoppelung der Empfindung. Der *Schalldruckpegel*, gemessen in Dezibel (dB), berücksichtigt diese logarithmische Empfindungscharakteristik. Er ist wie folgt definiert:

$$L = 20 \lg \frac{p}{p_0} \text{ dB}$$

L = Schalldruckpegel
p = beliebiger effektiver Schalldruck
p_0 = konstanter Schalldruck an der Hörschwelle

Demnach beträgt der Schalldruckpegel an der Hörschwelle 0 dB[1]) und an der Schmerzschwelle 120 dB.

Bei gleichem Schalldruck empfindet unser Gehör höhere und tiefere Frequenzen leiser als mittelhohe Frequenzen. Nach Abb. 98 wird beispielsweise die tiefe Frequenz von 20 Hz erst ab 70 dB gehört, während mittelhohe Frequenzen zwischen 1000 – 6000 Hz schon um 0 dB hörbar werden.

Schallpegelmesser bilden die frequenzabhängige Geräuschbewertung durch das Ohr in grober Annäherung durch elektronische Filter nach. Von den mit A, B und C bezeichneten Filtern hat sich international hauptsächlich das A-Filter durchgesetzt. Die entsprechenden Schalldruckpegel werden in Dezibel A angegeben, abgekürzt dB(A). Abb. 99 gibt Anhaltswerte für A-bewertete Schalldruckpegel aus der Praxis.

---

[1]) Die normale Hörschwelle liegt für Töne von 1000 Hz bei 4 dB, weil man seinerzeit den Bezugsschalldruck von $2 \cdot 10^{-4}$ μbar zu tief angesetzt hat.

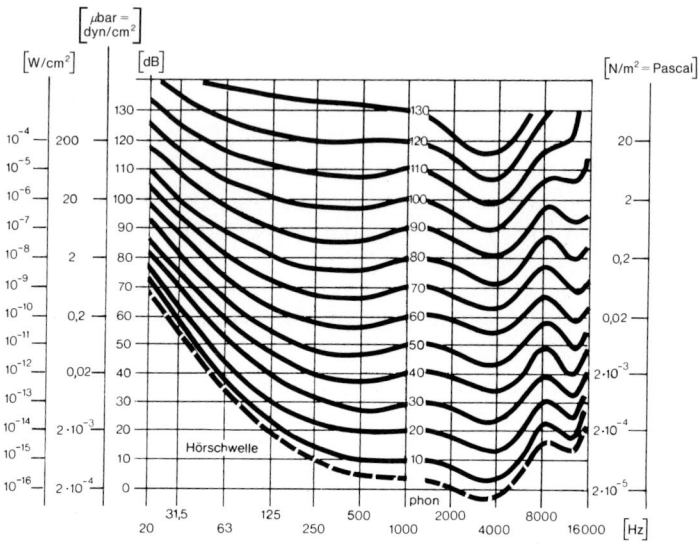

Abb. 98: Hörschwelle und Kurven gleicher Lautstärkepegel für Sinustöne im freien Schallfeld bei zweiohrigem Hören nach DIN 45 630, Blatt 2. Schallintensität [W/cm^2], Schalldruck [µbar, Pa], Schalldruckpegel [dB] und Lautstärke [phon] in Abhängigkeit von der Schallfrequenz [Hz].

Geräusch	Schalldruckpegel dB(A)
Atemgeräusch in 30 cm Entfernung	10
Flüstern	30
leise Unterhaltung	50–60
normales Sprechen in 1 m Entfernung	70
lautes Sprechen in 1 m Entfernung	80
Lastwagen in 5 m Entfernung	80–90
Autohupe in 5 m Entfernung	100
Kesselschmiede	110
Drucklufthammer in 1 m Entfernung	120

Abb. 99: Beispiele für Schalldruckpegel

Je nach Standpunkt wird der Schall unterschiedlich bezeichnet. Man spricht von Schall*emission,* wenn ein Schallerzeuger Schall abstrahlt, dagegen von Schall*immission,* wenn Schall auf den Menschen einwirkt. Diese Unterscheidung ist wegen der unterschiedlichen Ausbreitungsbedingungen des Schalls, die den Schalldruck beeinflussen, notwendig. Zu den Ausbreitungsbedingungen zählen Entfernung, Reflexion sowie die Abschirmung zwischen Schallquelle und -empfänger.

○ *Meß- und Beurteilungsverfahren*

Lärm, der gewisse Grenzen nicht überschreiten soll, muß zuvor erfaßt und gekennzeichnet werden. Zu diesem Zweck bedient man sich Meß- und Rechenverfahren, die auf mancherlei Bewertungen und Setzungen aufbauen. Je nachdem, ob emittierter oder immittierter Schall gemessen und beurteilt werden soll, sind unterschiedliche Verfahren anzuwenden.

Zur Messung dient eine Meßapparatur aus Schallpegelmesser und Zusatzgeräten für Analyse, Aufzeichnung und Auswertung des Schalls. Die Anforderung an die Schallpegelmesser sind in DIN 45 634 festgelegt. Für Übersichtsmessungen kann auch ein einzelner, einfacher Schallpegelmesser verwandt werden.

> Die Meß- und Beurteilungsverfahren für *Lärmimmissionen am Arbeitsplatz* sind in VDI 2058, Bl. 2, DIN 45 641, DIN 45 645, Teil 1 und ISO 1999 beschrieben. Für verschiedene Schallarten (gleichförmiger, schwankender, impulshaltiger Schall) gibt es jeweils besondere Verfahren. Das Ergebnis ist ein Mittelungspegel für eine bestimmte Meßzeit, der auf die Arbeitszeit (meistens 8 Stunden) bezogen zum *Beurteilungspegel* wird. Der Vergleich zwischen Beurteilungspegel und vorgeschriebenem bzw. empfohlenem Richtwert (vgl. unten „Immissions-Richtwerte") entscheidet, ob Schutzmaßnahmen getroffen werden müssen bzw. sollten.

Der Beurteilungspegel hat für den technischen Lärmschutz häufig eine zu geringe Aussagekraft, weil er als Gesamtschallpegel Besonderheiten eines Geräusches nicht erkennen läßt. In solchen Fällen ermittelt man durch sog. Frequenzanalysen die Schallpegel in bestimmten Frequenzabständen und -bereichen (Terz-, Oktavpegel). Als Beurteilungsmaßstab werden *Grenzlinien* verwandt, von denen sich bisher jedoch keine allgemeingültig durchgesetzt hat (vgl. Stahl-Eisen-Betriebsblätter SEB 905 001 – 905 004 und ISO R 1996).

Die meßtechnische Erfassung von *Geräuschemissionen* ist in einer Reihe von Normen und Richtlinien festgehalten, die auf bestimmte

Maschinen ausgerichtet sind. DIN 45 635 bezieht sich dagegen auf alle technischen Geräuscherzeuger. Die Norm verwendet als Maß für das emittierte Geräusch den *A-Schalleistungspegel*. Mit Hilfe dieses Kennwertes können vorgeschriebene Emissions-Richtwerte überprüft, ähnliche und unterschiedliche Maschinen verglichen oder Geräuschminderungsmaßnahmen geplant werden.

> Genaue Schallmessungen sind recht schwierig sowie zeitlich und gerätetechnisch aufwendig. Wer sie nicht selbst durchführen möchte, kann sich an folgende Meßstellen wenden (einige Anschriften siehe Adressenverzeichnis am Schluß des Buches):
> - Meßstelle des Bundes, Bundesanstalt für Arbeitsschutz und Unfallforschung
> - Meßstellen der Länder, Ämter, Anstalten oder Institute für Arbeitsschutz, Immissionsschutz o. ä., z. T. Gewerbeaufsichtsämter
> - Meßstelle der Berufsgenossenschaft, Berufsgenossenschaftliches Institut für Lärmbekämpfung
> - private Meßstellen, z. B. die Betriebstechnik GmbH des Betriebsforschungsinstituts VDEh

○ *Immissions-Richtwerte*

In Rechtsvorschriften und Normen (Richtlinien) über Lärm finden sich Angaben über die zumutbare Stärke von Geräuschen. Derartige Angaben sind als *Grenzwerte* zu verstehen, die zwar unterschritten, nicht aber überschritten werden dürfen. Diese Grenzwerte werden als *Richtwerte* oder, wenn sie sich auf Immissionen beziehen, als Immissions-Richtwerte bezeichnet.

Der Bundesminister für Arbeit und Sozialordnung hat den obersten Arbeitsschutzbehörden der Länder 1970 empfohlen, die vom VDI herausgegebene Richtlinie 2058, Blatt 2, als *„Arbeitsplatzlärmschutz-Richtlinie"* einzuführen. Die Richtlinie orientiert sich an einem Immissions-Richtwert (Beurteilungspegel) von 90 dB(A).

Die *Unfallverhütungsvorschrift (UVV) Lärm* von 1974 verpflichtet die Betriebe, ab 85 dB(A) persönliche Schallschutzmittel zur Verfügung zu stellen. Ab 90 dB(A) müssen die Schallschutzmittel von den Betroffenen auch benutzt werden (siehe unten „Schutzmaßnahmen"). Bereiche, in denen ein Beurteilungspegel von 90 oder mehr dB(A) auftritt, sind als sog. Lärmbereiche, z. B. durch das in VDI 2560 empfohlene Gebotsschild, zu kennzeichnen.

Nach der *Arbeitsstättenverordnung* ist der Schallpegel in den Arbeitsräumen grundsätzlich so niedrig zu halten, wie es nach der Art des Be-

zulässiger Immissions-Schallpegel	Kurzkommentar für die Anwendung	Rechtsvorschrift
bis 55	überwiegend geistige Tätigkeiten	(3)
	Pausen-, Bereitschafts-, Liege-, Sanitätsräume	
bis 70	einfache oder überwiegend mechanisierte Bürotätigkeiten und vergleichbare Tätigkeiten	(3)
bis 85	alle sonstigen Tätigkeiten in neuen Arbeitsstätten; nicht in den vor dem 1.5.76 errichteten Arbeitsstätten, sofern umfangreiche Änderungen notwendig sind	(3)
bis 90	in der Regel alle Arbeitsplätze	(1)
	in den vor dem 1.5.76 errichteten Arbeitsstätten; in neuen Arbeitsstätten, sofern technische, organisatorische oder wirtschaftliche Gründe 85 dB(A) entgegenstehen	(3)
über 90	nur mit staatlicher Ausnahmegenehmigung	(3)
über 85	persönliche Schallschutzmittel müssen zur Verfügung gestellt werden	(2)
ab 90	Hörprüfungen	(1)
	Benutzungspflicht für persönliche Schallschutzmittel, Vorsorgeuntersuchungen, Arbeitsplätze als „Lärmbereiche" kennzeichnen	(2)

Abb. 100: Überblick über Immissions-Schallpegel (Beurteilungspegel) am Arbeitsplatz in den Rechtsvorschriften:
(1) Arbeitsplatzlärmschutz-Richtlinie (Empfehlung des BMA)
(2) Unfallverhütungsvorschrift Lärm
(3) Arbeitsstättenverordnung

triebes möglich ist. Für den gewerblichen Bereich wird unter Berücksichtigung der von außen einwirkenden Geräusche ein Schallpegelrichtwert am Arbeitsplatz von 85 – 90 dB (A) festgelegt. Aus Abb. 100 geht hervor, welche Schallpegel in welchen Fällen zulässig sind.

○ Schutzmaßnahmen

Schutzmaßnahmen richten sich gegen die Entstehung, Ausbreitung und Einwirkung von Lärm unter Einsatz aller technischen, organisatorischen und personenbezogenen Mittel. In erster Linie gilt es, der *Lärmentstehung* vorzubeugen, indem z. B.

- lärmarm arbeitende Maschinen angeschafft werden,
- lärmarme Arbeitsverfahren eingeführt werden,
- Strömungskanäle hindernisfrei und ausreichend groß bemessen werden,
- schrägverzahnte Metallzahnräder statt geradverzahnter verwendet werden oder
- Resonanzschwingungen vermieden werden.

Alsdann sollte versucht werden, die *Lärmausbreitung* zu begrenzen, indem z. B.

- Lärmquellen vollständig eingekapselt werden (Kapselungen von Maschinen) oder durch Lärmschutzwände und Schallschutzfenster abgeschirmt werden,
- Arbeitsräume mit schallabsorbierendem Material ausgekleidet werden,
- Schalldämpfer eingesetzt werden,
- Schallschutzkabinen eingerichtet werden oder
- Schallquellen räumlich ausgegliedert werden.

Letztliches Ziel ist es, der *Lärmeinwirkung* auf den Menschen zu begegnen. Außer technischen und organisatorischen Maßnahmen zur Vorbeugung der Lärmentstehung und zur Begrenzung der Lärmausbreitung eignen sich als Schutzmaßnahmen auch solche am Menschen selbst.

Dieser sog. persönliche Schallschutz kann insbesondere angezeigt sein, wenn

- technische Maßnahmen nach dem derzeitigen Erkenntnisstand nicht zu verwirklichen sind (z. B. bei Arbeiten an Schiffskörpern),
- technische Maßnahmen nur Schritt für Schritt verwirklicht werden können (Übergangslösungen),
- technische Maßnahmen nur mit wirtschaftlich unzumutbarem Aufwand verwirklicht werden könnten (was wirtschaftlich zumutbar ist, muß betriebsindividuell gesehen werden),
- Lärm in relativ kurzdauernden und vorhersehbaren Ausnahmefällen einwirkt (etwa bei Maschinenreparaturen).

Unter *persönlichem Schallschutz* versteht man den Schutz des Menschen vor Lärm. Hierzu dienen Gehörschutzstöpsel, -kapseln, -helme und Schallschutzanzüge. Helme und Anzüge werden unter extremen Lärmverhältnissen eingesetzt.

Entscheidend für Eignung, Auswahl und Anwendung eines bestimmten Schallschutzmittels sind Schalldämmung, Unfallsicherheit und Tragekomfort.

Die *Schalldämmung* muß ausreichend sein. VDI 2560 enthält entsprechende Bemessungsverfahren. Nach einer Faustregel (VDI 2570) können bis 105 dB(A) Watte, bis 110 dB(A) sonstige Stöpsel und darüber hinaus Kapseln verwandt werden.

Bei einem Pegel über 100 dB(A) sollte jedoch ein persönlicher Schallschutz nur nach Kenntnis der Frequenzzusammensetzung des Lärms eingesetzt werden. Eine überreichliche Bemessung der Schalldämmung ist zu vermeiden, weil die Sprachverständigung unnötig behindert werden könnte.

Die *Arbeitssicherheit* darf in keinem Fall entscheidend eingeschränkt werden. Die Signalwahrnehmbarkeit (Notsignal) muß gewährleistet sein. Gehörschutzkapseln dürfen keine abstehenden Teile oder

Gehörschutzkapseln	Gehörschutzstöpsel
– geringes Gewicht (ca. 250 g)	– einwandfreier Sitz (auch beim Sprechen)
– geringer Anpreßdruck (ca. 1 kp ~ 10 N)	– gute Anpaßbarkeit durch weiches und elastisches Material
– atmosphärischer Druckausgleich	
– Höhenverstellbarkeit der Kapsel	– möglichst nicht fusselnd
– Universalbügel	– kein luftdichter Abschluß
– angepaßte Kapselform und -tiefe	– leichte Reinigungsmöglichkeit (sofern Stöpsel wiederverwendbar)
– bequeme Polster	
– einfacher Kissenaustausch	
– leichte Reinigungsmöglichkeit	

Abb. 101: Anforderungen an Tragekomfort und Hygiene von persönlichem Schallschutz

scharfe Kanten aufweisen. Bei Gehörschutzstöpseln sollte ein Schutz vor zu tiefem Einführen bestehen (Gefahr der Trommelfellverletzung). Die Feuersicherheit braucht nicht größer zu sein als die der übrigen Bekleidung.

Ob persönlicher Schallschutz getragen wird, hängt weitgehend vom *Tragekomfort* ab. In Abb. 101 sind einige Anforderungen an Tragekomfort und Hygiene von Gehörschutzkapseln und -stöpseln zusammengestellt (nach SCHÖPPNER 1976).

Aus psychologischen Gründen empfiehlt es sich, dem Träger mindestens 2 verschiedene Schallschutzmittel anzubieten. Generell sollte beachtet werden, daß Gehörschutzkapseln, die über mehrere Stunden getragen werden müssen, unbequem sitzen, bei großem Staubanfall Entzündungsgefahren mit sich bringen und daß das Ohr bei hohen Temperaturen zum Schwitzen neigt. In derartigen Fällen wären Gehörschutzstöpsel vorzuziehen.

Persönliche Schallschutzmittel werden anfangs häufig als Fremdkörper empfunden. Nach einer Übergangsphase tritt meistens jedoch eine Gewöhnung ein. Es ist notwendig, die Betroffenen nicht nur bei der Einführung der persönlichen Schallschutzmittel, sondern auch später wiederholt auf die Bedeutung des Schallschutzes hinzuweisen, da Lärmschäden gänzlich unheilbar sind.

Standardliteratur zu Kap. 4.5.3.1
(vollständige Quellenangaben siehe Gesamtliteraturverzeichnis)
BERNHARDT/JEITER (1975), HOFFMANN/LÜPKE (1975), JANSEN (1977), KLOSTERKÖTTER (1975), SCHMIDT (1976), VDEh (1971, 1972).

Die Zahl der Vorschriften und Normen (einschließlich Richtlinien und Empfehlungen) auf dem Gebiet des Lärms ist nahezu unübersehbar. Das „Fachverzeichnis der Regeln und Vorschriften der Technik zum Schutz gegen Lärm" (1976) gibt allein 500 Hinweise ohne den Anspruch zu erheben, vollständig zu sein. Dies trifft um so mehr auf die folgende knappe Übersicht zu (Bezugsquellen siehe Aufstellungen und Adressenverzeichnis am Schluß des Buches).

Arbeitsplatzlärmschutz-Richtlinie, Arbeitsstättenverordnung, Unfallverhütungsvorschrift Lärm, DIN 45 634, 45 635, 45 641, 45 645, VDI 2058, 2560, 3720 (Entwurf), ISO 1999, Verzeichnis deutscher und internationaler technischer Regelwerke (1975), NEUMANN/GREINER (1970) Anschriftenverzeichnis Lärmminderung.

4.5.3.2 Mechanische Schwingungen

○ *Kennzeichnung und Vorkommen*

Unter Schwingungen versteht man Bewegungen von Masseteilchen um eine Ruhelage. Bei mechanischen Schwingungen werden feste Masseteilchen bewegt, bei Luftschall sind es gasförmige Teilchen. Schall, der sich in festen Körpern ausbreitet (Körperschall) ist gleichbedeutend mit mechanischen Schwingungen, deren Sonderformen als Erschütterungen und Vibrationen bekannt sind.

In der Arbeitswelt werden mechanische Schwingungen meistens durch fahrbare oder stationäre Aggregate auf den Menschen übertragen. Ursache der Schwingungsentstehung oder -übertragung können Fahrbahnunebenheiten, Arbeitsvorgänge oder entsprechende technologische Prozesse sein. Als Beispiele sind zu nennen: Arbeiten auf Lokomotiven, Krananlagen, Gabelstaplern, Traktoren, Kraftwagen, Baumaschinen, in der Nähe von Pressen, Stanzen, Rüttlern sowie bei der Handhabung von Preßlufthämmern und Schlagbohrmaschinen.

Mechanische Schwingungen können in verschiedener Weise auf den Menschen wirken. Eine Beeinflussung des Komfortempfindens ist ebenso möglich wie eine Beeinträchtigung der Leistungsfähigkeit und eine Gefährdung der Gesundheit.

○ *Schwingungseinwirkungen (Schwingungsbelastung) und Schwingungsauswirkungen (Schwingungsbeanspruchung)*

Mechanische Schwingungen werden meistens über die Füße, über das Gesäß oder über die Hände und Arme in den Körper geleitet. Wie beim Schall sind die Auswirkungen mechanischer Schwingungen auf den Menschen abhängig von Frequenz (Schwingungszahl pro Zeit) und Amplitude (Schwingungsweite). Auswirkungen haben vor allem die Frequenzen zwischen 1 und 80 Hz[1]. Höherfrequente Schwingungen erfahren bei der Übertragung auf den Körper im Gewebe zwischen Haut und Knochen eine sehr starke Dämpfung und sind daher weniger von Bedeutung. Zu beachten sind weiterhin:

– die Schwingungsrichtung (vertikal, horizontal, Drehschwingung oder zusammengesetzte Schwingung),
– die Einwirkungsstelle (z. B. Füße, Gesäß, Hände und Arme) sowie
– der zeitliche Verlauf (Einwirkungsdauer, Schwingungspausen).

Für das Verständnis der Schwingungseinwirkungen auf den Menschen ist der Unterschied zwischen freien und erzwungenen Schwingungen wichtig. Wird ein schwingungsfähiges System (z. B. eine Stimmgabel

---

[1] 1 Hz = 1 Schwingung pro Sekunde.

oder eine Feder) angestoßen oder ausgelenkt, so beginnt es, mit der ihr eigenen Frequenz frei zu schwingen. Diese Schwingungen werden freie Schwingungen oder Eigenschwingungen genannt, ihre Frequenz nennt man Eigenfrequenz. Erzwungene Schwingungen kommen dagegen zustande, wenn ein Erreger (z. B. die periodischen Kräfte eines Kurbeltriebes) ein System fortwährend zu Schwingungen anregt. Die Frequenz der Erregerschwingungen wird als Anregungs- oder Erregerfrequenz bezeichnet. Je näher die Anregungsfrequenz an der Eigenfrequenz des schwingenden Systems liegt, um so stärker schwingt das System mit, d. h. um so größer ist seine Schwingungsweite. Sie ist am größten, wenn die Anregungsfrequenz mit der Eigenfrequenz übereinstimmt. In einem solchen Fall spricht man von Resonanz und entsprechend von Resonanzfrequenz.

Wenn ein Organ oder Organsystem des menschlichen Körpers durch Anregungsschwingungen in Resonanz gerät, werden die Gewebe gezerrt, die das schwingende Organ mit den sich in relativer Ruhe befindlichen anderen Körperteilen verbinden, und die im Gewebe vorhandenen Rezeptoren (signalaufnehmende Organe) werden gereizt. Diese Reizungen führen zu Beschwerden und Störungen.

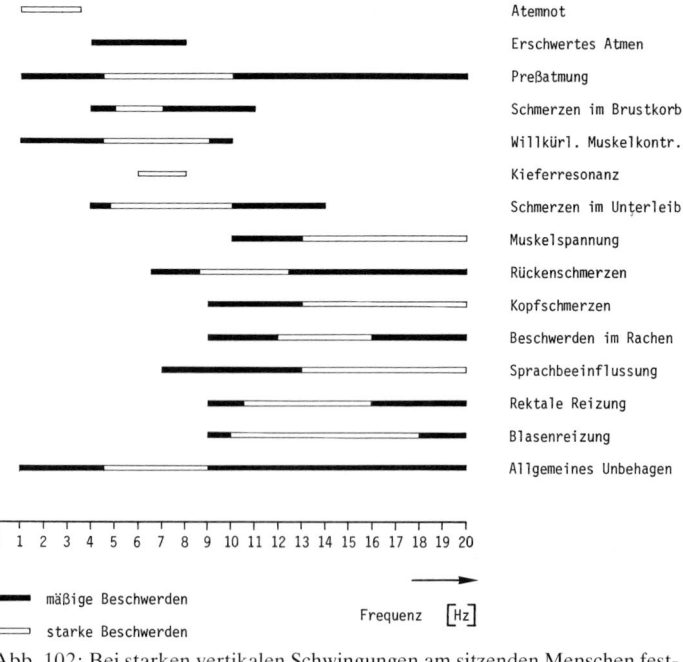

Abb. 102: Bei starken vertikalen Schwingungen am sitzenden Menschen festgestellte Beschwerden (nach MAGID, siehe SASSOR/KRAUSE 1966, S. 67)

Die Hauptresonanz des menschlichen Körpers bei vertikaler Erregung liegt sowohl in sitzender als auch in stehender Körperhaltung zwischen 4 und 6 Hz, ein zweiter Resonanzbereich befindet sich zwischen 10 und 14 Hz. Die Mehrzahl der inneren Organe hat ihre Resonanzfrequenz je nach Anspannung der Muskeln (Muskeltonus) in der Bauchdecke zwischen 3 und 8 Hz. Die Eigenfrequenz des vertikal schwingenden Herzens liegt zwischen 4 und 6 Hz, die des Magens zwischen 3 und 6 Hz. Abb. 102 zeigt, bei welchen Frequenzen und Körperteilen Beschwerden und Störungen auftreten können.

Bei vertikalen Ganzkörperschwingungen unter 1 Hz ergeben sich keine bedeutsamen Zerrungen von Körperteilen, vielmehr werden die Gleichgewichtsorgane im Ohr gereizt, wobei sog. Kinetosen (z. B. Seekrankheit) entstehen können.

> Von Bedeutung für die praktische Arbeitsgestaltung sind vertikale und horizontale Ganzkörperschwingungen, die im Sitzen aufgenommen werden und deren Frequenz zwischen 2 und 10 Hz liegt. Hierbei wird besonders die Wirbelsäule stark beansprucht, da die dämpfenden Körperteile (wie Fuß-, Knie- und Hüftgelenk) nicht wirksam sein können.

Schwingungen, die von Werkzeugen ausgehen, regen meist nur ein Körperteil an. Häufig betroffen sind die Hände und Arme. Bei längerer Einwirkung können mechanische Schäden in den Gelenken und an den Sehnen auftreten, oder die Durchblutung der Finger wird beeinträchtigt.

○ *Messung und Beurteilung der Schwingungen*

Zur Beurteilung von Schwingungen müssen die Frequenzen, Amplituden und die Richtung der am Arbeitsplatz auf den Menschen einwirkenden Schwingungen gemessen bzw. festgestellt werden. Die aufgezeichneten Werte lassen sich zu sog. K-Werten verdichten, die ein Maß für die Wahrnehmungsstärke sind. Den K-Werten von 0,1 bis über 100 (von der Fühlschwelle bis in den Bereich der Gesundheitsbeeinträchtigung) können nach der VDI-Richtlinie 2057[2]) entsprechende Beanspruchungen zugeordnet werden.

In den Diagrammen der VDI-Richtlinie 2057, Blatt 2 (Entwurf vom Jan. 1976), sind frequenzabhängige Kurven gleicher Wahrnehmungsstärke K für den sitzenden und stehenden Menschen sowie für eine nicht vorgegebene Körperhaltung aufgezeigt. Der Frequenzbereich,

---

[2]) Die VDI-Richtlinie 2057 wurde zwischenzeitlich überarbeitet und soll durch die Entwürfe VDI 2057, Bl. 1, 2 und 3 abgelöst werden.

in dem der Mensch besonders empfindich auf Schwingungen reagiert, liegt bei 4 bis 8 Hz für die vertikale Schwingungseinwirkung und zwischen 1 und 2 Hz bei horizontalen Schwingungen. Ähnlich wie bei der Beurteilung arbeitszeitlich schwankender Schallpegelwerte kann auch für Schwingungen eine „äquivalente Gesamteinwirkung" gefunden werden, wenn die Schwingungsbeanspruchung während des Arbeitstages durch die bei verschiedenen Arbeitsvorgängen unterschiedlichen Intensitäten eine Änderung erfährt oder durch Pausen unterbrochen wird. Ein Verfahren zur Bestimmung des für den Arbeitstag maßgebenden K-Wertes ist in der VDI-Richtlinie 2057, Blatt 3 (in Vorbereitung) beschrieben. Bei diesem Verfahren werden die verschiedenen K-Werte zu einem gemeinsamen Wert zusammengefaßt. Neben diesem Durchschnittswert sollten ggf. kurzzeitig auftretende Spitzenwerte (z. B. der Beschleunigungsamplitude) zusätzlich erfaßt und beurteilt werden, weil sie eine erhöhte Gefahr für den menschlichen Körper darstellen können.

○ *Maßnahmen zum Schutz des Menschen vor schädlichen Schwingungseinflüssen*

Nach § 16,2 der Arbeitsstättenverordnung ist in Arbeits-, Pausen-, Bereitschafts-, Liege- und Sanitätsräumen das Ausmaß mechanischer Schwingungen so niedrig zu halten, wie es nach der Art des Betriebes möglich ist. Allgemeingültige Empfehlungen zur Ausschaltung unerwünschter Schwingungen können allerdings nur in begrenztem Umfange vermittelt werden, da selten ein Schwingungsbild dem anderen gleicht. Ein in einem Schwingungssystem mit Erfolg angewandtes Dämpfungssystem muß bei einem anderen Schwingungsbild nicht den gleichen Erfolg garantieren, im Gegenteil, es kann u. U. sogar zu Aufschaukelungen kommen.

> Zunächst sollte mit technischen Mitteln versucht werden, die Schwingungsursache und die Übertragung der Schwingungen auf den Menschen durch geeignete konstruktive Maßnahmen zu verhindern oder einzuschränken. Folgende Maßnahmen können z. B. erfolgreich sein:
> – Veränderung der Erregerfrequenz oder der Eigenfrequenz des angeregten Schwingungskörpers, um Resonanzen auszuschalten (z.B. Versteifung der Stahlkonstruktion eines Kranes oder Massenausgleich an einem Motor),
> – Isolation durch federnde und dämpfende Elemente (Gummi-, Gummi-Metall- oder Metall-Elemente, hydraulisch gedämpfte Sitze, Handschuhe mit Gummipolsterung bei Arbeiten an Preßlufthämmern etc.), →

– Veränderung der Drehzahl (Eigenfrequenz) eines rotierenden Systems, um dadurch Erregerfrequenzen in Bereiche zu überführen, die vom Menschen besser ertragen werden können,
– Einsatz von Rückstoßdämpfern (z. B. bei Preßlufthämmern).

Sollte durch technische Maßnahmen keine Verminderung der Schwingungseinwirkung auf den Menschen möglich sein, so kann durch organisatorische Maßnahmen, wie z. B. durch Arbeitsplatzwechsel, eine Erleichterung geschaffen werden.

Standardliteratur zu Kap. 4.5.3.2
(vollständige Quellenangaben siehe Gesamtliteraturverzeichnis)
BOBBERT (1967), DUPUIS (1969), LANGE/SCHNAUBER (1972), SASSOR/KRAUSE (1966).
DIN 45 661, 45 664, 45 666, VDI 2057, ISO 2631, IEC 184.

4.5.4 Beleuchtung und Sehen

HUGO SCHMALE

4.5.4.1 Licht, Auge und Beleuchtungsfaktoren

○ *Beleuchtung und Leistung*

Einen anschaulichen Beweis für die Beziehung zwischen Beleuchtung und Leistung bringt Abb. 103, die die Ergebnisse einer Untersuchung der Studiengemeinschaft „Licht" wiedergibt. Eine Sortiertätigkeit wurde bei einer Beleuchtungsstärke von 30 Lux mit einer Leistung von 100 % ausgeführt. Nach einer Erhöhung der Beleuchtungsstärke auf 1000 Lux stieg die Leistung um 10 %, während sich die relative Ermüdung der Arbeitspersonen verminderte.

Daß Beleuchtungsverbesserungen nicht nur zur Produktionserhöhung führen, sondern auch die Fehlerzahl reduzieren, zeigt Abb. 104. In einer Baumwollspinnerei wurde die Beleuchtungsstärke von 170 auf 750 Lux erhöht. Hierdurch stieg die Leistung von 100 auf rund 110 %, und die Ausschußkosten fielen von 100 auf 60 %. Diese Beispiele stehen für viele. Es ist kein Zweifel, daß gute Beleuchtung die Beanspruchung eines Menschen vermindern und seine Leistung erhöhen kann.

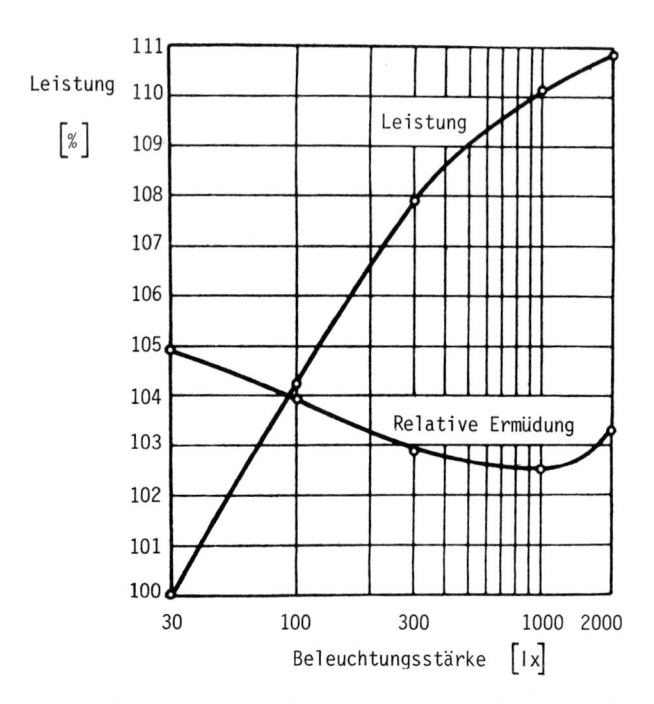

Abb. 103: Die Auswirkung der Beleuchtungsstärke auf Leistung und Ermüdung (Studiengemeinschaft „Licht", zit. nach GRANDJEAN 1967, S. 188)

○ *Beleuchtungsmaße*

Der *Lichtstrom* (gemessen in Lumen, lm) ist ein Energiemaß, das die Lichtmenge angibt, die eine Lichtquelle in einer Sekunde ausstrahlt. Die Größe für die *Beleuchtungsstärke* (gemessen in Lux, lx) ist das Ausmaß des auf eine Fläche fallenden Lichtstroms:

$$\text{Beleuchtungsstärke [lx]} = \frac{\text{Lichtstrom [lm]}}{\text{Fläche [m}^2\text{]}}$$

Bei gleichem elektrischen Energieverbrauch strahlen verschiedene Lampenarten unterschiedliche Lichtmengen aus. So haben z. B. Leuchtstofflampen eine größere Lichtausbeute als Glühlampen. Durch Verwendung einer Lichtquelle in Verbindung mit einer Leuchte wird deren Lichtstrom zweckentsprechend gelenkt und besser genutzt. Gleichzeitig kann ein Schutz gegen Blendung erreicht werden.

Leistung [%]

```
110,5
108,7
104,6
100,0           Produktion

                Ausschußkosten
 76,5

 66,4

 60,4
        170     340     560     750
              Beleuchtungsstärke [lx]
```

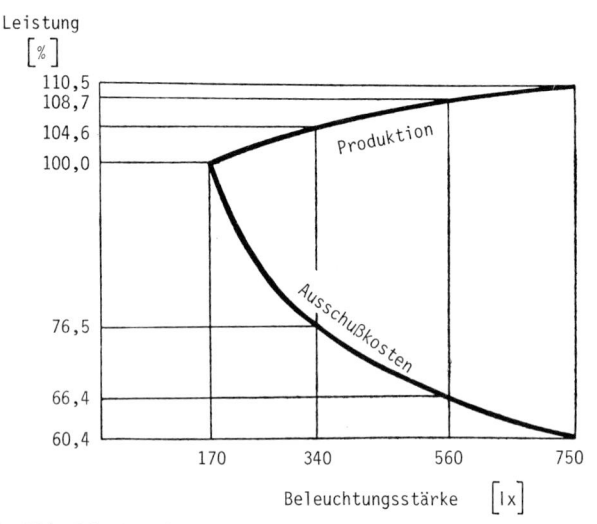

Abb. 104: Die Auswirkung der Beleuchtungsstärke auf Produkt und Ausschuß (nach VALLAT, zit. bei GRANDJEAN 1967, S. 189). Durch Erhöhung der Beleuchtungsstärke von 170 auf 750 Lux stieg in einer Baumwollspinnerei die Leistung von 100 auf 110,5 %, während sich die Kosten für den Ausschuß von 100 auf 60,4 % reduzierten (vgl. den Text).

Der Lichtstrom, der je Raumwinkeleinheit in eine bestimmte Richtung abgestrahlt wird, wird *Lichtstärke* genannt. Sein Maß ist das Candela (cd).

Die Lichtstärke pro Quadratmeter einer strahlenden Oberfläche, gleich, ob es sich dabei um die eigentliche Lichtquelle oder um eine reflektierende Fläche handelt, bestimmt die *Leuchtdichte* dieser Fläche. Die Maßeinheit dieser Flächenhelligkeit ist cd/m^2 oder cd/cm^2. Früher wurde für selbstleuchtende Flächen die Maßeinheit „Stilb" (sb) und für nicht selbstleuchtende Flächen das „Apostilb" (asb) benutzt. Zwischen diesen Maßeinheiten bestehen folgende Beziehungen:

$$1 \text{ sb} = \frac{1 \text{ cd}}{1 \text{ cm}^2} \quad \text{und} \quad 1 \text{ asb} = \frac{0{,}32 \text{ cd}}{m^2}$$

○ *Der Reflexionsgrad*

Die Leuchtdichte einer Fläche hängt nicht nur von der Beleuchtungsstärke (lx), sondern auch von dem Reflexionsgrad dieser Fläche ab:

Leuchtdichte (asb) = Reflexionsgrad · Beleuchtungsstärke (lx)

Wenn z. B. eine Fläche 60 Prozent des auffallenden Lichtes diffus reflektiert, also einen Reflexionsgrad von 0,6 hat, und wenn die Beleuchtungsstärke 100 Lux beträgt, dann erreicht die Leuchtdichte dieser Fläche einen Wert von 60 asb. Bei einem diffusen Reflexionsgrad von 100 Prozent – das entspricht etwa einer weißen Fläche – ist die Leuchtdichte mit der Flächenbeleuchtung identisch. Für den Helligkeitseindruck ist daher neben einer guten Beleuchtung immer auch die

Farbe	Reflexionsgrad %	Farbe	Reflexionsgrad %
Weiß	70 – 85	Hellgrün	30 – 55
Hellgrau	45 – 65	Dunkelgrün	10 – 25
Mittelgrau	25 – 40	Rosa	45 – 60
Dunkelgrau	10 – 20	Hellrot	25 – 35
Schwarz	5	Dunkelrot	10 – 20
Gelb	65 – 75	Hellblau	30 – 55
Gelbbraun	30 – 50	Dunkelblau	10 – 25
Dunkelbraun	10 – 25		

Abb. 105: Reflexiongrade verschiedener Farben

Fläche	Reflexionsgrad %
Decke	70–90
Wände	40–60
Boden	15–35
Möbel	25–45
Maschinen, Apparate	30–50
Instrumententafeln, Infeld	80–95
Instrumententafeln, Umfeld	20–40

Abb. 106: Empfohlene Reflexionsgrade von Flächen in Arbeitsräumen

Beschaffenheit der im Gesichtsfeld liegenden reflektierenden Flächen maßgebend.

Der Reflexionsgrad einer Fläche ist abhängig von der Beschaffenheit ihrer Oberfläche, im besonderen von ihrer Textur (glatt, poliert, matt, rauh usw.) und von der Farbe (siehe Abb. 105). Wände, Tischplatten und alle anderen großen Flächen in einem Arbeitsraum sollten keine polierten Oberflächen haben. Abb. 106 enthält die empfohlenen Reflexionsgrade von Flächen im Arbeitsraum.

○ *Stufen der Nennbeleuchtungsstärken*

Die Nennbeleuchtungsstärke (E) ist der empfohlene örtliche Mittelwert der Beleuchtungsstärke im Raum oder in der einer bestimmten Tätigkeit dienenden Raumzone. Darüber informiert DIN 5035. Abb. 107 gibt die Stufen der Nennbeleuchtungsstärken wieder. Spezielle Empfehlungen für verschiedene Beleuchtungsaufgaben sind im Blatt 2 dieser Norm enthalten.

○ *Funktionseigenschaften des Auges*

Um Arbeitsplätze effektiv zu beleuchten, muß man die Wirkungsweise der Beleuchtung auf den optischen Erkennungsprozeß berücksichtigen. Dazu ist es notwendig, einige der Funktionseigenschaften des visuellen Apparats des Menschen zu kennen.

Der Lichtempfindung entsprechen auf der physikalischen Reizseite bekanntlich elektromagnetische Wellenbewegungen in einem Frequenzbereich von 380 bis 780 Nanometer (nm, 1 nm = 10^{-9}m). In den Empfängerorganen der *Netzhaut* (Retina) werden die Reize in bioelektrische Impulse umgewandelt und über Schaltstellen und Nervenbahnen an das Gehirn weitergeleitet.

Nach Form und Funktion lassen sich zwei Arten von Empfängerorganen auf der Retina unterscheiden: *Zapfen* und *Stäbchen*.

Die *Zapfen* zeichnen sich durch ihre Differenzierungsfähigkeit für die Wellenlänge des einfallenden Lichtes aus und stellen somit die eigentlichen Organe für den Farbensinn dar. Gut differenzieren können die Zapfen jedoch nur bei größeren Helligkeitswerten, wie sie bei Tage oder bei guter künstlicher Beleuchtung vorkommen. Die Netzhaut enthält etwa sieben Millionen Zapfen. Der größte Teil liegt im zentralen Netzhautbereich (fovea centralis). Daher sind Farben nur dann genau zu erkennen, wenn man den Blick genau auf sie richtet.

Demgegenüber sind die *Stäbchen* äußerst helligkeitsempfindlich und ermöglichen eine optische Orientierung auch noch bei schlechten Beleuchtungsverhältnissen, etwa in der Dämmerung. Sie sind aber nicht fähig, zwischen verschiedenen Wellenlängen (also zwischen verschiedenen Farben) zu differenzieren.

Stufe	Nennbeleuchtungsstärke E Lux	Zuordnung von Sehaufgaben (nach DIN 5035, Blatt 1, spezielle Empfehlungen siehe DIN 5035, Blatt 2)
1	15	
2	30	Orientierung; nur vorübergehender Aufenthalt
3	60	
4	120	leichte Sehaufgaben; große Details mit hohen Kontrasten
5	250	
6	500	normale Sehaufgaben; mittelgroße Details mit mittleren Kontrasten
7	750	
8	1000	schwierige Sehaufgaben; kleine Details mit geringen Kontrasten
9	1500	
10	2000	sehr schwierige Sehaufgaben; sehr kleine Details mit sehr geringen Kontrasten
11	3000	
12	5000 und mehr	Sonderfälle: z. B. Operationsbeleuchtung

Abb. 107: Stufen der Nennbeleuchtungsstärken

Die Stäbchen, von denen die Netzhaut etwa 130 Millionen enthält, sitzen zum größten Teil an der Netzhautperipherie. Seitlich im Gesichtsfeld liegende Lichtpunkte werden daher auch schon bei geringer Helligkeit erkannt.

○ *Adaptation*

Das Auge vermag sich weitgehend an die herrschende Beleuchtung anzupassen. Das geschieht auf zweifachem Wege. Zum einen vermag sich die Pupillenweite reflektorisch zu verändern. Dieser Vorgang, bei dem die Menge des einfallenden Lichts bis zu einem Verhältnis von 1 zu 16 geregelt werden kann, stellt gewissermaßen einen Schutzmechanismus gegen Blendung der Retina durch einen zu großen Lichtstrom dar. Andererseits kann die Empfindlichkeit der Empfängerorgane in der Netzhaut an das vorherrschende Beleuchtungsniveau angepaßt – adaptiert – werden. Abgesehen von der erstaunlichen Variationsbreite möglicher Beleuchtungsstärken, die auf diesem Wege erfaßt werden können, liegt der besondere Vorteil der Adaptation darin, daß im adaptierten Zustand die Empfängerorgane optimale Sensibilität besitzen: Ein auf das herrschende Beleuchtungsniveau adaptiertes Auge kann in diesem Bereich geringere Helligkeitsunterschiede als das nicht adaptierte Auge wahrnehmen.

○ *Das Erkennen von Helligkeitsdifferenzen*

Beim Sehen kommt es auf das Erkennen von Helligkeitsdifferenzen an. Ein vollkommen gleichmäßig ausgeleuchtetes Gesichtsfeld – man nennt dies ein „homogenes Ganzfeld" – führt auf die Dauer zur selben Empfindung wie absolute Dunkelheit. Sehen heißt also zunächst, Helligkeiten unterscheiden; erst in zweiter Linie taucht die Frage der Sehschärfe auf. Bevor ein Gegenstand scharf zu sehen ist, muß er sich erst einmal von seiner Umgebung unterscheiden. Diese Überlegungen führen zu den Problemen der Unterschiedsempfindlichkeit für Helligkeiten, des Kontrastes und der Blendung, die in der industriellen Beleuchtungspraxis eine große Rolle spielen. Darauf sei nun im folgenden näher eingegangen.

○ *Das Gesichtsfeld*

Ein wichtiger Begriff in diesem Zusammenhang ist der des Gesichtsfeldes. Darunter ist der Bereich zu verstehen, der mit beiden Augen ohne Augen- oder Kopfbewegung überschaut werden kann (vgl. Kap. 4.1.3).

Zu berücksichtigen ist, daß die Ausdehnung des Gesichtsfeldes auch von der Beleuchtung abhängt. Da die Peripherie der Netzhaut weniger lichtempfindlich ist, schränkt schlechte Beleuchtung das Gesichtsfeld ein.

○ *Unterschiedsempfindlichkeit des Auges für Helligkeiten*

Die Fähigkeit, Helligkeiten voneinander zu unterscheiden, also die Unterschiedsempfindlichkeit des Auges, ist abhängig vom allgemeinen Leuchtdichteniveau des Gesichtsfeldes. Diese Fähigkeit erreicht ihr Maximum im Bereich der praktisch auch am häufigsten vorkommenden Beleuchtungsverhältnisse von 65 bis 3000 cd/m² (200 bis 10 000 asb), sofern das Auge auf die herrschende Gesichtsfeld-Leuchtdichte adaptiert ist. In diesem Bereich können Helligkeitsunterschiede bis zu einer Größe von einem bis zwei Prozent der herrschenden Gesichtsfeld-Leuchtdichte noch wahrgenommen werden. Bei geringen Leuchtdichten (nächtliche Straße: 0,03 bis 3 cd/m² oder 0,1 bis 10 asb), muß der Helligkeitsunterschied zweier Objekte auf 15 bis 30 Prozent wachsen, um noch als solcher wahrgenommen werden zu können.

○ *Kontrast*

Der zentrale Bereich des Gesichtsfeldes, in dem der Arbeitsgegenstand oder sein Detail liegt, auf den das Auge sich richtet, das „Infeld", und der Hintergrund, gegen den dieser Gegenstand oder sein Detail gesehen wird, das „Umfeld", müssen in einem optimalen Leuchtdichteverhältnis stehen, um rasches und genaues Sehen zu ermöglichen. Bei günstigem Kontrast kann man Gegenstände noch erkennen, die bei schlechterem Helligkeitskontrast wegen ihrer geringen Größe nicht mehr wahrzunehmen sind. Bei Infeld-Leuchtdichten bis zu 65 cd/m² (200 asb) wird die höchste Unterschiedsempfindlichkeit erreicht, wenn das Umfeld ebenso hell ist. Wachsen aber die Infeld-Leuchtdichten über 65 cd/m² (200 asb), besonders aber über 300 cd/m² (1000 asb) hinaus, wird die Unterschiedsempfindlichkeit am größten, wenn das Umfeld dunkler als das Infeld ist. Je stärker die Infeld-Leuchtdichte ist, um so kleiner sollte die Umfeld-Leuchtdichte sein. Am größten ist die Unterschiedsempfindlichkeit, wenn die Leuchtdichte des Infeldes zwischen 4000 und 5000 cd/m² (12000 und 15000 asb) und die des Umfeldes zwischen 30 und 100 cd/m² (100 und 300 asb) liegt. Dieses Verhältnis ist besonders bei der Beleuchtung von ortsfesten Arbeitsplätzen, zum Beispiel für Montage-, Justier- und Kontrolltätigkeiten zu beachten.

○ *Blendung*

Schließlich ist noch das Phänomen der Blendung zu erwähnen, die zu häufigen Störungen visueller Kommunikationen führt und einer der größten Feinde der Beleuchtungstechniker darstellt. Blendung kann entstehen durch

− zu hohe Leuchtdichten,
− zu hohe Leuchtdichteunterschiede im Gesichtsfeld sowie durch

- Spiegelungen zu hoher Leuchtdichten oder durch Leuchtdichteunterschiede auf glänzenden Oberflächen.

Da die Unterschiedsempfindlichkeit für Helligkeiten am größten ist, wenn das Auge an die im Gesichtsfeld herrschende Leuchtdichte angepaßt ist, kann Blendung auch dadurch entstehen, daß ein rascher Wechsel in der Helligkeit das Adaptationsniveau senkt, wobei die Unterschiedsempfindlichkeit zeitweilig verringert wird (relative Blendung). Ein alltägliches Beispiel dafür ist das Durchfahren eines Tunnels oder einer Straßenunterführung bei Tageslicht. Ein Blickwechsel zwischen Flächen stark unterschiedlicher Leuchtdichteniveaus bedeutet im Arbeitsprozeß stets erhöhte Unfallgefahr. Besonders ungünstig wirken sich wechselnde Flächenhelligkeiten im Gesichtsfeld aus – z.B., wenn der Blick zwischen hellen und dunklen Flächen hin und her wandern muß oder wenn an einem Fließband helle und dunkle Flächen abwechselnd vorbeiziehen. Deshalb sollte ein häufiger Wechsel im Helligkeitsniveau am Arbeitsplatz unbedingt vermieden werden. In Großraumbüros mit großen Fensterfronten müssen nach DIN 5035 im mittleren Bereich des Raumes Beleuchtungsstärken von etwa 1000 Lux realisiert werden, um einen Ausgleich mit der Beleuchtung der Fensterregionen zu erzielen und somit vor Blendung zu schützen, wenn immer ein Büroangestellter von seinem Arbeitsplatz aufsieht.

Die Blendwirkung einer Lichtquelle oder einer hellen Fläche hängt ab von der Leuchtdichte, der Flächengröße (Raumwinkel) und von der Lage der Blendquelle im Gesichtsfeld. Bei nahe der Blickrichtung gelegenen Lichtquellen wächst die Blendwirkung mit der dritten Potenz der Leuchtdichte einer Blendquelle. Oberhalb der Blickrichtung gelegene Blendquellen sind weniger gefährlich als seitlich oder unterhalb der Blickrichtung gelegene. Bei Leuchtstoffröhren wird Blendung verringert, wenn diese nicht quer zum Arbeitsplatz, sondern längs zu ihm angebracht werden, da die Lichtstärke senkrecht zur Achse der Leuchtstoffröhre am größten, in Achsrichtung jedoch sehr niedrig ist.

Spiegelnde Flächen und direkt sichtbare Lichtquellen sind selbstverständlich zu vermeiden. Lassen sich diese Blendquellen nicht ausschalten, so können – entsprechend der Beleuchtungsart und der Arbeitsaufgabe – Blendschutzbrillen mit möglichst großen, das Gesichtsfeld wenig einschränkenden optischen Gläsern benutzt werden (z. B. bei der Oberflächenkontrolle von Blechen oder glänzenden Oberflächen). Ist ein hoher Anteil des Blendlichts linear polarisiert (Schneeflächen, Betrachtung unter Glas), sind Polarisationsbrillen von besonderem Vorteil. Als weitere Mittel zur Blendungsbekämpfung empfehlen sich zum Beispiel entspiegelte Glasflächen, etwa bei Informationsträgern hinter Glas (Bekanntmachungen, Warnzeichen, Plakate). Schließlich sind auch reflexionsmindernde Arbeitsplatzunterlagen anzustreben. Wichtig ist aber vor allem die Wahl geeigneter Lichtstärke und Leuchtdichteverteilungen der Leuchten sowie die richtige Anordnung der Leuchten an den Arbeitsplätzen.

> Gute Beleuchtung hängt vor allem von ausreichender Beleuchtungsstärke, den Leuchtdichteverhältnissen und der Begrenzung der Blendung ab. Je höher der Reflexionsgrad einer Fläche und je höher die Beleuchtungsstärke ist, um so höher ist die Leuchtdichte der Fläche. Ein optimales Verhältnis zwischen den Leuchtdichten der einzelnen Flächen (günstiger Kontrast) verbessert das schnelle und genaue Sehen. Hinweise und Werte für eine gute Beleuchtung finden sich in DIN 5035, Blatt 1 und 2.

Standardliteratur siehe Schluß des Kap. 4.5.4

ALFRED EMIG
4.5.4.2 Planung der Innenbeleuchtung

Ziel der Beleuchtungsplanung für Innenräume ist es, Beleuchtungsanlagen zu erstellen, die den in DIN 5035 gestellten Forderungen gerecht werden. Ausgangsbasis dafür sind einerseits die von der Architektur bestimmten geometrischen Verhältnisse eines Raumes, seine Ausstattung und Möblierung bzw. Maschinenaufstellung und andererseits die durch die Art der dort vorkommenden Arbeiten gegebenen Sehaufgaben. Dazu braucht man also zuerst Baupläne mit Grundrissen und Angaben über Farben und Reflexionsgrade von Decken, Wänden und Boden, Angaben über die Ausführung der Decken, über Einbaumöglichkeit, Luftführung, akustische Maßnahmen usw. Weiter ist die Kenntnis der Anordnung von Arbeitsplätzen, Maschinen, Möbeln, Verkehrszonen usw. erforderlich. Ebenso wichtig ist es, über Zweckbestimmung eines Raumes und die dort vorgesehenen Arbeiten Bescheid zu wissen. Danach können aus DIN 5035, Blatt 2, die entsprechenden Empfehlungen über Nennbeleuchtungsstärke, Lichtfarbe, Stufe der Farbwiedergabeeigenschaften und Güteklasse der Blendungsbegrenzung entnommen werden.

Jetzt kann die eigentliche Planungsarbeit beginnen, die sich in sieben Stufen entwickelt.

Stufen der Beleuchtungsplanung
- Wahl der Beleuchtungsart
- Wahl der Lampenart
- Wahl der Leuchtenart
- Bestimmung der Anzahl der erforderlichen Lampen und Leuchten
- Festlegung der Leuchtenanordnung
- Überprüfung der Bedingungen zur Begrenzung der Blendung
- Nachprüfung des Planungsergebnisses durch Messungen in der fertiggestellten Anlage

○ *Beleuchtungsart*

Bei der Wahl der Beleuchtungsart wird man sich meist für die reine Allgemeinbeleuchtung oder für die arbeitsplatzorientierte Allgemeinbeleuchtung entscheiden, denn die Einzelplatzbeleuchtung ist nur in seltenen Fällen notwendig und zu empfehlen.

○ *Lampenart*

Die Wahl der Lampenart kann entscheidend sein für die Wirtschaftlichkeit einer Beleuchtungsanlage. Dabei sollten die folgenden Punkte Berücksichtigung finden:

- Lichtstrom
- Leistungsaufnahme
- Lichtausbeute
- Leuchtdichte
- Lichtfarbe
- Farbwiedergabeeigenschaften
- Wärmeentwicklung
- Lebensdauer
- Betriebsbedingungen (Brennlage, Spannung)
- Betriebsverhalten (Anlauf, Wiederzündung)
- Abmessungen, Form
- Preis

○ *Leuchtenart*

Ebenso wichtig für das Ergebnis einer Beleuchtungsplanung ist es, bei der Wahl der Leuchtenart mit großer Sorgfalt vorzugehen und dabei folgende Punkte zu beachten:

- gewählte Lampenart
- Lichtstromverteilung
- Lichtstärkeverteilung

- Leuchtdichteverteilung (Blendungsbegrenzung)
- Betriebswirkungsgrad
- Abmessungen
- Art der Anbringung
- einfache Montage und Installation
- Schutzart
- Schutzklasse
- Form und Aussehen
- Material
- Preis

Allein die Aufzählung der vielen zu beachtenden Eigenschaften von Lampen und Leuchten mag deutlich machen, daß schon im ersten Stadium einer Planung entscheidende Fehler gemacht werden können, wenn wichtige Punkte unberücksichtigt bleiben, wenn z. B. bei den Lampen die Auswahl nur nach der Lichtausbeute und bei den Leuchten nur nach Form und Preis getroffen wird.

○ *Bestimmung der Anzahl der erforderlichen Lampen und Leuchten*

Die Bestimmung der Anzahl der erforderlichen Lampen und Leuchten ist ohne Zweifel einer der wichtigsten Schritte einer Beleuchtungsplanung, denn das richtige Ergebnis führt zu dem vorgesehenen Beleuchtungsstärkeniveau und hat großen Einfluß auf die Erstellungs- und Betriebskosten einer Anlage. Besonders bei der Planung größerer Anlagen wäre es deshalb unverantwortlich, mit primitiven Faustformeln oder mit geschätzten Werten zu rechnen, um so mehr, als es ein ganz einfach zu handhabendes Verfahren gibt, das in wenigen Minuten zu einem verläßlichen Ergebnis führt. Es handelt sich um das auch in DIN 5035 empfohlene Wirkungsgradverfahren, bei welchem aus den geometrischen Daten des Raumes, aus den Reflexionsgraden seiner Begrenzungsflächen und aus der Lichtstromverteilung der Leuchten ein Raumwirkungsgrad η_R ermittelt wird. Das Produkt dieses Wertes mit dem Betriebswirkungsgrad der Leuchten η_{LB} stellt den Beleuchtungs-Wirkungsgrad η_B dar. Mit seiner Hilfe und der einfachen Formel

$$n = \frac{1{,}25 \cdot E \cdot A}{\Phi \cdot \eta_B}$$

kann man die Anzahl n der erforderlichen Lampen errechnen, wenn man die erstrebte Nennbeleuchtungsstärke E in Lux (lx) erzielen will. Die zu beleuchtende Fläche A wird in m² eingesetzt. Φ stellt den Lichtstrom einer Lampe in Lumen (lm) dar. Der Faktor 1,25 wird angewendet, um durch einen höheren Planungswert der Beleuchtungsstärke in der neuen Anlage den Lichtstromrückgang der Lampen und den Einfluß der Verstaubung zu berücksichtigen.

Zur einfachen Ermittlung der Raumwirkungsgrade η_R hat die Lichttechnische Gesellschaft e. V. (LiTG) in ihrer Druckschrift „Die Projektierung von Beleuchtungsanlagen für Innenräume nach dem Wirkungsgradverfahren" ein umfangreiches Tabellenwerk herausgegeben, das Raumwirkungsgrade η_R für die überwiegend in der Praxis vorkommenden Leuchtenarten enthält. Die namhaften Leuchtenhersteller, die auch über Lichtmeßlabors verfügen, haben hierzu eine Klassifizierung ihrer Leuchten und die Teillichtströme bekanntgegeben, die für die Auswahl der geeigneten Tabelle erforderlich sind, und ebenso die Leuchtenbetriebswirkungsgrade η_{LB}. Die meisten Firmen stellen aber auch eigene Tabellen der Beleuchtungswirkungsgrade η_B bereit, wodurch die Durchführung des Verfahrens wesentlich vereinfacht wird.

Kennzeichnend für das Wirkungsgradverfahren ist, daß es nicht nur die direkt von einer Leuchte auf die Nutzfläche gelangenden Lichtstromanteile erfaßt, sondern auch die je nach Art der Lichtstromverteilung, der Raumgeometrie und der Reflexionsgrade verschieden großen Indirekt-Anteile, die u. U. recht erheblich sein können. Bei sorgfältiger Durchführung des Verfahrens lassen sich damit recht zuverlässige Ergebnisse gewinnen.

○ *Festlegung der Leuchtenanordnung*

Für die so ermittelte Anzahl von Lampen und Leuchten ist nun eine Festlegung der Leuchtenanordnung erforderlich. Dabei strebt man eine gute Gleichmäßigkeit der Beleuchtungsstärke im Raum an sowie ein architektonisch ansprechendes Bild der Beleuchtungsanlage, denn dieses Bild ist stark mitbestimmend für das gesamte Erscheinungsbild eines Raumes. Allerdings kann es vorkommen, daß die errechnete Leuchtenzahl nicht günstig an der Decke unterzubringen ist. So kann aus ästhetischen und praktischen Gründen eine Korrektur der Leuchtenzahl erforderlich werden, evtl. auch eine Korrektur der Leuchtenbestückung. Darauf folgt eine Nachberechnung, um zu prüfen, ob die gewählte Nennbeleuchtungsstärke noch erreicht wird.

Da manche Arbeitsvorgänge nicht in der Horizontal-, sondern in einer Vertikalebene ablaufen, kann es sein, daß die Horizontalbeleuchtungsstärke kein ausreichendes Kriterium für eine gute Beleuchtung ist. Ein günstiges Verhältnis von Vertikal- zur Horizontalbeleuchtungsstärke muß in solchen Fällen durch richtige Wahl der Lichtstärkeverteilung der Leuchten sichergestellt werden.

○ *Überprüfung der Bedingungen zur Begrenzung der Blendung*

Nachdem schon bei der Wahl der Leuchtenart eine erste Prüfung der Eignung der Leuchte hinsichtlich der Blendungsbegrenzung stattgefunden hat, kann jetzt, nach der Festlegung der Leuchtenanordnung, eine endgültige Überprüfung der Bedingungen zur Begrenzung der Blendung vorgenommen werden. Dazu muß die Leuchtdichteverteilung der Leuchte mit den Leuchtdichtegrenzkurven nach DIN 5035 verglichen werden, wobei Art und Anordnung der Leuchten sowie das gewählte Beleuchtungsniveau berücksichtigt werden müssen. Nur wenn die Leuchtdichteverteilung der Leuchten in keinem vorkommenden Winkelbereich die Grenzkurven überschneidet, können die Leuchten für den geplanten Fall eingesetzt werden. Namhafte Leuchtenhersteller haben für ihre Leuchten die Auswertung dieses Vergleichs bereits vorgenommen und geben leicht überschaubare Anwendungsgrenzkurven oder entsprechende Tabellen bekannt.

Bei der Planung der Anlage sollte auch an ihre Montage und vor allem an ihre Wartung gedacht werden, denn hier können die Betriebskosten u. U. erheblich beeinflußt werden.

○ *Nachprüfen der Planungsergebnisse*

Nach Fertigstellung der Beleuchtungsanlage kann durch eine Messung der *Beleuchtungsstärkeverteilung* geprüft werden, ob das Ergebnis der Planung auch in der Praxis erreicht wurde. Dabei sind einige Punkte zu beachten. Zunächst soll das Meßgerät eine ausreichende Korrektur des cos-Fehlers und eine Angleichung der spektralen Empfindlichkeit an die des Auges besitzen [$V(\lambda)$-Korrektur].

Die Messung wird jeweils in der Mitte der über die ganze Fläche gleichmäßig verteilten Meßfelder vorgenommen, und zwar in einer Meßebene von 0,85 m über dem Boden. Als Mittelwert aus diesen Einzelmeßwerten ergibt sich dann die mittlere Horizontalbeleuchtungsstärke als Neuwert. Der mittlere Betriebswert, der der Nennbeleuchtungsstärke entsprechen soll, errechnet sich aus Neuwert x 0,8, denn bei der Planung wurde ja der Neuwert um den Faktor 1,25 über den Nennwert gelegt.

Bei der Beleuchtungsmessung ist auch die Netzspannung zu messen, denn die Lampen sollen unter normalen Betriebsbedingungen arbeiten. Bei Abweichung der Netzspannung von der Nennspannung müssen auch die Beleuchtungsstärkewerte korrigiert werden, damit sie mit dem vorausberechneten Wert verglichen werden können.

Den Einfluß der Möblierung bzw. Maschinenaufstellung, der evtl. bei der Planung noch nicht berücksichtigt werden konnte, darf man ebenfalls nicht übersehen. Bei der Messung von Beleuchtungsstärken einer bereits gealterten Anlage muß der Alterungszustand einkalkuliert werden.

Auch bei sorgfältiger Planung und Messung können sich Differenzen ergeben, die durch eine Reihe von Toleranzen bedingt sind. Wenn die

Abweichungen von den Sollwerten bei Lampen, Vorschaltgeräten, Reflexionsgraden, Berechnungsunterlagen usw. zufällig alle in der gleichen Richtung liegen, so können sich immerhin 10 bis 20 % Unterschied zwischen Berechnung und Messung ergeben. Solche Unterschiede sind allerdings auch nicht allzu kritisch, wenn die Normwerte dabei nicht an einzelnen Arbeitsplätzen gravierend unterschritten werden.

Standardliteratur zu Kap. 4.5.4
(vollständige Quellenangaben siehe Gesamtliteraturverzeichnis)
Fördergemeinschaft Gutes Licht (1974, 1975), SCHMALE (1965), SCHOBER (1954), Schweizerische, Österreichische und Deutsche Lichttechnische Gesellschaft (1975).

DIN 5034, 5035.

4.6 Organisation und Arbeitszeit

WOLF MÜLLER-LIMMROTH (Kap. 4.6.1 und 4.6.2)

4.6.1 Pausen

Der Mensch kann nicht über lange Zeit ohne Unterbrechung arbeiten, er muß von Zeit zu Zeit Pausen einlegen. Die Pausen müssen um so häufiger und um so länger sein, je stärker die Arbeitsermüdung ist. Die Ermüdung hat objektive physiologische Ursachen (Stoffwechsel, Anpassungen im Bereich des Zentralnervensystems, vgl. Kap. 3.5.2), die durch Erholung in der nachfolgenden Pause beseitigt werden. Alle Erholungsprozesse folgen einer Exponentialfunktion mit dem größten Erholungswert in den frühen Abschnitten der Pause (siehe Abb. 108).

Bei geringer Ermüdung kann die Arbeit durch erhöhte Willensanstrengung noch fortgesetzt werden. Extreme Ermüdung ist dagegen mit dem Willen nicht mehr kompensierbar und zwingt darum zur Unterbrechung der Arbeit durch eine Pause.

> Eine *optimale Gestaltung der Arbeitszeit und der Pausenregelung* soll mehrere Hauptziele berücksichtigen:
> – Die Beanspruchung durch die Arbeit soll möglichst gering gehalten werden,
> – die Arbeit soll erträglich sein, →

- sie soll die Leistungsfreisetzung verbessern und
- soziale Bedürfnisse innerhalb und außerhalb der Arbeit berücksichtigen.

Man unterscheidet Pausen nach ihrer Länge: *Kürzeste Pausen* sind kürzer als eine halbe Minute, *Kurzpausen* dauern 30 Sekunden bis 5 Minuten und Arbeitsunterbrechungen von mehr als 5 Minuten werden schlicht *Pausen* genannt.

Organisierte Pausen sind z.T. gesetzlich vorgeschrieben. Hierbei handelt es sich um Pausen nach der Arbeitszeitordnung (sog. AZO-Pausen, vgl. DENECKE 1976). Nicht organisierte Pausen können produktions- oder arbeitsablaufbedingte Wartezeiten mit Pausenwirkung sein. *Willkürliche Pausen* werden vom Arbeitenden selbst nach mehr oder minder freiem Ermessen eingelegt. Sie sind häufig ermüdungsbedingt und werden nicht selten durch Nebenarbeiten kaschiert.

Kaschierte Pausen, die auf Grund einer erhöhten Ermüdung eingelegt werden, haben meist eine geringe Erholungswirkung. Sie sollten daher nach Möglichkeit durch wiederholte organisierte Kurzpausen ersetzt werden.

Längere Pausen sind bei bestimmten Formen körperlicher Schwerarbeit (z. B. schwere Muskelarbeit mit zusätzlicher Hitzebelastung in der metallerzeugenden Industrie) oder bei starker psychomentaler Beanspruchung erforderlich (z. B. Simultan-Dolmetscher).

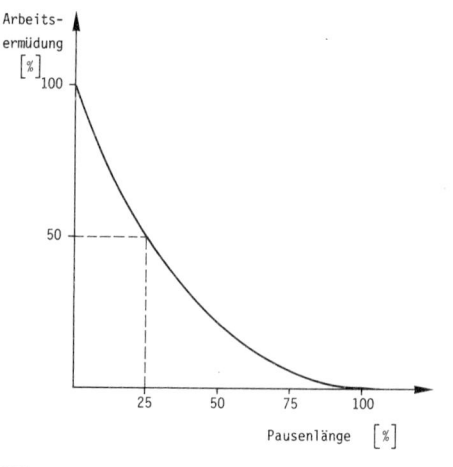

Abb. 108:
Der Ausgangszustand der Arbeitsermüdung und die Pausenlänge, die für den restlosen Abbau dieser Arbeitsermüdung erforderlich wäre, wurden jeweils gleich 100 % gesetzt. Bereits nach 25 % der Pause bildet sich die anfängliche Arbeitsermüdung von 100 % auf 50 % zurück. Im ersten Teil der Pause sind die Erholungseffekte also am größten.

○ *Physische Ermüdung als Ursache für Pausen*

Muskelarbeit und Hitzebelastung sind die wichtigsten Ursachen physischer Ermüdung und häufige Gründe für kurzfristige Arbeitsunterbrechungen durch Pausen.

Die Muskelermüdung wird durch saure Stoffwechselprodukte (Brenztraubensäure, Milchsäure) hervorgerufen, die bei der Arbeit im Muskel entstehen. Die Behinderung der Muskeldurchblutung bei statischer Arbeit (Haltearbeit) verschlechtert die Sauerstoffversorgung und den Abtransport dieser sauren Stoffwechselprodukte und führt daher zu einer besonders schnellen Ermüdung des Muskels (vgl. hierzu und zu den folgenden Abschnitten das Kap. 3.5.2).

○ *Erholungszuschläge*

Bei muskulärer Arbeit steigt die Herzfrequenz an. Unterhalb der sog. *Dauerleistungsgrenze* (vgl. Kap. 3.5.1 und 3.5.2) erhöht sich die Herzfrequenz bei gleichbleibender Arbeit nur in den ersten Minuten und bleibt anschließend konstant. Oberhalb der Dauerleistungsgrenze steigt die Herzfrequenz auch nach den ersten Minuten der Muskelarbeit ständig weiter an. *Die Herzfrequenz ist daher ein guter Indikator für muskuläre Beanspruchung und Ermüdung.* In der Pause nach muskulärer Arbeit fällt die Herzfrequenz exponentiell ab als Ausdruck eines entsprechenden Verlaufs der Erholung: Im ersten Quartal einer Kurzpause werden daher bereits 50 % des Erholungswertes der Pause eingebracht (vgl. Abb. 108).

> Es ist ergonomisch vorteilhafter, schwere Muskelarbeit häufiger durch kurze Pausen zu unterbrechen, als die gleiche Pausenzeit auf wenige längere Pausen zu konzentrieren.

Die Gestaltung körperlicher Schwerarbeit nach ergonomischen Gesichtspunkten orientiert sich primär nicht an dem Ziel, den Energieaufwand bei der Arbeit zu reduzieren, sondern den Ermüdungsgrad so niedrig wie möglich zu halten. Es kann vorteilhaft sein, einen energetisch aufwendigeren Arbeitsablauf zu wählen, wenn dieser durch die Gelegenheit zu häufigeren kürzesten und kurzen Pausen eine niedrigere Ermüdung verursacht.

Dynamische Muskelarbeit ist durch den Wechsel von Kontraktions- und Erschlaffungsphasen gekennzeichnet. Die häufigen kurzen Erschlaffungsphasen haben wegen der exponentiellen Erholungsfunktion einen hohen Erholungswert und sind der Grund für die geringe Ermüdung bei dynamischer Muskelarbeit im Vergleich zur Haltearbeit.

○ *Nervöse Ermüdung als Ursache für Pausen*

Die Ursachen der nervösen Ermüdung sind vielschichtiger und weniger gut erforscht als die Ursachen der Muskelermüdung. Zentralnervöse Funktionen unterliegen in besonderem Maße rhythmischen Schwankungen, die zu einem beträchtlichen Teil eigengesetzlich ablaufen. Der Wechsel zwischen Schlafen und Wachen ist das bekannteste Beispiel dieser *rhythmischen Funktionsordnung*.

Diese Rhythmen entstehen im Hirnstamm. Sie beeinflussen dort das Aktivitätsniveau der sog. Retikulärformation (vgl. Kap. 3.4 und 3.5.2), das den Wachheitspegel im Sinne einer Voreinstellung bestimmt. Abwechslungsreiche Sinnesreize und Informationen erhöhen, gleichförmige monotone Reize oder reizarme Situationen senken den Aktivitätspegel der Retikulärformation. Dieser unterliegt neben den längerdauernden tagesrhythmischen Abweichungen auch kurzzeitigen Schwankungen. Im entspannten Wachzustand fluktuieren daher Grad und Zielrichtung der Aufmerksamkeit (vgl. auch Kap. 3.4).

Eine ständige, gerichtete Aufmerksamkeit und Reaktionsbereitschaft, wie sie beispielsweise bei der Flaschenkontrolle in Abfüllstationen notwendig ist, kann nur durch eine Reduktion der rhythmischen Schwankungen der Aufmerksamkeit erreicht werden. Dazu ist ein anstrengender, erhöhter Willenseinsatz nötig. Als Zeichen einer nervösen Ermüdung vergrößern sich die Schwankungen der gerichteten Aufmerksamkeit, der Informationsverarbeitung und der Informationsumsetzung bei anstrengenden psychomentalen[1]) Arbeiten mit der Zeit trotz erhöhter Willensanstrengung immer mehr.

> Häufige Pausen können der nervösen Ermüdung entgegenwirken, wobei ähnliche Regelhaftigkeiten gelten, wie sie für die muskuläre Beanspruchung beschrieben wurden: *Viele Kurzpausen sind auch hier erholsamer als wenige lange.*

Die nervöse Ermüdung kann weniger leicht und zuverlässig gemessen werden als die Muskelermüdung. Es gibt bis heute kein universelles Meßverfahren, das zur Messung nervöser Ermüdung ähnlich geeignet wäre, wie es die Herzfrequenz für die Messung der Muskelermüdung ist. Daher besteht die Gefahr, daß psychomentale Beanspruchungen nicht ausreichend erkannt und beachtet werden und daß ihnen infolgedessen auch weniger effektiv durch eine optimale Pausengestaltung entgegengewirkt wird.

---

[1]) Psychomentale Arbeiten sind solche, die „Geist, Sinne und Nerven" beanspruchen.

Aus diesem Grunde sollte nach der Verminderung einer physischen Beanspruchung am Arbeitsplatz stets geprüft werden, ob die dadurch eingesparten Erholungspausen neben der physischen auch einer nervösen Erholung dienten. Sonst kann die Einsparung kürzester und kurzer Pausen zu einer gesteigerten nervösen Beanspruchung und Ermüdung führen und dadurch den Gewinn einer verminderten physischen Ermüdung in Frage stellen.

Standardliteratur siehe Schluß des Kap. 4.6.2

4.6.2 Regelung der Arbeitszeit

Die Regelung der Arbeitszeit unterliegt gesetzlichen Bestimmungen, die außer generellen Einschränkungen zahlreiche Sonderregelungen für bestimmte Berufsgruppen, Produktionsbereiche und Bevölkerungsgruppen (Frauen, Jugendliche) umfassen. Die Bestimmungen wurden auf Grund von betrieblichen Erfahrungen, medizinischen und wissenschaftlichen Erkenntnissen, politischen Forderungen und sozialpolitischen Erwägungen erlassen und unterliegen einer ständigen Anpassung an die wechselnden Anforderungen der modernen Arbeitswelt.

Außer den wichtigsten gesetzlichen Bestimmungen können nur einige ergonomische Gesichtspunkte näher besprochen werden, die bei der optimalen Organisation der Arbeitszeit berücksichtigt werden sollten (umfassende Übersicht und Kommentierung der rechtlichen Bestimmungen siehe DENECKE 1976).

○ *Ruhepausen*

Bei einer Arbeitszeit von mehr als 6 Stunden sind für Männer mindestens eine halbstündige oder zwei viertelstündige Ruhepausen vorgeschrieben (§ 12 AZO). Die gesetzlich vorgeschriebenen Ruhepausen müssen also mindestens 15 Minuten lang sein. Frauen und Jugendlichen muß bei gleicher Arbeitszeit unter bestimmten Bedingungen mehr Zeit für Ruhepausen gewährt werden. Diese Bevölkerungsgruppen dürfen maximal $4^{1}/_{2}$ Stunden lang ohne Ruhepause beschäftigt werden.

Bei längerer Arbeitszeit dienen die Ruhepausen im allgemeinen der Einnahme von Mahlzeiten. Eine Mittagspause von 30 Minuten ist aus ergonomischer Sicht selbst dann zu kurz, wenn das mitgebrachte Essen am Arbeitsplatz verzehrt wird oder wenn der Weg zur Kantine sehr kurz ist und die Ausgabe des Essens ohne nennenswerte Verzögerung erfolgt. Die Mahlzeit sollte aus gesundheitlichen Gründen ohne Hast eingenommen werden können. An die Mahlzeit sollte sich eine Pause von mindestens 15 Minuten Dauer anschließen, z. B. mit der Gelegenheit zum kollegialen Gespräch oder einem kleinen Spaziergang im Freien. Die Mittagspause sollte daher mindestens 45 Minuten, besser 60 Minuten lang sein. Unter diesem Aspekt ist der Wunsch, zugunsten eines früheren Feierabends auf eine angemessen lange Mittagspause zu verzichten, negativ zu beurteilen.

Das Mittagessen sollte nach Möglichkeit nicht am Arbeitsplatz, sondern in einer dafür vorgesehenen Umgebung eingenommen werden. Wenn zwei Ruhepausen eingelegt werden, so sollte die erste kürzere etwa nach dem ersten Drittel der Arbeitszeit, die zweite längere nach dem zweiten Drittel der Arbeitszeit eingelegt werden.

○ *Tägliche Arbeitszeit und tägliche arbeitsfreie Zeit*

Die regelmäßige werktägliche Arbeitszeit darf die Dauer von acht Stunden nicht überschreiten (§ 3 AZO); Ausnahmen sind gesetzlich geregelt und müssen unter bestimmten Bedingungen vom Gewerbeaufsichtsamt genehmigt werden. Nach der täglichen Arbeitszeit ist eine ununterbrochene arbeitsfreie Zeit von mindestens 11 Stunden zu gewähren, die in bestimmten Betrieben auf 10 Stunden verkürzt werden darf.

In dieser arbeitsfreien Zeit soll ausreichend Zeit für einen erholsamen Schlaf sein. Die normale Schlafdauer des Erwachsenen beträgt 8 Stunden, einzelne Menschen kommen auch mit weniger Zeit aus, andere benötigen 10 Stunden und mehr, um sich ausgeschlafen zu fühlen.

Eine willentliche Verkürzung der täglichen Schlafdauer ist möglich, selbst über längere Zeit. Eine solche Schlafverkürzung verursacht jedoch eine erhöhte Müdigkeit mit vermindertem Antrieb. Dadurch wird die Leistungsbereitschaft vermindert und die Unfallgefährdung erhöht. Bei einem chronischen Schlafmangel leiden auch wichtige Erholungsprozesse des Organismus.

Beginn und Ende der täglichen Arbeitszeit sollten sich an der Kurve der physiologischen Leistungsbereitschaft orientieren (vgl. Kap. 3.1.3.1, insbesondere Abb. 2). In Verwaltungen, Behörden und Betrieben ohne Schichtarbeit sollte die Arbeitszeit in die Phasen der höchsten physiologischen Leistungsbereitschaft gelegt werden, sozio-kulturelle Gesichtspunkte aber nicht außer acht gelassen werden. Ein Arbeitsbeginn um 8 Uhr und eine Mittagspause zwischen 12 und 13 Uhr dürften unter diesen Bedingungen optimal sein.

○ *Gleitzeit*

In den letzten Jahren wurde in vielen Betrieben die Gleitzeit mit Erfolg eingeführt. Die Einführung der Gleitzeit ist an bestimmte arbeitsorganisatorische Voraussetzungen gebunden, die hier nicht näher erörtert werden. Der Vorteil der gleitenden Arbeitszeit liegt für den Arbeitnehmer im größeren Maß persönlicher Freiheit, für den Unternehmer in einer möglicherweise höheren Arbeitsbereitschaft seiner Mitarbeiter.

Durch die Gleitzeit können individuelle Unterschiede der biologischen Regulation besser berücksichtigt werden. Die betriebliche Erfahrung, daß die Kurve der physiologischen Leistungsbereitschaft individuelle Abweichungen zeigt, läßt sich wissenschaftlich belegen.

Die interindividuell vorhandene Variabilität der Leistungsbereitschaft (also die Schwankungen der Leistungsbereitschaft zwischen verschiedenen Personen) ist u. a. durch die verschiedenen Schlaftypen bedingt (vgl. auch Kap. 3.1.3.1). Der sog. monophasische Schlaftyp mit dem Hauptanteil an Tiefschlaf in den ersten Stunden des Schlafens ist in der Regel ein Frühaufsteher (Morgentyp), und für ihn trifft die Durchschnittskurve der Leistungsbereitschaft zu. Ihm bereitet die Frühschicht die geringsten, die Nachtschicht die größten Schwierigkeiten. Demgegenüber schläft der sog. biphasische Schlaftyp (Abendtyp) schlechter ein. Sein Schlaf flacht um 3 Uhr nachts ab, davor und danach hat er je eine Tiefschlafphase. Besonders wegen seines morgendlichen Schlafdefizites ist für ihn die erste Hälfte der Frühschicht beanspruchender als die Nachtschicht. Das allein erklärt die bestehenden individuellen Unterschiede im Ausmaß der Leistungsbereitschaft und rechtfertigt die Gleitzeit aus biologischen Gründen.

Durch die Gleitzeit können solche individuellen Unterschiede berücksichtigt und plötzliche oder unvermeidliche Aufgaben aus dem privaten Bereich vom Arbeitnehmer zeitlich günstiger erledigt werden als bei einer starren Arbeitszeitregelung.

○ *Urlaub*

In der Stufung der Pausen über Kurzpausen – Ruhepausen – Feierabend – Wochenende und Urlaub hat jede Arbeitsunterbrechung aus biologischer Sicht eine andere Berechtigung:

— Die kürzesten und kurzen Pausen sollen zum Abbau einer momentanen physischen oder psychomentalen Überbeanspruchung dienen,
— die Ruhepausen zur geordneten Nahrungsaufnahme,
— die tägliche arbeitsfreie Zeit zur Erholung der am Arbeitsplatz angesammelten Ermüdungsreste sowie zur Befriedigung sozialer und kultureller Bedürfnisse und zur Stabilisierung der rhythmischen Funktionsordnung im Schlaf,

– das Wochenende und der Urlaub zum Ausspannen aus der täglichen Routine und zur unbeschwerten Selbstverwirklichung.

Eine Übertragung sich anhäufender Bedürfnisse, die auf der Stufe der kürzeren Pause nicht befriedigt werden konnten, in die Pausen der nächst höheren Stufe ist aus ergonomischer Sicht unerwünscht und nachteilig. So sollten die Ruhepausen, die tägliche arbeitsfreie Zeit und letzlich der Urlaub nach Möglichkeit nicht dazu dienen, die Folgen einer physischen Übermüdung oder psychischen Überforderung abzubauen, die während der Arbeitszeit entstanden sind. Man sollte sich auch nicht damit zufrieden geben, die in der Woche zu kurz gekommenen sozialen und kulturellen Bedürfnisse erst am Wochenende zu befriedigen. Das Ziel einer sinnvollen Arbeitsgestaltung sollte darin bestehen, chronische Überlastungen mit ihren Gefahren für die Gesundheit zu verhindern, damit der Urlaub nicht nur einer Wiederherstellung der vollen Leistungsfähigkeit, sondern auch weitergehenden Zielen der Selbstverwirklichung dienen kann.

Wegen der jahresrhythmischen Schwankungen der Aktivität des sog. vegetativen Nervensystems[2]) ergeben sich *jahreszeitlich verschiedene Phasen* für den die *Arbeitsbereitschaft* garantierenden Nerven (Sympathicus, wirkt also ergotrop) und den die *Erholungsprozesse* fördernden Nerven (Vagus, wirkt also trophotrop). Der erstere hat in der Zeit von Juni bis September sein Maximum, der letztere in der Zeit von Dezember bis März. Daraus ergibt sich, daß im *Sommerurlaub* besser die körperliche Leistungsfähigkeit, im *Winterurlaub* eher die nervlich-geistig-seelische Leistungsfähigkeit wiederhergestellt werden kann. Hieran sollte bei der Entscheidung über den Zeitpunkt des Urlaubs gedacht werden.

Die *Urlaubsdauer* sollte wegen etwa 5 Tage dauernder Eingewöhnungs- und 1–2 Tage dauernder Rückgewöhnungszeiten 3 Wochen nicht unterschreiten, wenn eine notwendige reine Erholungszeit von etwa 2 Wochen gegeben sein soll.

– Physische oder nervöse Ermüdung läßt sich vorteilhafter durch häufige kurze Pausen als durch wenige lange verhindern oder abbauen.
– Die Mittagspause sollte mindestens 45 Minuten, besser 60 Minuten betragen.   →

---

[2]) Zu diesem Sachverhalt und zu den Begriffen „Vegetativum", „ergotrop" und „trophotrop" vgl. die Ausführungen über die tageszeitlichen Schwankungen im Kap. 3.1.3.1.

- Die Gleitzeit, deren Einführung an bestimmte arbeitsorganisatorische Voraussetzungen gebunden ist, erhöht die persönliche Freiheit und möglicherweise die Arbeitsbereitschaft der Mitarbeiter.
- Der Urlaub sollte mindestens 3 zusammenhängende Wochen betragen. Im Sommer kann besser die körperliche, im Winter eher die nervlich-geistig-seelische Leistungsfähigkeit wiederhergestellt werden.

Standardliteratur zu Kap. 4.6.1 und Kap. 4.6.2
(vollständige Quellenangaben siehe Gesamtliteraturverzeichnis)
Aschoff (1973), Denecke (1976), Hengstler (1973), Lehmann (1962), Lehmann/Schmidtke (1961), Müller-Limmroth (1973), Peters (1973).

Peter Knauth und Joseph Rutenfranz
4.6.3 Schicht- und Nachtarbeit

Unter dem Begriff der Wechselschicht werden alle Arbeitsformen zusammengefaßt, bei denen die Arbeit im Wechsel zu verschiedenen Tageszeiten stattfindet, wobei Nachtschicht mit eingeschlossen sein kann. Als kontinuierliche Arbeit bezeichnen wir dagegen nur Wechselschichten, die Nachtarbeit sowie Sonn- und Feiertagsarbeit mit einschließen.

○ *Befindlichkeitsstörungen und gesundheitliche Gefahren bei Wechselschichtarbeit*

Der Nachtarbeiter muß gegen den in Kapitel 3.1.3.1 geschilderten Tagesgang der physiologischen Leistungsbereitschaft arbeiten (vgl. auch Kap. 4.6.2). Es ist daher verständlich, daß Anpassungsschwierigkeiten auftreten können, durch die körperliche oder psychische Störungen möglich sind. Die meisten Beschwerden von Wechselschichtarbeitern betreffen: Appetitlosigkeit, Schlafmangel, Störungen im Bereich des sozialen Lebens sowie ein Gefühl verminderter Leistungsfähigkeit während der Nachtschichtperioden. Diese Beschwerden können fließend in Befindlichkeitsstörungen übergehen.

In einigen, vor allem älteren Untersuchungen wurden bei Schichtarbeitern häufiger Erkrankungen des Magen-Darm-Traktes als bei Tagarbeitern gefunden. In den meisten späteren Untersuchungen konnten diese Ergebnisse jedoch nicht bestätigt werden. Diese Abnahme der speziellen Krankheitsanfälligkeit läßt sich durch die zunehmende ärztliche Kontrolle und eine Selbstauswahl der Schichtarbeiter erklären. Mit Hilfe einer Aufschlüsselung der Tagarbeiter in solche, die niemals Schichtarbeit geleistet haben und solche, die zwar früher in Nachtschicht tätig waren, dann aber in die Tagschicht wechselten, läßt sich diese Annahme unterstützen (AANONSEN 1964, S. 18, SWENSSON 1971, S. 53–56). So fand AANONSEN die folgenden Häufigkeiten von Magen- und Darmgeschwüren: Tagarbeiter 7,2 %, Schichtarbeiter 6,1 %, ehemalige Schichtarbeiter 18,0 %. Diese Tendenzen gelten im Prinzip auch für nervöse Beschwerden, die durch Mangel an Erholung, insbesondere ausreichenden Schlaf sowie den Zwang zum antirhythmischen Leben und Spannungen im familiären und sozialen Bereich verursacht werden können. *Schichtarbeit muß nicht generell zu Erkrankungen führen,* sie stellt aber zweifellos einen *Risikofaktor* vor allem für das Auftreten von Magen- und Darmerkrankungen bei *besonders disponierten* – also krankheitsanfälligen – Personen dar (RUTENFRANZ 1971, S. 11).

Der Beeinträchtigung des Schlafes kommt offensichtlich in diesem Zusammenhang besondere Bedeutung zu.

Der Tagschlaf nach der Nachtarbeit ist im Vergleich zu normalem Nachtschlaf nicht nur durchschnittlich kürzer (MENZEL 1962, S. 120), sondern auch qualitativ verändert (FORET/BENOIT 1974, S. 339–341). Die qualitativen Schlafveränderungen sind sowohl auf den vermehrten Lärm am Tage, als auch auf die Phasenverschiebung der Schlafzeit zurückzuführen (KNAUTH/RUTENFRANZ 1972a, S. 178 und 1972b, S. 7–16).

Da der Tagschlaf im allgemeinen mehr durch Lärm gestört wird als der normale Nachtschlaf, ist vor allem mit einer Reduzierung des Paradoxalschlafes, der als Traumschlaf gedeutet wird, zu rechnen. Wenn viele Nachtschichten hintereinander liegen, kann es zu einer Anhäufung von Schlafdefiziten kommen.

○ *Organisatorische Lösungsversuche*

Die erste organisatorische Maßnahme zur Einschränkung von Schädigungsmöglichkeiten durch Schichtarbeit sollte in einer *Eignungsuntersuchung* vor Aufnahme der Arbeit bestehen.

Personen mit schweren Erkrankungen z. B. des Herzens oder der Leber, mit manifester Schilddrüsenüberfunktion, Anämie[1]) oder vor-

---

[1]) Blutarmut, Verminderung des Hämoglobins (Farbstoff der roten Blutkörperchen), das den Sauerstoff im Blut transportiert.

angegangener Tuberkulose sollten ebensowenig zur Wechselschichtarbeit zugelassen werden, wie insulinbedürftige Diabetiker[2]), Nachtblinde, Epileptiker oder Menschen mit psychischen Störungen (COLLIER 1941, S. 153, MENZEL 1962, S. 148, LOSKANT 1970). Auch bei einer Ulcusanamnese[3]) oder bei Neigung zu Magen-Darmerkrankungen, die schon in jungen Lebensjahren aufgetreten oder auf familiäre Belastungen zurückzuführen ist, kommt Schichtarbeit nicht in Frage. In manchen Fällen ist auch eine Zulassung zur Wechselschicht vor dem 25. Lebensjahr und eine erstmalige Aufnahme der Schichtarbeit bei über 50jährigen nicht ratsam. Bei Personen, die sich selbst versorgen müssen, besteht die Gefahr extremer Schlafverkürzung (MENZEL 1962, S. 148). Im Rahmen der ärztlichen Untersuchungen sollten aber auch, soweit möglich, der Zeitaufwand für den An- und Abmarschweg, Ernährungsfragen, Lärmbelästigung in der Wohnung, Kleinkinder im Haushalt, Freizeitbeschäftigung und soziale Beziehungen des Schichtarbeiters zu seiner Umwelt besprochen werden.

LOSKANT (1970, S. 39) empfiehlt, die erste Kontrolluntersuchung frühestens nach einem halben Jahr und spätestens nach einem Jahr durchzuführen. Die folgenden *Überwachungsuntersuchungen* sollten etwa in Abständen von zwei bis drei Jahren, im Alter dagegen häufiger durchgeführt werden.

Weitere wichtige organisatorische Maßnahmen betreffen die Regelung der Wohnbedingungen und der Nahrungsaufnahme. Günstig wäre es, wenn Schichtarbeiter Wohnungen besäßen, in denen sie auch am Tage ohne Störung durch Lärm schlafen können. In der Nachtschicht sollten leichte warme Mahlzeiten und Getränke angeboten oder eine Möglichkeit zum Aufwärmen von Speisen geschaffen werden.

- Nach einer ärztlichen Eignungsuntersuchung vor Aufnahme der Schichtarbeit sollte die erste Kontrolluntersuchung frühestens nach einem halben Jahr und spätestens nach einem Jahr durchgeführt werden.
- Die weiteren Überwachungsuntersuchungen sollten etwa alle zwei bis drei Jahre und im Alter häufiger folgen.
- Es wird empfohlen, für ruhige Schlafgelegenheiten der Schichtarbeiter zu sorgen.
- Auch in der Nachtschicht sollte eine regelmäßige und angemessene Nahrungsaufnahme ermöglicht werden.

---

[2]) Zuckerkranke.
[3]) Also bei Personen, die früher schon einmal Magen- oder Zwölffingerdarm-Geschwüre gehabt haben.

Besonders durch eine zweckmäßige Gestaltung der Schichtpläne können negative Aspekte der Schichtarbeit z.T. kompensiert werden.
Die meisten praktizierten Schichtpläne beruhen auf Traditionen und sind nicht immer rational zu erklären. Aus dem subjektiven Empfinden der Schichtarbeiter lassen sich keine optimalen Schichtwechselformen ableiten, da die Mehrzahl der Arbeiter bei Befragungen das jeweils bestehende Schichtsystem als das beste ansah (Wyatt and Marriott 1953, S. 168, Ulich 1957, S. 57).

Mit Hilfe objektiver Kriterien wie Tagesgang physischer und psychischer Funktionen, Schlaf und Freizeit der Schichtarbeiter können Hinweise zur Optimierung von Schichtschemata gewonnen werden. In den letzten Jahren konnte experimentell geklärt werden, daß es selbst bei mehrwöchiger kontinuierlicher Nachtarbeit zu keiner völligen Umkehr des Tagesganges physiologischer Funktionen wie der Körpertemperatur und der Herzfrequenz kommt (Colquhoun u. a. 1968, S. 533 f., Knauth/Ilmarinen, im Druck, S. 66–70). Die Umkehr dieser Funktionen wird zwar eingeleitet, aber nicht vollendet. Bei einzelnen

Mo	Di	Mi	Do	Fr	Sa	So
N	-	F	S	N	-	-
-	F	S	N	-	F	F
F	S	N	-	F	S	S
S	N	-	F	S	N	N

Wochenendformen und Häufigkeit/Jahr

Samstag	Sonntag	Montag	Häufigkeit/Jahr
-	-	-	13
F	F	F	13
S	S	S	13
N	N	N	13
			Σ = 52

Anzahl freier Wochentage/Jahr

Wochentage (6-6 Uhr)	Mo	Di	Mi	Do	Fr	Sa	So	Sa+So	Sa+So+Mo
n	13	13	13	13	13	13	13	-	13

F=Frühschicht   S=Spätschicht   N=Nachtschicht   - =Dienstfrei

Abb. 109: Schichtplan für kontinuierliche Arbeitsweise, 4 Schichtbelegschaften und eine Wochenarbeitszeit von 42 Stunden (nach Graf 1955)

2-2-2 Schichtsystem

1. Woche							2. Woche							3. Woche							4. Woche						
Mo	Di	Mi	Do	Fr	Sa	So	Mo	Di	Mi	Do	Fr	Sa	So	Mo	Di	Mi	Do	Fr	Sa	So	Mo	Di	Mi	Do	Fr	Sa	So
F	F	S	S	N	N	–	–	F	F	S	S	N	N	–	–	F	F	S	S	N	N	–	–	F	F	S	S

5. Woche							6. Woche							7. Woche							8. Woche						
Mo	Di	Mi	Do	Fr	Sa	So	Mo	Di	Mi	Do	Fr	Sa	So	Mo	Di	Mi	Do	Fr	Sa	So	Mo	Di	Mi	Do	Fr	Sa	So
–	–	F	F	S	S	N	N	–	–	F	F	S	S	S	N	N	–	–	F	F	F	S	S	N	N	–	–

2-2-3 Schichtsystem

1. Woche							2. Woche							3. Woche							4. Woche						
Mo	Di	Mi	Do	Fr	Sa	So	Mo	Di	Mi	Do	Fr	Sa	So	Mo	Di	Mi	Do	Fr	Sa	So	Mo	Di	Mi	Do	Fr	Sa	So
F	F	S	S	S	N	N	–	–	F	F	S	S	S	N	N	–	–	F	F	F	S	S	N	N	N	–	–

F = Frühschicht (6–14 Uhr)
S = Spätschicht (14–22 Uhr)
N = Nachtschicht (22–6 Uhr)
– = Dienstfrei

Abb. 110: 2–2–2-(metropolitan rota) und 2–2–3-Schichtsysteme (continental rota) für kontinuierliche Arbeitsweise, 4 Schichtbelegschaften und eine Wochenarbeitszeit von 42 Stunden

Nachtschichten kommt es dagegen noch nicht zu einer Veränderung der Tagesrhythmik. Unter diesem physiologischen Aspekt wäre es günstig, *Nachtschichten nur einzeln in die Schichtpläne einzustreuen.* Wenn viele Nachtschichten hintereinanderliegen, ist außerdem, wie oben dargelegt, die Anhäufung von Schlafdefiziten möglich. Wenn *auf jede einzeln eingestreute Nachtschicht eine arbeitsfreie Zeit von 24 Stunden folgt,* kann ein Schlafmangel nach einem ungenügenden Tagschlaf sofort in der folgenden Nacht kompensiert werden. Die Abb. 109 stellt einen Schichtplanvorschlag von GRAF (1955) für kontinuierliche Arbeitsweise dar, in dem die oben genannten Bedingungen weitgehend berücksichtigt wurden.

Die Abb. 110 zeigt zwei vor allem in England, aber auch schon in der Bundesrepublik praktizierte, schnell rotierte Schichtsysteme, die als akzeptabler Kompromiß bezeichnet werden können. Da nicht nur physiologische, sondern auch psychologische und soziale Faktoren bei der Schichtarbeit berücksichtigt werden sollten, ist es empfehlenswert, auch bei kontinuierlicher Arbeitsweise das *Wochenende* zu *betonen.* Der 2–2–3 Schichtplan (Abb. 110), der auf dem 7-Tage-Rhythmus basiert, ist daher dem 2–2–2 Schichtplan (Abb. 110), der sich unabhängig von den Wochentagen regelmäßig weiter verschiebt, vorzuziehen. Bei energetisch leichter Arbeit[4]), bei günstigen Umgebungsbedingungen (z.B., wenn die Konzentration gefährlicher Arbeitsstoffe deutlich niedriger liegt als der MAK-Wert – vgl. Kap. 4.5.2.4) und wenn die Schichtarbeiter sich daran gewöhnen, auch vor den Nachtschichten zu schlafen, sind bei kontinuierlicher Arbeitsweise 12-Stunden-Schichtsysteme (z. B. Abb. 111) durchaus vorteilhaft (NACHREINER u. a. 1975, S. 401).

Bei diskontinuierlicher Arbeitsweise ist es schwieriger, mehrere Nachtschichten hintereinander zu vermeiden. Nur selten können bei nicht durchlaufender Arbeitsweise schnell rotierte Schichtpläne mit Springern oder Teilschichtbelegschaften realisiert werden. Wenn es produktionstechnisch und organisatorisch möglich ist, eine Nachtschicht mitten in der Woche auszusetzen, dann bieten sich die in Abb. 112 dargestellten Möglichkeiten der Schichtplangestaltung an. Entsprechendes gilt natürlich für eine Freischicht am Dienstag bzw. Donnerstag.

Schichtpläne sollten außerdem *überschaubar* sein, um die Freizeitplanung der Schichtarbeiter zu erleichtern. Schichtsysteme, die sich erst nach einer Zeitdauer, die größer als 4 Wochen ist, wiederholen, sind daher nicht empfehlenswert.

---

[4]) Nach BONJER (1971) soll die *12-Stunden-Dauerleistungsgrenze* für einen jungen, „durchschnittlichen" Erwachsenen bei $\leq 2{,}4$ Arbeits-kcal/min liegen.

- Es werden schnell rotierte Schichtsysteme mit möglichst einzeln eingestreuten Nachtschichten empfohlen.
- Physiologisch wäre es günstig, wenn nach jeder Nachtschicht eine arbeitsfreie Zeit von 24 Stunden folgte.
- Das Wochenende sollte bei allen Schichtsystemen betont werden.
- Der optimale Schichtwechselzyklus liegt etwa bei 4 Wochen.

	Mo	Di	Mi	Do	Fr	Sa	So
1. Woche	T	N	-	-	T	N	-
2. Woche	-	T	N	-	-	T	N
3. Woche	-	-	T	N	-	-	T
4. Woche	N	-	-	T	N	-	-

Abb. 111: 12-Stunden-Schichtsystem für kontinuierliche Arbeitsweise, 4 Schichtbelegschaften und eine Wochenarbeitszeit von 42 Stunden
T = Tagschicht (6.00 – 18.00 Uhr)
N = Nachtschicht (18.00 – 6.00 Uhr)
– = Arbeitsfrei

So	Mo	Di	Mi	Do	Fr
N	N	N	-	F	F
-	S	S	S	N	N
-	F	F	F	S	S

Mo	Di	Mi	Do	Fr	Sa
N	N	-	F	F	F
S	S	S	N	N	-
F	F	F	S	S	-

N	N	N	-	F	F
-	S	S	N	N	N
-	F	F	S	S	S

N	N	-	F	F	F
S	S	N	N	N	-
F	F	S	S	S	-

N	N	N	-	F	F
-	S	S	N	N	N
-	F	F	F	S	S

N	N	-	F	F	F
S	S	N	N	N	-
F	F	F	S	S	-

F = Frühschicht   S = Spätschicht   N = Nachtarbeit   – = Dienstfrei

Abb. 112: Dreischichtsysteme für diskontinuierliche Arbeitsweise bei einer Freischicht am Mittwoch (3 Schichtbelegschaften, Wochenarbeitszeit von 40 Stunden)

Standardliteratur zu Kap. 4.6.3

(vollständige Quellenangaben siehe Gesamtliteraturverzeichnis)
LOSKANT (1970), MENZEL (1962), NACHREINER u. a. (1975), RUTENFRANZ (1971), VALENTIN u. a. (1971, S. 73–86).

4.7 Prinzipien des Personaleinsatzes und der Personalführung

EKKEHART FRIELING

4.7.1 Feststellen der Anforderungen und der Eignung

> Um Eignung oder Lernvoraussetzungen eines Stellenbewerbers zu überprüfen, sind zumindest folgende Informationen und Kenntnisse notwendig:
> - Informationen über den entsprechenden Arbeitsplatz
> - Informationen über die möglichen Eignungsanforderungen
> - Informationen über die Person
> - Kenntnisse über die Beziehungen zwischen Arbeitsplatz- und Personenmerkmalen
>
> Ohne diese Informationen und Kenntnisse läßt sich eine systematische Zuordnung von Personen zu Arbeitsplätzen nicht durchführen. Der so einfache Satz vom rechten Mann am rechten Platz erweist sich in der Tat als recht schwierig, denn häufig verfügt man bei Personalentscheidungen weder über ausreichende Arbeitsplatzkenntnisse noch über Informationen der potentiellen Stellenbewerber.

Will man sich mit einer mehr oder minder zufälligen Personalauswahl nicht begnügen, so ist man darauf angewiesen, eine Reihe von Problemen praktisch zu lösen.

Das *erste* Problem stellt sich in der Analyse der Arbeitsplätze. Die früheren Arbeitsanalyseverfahren (z. B. SCHMIDTKE/SCHMALE 1961 oder NUTZHORN 1964) haben für die Praxis an Bedeutung verloren. Als ein neueres Verfahren, mit dem unterschiedlichste Arbeitsplätze analysiert werden können, ist z. B. der Fragebogen zur Arbeitsplatzanalyse (FAA) zu nennen, der aus dem Position Analysis Questionaire (PAQ) entwickelt wurde (vgl. FRIELING/GRAF HOYOS , im Erscheinen).

Es ist zu vermuten, daß in der industriellen Praxis eine Reihe von Verfahren zur Gewinnung von Arbeitsplatzinformationen verwandt werden, die strengen wissenschaftlichen Maßstäben nicht genügen. Andererseits ist es denkbar, daß für jeden spezifischen Anwendungszweck (vgl. z. B. die Aufstellung von ZERGA, in GRAF HOYOS 1974a, S. 64) im Unternehmen entwickelte Verfahren angewandt werden, die anderswo nur von geringem Interesse sind. Am häufigsten werden solche Verfahren als un-, halb- oder vollstandardisierte Beobachtungsinterviews durchgeführt.

Zur Bestimmung von Eignungsanforderungen sollten nur Verfahren herangezogen werden, die bestimmte Forderungen erfüllen (vgl. FRIE-

LING 1977, S. 20–90), die nicht auf bestimmte Arbeitsbereiche eingeschränkt sind und bei denen ein Bezug zwischen den erfaßten Arbeitsplatzmerkmalen und den Eignungsanforderungen hergestellt werden kann.

Das *zweite* Problem ist die Angabe von Fähigkeiten und Persönlichkeitsmerkmalen, von denen man der Überzeugung ist, daß sie für die Durchführung von Arbeiten notwendig sind. Es gibt eine Reihe von Persönlichkeitsmerkmalen, die sicher nichts (z. B. Haarfarbe), nur etwas (z. B. Aussehen – bei Personen in der Öffentlichkeitsarbeit) oder sehr viel (z. B. Hand-Finger-Geschick) mit der Güte der Arbeitsdurchführung zu tun haben. Eine Zusammenstellung von Fähigkeiten und Persönlichkeitseigenschaften (kurz Attribute genannt) findet sich z. B. bei GRAF HOYOS (1974a, S. 135).

Als *drittes* Problem kommt hinzu, daß Verfahren angegeben werden müssen, mit denen man diese Attribute messen bzw. testen kann. D. h., man muß aus der Vielzahl der vorhandenen Tests die besten heraussuchen[1]). Ein Test ist um so besser, je zuverlässiger (reliabler) und gültiger (valider) er ist. Da aber die Zuverlässigkeit und Gültigkeit von der jeweils untersuchten Stichprobe abhängig sind, müssen diese Gütekriterien immer wieder kontrolliert werden.

Als *viertes* Problem stellt sich die Aufgabe, diejenigen Attribute herauszufinden, die an dem speziellen Arbeitsplatz erforderlich erscheinen. Es geht also um die Frage der Zuordnung von Eignungsanforderungen zu einem speziellen Arbeitsplatz. In der Praxis ist es üblich, den Arbeitsplatz zu betrachten und dann auf Grund der eigenen Erfahrungen bestimmte Fähigkeiten und Persönlichkeitseigenschaften als besonders bedeutsam anzusehen. Dieses Verfahren ist unbefriedigend, weil es einen zu großen persönlichen Entscheidungsspielraum läßt. Um den Zuordnungsprozeß besser abzusichern, hat man sich daher häufig bemüht, die Entscheidung nicht allein, sondern im Verein mit anderen zu treffen (siehe z. B. GREVE/MESECK 1966).

Da auch dies keine befriedigende Lösung darstellt, beschreitet man in neuester Zeit andere Wege. So haben z. B. MCCORMICK, JEANNERET/MECHAM (1972) versucht, den einzelnen PAQ-Items eine Liste von Attributen (siehe z. B. GRAF HOYOS 1974a, FRIELING 1975, 1977) durch eine große Zahl von Experten (über 70) zuzuordnen. Auf diese Weise entsteht für jedes PAQ-Element ein Attributenprofil. Hat man einen Arbeitsplatz mit dem PAQ eingestuft, so sind die Einstufungswerte als Gewichte für die Attribute verwendbar. Auf diese Weise

---

[1]) Siehe hierzu die Einteilung der Tests in der Schrift „Tätigkeitsspezifische Eignungstests" des Instituts Mensch und Arbeit (1975) oder BRICKENKAMP (1975).

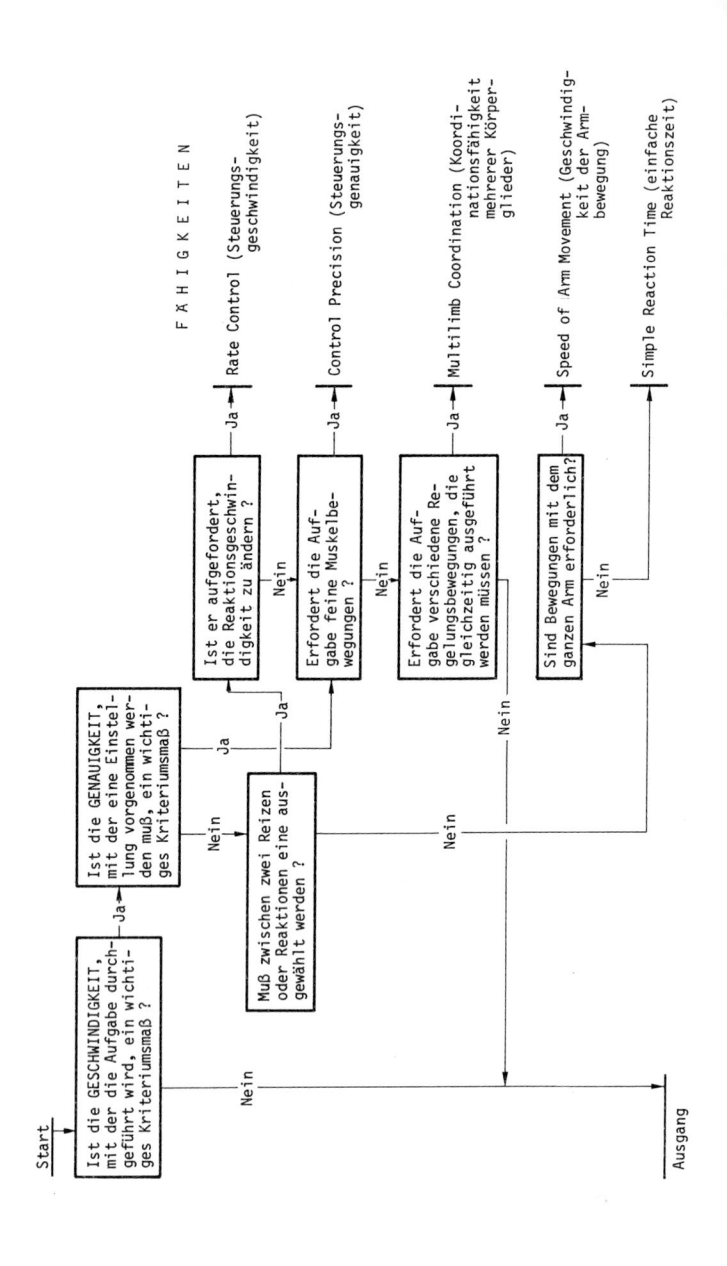

Abb. 113: Flußdiagramm des Entscheidungsverlaufes bei der Zuordnung einer Aufgabe zu Fähigkeiten (modifiziert nach FLEISHMAN/STEPHENSON 1970)

kommt man, ohne auf die Eigenarten eines Stelleninhabers eingehen zu müssen, zu einem Anforderungsprofil.

Ebenfalls ist es möglich, über vorgegebene Ja/Nein-Entscheidungsschritte (siehe Abb. 113) die Zuordnung von Attributen zu Aufgaben durchschaubarer zu machen.

Die hier berichteten Versuche der Zuordnung von Attributen zu Arbeitsplätzen sind als Forschungsansätze zu begreifen, die zwar noch nicht ausreichend praktisch erprobt sind, die aber in der Zukunft erfolgreicher sein werden, als dies bis heute der Fall ist[2]).

Hat man die geeigneten Tests gefunden, so stellt sich als *fünftes* Problem die Frage, welche Testwerte in welcher Höhe erforderlich sind, um einen Bewerber als geeignet für eine Stelle zu bezeichnen. Da bei einer Personalentscheidung die verschiedensten Attribute des Bewerbers beachtet werden (z. B. sein Gedächtnis, seine rechnerische Intelligenz, seine Konzentration, sein Fingergeschick, seine Sehschärfe), ist zu überlegen, ob der Bewerber in allen Bereichen gleich gut sein muß, oder ob er in bestimmten Bereichen einen Mindestwert (z. B. volle Farbtüchtigkeit oder durchschnittliche Intelligenz – Standardwert zwischen 90 und 110) erreichen muß.

In der Praxis wird die Entscheidung, welche Mindestwerte erreicht werden müssen, durch Testen von Stelleninhabern getroffen (siehe JÄGER 1970). Man bestimmt die Durchschnittsprofile der Stelleninhaber, die ähnliche Arbeitsplätze innehaben (die Ähnlichkeit müßte man eigentlich erst mit einem Arbeitsanalyseverfahren bestimmen) und betrachtet dies als wünschenswertes Testprofil. Ist die Ähnlichkeit zwischen Bewerbertestprofil und Vergleichsprofil zu gering, wird der Bewerber abgelehnt.

Erst wenn die genannten fünf Problembereiche einigermaßen zufriedenstellend gelöst sind, kann man davon ausgehen, daß die zu treffenden Personalentscheidungen weniger dem Zufall als der Planung zu verdanken sind.

Standardliteratur zu Kap. 4.7.1
(vollständige Quellenangaben siehe Gesamtliteraturverzeichnis)
BRICKENKAMP (1975), GRAF HOYOS (1974a), Institut Mensch und Arbeit (1975), TRIEBE/ULICH (1977).

---

[2]) Siehe hierzu auch JÄGER (1970), TRIEBE/FISCHER/ULICH (1973), TRIEBE (1975) oder TRIEBE/ULICH (1977).

Lutz von Rosenstiel (Kap. 4.7.2 und 4.7.3)

4.7.2 Anlernung und Unterweisung

Betriebliche Ausbildungsmaßnahmen lassen sich unter verschiedenen Aspekten gliedern, etwa (vgl. Blum/Naylor 1968):
- nach dem Zweck (z. B. Wissensvermittlung, Fertigkeiten verbessern, Einstellungen ändern),
- nach dem Ausbildungsort (z. B. Arbeitsplatz, Lehrwerkstatt, externes Seminar),
- nach Merkmalen der Auszubildenden (z. B. Grad der Vorkenntnisse, hierarchische betriebliche Ebene, Gruppe oder einzelner) und
- nach der Ausbildungsmethode (z. B. Erklärung, Übung, Beobachtung).

Bei allen Anlern- und Unterweisungsmaßnahmen geht es darum, Persönlichkeitsmerkmale (z. B. Kenntnisse, Fertigkeiten, Einstellungen) auf Grund systematischer Erfahrungsvermittlung zu entwickeln. Die Systematisierung der geplanten Erfahrungsvermittlung sollte grundsätzlich in der folgenden Weise ablaufen:

- Festlegen der Lernziele, wobei der Ist-Zustand des Lernenden ermittelt und der Soll-Zustand aus einer sorgfältigen Analyse der Tätigkeiten, auf die hin die Maßnahmen erfolgen, abgeleitet werden sollte.
- Ableitung der Kriterien zur Überprüfung des Lernerfolgs.
- Entwicklung eines auf die Lernziele abgestimmten, zeitlichen, inhaltlichen und methodischen Lernprogramms.
- Überprüfung des Lernerfolgs nach Durchführung des Programms an den zuvor entwickelten Kriterien und ggf. Änderung des Lernprogramms auf Grund der Ergebnisse.

Die Erkenntnisse der pädagogischen Psychologie, insbesondere der angewandten Lernpsychologie[1], die bei der Entwicklung eines Lernprogramms berücksichtigt werden müssen, sind so zahlreich, daß hier nur auf einige Aspekte hingewiesen werden soll:
Immer wieder hat es kontroverse Diskussionen darüber gegeben, ob die analytische Methode oder die Ganzheitsmethode beim Lernen effektiver ist. Unter der analytischen Methode sei das getrennte Lernen der einzelnen Lernelemente (E_1, E_2...E_n) verstanden, die erst in einem letzten Schritt zusammengefaßt werden, während unter der

---

[1]) Vgl. dazu Hetzer (1959), Foppa (1970), Gagné (1970), Kugemann (1972), Naef (1971).

Ganzheitsmethode die Beschäftigung mit größeren Lerneinheiten ($E_1 + E_2 + \ldots + E_n$) in jedem Lernschritt zu verstehen ist, wie Abb. 114 zeigt:

	Lernschritt 1	Lernschritt 2	Lernschritt 3	Lernschritt 4
Ganzheitsmethode	$E_1+E_2+E_3$	$E_1+E_2+E_3$	$E_1+E_2+E_3$	$E_1+E_2+E_3$
analytische Methode	E_1	E_2	E_3	$E_1+E_2+E_3$

Abb. 114: Schematische Darstellung der Ganzheitsmethode und der analytischen Methode

> Für den Regelfall läßt sich sagen, daß bei schwierigen Aufgaben die Ganzheitsmethode dann vorzuziehen ist, wenn die Einzelelemente stark miteinander verflochten sind, während die analytische Methode als effektiver gelten darf, wenn die einzelnen Lernelemente relativ unabhängig voneinander sind (vgl. Naylor/Briggs 1963).

Allerdings sollte bei der Ganzheitsmethode darauf geachtet werden, daß die Lerneinheiten nicht zu umfangreich sind, da der Lernaufwand mit der Größe der Einheit überproportional steigt (vgl. Kugemann 1972, Naef 1971). Es empfiehlt sich daher bei sehr umfangreichen Lerneinheiten die Aufgliederung in relativ geschlossene „Teilganze" oder eine Vereinfachung der zu lernenden Aufgabe auf ihre wesentlichsten Grundaspekte (vgl. Briggs/Waters 1958) sowie der systematische Einsatz von Pausen beim Lernen (vgl. Kugemann 1972, Naef 1971).

> Für den Lernerfolg wichtig ist weiterhin, daß der Lernende über sein Lernverhalten und seine Lernfortschritte rasch eine Rückmeldung erhält, da er dadurch in die Lage versetzt wird, sein Verhalten adäquat zu korrigieren (vgl. Vroom 1964).

Die dadurch vermittelten Erfolgserlebnisse wirken als „Verstärker" für richtiges Verhalten (vgl. Holland/Skinner 1971), und die Lernmotivation steigt (vgl. Neuberger 1973). Moderne Lerntechniken und die entsprechenden Hilfsmittel („programmierte Unterweisung", „Lernmaschinen") können dabei nützliche Dienste leisten (vgl. Correll 1968).

> Wesentliches Ziel betrieblicher Anlernung und Unterweisung ist die Übertragung (Transfer) des in der Lernsituation Erworbenen auf die Arbeitssituation. Damit dies erreicht wird, ist es erforderlich, daß
> – die Übung in der Lernsituation möglichst viele Elemente der Tätigkeit in der Arbeitssituation enthält,
> – immer wieder ausdrücklich auf die Anwendungsmöglichkeiten des Gelernten hingewiesen wird, wodurch die Lernmotivation erhöht wird,
> – die Bedeutung des Gelernten für die Praxis aufgezeigt und
> – das Erlernte möglichst rasch in der Arbeitssituation konkret erprobt und ggf. modifiziert wird.

Der Lernverlauf sieht häufig so aus, daß zunächst rasche Fortschritte erzielt werden, die Lernkurve dann abflacht und nach einiger Zeit fast völlig fehlenden Lernfortschritts (Plateau) wieder ansteigt. Es ist wichtig, daß der Lernende in der Zeit geringer oder fehlender Lernfortschritte ermutigt wird.

Analysen des Lehrverhaltens (vgl. Tausch/Tausch 1970) zeigen, daß Ausbilder dazu neigen, zu viel Aktivität an sich zu reißen. Sie behindern dadurch die Eigenaktivität des Lernenden. Es ist zwar richtig, daß der Ausbilder die allgemeine Lernmotivation und das spezielle Sachinteresse des Lernenden immer wieder aktivieren und das, was zu lernen ist, demonstrieren sollte, doch muß danach das unmittelbare Üben des Lernstoffes folgen, damit Eigenaktivierung und Lerntransfer ermöglicht werden.

Standardliteratur zu Kap. 4.7.2
(vollständige Quellenangaben siehe Gesamtliteraturverzeichnis)
Gagné (1970), Hetzer (1959), Kugemann (1972), Naef (1971), Tausch/Tausch (1970).

4.7.3 Führungsverhalten, Konfliktbewältigung im Betrieb und Betriebsklima

○ *Führungskonzepte und Führungsverhalten*

Akzeptiert man eine nachhaltige Steigerung der Leistungsbereitschaft und der Arbeitszufriedenheit als Ziele, die der Vorgesetzte zu erreichen suchen sollte, so kann gute Führung nicht allein in einer menschlich netten und angenehmen Form, die an der Verteilung von Entscheidungskompetenz und Verantwortung nichts ändert, gesehen werden, wie es etwa durch das „human relations"-Konzept nahegelegt wurde[2]). Der Vorgesetzte sollte vielmehr dafür sorgen, daß der Mitarbeiter seine Aufgaben weitgehend selbständig und selbstverantwortlich erledigen kann, wobei dafür zu sorgen ist, daß die Aufgabe Entscheidungsmöglichkeiten enthält und dem einzelnen die Möglichkeit bietet, Erfahrungen zu sammeln und Neues zu lernen. Dies ist z. B. durch Arbeitsplatzwechsel (Job Rotation), Arbeitserweiterung (Job Enlargement) und Arbeitsbereicherung (Job Enrichment) zu erreichen (vgl. Kap. 4.8). Zudem sollte der Mitarbeiter eine Rückmeldung über seine Leistung erhalten und Anerkennung für gute Leistungen finden.

> Die Anforderungen an eine gute Führung lassen sich durch das Prinzip des Führens durch Delegation (vgl. MAYER/NEUBERGER 1975) realisieren, das darin besteht, daß der einzelne oder die Gruppe eine klare Arbeitsbeschreibung mit entsprechender Zielvorgabe (vgl. WILD 1974) erhält, verbunden mit den Rechten, die für selbständige Aufgabenerledigung erforderlich sind und mit der Verpflichtung, die sich daraus ergebende Verantwortung zu tragen.

Damit ein Führungskonzept realisiert werden kann, das in diesem Sinne erhöhte Selbständigkeit und Eigenverantwortlichkeit des Arbeitenden ermöglicht, müssen Voraussetzungen erfüllt sein, die in der Organisationsstruktur, der Aufgabengestaltung, der Motivationsstruktur und dem Fachwissen der Geführten, aber auch im Verhalten der Führenden liegen.

Empirische Untersuchungen[3]) zeigten auf, daß vor allem zwei Dimensionen des Führungsverhaltens voneinander unterschieden werden müssen, die meist als „rücksichtsvolles Eingehen auf den Mitarbeiter" (consideration) sowie als „Aufgabenstrukturierung und Anregung zur Zielerreichung" (initiating structure) bezeichnet werden. Die beiden Führungsverhaltensweisen schließen einander – entgegen einem weitverbreiteten Vorurteil – nicht aus, sondern sind weitgehend unabhängig voneinander. Der gute Vorgesetzte kann also beide Dimensionen des Führungsverhaltens zeigen; er muß nicht das eine auf Kosten des anderen lassen.

---

[2]) Vgl. hierzu ROETHLISBERGER/DICKSON (1939), TANNENBAUM (1969), VON ROSENSTIEL/MOLT/RÜTTINGER (1972).

[3]) Z. B. HALPIN/WINER (1957), FLEISHMAN/HARRIS/BURTT (1955), FLEISHMAN/HARRIS (1962).

Es ist zwar keine Falschaussage, aber doch eine zu weitgehende Vereinfachung, zu behaupten, daß durch Aufgabenstrukturierung und Anregungen zur Zielerreichung das unmittelbare Leistungsverhalten verbessert, durch rücksichtsvolles Eingehen auf den Mitarbeiter die Zufriedenheit erhöht sowie die Fehlzeiten- und die Fluktuationsrate gesenkt wird. Die Aussage muß je nach Aufgabe und Situation differenziert werden. So können beispielsweise bei stark vorstrukturierten arbeitsteiligen Aufgaben, die von größeren Gruppen auszuführen sind, die Aufgabenstrukturierungen und Anregungen zur Zielerreichung sich positiv auf die Zufriedenheit auswirken (vgl. FLEISHMAN/HARRIS 1962). Auf jeden Fall sollte beim Verhaltenstraining von Vorgesetzten (vgl. BLAKE/MOUTON 1968, GEBERT 1972) darauf geachtet werden, daß nicht eine Verhaltensdimension auf Kosten der anderen überbetont wird, sondern beide geschult werden.

○ *Interpersonale Konflikte und ihre Lösung*

Konflikte können in *einer* Person – etwa bei einander ausschließenden Wünschen – liegen (*intra*personeller Konflikt), sie können aber auch zwischen *verschiedenen* Personen oder Personengruppen bestehen (*inter*personeller Konflikt). Von einem interpersonellen Konflikt soll dann gesprochen werden, wenn Spannungssituationen bestehen, in denen zwei oder mehr Parteien, die voneinander abhängig sind, mit Nachdruck versuchen, unvereinbare Handlungspläne zu verwirklichen und sich dabei ihrer Gegnerschaft bewußt sind (vgl. RÜTTINGER 1977). Interpersonelle Konflikte sind unter verschiedenen Aspekten klassifizierbar, wobei es besonders nützlich erscheint, zwischen Bewertungskonflikten, Beurteilungskonflikten und Verteilungskonflikten zu differenzieren (vgl. VON ROSENSTIEL/MOLT/RÜTTINGER 1972, RÜTTINGER 1977). Hierzu jeweils ein Beispiel:

— Bewertungskonflikt: Der Produktions- und der Personalchef sind beide der Auffassung, daß durch die Einführung der Stechuhr die Pünktlichkeit steigt und die Arbeitszufriedenheit sinkt. Der Produktionschef bewertet jedoch die Pünktlichkeit, der Personalchef die Arbeitszufriedenheit höher.
— Beurteilungskonflikt: Der Produktions- und der Personalchef beurteilen die Konsequenzen der Einführung der Stechuhr unterschiedlich: Der eine glaubt, daß die Produktivität dadurch steigen, der andere nimmt an, daß sie sinken wird.
— Verteilungskonflikt: Produktions- und Personalchef wollen in den Vorstand; es ist jedoch nur ein Vorstandssitz zu vergeben.

Weiterhin ist bei der Konfliktanalyse zwischen Konfliktursache und Konfliktgegenstand sowie zwischen verdeckten (latenten) und offenen (manifesten) Konflikten zu unterscheiden.

Konfliktursache und Konfliktgegenstand sind keineswegs stets identisch; sie können aus psychologischen oder soziologischen Gründen voneinander abweichen. Dies ist z. B. der Fall, wenn ein Meister einen intrapersonellen Konflikt (Ursache) auf ein Bagatellproblem, das zwischen ihm und einem Arbeiter besteht (Gegenstand), verschiebt oder wenn zwei Abteilungsleiter, die um eine höhere Führungsposition rivalisieren (Ursache), dieses Problem nicht ansprechen, sondern in bezug auf andere, sonst nicht umstrittene Fragen (Gegenstand) in Konflikt geraten.

Offene (manifeste) interpersonelle Konflikte liegen vor, wenn die zuvor genannten Definitionsbedingungen erfüllt sind, verdeckte (latente) Konflikte dann, wenn die Beteiligten sich ihres Interessengegensatzes nicht bewußt sind oder nicht wagen, ihn auszuleben.

> Konflikte gelten allgemein als schädlich beim Erreichen der Organisationsziele. Man sucht sie deshalb zu vermeiden, zu unterdrücken oder zu lösen. Zu bedenken ist jedoch, daß Konflikte häufig der Motor des organisatorischen Wandels sind und langfristig den Zielen der Organisation dienlich sein können. Für solche Fälle ist es entscheidend, nicht Wege der Konfliktvermeidung oder -unterdrückung zu suchen, sondern solche der sachlichen und aggressionsfreien Konfliktaustragung. Dort allerdings, wo die Konflikte offensichtlich schädlich sind, gilt es, die Konfliktursachen zu ergründen und entsprechende Konfliktlösungen zu suchen[4]). Einen Überblick über verschiedene Konfliktursachen und denkbare Lösungsstrategien gibt Abb. 115.

○ *Verbesserung des Betriebsklimas*

Der Terminus „Betriebsklima" ist etwas unpräzise; er wird recht unterschiedlich verstanden. Sieht man jedoch im Betriebsklima die durchschnittliche Stimmungslage der Betriebsangehörigen, die sich in diesem Falle aus den subjektiven Reaktionen der Betriebsangehörigen auf objektive Bedingungen des Betriebes ergibt, so gilt es, diese Stimmungslage und ihre Ursachen zu erfassen, um auf diesen Ergebnissen aufbauend die betrieblichen Bedingungen so zu verändern, daß das Betriebsklima sich bessert. Dies zeigt sich nicht nur als Erhöhung der allgemeinen Zufriedenheit, sondern kann auch zu gesteigerter Produktivität, sinkenden Fehlzeiten und geringerer Fluktuation führen.

---

[4]) Vgl. BLAKE u. a. (1965), ESSER (1975), HOEPFNER (1971), VON ROSENSTIEL/MOLT/RÜTTINGER (1972), RÜTTINGER (1977), SCHEIN (1965), SHERIF u. a. (1961).

Konfliktursache	Beispiel	Lösungsstrategie
Intraindividueller Konflikt	Frustrierter Ehrgeiz, unerfüllte Aufstiegshoffnung	Individuelle psychologische Beratung, Psychotherapie
Wettbewerbshaltung	Zwei Abteilungsleiter versuchen, sich zu übertrumpfen, obwohl ihnen daraus keinerlei direkte Vorteile erwachsen, sondern sie sich gegenseitig – z.B. durch Zurückhalten von Informationen – bei der Arbeit behindern (vorwiegend Verteilungskonflikt)	Rechtzeitiges Aufstellen klarer Regeln für die Verteilung knapper Güter, Vermeidung von „Nullsummenspielsituationen"[5]), gruppendynamisches Training und Kooperationstraining
Gleiche oder unklare Machtstrukturen	Eine Entscheidung kann nicht getroffen werden, da die Konfliktgegner gleich mächtig sind oder ihre Entscheidungsbefugnisse nicht kennen (Bewertungs-, Beurteilungs- und Verteilungskonflikt)	Klare hierarchische Ordnungen, präzise Stellenbeschreibungen, Schlichtungsinstanzen
Struktur des Belohnungssystems	Der „Einkauf" erhält Prämien für billig eingekauftes Material, die „Produktion" für geringe Kundenreklamationen (Bewertungskonflikt)	Vermeiden von „Nullsummenspielsituationen"[5]), gemeinsame Belohnungssysteme (z.B. Gruppenbonus, gemeinsame Erfolgsbeteiligung)
Struktur des Entscheidungssystems	Personen mit bestimmter Interessenlage entscheiden über die Aktivitäten anderer (häufig Bewertungskonflikt)	Entscheidungsstrukturen, durch die die Betroffenen an Entscheidungsprozessen beteiligt werden

(Fortsetzung der Abb. siehe nächste Seite)

---

[5]) Von Nullsummenspiel spricht man, wenn die Gewinne der Parteien sich zu Null addieren, oder einfacher ausgedrückt – wenn das, was der eine gewinnt, auf Kosten des anderen erfolgt.

[6]) Homogenisierung ist dann gegeben, wenn die Parteien einander angelichen werden, z.B. bezüglich ihrer Werthaltungen oder ihres Informationsstandes.

Konflikt-ursache	Beispiel	Lösungsstrategie
Heterogenität der Parteien unter Aspekten wie Werthaltung, Informationszugang etc.	Zwei Mitarbeiter der Werbeabteilung geraten auf Grund verschiedener Information darüber in Konflikt, ob Fernseh- oder Zeitungswerbung „mehr bringt" (Beurteilungskonflikt)	Homogenisierung[6]) von Personen, die zusammen arbeiten müssen, und zwar durch gezielte Auswahl, gleichartigen Informationszwang, Gruppenbildung, Arbeitsplatzwechsel (Job Rotation)

Abb. 115: Konfliktursachen, Beispiele und Lösungsstrategien

> Als wichtigste Bestimmungsgröße des Betriebsklimas darf das Zusammengehörigkeitsgefühl der Betriebsmitglieder oder der Mitglieder von Gruppen innerhalb des Betriebes angesehen werden. Dies wird insbesondere dadurch gefördert, wenn
> - den Betroffenen deutlich wird, daß ihr Verhalten einen wesentlichen Beitrag zum Erreichen der angestrebten Ziele darstellt,
> - die einzelnen Gruppen nicht zu groß sind, da sonst die Gefahr der Cliquenbildung steigt,
> - ausreichende Möglichkeiten zur Kontaktaufnahme und zu Gesprächen zwischen den Gruppenmitgliedern bestehen.

Das Gefühl der Zusammengehörigkeit innerhalb der einzelnen Gruppen macht allein allerdings noch kein gutes Betriebsklima aus. Es ist wesentlich, daß auch zwischen den einzelnen Gruppen innerhalb des Betriebes positive Einstellungen bestehen, was wiederum durch Kontaktmöglichkeiten gefördert werden kann und beispielsweise dadurch behindert wäre, wenn die Gruppen gegeneinander ausgespielt und künstlich Wettbewerbshaltungen an Stelle einer Kooperationshaltung zwischen ihnen aufgebaut würden. Das wäre etwa dann der Fall, wenn eine Gruppe Belohnungen (z. B. Prämien) nur auf Kosten der anderen erhalten könnte (z. B. durch Übertreffen der Leistungen).

Wesentlich erscheint, daß dieses Zusammengehörigkeitsgefühl nicht nur horizontal – also zwischen den Kollegen – sondern auch vertikal wirkt, die jeweiligen Vorgesetzten also mit einschließt. Wenn das gegeben ist, werden sich die Gruppenmitglieder nicht gegen ihren Vorgesetzten solidarisieren, sondern mit ihm gemeinsam die Ziele der

Gruppe zu erreichen suchen. Hohe Zufriedenheit und hohe Leistungen wären die Folge. Damit der Vorgesetzte im besprochenen Sinne von den Geführten akzeptiert wird, sollte er den Mitarbeiter durch rücksichtsvolles Eingehen auf ihn (consideration) führen, zugleich aber auch die Aufgaben strukturieren und zur Aufgabenerfüllung anregen (initiating structure).

Bei der Bestimmung und Beeinflussung des Betriebsklimas ergeben sich allerdings vielfältige Probleme. Auf einige sei hingewiesen. Die Messung des Betriebsklimas und die Bestimmung seiner Ursachen erfolgt meist mit Hilfe subjektiver Verfahren – etwa Betriebsumfragen oder spezifischer standardisierter Fragebogenverfahren (vgl. NEUBERGER 1974). Dabei ergeben sich Zuschreibungsprobleme: Organisatorische Mängel, die Unzufriedenheit bedingen, könnten beispielsweise personalisiert und die Schuld an der Stimmungslage dem Vorgesetzten zugeschrieben werden (vgl. MORSE 1953). Es ist daher ratsam, neben Befragungsverfahren auch Beobachtungsverfahren einzusetzen. Bei der Verbesserung der objektiven betrieblichen Bedingungen kann sich kurzfristig die Stimmungslage dadurch bessern, daß das Gefühl entsteht, es tue sich „überhaupt etwas" („HAWTHORNE-Effekt" – vgl. hierzu VON ROSENSTIEL/MOLT/RÜTTINGER 1972). Von einer wirklichen Verbesserung des Betriebsklimas kann in diesem Fall nicht gesprochen werden; es gilt hier zu prüfen, ob die erzielte Verbesserung der gesamten Stimmungslage längerfristig anhält.

Standardliteratur zu Kap. 4.7.3
(vollständige Quellenangaben siehe Gesamtliteraturverzeichnis)
BLAKE/MOUTON (1968), NEUBERGER (1974, 1976), VON ROSENSTIEL/MOLT/RÜTTINGER (1972), RÜTTINGER (1977).

Rüdiger Röbke

4.8 Neue Formen der Arbeitsorganisation

Nach ersten tastenden Untersuchungen und Experimenten in den frühen 60er Jahren hat sich Ende der 60er Jahre, vor allem aber seit Beginn der 70er Jahre eine breite Bewegung entwickelt, neue Formen der Arbeitsorganisation zu finden und die Arbeit in den Betrieben neuzustrukturieren.

Für diese Bewegung und für die mit ihr verbundenen betrieblichen Maßnahmen hat sich bislang kein einheitlicher Begriff durchgesetzt. Vorwiegend wird dabei von neuen Formen der Arbeitsorganisation und von Arbeitsstrukturierung[1]) gesprochen, aber auch von flexiblen Arbeitsstrukturen, modernen oder neuen Arbeitsformen, Neu- oder Umstrukturierung der Arbeit, menschengerechter Arbeitsgestaltung oder ganz allgemein von der Humanisierung der Arbeitswelt. Alle diese Formulierungen zielen im Grunde genommen auf das gleiche, nämlich auf die Neu- oder Umstrukturierung verketteter Arbeitsvorgänge.

Das allgemeine Ziel der Umstrukturierungen besteht meist darin, vor allem relativ einförmige und kurzzyklische Tätigkeiten so zusammenzufassen oder mit weiteren Aufgaben anzureichern, daß der Arbeitsinhalt und der Entscheidungsspielraum für den einzelnen größer und die Tätigkeiten abwechslungsreicher werden.

Im Verein mit einer verbesserten Gestaltung der Arbeitsräume und -plätze sind Strukturierungsmaßnahmen geeignet, die Attraktivität der Arbeitsplätze, die Arbeitszufriedenheit und die Arbeitsfreude zu erhöhen, wodurch positive Rückwirkungen auf die Leistung des Betriebes möglich sind (vgl. Kap. 3.1).

○ *Ursachen, Motive und Ziele*

Die Ursachen und Motive für die Neustrukturierung der Arbeit sind vielfältig und nicht leicht auf einen Nenner zu bringen. Erst recht gilt dies im Hinblick auf die Rangfolge und Bedeutung dieser Ursachen.

---

[1]) Der Begriff Arbeitsstrukturierung wird z.T. weit, z.T. eng verstanden. Die weite Auslegung bezieht alle denkbaren Maßnahmen zur Gestaltung des Arbeitsplatzes, der Arbeitsumgebung, des Arbeitsablaufes, der Arbeitsorganisation, des Arbeitsinhaltes usw. mit ein. Die enge Auslegung begrenzt dagegen den Inhalt des Begriffes auf die Neu- oder Umstrukturierung bestehender Arbeitsorganisationen. Der weit verstandene, sehr unspezifische Begriff setzt sich nicht gegen den Begriff der „klassischen" Arbeitsgestaltung ab. Daher ist dem eng verstandenen Begriff, der auch hier verwandt wird, der Vorzug zu geben.

Genannt werden vor allem Ursachen wie
- Veränderungen der gesellschaftlichen Erwartungen, geänderte Vorstellungen von der Arbeitswelt und der Lebensqualität schlechthin, höheres Bildungsniveau,
- erhöhte Fluktuation und Krankenstände, Äußerungen über die Unzufriedenheit mit der Tätigkeit,
- geringe Produktionsflexibilität, z. B. bei breitem Produktsortiment, geringe Mitarbeiterqualifikationen und daher geringe Flexibilität beim Personaleinsatz, Abstimmungsschwierigkeiten an langen Produktionsbändern, sinkende Qualität hochwertiger Produkte,
- technologische Entwicklungen, z. B. der veränderte Aufbau von Geräten der Unterhaltungselektronik, bei denen nicht mehr eine Vielzahl von Einzelteilen, sondern wenige Baugruppen zu einem Gerät zusammengefügt werden. Dies führt zwangsläufig zu einer Umstrukturierung und Verkürzung der Montagebänder.

Die Ursachen sind zugleich auch Motiv oder Anlaß umstrukturierender Maßnahmen. Man ist bestrebt, einerseits den in den Ursachen zum Ausdruck kommenden negativen Entwicklungen (z. B. erhöhte Fluktuation) entgegenzuwirken und andererseits die Arbeitsbedingungen den veränderten Erwartungen der Mitarbeiter anzupassen.

Die Ziele der Maßnahmen leiten sich aus den Motiven ab und entsprechen ihnen zumeist, z. B. Steigerung der Arbeitszufriedenheit, Erhöhung der Produktionsflexibilität oder Höherqualifizierung der Mitarbeiter. Es läßt sich eine Reihe weiterer Ziele nennen, etwa die Verbesserung der sozialen Kontakte, die Vergrößerung der Zykluszeit, die Verringerung der Belastungen, Belastungswechsel, Einführung der Gleitzeit usw. Konkrete Einzelziele richten sich nach betriebsspezifischen Bedingungen und folgen besonderen betriebsintern gesetzten Akzenten.

○ *Prinzipien der Neustrukturierung*

Für die Neustrukturierung verketteter, kurzzyklischer Tätigkeiten bieten sich fünf Prinzipien an:
- Arbeitserweiterung
- Arbeitsbereicherung
- Arbeitsplatzwechsel
- Gruppenarbeit
- Einzelarbeitsplätze

Bei der *Arbeitserweiterung* – auch als Erweiterung des Arbeitsumfanges, Arbeitsvergrößerung, horizontale Arbeitserweiterung oder als Job Enlargement bezeichnet – werden untereinander ähnliche Arbeitszyklen (z. B. Montagevorrichtungen), die vorher von verschiedenen Mitarbeitern ausgeführt wurden, zusammengelegt. Die Zahl der

Arbeitsvorgänge erhöht sich für jeden Mitarbeiter, und dadurch vergrößert sich auch die Zykluszeit. Völlig neue oder andersartige Aufgaben übernimmt der Mitarbeiter dabei jedoch nicht.

Dies geschieht erst bei der *Arbeitsbereicherung*, die auch vertikale Arbeitserweiterung oder Job Enrichment genannt wird: Zu den bisherigen Arbeitsvorgängen kommen neuartige Aufgaben hinzu, z. B. kann eine Montagetätigkeit um die Aufgaben der Materialdisposition, der Qualitätsprüfung oder der Geräteverpackung bereichert werden.

Das Prinzip des *Arbeitsplatzwechsels* – auch als Arbeitswechsel, Arbeitsstellenwechsel, Platzwechsel oder Job Rotation gekennzeichnet – soll dem Mitarbeiter ermöglichen, zwischen einzelnen Arbeitsplätzen oder Tätigkeiten zu wechseln, und zwar entweder sporadisch oder regelmäßig. Die wechselnden Aufgaben können dabei einander ähnlich sein (z. B. vergleichbare Montagetätigkeiten) oder sich deutlich voneinander unterscheiden (z. B. Montage-, Prüf- und Dispositionstätigkeiten). Je nachdem, ob das erste oder das zweite der Fall ist, ähnelt dieses Prinzip dem Prinzip der Arbeitserweiterung oder der Arbeitsbereicherung.

Das vierte Strukturierungsprinzip, die *Gruppenarbeit* – es wird dabei auch von autonomen oder teilautonomen Gruppen gesprochen –, betrifft die Übertragung verschiedener Aufgaben (z. B. Materialdisposition, Maschineneinrichtung, Reparaturarbeiten, Kontrolltätigkeiten) auf eine Gruppe. Die Gruppe erstellt Teilerzeugnisse oder komplette Produkte in mehr oder weniger eigener Disposition und Verantwortung.

Schließlich läßt sich zu den Prinzipien der Arbeitsstrukturierung die Einrichtung von *Einzelarbeitsplätzen* zählen. Ein Montageband wird z.B. aufgelöst, und jeder Mitarbeiter montiert allein ein ganzes Produkt an seinem Arbeitsplatz.

Man erkennt leicht, daß sich diese fünf Prinzipien überschneiden, so daß es meist nicht möglich ist, die in der industriellen Praxis realisierten Neustrukturierungen eindeutig einem bestimmten oder nur einem Prinzip allein zuzuordnen. Vielmehr wird die vermischte Anwendung der Prinzipien in sehr unterschiedlichen Formen und Varianten beobachtet. Beispielsweise kann ein Fließband so umstrukturiert werden, daß Gruppenarbeits- sowie Einzelarbeitsplätze entstehen und die Arbeit für den einzelnen zugleich erweitert, bereichert und sogar der Arbeitsplatzwechsel ermöglicht wird.

○ *Betriebliche Realisierungen*

Bei etwa der Hälfte[2]) neuer Formen der Arbeitsorganisation handelt

---

[2]) Diesen und den folgenden Angaben liegt eine Auswertung von 43 Projek-

es sich um eine *Veränderung oder Abwandlung bisheriger Fließarbeit*, und zwar durch

- Einrichtung von Puffern zwischen einzelnen Arbeitsplätzen oder Montageabschnitten,
- Mitgehen oder Mitfahren am Band,
- Steuerung des Bandtaktes oder der Bandgeschwindigkeit vom Mitarbeiter,
- Aussonderung von Teilmontagebändern aus dem Hauptband, die dann für das Hauptmontageband eine Zulieferfunktion übernehmen, mit diesem durch Puffer verbunden und (zur Förderung von Gruppenarbeit) im u-förmigen Nebenschluß angeordnet sein können,
- Parallelschalten von Umlaufsystemen,
- Herauslösung belastender oder einförmiger Arbeitsgänge sowie deren Mechanisierung und Automatisierung (Industrieroboter, technische Hilfen),
- Zusammenlegung mehrerer, bisher getrennter Arbeitsgänge,
- Partnerarbeitsplätze, Reservearbeitsplätze und überlappende Arbeitsplätze (z. B. als Lernarbeitsplätze),
- Entkopplung von manuellen Arbeitsplätzen und Automatikstationen,
- Aufteilung langer Bänder in kürzere, parallele Haupt- und Nebenlinien.

In rund einem Drittel der Projekte zur Arbeitsstrukturierung stand die Überführung der *Fließarbeit bzw. der stationsgebundenen Arbeit in Gruppenarbeit* im Vordergrund, wobei unterschiedliche Ausprägungen zu beobachten sind im Hinblick auf

- den Grad der Gruppenautonomie,
- die Abgrenzung der Gruppe zu anderen Mitarbeitern,
- die Gruppengröße, die von 3 bis über 20 Mitglieder reichen kann, wobei aber eine Zusammensetzung der Gruppe aus 5 – 8 Mitgliedern besonders günstig und auch häufig anzutreffen ist,
- die Struktur der Gruppe, Gruppenbeziehungen, Gruppenführung, den inneren Zusammenhalt der Gruppe und im Hinblick auf
- den der Gruppe übertragenen Umfang und den Bereich der Tätigkeiten.
- Häufig entstehen im Rahmen der Gruppenarbeit sog. Arbeitsinseln.

Bei relativ wenigen Projekten (etwa in der Größenordnung eines Sechstels) ist eine *Umstrukturierung des Fließbandes oder gar des Be-*

Fortsetzung der Fußnote 2:
   ten aus der deutschen Metallindustrie zugrunde. Die Auswertung ist nicht repräsentativ, sie gibt aber Auskunft über den Trend.

triebes auf Einzelarbeitsplätze zu beobachten, an denen dann ganze Produkte oder Teilprodukte montiert werden. Hierbei können die Einzelarbeitsplätze wiederum gruppenweise angeordnet sein (z. B. an sog. modifizierten Montageinseln).

Besonders interessant dürfte zukünftig eine Form der Arbeitsorganisation sein, die sich als *Angebot gemischter Arbeitsstrukturen* beschreiben ließe. Hierbei kann der Mitarbeiter nach seinen persönlichen Neigungen und Fähigkeiten frei zwischen sehr unterschiedlichen Tätigkeiten und Strukturen (z. B. aufgelockertes Fließband, Einzelarbeitsplätze, autonome Gruppen) wählen und zwischen diesen auch kurzfristig wechseln. Voraussetzung ist, daß für alle angebotenen Tätigkeiten eine entsprechende Qualifikation vorliegt. Dieses Modell vereint faktisch alle genannten Prinzipien der Neustrukturierung.

Die bekannt gewordenen neuen Formen der Arbeitsorganisation sind übrigens fast nur bei der End- oder Zwischenproduktmontage, bei der Einzelteilfertigung und -bearbeitung oder beim Transport realisiert, bisher jedoch nicht in den Bereichen der Verwaltung, des Lagerwesens oder der Grund- und Rohstoffverarbeitung anzutreffen.

○ *Positive und negative Aspekte*

Ein großer Teil positiver Aspekte, die mit neuen Formen der Arbeitsorganisation verbunden sein können, wurde bereits erwähnt. Es lassen sich weitere positive, bei Strukturierungsmaßnahmen häufig realisierte Aspekte angeben, z. B.

- Erhöhung des individuellen Freiheitsgrades durch Aufhebung der Taktbindung,
- Verminderung der von dem bisherigen Arbeitsinhalt ausgehenden monotoniefördernden Wirkungen,
- individuelle Entfaltung,
- Möglichkeit zur Entwicklung von Mitarbeiterinitiativen,
- mehr Verantwortung (die jedoch ebenso wie z.B. die mit Höherqualifizierung verbundenen Lernprozesse auch negativ empfunden werden kann),
- mehr Aufstiegschancen,
- höherer Lohn.

Im Zuge von Neustrukturierungen der Arbeit läßt sich gleichzeitig eine Fülle ergonomischer Verbesserungen erzielen. Insbesondere werden häufig günstige Greifräume, ausreichende Bewegungsräume, Sitz-Steh-Arbeitsplätze, Freiräume für die Beine, niedrigere Geräuschpegel, günstige Beleuchtungsverhältnisse, verbesserter Arbeitsschutz, höhere Arbeitssicherheit, adäquate Farbgestaltung der Arbeitsmittel und -räume, übersichtlichere Arbeitsplatzanordnung usw. geschaffen.

Auswirkungen aus der Sicht des Mitarbeiters	
vorteilhafte	nachteilige
Arbeitsmotivation	**Demotivation**
– abwechslungsreiche und interessante Arbeit – Leistungserleben – betonte Individualität – gehobenes Selbstwertgefühl – Selbstentfaltung – größere Arbeitszufriedenheit – bessere Aufstiegschancen – mehr Handlungs- und Entscheidungsfreiheit (Arbeitsablauf, -methode, -tempo) – flexible Arbeitszeit (Gleitzeit) – weniger Fremdkontrolle, mehr Eigenkontrolle – mehr Verantwortung – geförderte Eigeninitiative – bessere zwischenmenschliche Kontakte – gehobener sozialer Status	wenn einzelne der nebenstehenden Auswirkungen aus individueller Sicht nicht erwünscht sind, z. B. wenn „mehr Verantwortung" nicht erwünscht ist
Entlastung, Leistung, Lohn	**Belastung, Leistung, Lohn**
– physisch-psychisch angepaßte Belastungen – organisatorischer Belastungsausgleich (Belastungswechsel) – verbesserter Informationsaustausch – Monotonie-Abbau – günstige Leistungsentfaltung – vielseitige Kenntnisse – höherer Lohn	– höhere Qualifikationsanforderungen – verstärkte Konzentration auf die Arbeit – größere Umstellungs- u. Fortbildungsbereitschaft – Gruppenzwang – weniger Erschwerniszulagen

Abb. 116: Mögliche Auswirkungen der Arbeitsstrukturierung – summarisch gesehen – (BROKMANN 1976, S. 64 f.). Einzelne oder mehrere der genannten Auswirkungen können (müssen also nicht in jedem Fall) bei Strukturierungs-

Auswirkungen aus der Sicht des Unternehmens	
vorteilhafte	nachteilige
quantifizierbare Auswirkungen – bessere Produktqualität, weniger Ausschuß – höherer Produktionsausstoß – keine Verluste durch Taktabstimmung – keine Springer – weniger Fehlzeiten **schwer quantifizierbare Auswirkungen** – geringere Störanfälligkeit der Produktion, problemloses Auffangen von Störungen – größere Flexibilität bezüglich Stückzahländerungen, Variantenvielfalt, Erzeugnisänderungen, Änderung von Fertigungsverfahren – geringere Fluktuation **kaum quantifizierbare Auswirkungen** – größere Attraktivität der Arbeitsplätze, Erfüllung anspruchsvoller Erwartungen – breitere Einsatzmöglichkeiten der Mitarbeiter – verstärkte Initiativen durch Mitarbeiter (Mitdenken, Verbesserungsvorschläge) – verkürzte Informationswege – besseres Betriebsklima	**erhöhte einmalig anfallende Kosten** – Umstellungsvorbereitungen – Schulung der Mitarbeiter – Produktionsausfall in der Umstellungsphase – neue Gebäude und Betriebsmittel – mehr Betriebsmittel, Werkzeuge, Puffereinrichtungen – vergrößerter Platzbedarf **erhöhte laufend anfallende Kosten** – längere Anlernzeiten neuer Mitarbeiter (komplexe Arbeitsinhalte) – vermehrte Materialbereitstellung (Puffer, Einzelarbeitsplätze) – geringere Betriebsmittelauslastung (z. B. am Einzelarbeitsplatz) – größere Wartungs- und Pflegekosten (mehr Betriebsmittel) – erhöhte Lohnkosten (höhere Lohngruppen, längere Fertigungszeiten)

maßnahmen auftreten. Einige Auswirkungen überschneiden sich, sind aber dennoch aufgeführt, weil sie auch unterschiedliche Aspekte enthalten.

Die Abstimmungsschwierigkeiten an den Bändern, die Ausschußquoten usw. verringern sich meist, und die Flexibilität sowie die Leistung des Systems können sich verbessern. Der dadurch erzielten Senkung der Fertigungskosten stehen jedoch Kosten für Investitionen, für die Einführungsphase, für Lernprozesse usw. gegenüber. Insbesondere die Investitionskosten können sehr hoch sein – es wird gegenüber den alten Strukturen sogar von bis zu achtfachen Investitionssummen berichtet –, so daß ein Ausgleich durch geringere Fertigungskosten und durch größere Flexibilität bei Umstellungen zunächst ungewiß bleibt.

Für die Entscheidung über eine Neustrukturierung sollen alle positiven und negativen Aspekte berücksichtigt und bewertet werden. Hierfür wurde z. B. von WARNECKE (1976) ein praktikables Bewertungsverfahren entwickelt (vgl. auch DITTMAYER/METZGER/SCHÄFER 1976 und WINTER 1977). BROKMANN (1976, S. 64 f.) hat relativ umfassend die vorteilhaften und nachteiligen Auswirkungen neuer Formen der Arbeitsorganisation für Mitarbeiter und Unternehmen zusammengestellt (siehe Abb. 116).

○ *Grenzen neuer Formen der Arbeitsorganisation*

Alles in allem bietet sich für die Arbeitsstrukturierung eine breite Palette von Möglichkeiten an. Andererseits stoßen Bemühungen um Neustrukturierungen der Arbeit an gewisse Grenzen. Solche Grenzen sind z. B. durch die Technologie oder durch das Produkt gesetzt: Bei einem einfachen Massenerzeugnis, für dessen Herstellung nur zwei oder drei Arbeitsgänge erforderlich sind, läßt sich der Arbeitsinhalt nicht sehr viel vergrößern oder bereichern, so daß eine Automatisierung näherliegen würde.

Aber es zeigen sich auch personengebundene Grenzen. Nicht jeder Mitarbeiter ist, wie die Erfahrung lehrt, zur Höherqualifizierung bereit oder fähig. Qualifiziertere Tätigkeiten und mehr Verantwortung können bei manchem zu Überforderungen führen oder werden individuell als solche empfunden. Besondere Probleme gibt es bei der Gruppenarbeit. Das Leistungsvermögen der einzelnen Gruppenmitglieder kann sehr unterschiedlich sein. Dadurch können Spannungen und Konflikte in der Gruppe entstehen. Schließlich bereitet die Beurteilung des Anteils, den die Gruppenmitglieder an der Erbringung der Gruppenleistung tatsächlich hatten, häufig Schwierigkeiten.

> Oberstes Ziel der Arbeitsstrukturierung ist es, durch Erweiterung des Handlungs- und Entscheidungsspielraumes die Arbeitsfreude und -zufriedenheit zu erhöhen. Als Strukturierungsprinzipien dienen die Arbeitserweiterung, die Arbeitsbereicherung.
> →

der Arbeitsplatzwechsel und die Einrichtung von Gruppenarbeit oder Einzelarbeitsplätzen. Betriebliche Realisierungen neuer Arbeitsorganisationen können sehr verschiedenartig sein. Besonders häufig ist eine Auflockerung oder Auflösung der getakteten Fließarbeit zu beobachten.

Neustrukturierungen der Arbeit sind mit einer Fülle positiver und negativer Aspekte verbunden, die es im konkreten Einzelfall gegeneinander abzuwägen und zu bewerten gilt. Technologische, erzeugnis- und personengebundene Gründe setzen den neuen Arbeitsorganisationen Grenzen.

Standardliteratur zu Kap. 4.8

(vollständige Quellenangaben siehe Gesamtliteraturverzeichnis)

GAUGLER/KOLB/LING (1976), HASENACK (1977), IfaA, Heft 41 und 42 (1973b), 43 bis 49 und 54 (1974), 56 (1975), IfaA, Schrift 1, 3 und 5 (1975), 6 (1976), 7 (1977), RKW (1976).

Benno Natzel

5 Die Arbeitsgestaltung im Arbeitsrecht

5.1 Rechtliche Grundlagen der Arbeitsgestaltung im Betrieb

5.1.1 Fürsorgepflicht

Die sehr allgemein gehaltene, deshalb aber auch die umfassendste Rechtsgrundlage für die Gestaltung der Arbeit im Betrieb ist die Fürsorgepflicht. Die personenrechtliche Bindung der Parteien des Arbeitsvertrages legt dem Arbeitgeber die Pflicht auf, seinem Arbeitnehmer Schutz und Fürsorge im Rahmen des Arbeitsverhältnisses zuteil werden zu lassen. Dieser Gedanke bezieht sich vornehmlich auf die Gestaltung von Arbeitsplatz, Arbeitsstätte und Arbeitsumgebung. Er hat zum Ziel, den Arbeitnehmer vor Gefahren für Leben und Gesundheit im Zusammenhang mit der Erbringung seiner Arbeitsleistung zu bewahren.

Deshalb schreibt § 120a GewO vor, daß Arbeitsräume, Betriebsvorrichtungen, Maschinen und Gerätschaften so einzurichten und zu unterhalten und der Betrieb so zu regeln ist, daß die Arbeitnehmer gegen Gefahren für Leben und Gesundheit soweit geschützt sind, wie es die Natur des Betriebes gestattet. Die Verpflichtung zur Gefahrloshaltung bezieht sich auf sämtliche Betriebsvorrichtungen, Maschinen und Gerätschaften aller Art, aber auch auf die Gestaltung des Arbeitsablaufes. Am Arbeitsplatz und in den Arbeitsräumen ist für genügendes Licht, ausreichenden Luftraum und Luftwechsel, für die Beseitigung des bei dem Betrieb entstehenden Staubes, der dabei entwickelten Dämpfe und Gase sowie der entstehenden Abfälle Sorge zu tragen. Der Arbeitnehmer muß vor gefährlichen Berührungen von Maschinen oder Maschinenteilen oder vor anderen in der Natur der Betriebsstätte und des Betriebes liegenden Gefahren durch Vorrichtungen geschützt werden. Der Schutz vor Gefahren für Leben und Gesundheit reicht jedoch nur soweit, wie es die Natur des Betriebes gestattet, weil ein absolut gefahrloser Betrieb in vielen Fällen technisch nicht erreichbar ist.

Eine gleichartige Bestimmung über die Fürsorgepflicht des Arbeitgebers ist im § 618 BGB enthalten. Sie entspricht ihrer äußeren und inneren Gestaltung der vorgenannten Bestimmung des § 120a GewO. Im § 62 HGB dient eine ähnliche Bestimmung dem Schutz des kaufmännischen Angestellten. Gleiches gilt für die in Heimarbeit Beschäftigten gemäß § 12 Heimarbeitsgesetz.

In bezug auf die Jugendlichen umreißt § 28 JArbSchG solche Pflichten des Arbeitgebers. Dieser hat bei der Einrichtung und der Unterhaltung der Arbeitsstätte einschließlich der Maschinen, Werkzeuge und Geräte sowie bei der Regelung der Beschäftigung diejenigen Vorkehrungen und Maßnahmen zu treffen, die zum Schutze der Jugendlichen gegen Gefahren für Leben und Gesundheit sowie zur Vermeidung einer Beeinträchtigung der körperlichen oder seelisch-geistigen Entwicklung der Jugendlichen erforderlich sind. Hierbei müssen das mangelnde Sicherheitsbewußtsein, die mangelnde Erfahrung und der Entwicklungsstand der Jugendlichen berücksichtigt und die allgemein anerkannten sicherheitstechnischen und arbeitsmedizinischen Regeln sowie die sonstigen gesicherten arbeitswissenschaftlichen Erkenntnisse beachtet werden.

Schwerbehinderte sind gemäß § 11 SchwBG so zu beschäftigen, daß sie ihre Fähigkeiten und Kenntnisse möglichst voll verwerten und weiterentwickeln können. Deshalb muß der Arbeitgeber die Arbeitsräume, Betriebsvorrichtungen, Maschinen und Gerätschaften unter besonderer Berücksichtigung der Unfallgefahren so einrichten, unterhalten und den Betrieb so regeln, daß eine tunlichst große Anzahl Schwerbehinderter in ihrem Betriebe dauernd Beschäftigung finden können. Der Arbeitsplatz muß mit den erforderlichen technischen Arbeitshilfen ausgestattet sein. Voraussetzung ist eine gründliche Überprüfung des Arbeitsablaufes und des gesamten Arbeitsplatzes in seiner räumlichen und technischen Ausgestaltung.

In ähnlicher Art und Weise ist die Fürsorgepflicht bei der Gestaltung des Arbeitsplatzes für die werdende oder stillende Mutter gemäß § 2 MuSchG ausgestaltet, für die überdies in § 31 ArbStättV die Einrichtung von Liege- und Stillräumen vorgeschrieben ist.

> Die Fürsorgepflicht des Arbeitgebers wird vor allem in den folgenden Bestimmungen angesprochen: § 120a GewO, § 618 BGB, § 62 HGB, § 12 Heimarbeitsgesetz, § 28 JArbSchG, § 11 SchwBG und § 2 MuSchG.

5.1.2 Arbeitsschutzrecht

○ *Staatliches Arbeitsschutzrecht*

Für die Gestaltung der Arbeitsplätze ist von größter Wichtigkeit die sog. *Arbeitsstättenverordnung* (ArbStättV) vom 20. März 1975 (BGBl. I S. 729 ff.), in Kraft seit dem 1. Mai 1976. Durch sie werden alle Betriebe der gewerblichen Wirtschaft, des Handels und des Handwerks erfaßt und fortan ausdrücklich zu einer erhöhten Verpflichtung hinsichtlich der sicherheits- und menschengerechten Gestaltung der Arbeit angehalten.

Diese Verordnung gilt für alle Betriebe, die nach Inkrafttreten dieser Verordnung errichtet werden. Soweit beim Inkrafttreten dieser Verordnung jedoch eine Arbeitsstätte bereits errichtet oder mit ihrer Errichtung begonnen worden ist und in dieser Verordnung Anforderungen gestellt werden, die umfangreiche Änderungen der Arbeitsstätte, der Betriebseinrichtungen, Arbeitsverfahren oder Arbeitsabläufe notwendig machen, ist diese Verordnung nur eingeschränkt anzuwenden. Die nach Landesrecht zuständige Behörde kann aber verlangen, daß in diesen Arbeitsstätten den Vorschriften dieser Verordnung entsprechende Änderungen vorgenommen werden, soweit

– die Arbeitsstätten oder die Betriebseinrichtungen wesentlich erweitert oder umgebaut oder die Arbeitsverfahren oder Arbeitsabläufe wesentlich umgestaltet werden,
– die Nutzung der Arbeitsstätte wesentlich geändert wird oder
– nach der Art des Betriebes vermeidbare Gefahren für Leben und Gesundheit der Arbeitnehmer zu befürchten sind.

Die Verordnung bezieht sich auf Arbeitsstätten aller Art, somit u. a. auf Arbeitsräume in Gebäuden einschl. Ausbildungsstätten, auf Arbeitsplätze auf dem Betriebsgelände im Freien, auf Baustellen, auf Wasserfahrzeugen und auf schwimmenden Anlagen auf Binnengewässern. Zur Arbeitsstätte gehören auch Verkehrswege, Lager-, Maschinen- und Nebenräume, Pausen-, Bereitschafts-, Liegeräume und Räume für körperliche Ausgleichsübungen, Umkleide-, Wasch- und Toilettenräume (auch Sanitärräume) sowie Sanitätsräume.

Bei der Einrichtung und beim Betrieb einer Arbeitsstätte hat der Arbeitgeber die Bestimmungen der ArbStättV und die sonst geltenden Arbeitsschutz- und Unfallverhütungsvorschriften und die allgemein anerkannten sicherheitstechnischen, arbeitsmedizinischen und hygienischen Regeln sowie die sonstigen gesicherten arbeitswissenschaftlichen Erkenntnisse zu beachten. Er muß ferner den in der Arbeitsstätte beschäftigten Arbeitnehmern die Räume und Einrichtungen zur Verfügung stellen, die in dieser Arbeitsstättenverordnung vorgeschrieben sind. Weitergehende Rechtsvorschriften, insbesondere solche des Bauordnungsrechts der Länder, bleiben hinsichtlich ihrer Anforderungen an Arbeitsstätten unberührt, desgleichen die Befugnis der zuständigen Behörden, im Einzelfall zur Abwendung besonderer Gefahren die zum Schutz der Arbeitnehmer erforderlichen Maßnahmen anzuordnen.

Im übrigen kann die nach Landesrecht zuständige Behörde auf schriftlichen Antrag des Arbeitgebers Ausnahmen von den Vorschriften dieser Verordnung zulassen, wenn

- der Arbeitgeber eine andere, ebenso wirksame Maßnahme trifft oder
- die Durchführung der Vorschriften im Einzelfall zu einer unverhältnismäßigen Härte führen würde und die Abweichung mit dem Schutz der Arbeitnehmer vereinbar ist.

Die ArbStättV enthält in den meisten Anforderungen in bezug auf die Gestaltung der Arbeitsstätten nur Grundsätze und Ziele, die allgemein formuliert sind. Der Arbeitgeber wird verpflichtet, ergänzend bzw. ausfüllend die in der erwähnten Generalklausel genannten Vorschriften, Regeln und Erkenntnisse zu verwenden. Es werden betroffen: Räume, Verkehrswege und Einrichtungen in Gebäuden mit Anforderungen an die Lüftung, Raumtemperaturen, Beleuchtung, Herrichtung von Fußböden, Wänden, Decken und Dächern, Fenstern, Oberlichtern, Türen, Toren usw. usw. (vgl. §§ 5 bis 55 ArbStättV).

Da für den Arbeitgeber nicht hinreichend deutlich ist, welche allgemein anerkannten sicherheitstechnischen, arbeitsmedizinischen und hygienischen Regeln sowie sonstige gesicherte arbeitswissenschaftliche Erkenntnisse bestehen, hat der Gesetzgeber den Bundesminister für Arbeit und Sozialordnung ermächtigt, unter Hinzuziehung der fachlich beteiligten Kreise einschl. der Spitzenorganisationen der Arbeitnehmer und Arbeitgeber *Arbeitsstätten-Richtlinien* aufzustellen und diese im Benehmen mit den für den Arbeitsschutz zuständigen obersten Landesbehörden im Bundesarbeitsblatt, Fachteil Arbeitsschutz, bekanntzugeben. Die vom Arbeitgeber zu beachtenden Regeln und Erkenntnisse sind sodann aus diesen Arbeitsstätten-Richtlinien zu entnehmen. Von diesen darf der Arbeitgeber abweichen, wenn er eine ebenso wirksame Maßnahme trifft. Auf Verlangen der zuständigen Behörde hat er jedoch im Einzelfall nachzuweisen, daß die andere Maßnahme ebenso wirksam ist.

Seit April 1976 ist eine Reihe solcher Arbeitsstätten-Richtlinien erlassen worden (siehe die Aufstellung am Schluß des Buches).

> Die Arbeitsstättenverordnung (ArbStättV) ist seit dem 1. Mai 1976 in Kraft. Sie enthält Bestimmungen über die Anforderungen an Arbeitsräume, Verkehrswege, Gebäudeeinrichtungen, Sozialräume, Arbeitsplätze im Freien, Baustellen usw. Die Verordnung gilt grundsätzlich für alle nach dem 1. Mai 1976 errichteten Betriebe der gewerblichen Wirtschaft, des Handels und des Handwerks. Für Betriebe, die vor dem 1. Mai 1976 errichtet waren oder mit deren Errichtung vor diesem Zeitpunkt bereits begonnen worden war, gilt die ArbStättV (vgl. § 56) nur eingeschränkt. Dies trifft auch für die bisher erlassenen Arbeitsstätten-Richtlinien zu.

In Ergänzung zur ArbStättV regelt die *Verordnung über gefährliche Arbeitsstoffe* (ArbStoffV) vom 8. September 1975 (BGBl. I S. 2494) den Umgang mit gefährlichen Arbeitsstoffen und die daraus folgenden Konsequenzen für die Beschaffenheit der Arbeitsstätten und Arbeitseinrichtungen. Diese Verordnung bezieht sich auf das Inverkehrbringen und die Abgabe zum Verbrauch von gefährlichen Arbeitsstoffen einschließlich Zubereiten sowie auf den Umgang mit diesen gefährlichen Arbeitsstoffen. Hierzu gehören alle Ausgangs-, Hilfs- und Betriebsstoffe einschl. der Zubereitungen, aus denen oder mit deren Hilfe Gegenstände erzeugt oder Dienstleistungen erbracht werden, wenn sie explosionsgefährlich, brandfördernd, leicht entzündlich, giftig, mindergiftig, also gesundheitsschädlich, ätzend oder reizend sind. Für Jugendliche gelten besondere Beschäftigungsverbote, desgleichen für werdende und stillende Mütter.

ArbStättV und ArbStoffV haben den Arbeitsschutz nicht abschließend und verbindlich geregelt. Eine Reihe von anderen Bestimmungen, die jedoch hier nicht im einzelnen besprochen werden können, sind u. a. enthalten in der Verordnung über besondere Arbeitsschutzanforderungen bei Arbeiten im Freien in der Zeit vom 1. November bis 31. März (Verordnung vom 1. August 1968 – BGBl. I S. 901 i.d.F. der ArbStättV), in der Verordnung über Arbeiten in Druckluft vom 4. Oktober 1972 (BGBl. I S. 1909), in der Ausführungsverordnung zum Gesetz über Unterkunft bei Bauten vom 21. Februar 1959 (BGBl. I S. 44 i.d.F. der ArbStättV) und schließlich in der Verordnung über den Schutz vor Schäden durch ionisierende Strahlen (StrahlenschutzV) vom 13. Oktober 1976 (BGBl. I S. 2905).

In diesem Zusammenhang muß auch auf das sog. *Maschinenschutzgesetz* (Gesetz über technische Arbeitsmittel) vom 24. Juni 1968 (BGBl. I S. 717) verwiesen werden, das einen vorgreifenden Gefahrenschutz schaffen will. Das Gesetz gilt für *technische Arbeitsmittel,* die der Hersteller oder Einführer gewerbsmäßig oder selbständig im Rahmen einer wirtschaftlichen Unternehmung in den Verkehr bringt oder aufstellt. Technische Arbeitsmittel im Sinne dieses Gesetzes sind verwendungsfertige Arbeitseinrichtungen, vor allem Werkzeuge, Arbeitsgeräte, Arbeits- und Kraftmaschinen, Hebe- und Fördereinrichtungen sowie Beförderungsmittel. Verwendungsfertig sind Arbeitseinrichtungen, die bestimmungsgemäß verwendet werden können, ohne daß weitere Teile eingefügt zu werden brauchen. Das Inverkehrbringen ist jedes Überlassen technischer Arbeitsmittel an andere. Aufstellen im Sinne dieses Gesetzes ist das Aufstellen, aber auch das Vorführen von technischen Arbeitsmitteln zum Zwecke der Werbung. Der Hersteller oder Einführer von technischen Arbeitsmitteln darf diese nur in den Verkehr bringen oder aufstellen, wenn sie nach den allgemein anerkannten Regeln der Technik sowie den Arbeitsschutz- und Unfallverhütungsvorschriften so geschaffen sind, daß Benutzer oder Dritte bei ihrer bestimmungsgemäßen Verwendung gegen Gefahren aller Art für Leben und Gesundheit soweit geschützt sind, wie es die Art der bestimmungsgemäßen Verwendung gestattet. Von den allgemein anerkannten Regeln der Technik sowie von den Arbeitsschutz- und Unfallverhütungsvorschriften darf abgewichen werden, soweit die gleiche Sicherheit auf andere Weise gewährleistet ist.

Die Gewerbeaufsichtsämter überwachen die Einhaltung aller Bestimmungen des Arbeitsschutzes in den Betrieben durch Anregung, Beratung und Regelung der Durchführung der Arbeitnehmerschutzgesetze. Bei Verstößen können sie Anordnungen erlassen. Ferner stehen ihnen als Mittel zur Durchsetzung ihrer Maßnahmen zur Verfügung: Festsetzung von Zwangsgeldern, Ersatzvornahme, unmittelbarer Zwang, Erteilung von Verwarnungen, Verwarnungsgeldern, Bußgeldern oder sogar Stillegungsverfügungen. Die einzelnen Voraussetzungen für diese Maßnahmen finden sich in der GewO und im Verwaltungsvollstreckungsrecht.

Von erheblicher Bedeutung für die Gestaltung der Arbeitsplätze ist das sog. *Arbeitssicherheitsgesetz* (Gesetz über Betriebsärzte, Sicherheitsingenieure und andere Fachkräfte für Arbeitssicherheit) vom 12. Dezember 1973 (BGBl. I S. 1885). Damit will der Gesetzgeber erreichen, daß die dem Arbeitsschutz und der Unfallverhütung dienenden Vorschriften den besonderen Betriebsverhältnissen entsprechend angewandt werden, gesicherte arbeitsmedizinische und arbeitstechnische Erkenntnisse zur Verbesserung des Arbeitsschutzes und der Unfallverhütung verwirklicht werden können und die dem Arbeitsschutz und der Unfallverhütung dienenden Maßnahmen einen möglichst hohen Wirkungsgrad erreichen.

Der Beratung in diesen Fragen widmen sich der *Betriebsarzt* und die *Fachkräfte für Arbeitssicherheit.* Deren Tätigkeit erstreckt sich auf die Planung und Ausführung von Betriebsanlagen, sozialen und technischen Arbeitsmitteln, auf die Einführung von Arbeitsverfahren, aber auch auf die Beratung von Arbeitsstudien sowie auf die Entwicklung und Einführung neuer Arbeitsmethoden, Arbeitsmittel und Arbeitsstoffe, die Auswahl und Erprobung von Körperschutzmitteln, die arbeitsphysiologischen und arbeitspsychologischen sowie die sonstigen ergonomischen sowie arbeitshygienischen Fragen, insbesondere des Arbeitsrhythmus, der Arbeitszeit und der Pausenregelung, der Gestaltung des Arbeitsplatzes, des Arbeitsablaufs und der Arbeitsumgebung, ferner Fragen des Arbeitsplatzwechsels sowie der Eingliederung und Wiedereingliederung Behinderter in den Arbeitsprozeß. Bei ihrer Tätigkeit sind Betriebsärzte und Fachkräfte für Arbeitssicherheit hinsichtlich der Anwendung ihrer arbeitsmedizinischen und sicherheitstechnischen Fachkunde weisungsfrei.

○ *Satzungsrecht der Berufsgenossenschaften*

Auch in den Unfallverhütungsvorschriften der Berufsgenossenschaften sind viele Regelungen enthalten, die sich auf die Arbeitsgestaltung beziehen und ein unfallfreies Arbeiten und Verhalten am Arbeitsplatz sichern sollen. Sie betreffen Einrichtungen, Anordnungen und Maßnahmen zur Verhütung von Arbeitsunfällen.

Der Unternehmer ist je nach dem Stande der Technik verpflichtet, alle Baulichkeiten, Arbeitsstätten, Betriebseinrichtungen, Maschinen und Geräte so einzurichten und zu erhalten, daß die Versicherten gegen Unfälle und Betriebskrankheiten geschützt sind.

Zu seiner Unterstützung hat der Unternehmer geeignete Personen als *Sicherheitsbeauftragte* zu bestellen, soweit in den Unternehmen jeweils mehr als 20 Personen beschäftigt werden. Sicherheitsbeauftragte haben den Unternehmer bei der Durchführung des Unfallschutzes zu unterstützen, insbesondere sich von dem Vorhandensein und der ordnungsgemäßen Benutzung der vorgeschriebenen Schutzvorrichtungen fortlaufend zu überzeugen. Auch die Versicherten unterliegen der Pflicht, die Unfallverhütungsvorschriften zu befolgen.

Bei der Anschaffung von Maschinen, Apparaten, Fahrzeugen und dergleichen hat der Unternehmer dem Lieferanten vorzuschreiben, daß diese Dinge den Anforderungen der Unfallverhütung entsprechen und die notwendigen Schutzvorrichtungen mitgeliefert werden. Unfallverhütungsvorschriften sind *bindendes Recht* im Gegensatz zu den von den Berufsgenossenschaften erlassenen Richtlinien oder Durchführungsregeln.

○ *Zusammenarbeit zwischen staatlicher Gewerbeaufsicht und Trägern der Unfallversicherung*

Um eine reibungslose Zusammenarbeit zwischen den Trägern der Unfallversicherung und den Gewerbeaufsichtsbehörden herzustellen, ist eine Allgemeine Verwaltungsvorschrift über das Zusammenwirken der Träger der Unfallversicherung und der Gewerbeaufsichtsbehörden vom 26. Juli 1968 (Bundesanzeiger 1968 Nr. 142 vom 2. August 1968 S. 1) ergangen. Danach sind die Unfallversicherungsträger und die Gewerbeaufsichtsbehörden auf den Gebieten der Unfallverhütung und der Ersten Hilfe zur engen Zusammenarbeit verpflichtet. Die beiderseitigen Aufsichtsbeamten haben Erfahrungsaustausch zu pflegen und nach Möglichkeit eine gemeinsame Besichtigung der Betriebe vorzunehmen, wenn ein wichtiger Anlaß gegeben ist. Diese Institutionen müssen sich gegenseitig anhören, bevor sie Maßnahmen treffen, die für den Aufgabenbereich der jeweils mit der Sache nicht befaßten Stelle von erheblicher Bedeutung sind.

> Im *staatlichen Arbeitsschutzrecht* sind neben der Arbeitsstättenverordnung und den Arbeitsstätten-Richtlinien auch noch die Verordnung über gefährliche Arbeitsstoffe, die Verordnung über den Schutz vor Schäden durch ionisierende Strahlen, das Maschinenschutzgesetz und das Arbeitssicherheitsgesetz von Bedeutung.
> Berufsgenossenschaftliche Unfallverhütungsvorschriften dienen dem Arbeitsschutz und sind im Gegensatz zu den von den Berufsgenossenschaften erlassenen Richtlinien oder Durchführungsregeln bindendes Recht.
> Unfallversicherungsträger und Gewerbeaufsichtsbehörden sind verpflichtet, bei der Unfallverhütung und der Ersten Hilfe eng miteinander zusammenzuarbeiten.

5.1.3 Menschengerechte Gestaltung der Arbeit

Auch mit der Forderung nach menschengerechter Gestaltung der Arbeit will der Gesetzgeber Einfluß nehmen auf die Einrichtung von Arbeitsstätten, Arbeitsplätzen und Arbeitsabläufen. Er empfiehlt deshalb in §§ 90, 91 BetrVG den Betrieben die Anwendung gesicherter arbeitswissenschaftlicher Erkenntnisse für die Gestaltung der Arbeit. Das bedeutet: Anwendung der Lehren von der menschlichen Arbeit. Menschengerechte Gestaltung will die Anpassung der Arbeit an den Menschen wie auch des Menschen an die Arbeit herbeiführen. Eine solche Anpassung liegt im Bereich der körpergerechten Gestaltung der Arbeitsplätze, in der Beschränkung der Beanspruchung durch die Arbeit auf ein zulässiges Maß, in der Gestaltung der Umgebungseinflüsse, aber auch in dem Bestreben nach einem wirtschaftlichen Einsatz der menschlichen Fähigkeiten. Als gesichert sind diejenigen Ergebnisse der Arbeitswissenschaft anzusehen, die methodisch erforscht wurden, sich in der Praxis bewährt und auch Allgemeingeltung in der Fachwelt erworben haben.

5.2 Unterrichtungs- und Belehrungspflichten des Arbeitgebers über das Geschehen am Arbeitsplatz

Dem Arbeitgeber obliegt eine Informations- und Belehrungspflicht gegenüber dem Arbeitnehmer über das Geschehen und insbesondere die Gefahren am Arbeitsplatz. Er hat deshalb sachverständige Anweisungen zu geben und die Arbeitsleistungen zu beaufsichtigen, namentlich vor besonderen mit der Arbeit verbundenen Gefahren zu warnen und den Arbeitnehmer über die beste Art, diese Gefahren zu vermeiden, zu belehren. Dies ergibt sich aus der Fürsorgepflicht des Arbeitgebers, aber auch aus einigen ausdrücklichen gesetzlichen Bestimmungen (so z. B. § 29 JArbSchG, § 7a Heimarbeitsgesetz, §§ 11 und 16 Allgemeine Unfallverhütungsvorschriften, § 13 Abs. 6 ArbStoffV, ferner §§ 81 und 82 BetrVG).

5.3 Mitwirkung und Mitbestimmung des Betriebsrates bei der Gestaltung der Arbeit

○ *Allgemeine Überwachungs- und Beratungsaufgaben*

Der Betriebsrat hat gemäß § 80 Abs. 1 BetrVG allgemeine Überwachungsaufgaben hinsichtlich der Einhaltung der geltenden Gesetze, Verordnungen und Unfallverhütungsvorschriften. Ferner muß er u. a. auch die notwendige Arbeitsgestaltung durch Beratung fördern.

○ *Mitbestimmung auf Grund des BetrVG*

Soweit eine gesetzliche oder tarifliche Regelung nicht besteht, hat der Betriebsrat bei betrieblichen Regelungen über die Verhütung von Arbeitsunfällen und Berufskrankheiten sowie über den Gesundheitsschutz im Rahmen der gesetzlichen Vorschriften oder der Unfallverhütungsvorschriften ein Mitbestimmungsrecht (§ 87 Abs. 1 Ziff. 7 BetrVG). Auf Grund freiwilliger Betriebsvereinbarungen können ferner zusätzliche Maßnahmen zur Verhütung von Arbeitsunfällen und Gesundheitsgefahren ergriffen werden (§ 88 BetrVG). Diese können sich namentlich auf die Einrichtungen von Arbeitsstätten und Arbeitsplätzen beziehen, z. B. die Anbringung von zusätzlichen Schutzgittern an Maschinen, Treppen, das Anbringen von Aufschriften an gefährlichen Maschinenteilen oder Anlagen, an Fahrstühlen, zusätzliche Unterweisungen in Fragen der Unfallverhütung, ferner zusätzliche Anlagen in bezug auf die Beleuchtung, Lüftung, Luftreinigung, Klimatisierung des Arbeitsraumes.

Dem Betriebsrat steht ein *Mitwirkungsrecht bei der menschengerechten Gestaltung der Arbeit* zu. Bei der Planung von Neu-, Um- und Erweiterungsbauten von Fabrikations-, Verwaltungs- und sonstigen betrieblichen Räumen, ferner von technischen Anlagen, von Arbeitsverfahren und Arbeitsabläufen und schließlich unmittelbar von Arbeitsplätzen hat der Arbeitgeber den Betriebsrat vorher rechtzeitig über seine Absichten zu *unterrichten*. Ziel ist es, dem Betriebsrat eine Einflußmöglichkeit auf die endgültige Gestaltung der Pläne zu sichern.

Beide Betriebspartner müssen sodann über die vorgesehenen Maßnahmen im Hinblick auf ihre Auswirkungen auf die Art der Arbeit und die Anforderungen an die Arbeitnehmer *beraten.* Arbeitgeber und Betriebsrat sollen dabei die gesicherten Erkenntnisse der Arbeitswissenschaft über die menschengerechte Gestaltung der Arbeit (siehe oben) berücksichtigen.

Ist der Arbeitnehmer durch Änderungen der Arbeitsplätze, des Arbeitsablaufes oder der Arbeitsumgebung, die den gesicherten arbeitswissenschaftlichen Erkenntnissen über die menschengerechte Gestaltung der Arbeit offensichtlich widersprechen, in besonderem Maße belastet, so entfaltet sich ein *korrigierendes Mitbestimmungsrecht* des Betriebsrates (§ 91 BetrVG). Voraussetzung ist also ein offensichtlicher Widerspruch zu gesicherten arbeitswissenschaftlichen Erkenntnissen über die menschengerechte Gestaltung der Arbeit und eine Belastung von besonderem Ausmaß. Der Betriebsrat kann bei Vorliegen dieser Voraussetzung angemessene Maßnahmen zur Abwendung, Milderung oder zum Ausgleich der Belastung verlangen. Angesprochen sind beispielsweise die Gestellung von Wechselkleidung oder besonderer Reinigungsmittel, Körperschutzmittel, von Getränken bei Hitzearbeiten; Gestellung von Ruhe- und Sitzgelegenheiten; Einbau von Bedienungsautomaten; Regelung von Arbeitszeitfragen.

○ *Zusammenarbeit zwischen den betrieblichen sowie außerbetrieblichen Stellen und dem Betriebsrat*

Der Arbeitgeber hat unter dem Gebot der vertrauensvollen Zusammenarbeit den Betriebsrat oder die von ihm bestimmten Mitglieder bei allen in Zusammenhang mit dem Arbeitsschutz oder der Unfallverhütung stehenden Besichtigungen oder Fragen und bei Unfalluntersuchungen hinzuzuziehen. Er hat ferner dem Betriebsrat unverzüglich die den Arbeitsschutz und die Unfallverhütung betreffenden Auflagen und Anordnungen der zuständigen Behörden, der Träger der gesetzlichen Unfallversicherung oder sonstiger in Betracht kommender Stellen mitzuteilen. An Besprechungen mit den Sicherheitsbeauftragten oder mit dem Sicherheitsausschuß (§ 719 Abs. 3 RVO) nehmen auch von dem Betriebsrat beauftragte Betriebsratsmitglieder teil. Der Betriebsrat erhält Niederschriften über Untersuchungen, Besichtigungen und Besprechungen, zu denen er hinzuzuziehen ist.

Für das Zusammenwirken der Technischen Aufsichtsbeamten der Träger der Unfallversicherung mit den Betriebsvertretungen gilt die Allgemeine Verwaltungsvorschrift vom 21. Juni 1968 (Bundesanzeiger 1968 Nr. 116 vom 27. Juni 1968 S. 1). Danach müssen diese Aufsichtsbeamten eng mit den Betriebsvertretungen zusammenwirken und ihre gegenseitigen Erfahrungen bei jeder sich bietenden Gelegenheit austauschen. Von Betriebsbesichtigungen ist der Betriebsrat zu unterrichten, so daß er die Möglichkeit erhält, ein oder mehrere Betriebsratsmitglieder an der Besichtigung teilnehmen zu lassen. Darüber ist im Besichtigungsbericht ein entsprechender Vermerk aufzunehmen.

Mit dem Betriebsrat sollen auch die Betriebsärzte und Fachkräfte für Arbeitssicherheit zusammenarbeiten. Diese Zusammenarbeit kann sich in einem Arbeitsschutzausschuß vollziehen, der gemäß § 11 ArbSichG in Betrieben einzurichten ist, in denen Betriebsärzte oder Fachkräfte für Arbeitssicherheit bestellt sind.

Werden in einem Unternehmen mehr als 3 Sicherheitsbeauftragte bestellt, so bilden diese aus ihrer Mitte einen *Sicherheitsausschuß* (§ 719 Abs. 4 RVO). Mit diesem soll der Unternehmer unter Beteiligung des Betriebsrates zum Zwecke des Erfahrungsaustausches mindestens einmal im Jahr zusammentreten.

> Auf Grund der aus der Fürsorgepflicht abzuleitenden Unterrichtungs- und Belehrungspflicht muß der Arbeitgeber den Arbeitnehmer vor besonderen Gefahren warnen und ihn über die Vermeidung von Gefahren belehren.
>
> § 90 BetrVG schreibt die Anwendung gesicherter arbeitswissenschaftlicher Erkenntnisse bei der Arbeitsgestaltung vor.
>
> Nach den §§ 80 Abs. 1, 87, 88, 90 und 91 BetrVG hat der Betriebsrat Überwachungs- und Beratungspflichten sowie verschiedene Mitbestimmungs- und Mitwirkungsrechte. Die gesetzlichen Vorschriften fordern eine vertrauensvolle Zusammenarbeit des Betriebsrates mit dem Arbeitgeber, mit den Technischen Aufsichtsbeamten der Unfallversicherungsträger und mit den Betriebsärzten sowie den Fachkräften für Arbeitssicherheit.

Standardliteratur zu Kap. 5
(vollständige Quellenangaben siehe Gesamtliteraturverzeichnis)
DIETZ/RICHARDI (1973), EBERSTEIN/MEYER (1975), GALPERIN/LÖWISCH (1976), IfaA (1972), NATZEL (1973), OPFERMANN/STREIT (1977).
Siehe auch die Aufstellung der Rechtsvorschriften am Schluß des Buches.

Gesamtliteraturverzeichnis

AANONSEN, A., Shift Work and Health, Oslo 1964.

ASCHOFF, J., Urlaub nach der biologischen Uhr – und im Konflikt mit ihr, in: WACHSMUTH, W. (Hrsg.), Ärztliche Problematik des Urlaubs, Berlin – Heidelberg – New York 1973, S. 98–112.

ASMUSSEN, E., Muscle Strength, in: Scandinavian Journal of Clinical Labour Investigation, 1969, Supplement 110, S. 106–108.

Autorenkollektiv, Arbeitswissenschaften für Ingenieure, Leipzig 1972.

BECHER, H., FREY, E. und HOLLWICH, F., Auge und Zwischenhirn, Bücherei des Augenarztes, Beiheft der Klinischen Monatsblätter, Heft 23, Stuttgart 1955.

BELDING, H. S. u.a., Health Factors involved in Working under Conditions of Heat Stress, WHO Technical Report Series, Nr. 412, World Health Organization, Geneva 1969.

BERNHARDT, H. und JEITER, W., Unfallverhütungsvorschrift „Lärm", Erläuterungen und Durchführungsregeln, Kommentar, Berlin – Bielefeld – München 1975.

BERNOTAT, R., Anzeigen, in: SCHMIDTKE, H. (Hrsg.), Ergonomie 2, München – Wien 1974, S. 68–92.

BIELING, M., Farbe im Betrieb, RKW (Hrsg.), Reihe Arbeitsphysiologie – Arbeitspsychologie, Berlin – Köln – Frankfurt a. M. 1964.

BIESALSKI, E. (Hrsg.), Terminologie der Landarbeitswissenschaft, Landarbeit und Technik – Eine Schriftenreihe des Max-Planck-Instituts für Landarbeit und Technik, Hamburg – Berlin 1964.

BLAKE, R. R. und MOUTON, J. S., Verhaltenspsychologie im Betrieb, Düsseldorf 1968.

BLAKE, R. R., MOUTON, J. S. und SLOMA, R. L., The Union-management Intergroup Laboratory: Strategy for Resolving Intergroup Conflict, in: Journal of Applied Behavioral Science 1 (1965), S. 25–27.

BLUM, M. L. und NAYLOR, J. C., Industrial Psychology, New York 1968.

BOBBERT, G., DIECKMANN, D., FEDERN, K. und LÜBCKE, E., Beurteilungsmaßstäbe für mechanische Schwingungen, Forschungsberichte des Wirtschafts- und Verkehrsministeriums Nordrhein-Westfalen, Nr. 1791, Köln – Opladen 1967.

BÖHNER, W., Folgerungen der Arbeitsstättenverordnung für die Arbeit der Verbandsingenieure und der Fachleute in den Betrieben, in: Angewandte Arbeitswissenschaft, Mitteilungen des IfaA (1975) 58, S. 22–26.

BONJER, F. H., Temporal Factors and Physiological Load, in: SINGLETON, W. T. u. a. (Hrsg.), Measurement of Man at Work, London 1971, S. 41–44.

BRÄUTIGAM, W. und CHRISTIAN, P., Psychosomatische Medizin, Stuttgart 1975.

BRICKENKAMP, R., Handbuch der psychologischen und pädagogischen Tests, Göttingen 1975.

BRIGGS, G. E. und WATERS, L. K., Training and Transfer as a Function of Component Interaction, in: Journal of Experimental Psychology 56 (1958), S. 492–500.

BRIM, O. G., GLASS, D. C., LAVIN, D. F. und GOODMAN, N., Personality and Decision Processes, Stanford (Kalifornien) 1962.

BROADBENT, D. E., Perception and Communication, London usw. 1958.

BROADBENT, D. E., Decision and Stress, 2. Aufl., London – New York 1973.

BROKMANN, W., Stellungnahme zur Broschüre „Menschengerechte Arbeitsgestaltung", in: Mitteilungen des IfaA (1973) 38, S. 22–55.

BROKMANN, W., Arbeitsstrukturierung – ganzheitliche Gestaltung der Arbeit, in: Angewandte Arbeitswissenschaft, Mitteilungen des IfaA (1976) 61, S. 60–65.

CALDWELL, L. S., The Effect of the Special Position of a Control on the Strength of Six Linear Hand Movements, US Army Medical Research Laboratory, Fort Knox (Kentucky), Report Nr. 411, 1959.

CIMBALO, R. S., BALDWIN, J. M. und NEIDER, L. L., Auditory Similarity and the Independence of Short- and Long-term Memory, in: Acta Psychologica 40 (1976) 1, S. 1–8.

COLLIER, H. E., Outlines of Industrial Medical Practice, Baltimore 1941.

COLQUHOUN, W. P., BLAKE, M. J. F. und EDWARDS, R. S., Experimental Studies of Shift Work II: Stabilized 8-hour Shift Systems, in: Ergonomics 11 (1968) 2/3, S. 527–546.

COOK, F. O., Shift Work, Institute of Personnel Management, London 1954.

CORRELL, W. (Hrsg.), Programmiertes Lernen und Lehrmaschinen, Braunschweig 1968.

DENECKE, J., Arbeitszeitordnung, 9. Aufl., München – Berlin 1976.

DEUTSCH, J. A. und DEUTSCH, D., Attention: Some Theoretical Considerations, in: BAKAN, P. (Hrsg.), Attention, Toronto – New York – London 1966, S. 207–225 (Wiederabdruck aus: Psychological Review 70 (1963), S. 80–90).

DGB, ÖGB, SGB (Hrsg.), Menschengerechte Arbeitsgestaltung, 1. Informationsschrift, 4. Aufl., Köln 1975.

DIETZ, R. und RICHARDI, R., Betriebsverfassungsgesetz, 5. Aufl., München 1973.

DITTMAYER, S., METZGER, H. und SCHÄFER, D., Bewertung von Arbeitssystemen, in: RKW (Hrsg.), Menschengerechte Arbeit – Erfahrungsaustausch zwischen Forschung und betrieblicher Praxis, Dokumentation zum RKW-Kongreß am 6. und 7. April 1976 in Essen, Frankfurt a. M. 1976, S. 189–196.

DRUCKER, P., The effective Decisions, in: DRUCKER, P. (Hrsg.), The effective Executive, New York – Evanston – London 1966/1967, S. 143–165.

DUPUIS, H., Zur physiologischen Beanspruchung des Menschen durch mechanische Schwingungen, Fortschrittberichte VDI-Zeitschrift, Reihe 11, Nr. 7 (1969).

EBERSTEIN, H. H. und MEYER, T. R., Arbeitsstättenrecht, Handkommentar für die Praxis, Köln 1975.

ECCLES, J. C., Das Gehirn des Menschen, München – Zürich 1975.

EGETH, H., Selective Attention, in: Psychological Bulletin 67 (1967) 1, S. 41–57.

ELLIS, F. P. u.a., Measurement of Environmental Warmth in SI Units, in: British Journal of industrial Medicine 29 (1972), S. 361 ff.

ESSER, W. M., Individuelles Konfliktverhalten in Organisationen, Stuttgart 1975.

Europäische Gemeinschaften, Angleichung der Rechts- und Verwaltungsvorschriften der Mitgliedstaaten über die Sicherheitskennzeichnung am Arbeitsplatz, Richtlinie des Rates der Europäischen Gemeinschaften vom 25. Juli 1977 (77/576 EWG), Amtsblatt der Europäischen Gemeinschaften Nr. L 229 vom 7. September 1977, S. 12, abgedruckt in: Arbeitsschutz (1977) 11, S. 319–321.

Fachverzeichnis der Regeln und Vorschriften der Technik zum Schutz gegen Lärm vom November 1976, Gemeinschaftsausschuß der Technik, GdT-Informationsstelle über Technische Regelwerke beim DIN (Hrsg. und Bezugsquelle, Anschrift siehe Adressenverzeichnis).

FANGER, P. O., Thermal Comfort, Analysis and Applications in Environmental Engineering, New York 1973.

FANGER, P. O., Beurteilung der thermischen Behaglichkeit des Menschen in der Praxis, in: Arbeitsmedizin – Sozialmedizin – Präventivmedizin, 9 (1974) 12, S. 265–269.

FLEISHMAN, E. A. und HARRIS, E. F., Patterns of Leadership Behavior Related to Employee Grievance and Turnover, in: Personnel Psychology 15 (1962), S. 43–56.

FLEISHMAN, E. A., HARRIS E. F. und BURTT, H. E., Leadership and Supervision in Industry, Columbus 1955.

FLEISHMAN, E. A. und STEPHENSON, R. W., Development of a Taxonomy of Human Performance – A Review of the Third Year's Progress, American Institutes for Research, Washington 1970.

FOPPA, K., Lernen, Gedächtnis, Verhalten, Köln 1970.

Fördergemeinschaft Gutes Licht (Hrsg. und Bezugsquelle, Anschrift siehe Adressenverzeichnis), Licht zum Leben; Heft 1, Die Beleuchtung mit künstlichem Licht, Frankfurt a. M. 1974, Heft 4, Gutes Licht für Büro und Verwaltungsgebäude, Frankfurt a. M. 1974, Heft 5, Gutes Licht für Industrie und Handwerk, Frankfurt a. M. 1975.

Foret, J. und Benoit, O., Structure du Sommeil chez des Travailleurs à Horaires Alternantes, in: Electroencephalography and clinical Neurophysiology 37 (1974), S. 337–344.

Frieling, E., Psychologische Arbeitsanalyse, Stuttgart 1975.

Frieling, E., Die Arbeitsplatzanalyse als Grundlage zur Eignungsdiagnostik, in: Triebe, J. K. und Ulich, E. (Hrsg.), Beiträge zur Eignungsdiagnostik, Bern 1977.

Frieling, E. und Graf Hoyos, C., Der Fragebogen zur Arbeitsplatzanalyse (FAA), erscheint im Huber Verlag, Bern (im Druck).

Frieling, H., Gesetz der Farbe, Göttingen 1968.

Frieling, H., Farben im Betrieb als Mittel der Unfallverhütung, in: Moderne Unfallverhütung (1970) 14, S. 102 ff.

Frieling, H., Einsatz der Farbe als Mittel zur Verbesserung der Arbeitsbedingungen im Betrieb, in: Werksärztliches (1973) 3, S. 11–20.

Frieling, H., Farbe im Raum, Angewandte Farbenpsychologie, München 1974.

Gäfgen, G., Theorie der wirtschaftlichen Entscheidung, Tübingen 1963.

Gagné, R. M., Die Bedingungen menschlichen Lernens, Hannover 1970.

Galperin, H. und Löwisch, M., Kommentar zum Betriebsverfassungsgesetz, 5. Aufl., Heidelberg 1976.

Gaugler, E., Kolb, M. und Ling, B., Humanisierung der Arbeitswelt und Produktivität, Studie im Auftrag des Bayerischen Staatsministeriums für Arbeit und Sozialordnung München, Mannheim 1976.

Gebert, D., Gruppendynamik in der betrieblichen Führungsschulung, Berlin 1972.

GfA (Hrsg.), Arbeitswissenschaftliche Begriffe, Schriftenreihe „arbeitswissenschaft mit sonderteil arbeitsmittel", Bd. 4, 2. Aufl., Mainz 1967.

Glatzel, H., Ernährung im Büroberuf und bei geistiger Arbeit, Herne 1973.

Graf, O., Vorschläge einer Neuregelung, in: Blume, E., Doese, K., Fischer, H., Graf, O., Höffner, J. und Kraut, H. (Hrsg.), Gutachten über die kontinuierliche Arbeitsweise in SM-Werken der Hüttenwerke Oberhausen AG, im Auftrage des Arbeits- und Sozialministers des Landes NRW, 22. Mai 1955 (unveröffentlicht).

Graf Hoyos siehe Hoyos

Grandjean, E. (Hrsg.), Physiologische Arbeitsgestaltung, 2. Aufl., Thun – München 1967.

Greve, H.-G. und Meseck, O., Klärung des diagnostischen Wertes von Verfahren der psychologischen Eignungsuntersuchung, Köln 1966.

Grossmann, E.R.F.W., Information Process in Human Skill, in: British Medical Bulletin – Experimental Psychology 20 (1964) 1, S. 32–37.

HALPIN, A. W. und WINER, B. J., A Factorial Study of the Leader Behavior Descriptions, in: STOGDILL, R. M. und COONS, E. A. (Hrsg.), Leader Behavior: Its Description and Measurement 88 (1957), S. 39–51.

HASENACK, W., Arbeitshumanisierung und Betriebswirtschaft, Fließband- und Gruppenarbeit im Wettbewerb, München – Wien 1977.

HEINEN, E., Das Zielsystem der Unternehmung – Grundlagen betrieblicher Entscheidungen, Wiesbaden 1966.

HELLPACH, W., Die geophysischen Erscheinungen, Leipzig 1911.

HENGSTLER, J. (Hrsg.), Gleitzeit Digest, 2. Aufl., Trossingen 1973.

HENSCHLER, D., Gesundheitsschädliche Arbeitsstoffe (Loseblattsammlung), Toxikologisch-arbeitsmedizinische Begründung von MAK-Werten, Weinheim (Bergstr.) 1972 ff.

HERNÁNDEZ-PEÓN, R., Attention, Sleep, Motivation and Behavior, in: BAKAN, R. (Hrsg.), Attention, Toronto – New York – London 1966, S. 181–204 (Wiederabdruck aus: The Role of Pleasure in Behavior, HEATH, R. G. (Hrsg.), New York 1964, S. 195–217).

HERNÁNDEZ-PEÓN, R., A Neurophysiological and Evolutionary Model of Attention, in: EVANS, C. R. und MULHOLLAND, T. B. (Hrsg.), Attention in Neurophysiology, London 1969, S. 417–432.

HETZER, H. (Hrsg.), Handbuch der Psychologie, Bd. 10, Pädagogische Psychologie, Göttingen 1959.

HOCHREIN, M. und SCHLEICHER, I., Leistungssteigerung, Leistung, Übermüdung, Gesunderhaltung, Stuttgart 1953.

HOEPFNER, F. G., Konflikte und Lösungsmöglichkeiten im Betrieb, in: Personal 23 (1971) 4, S. 123–127.

HOFFMANN, H. und VON LÜPKE, A., 0 Dezibel + 0 Dezibel = 3 Dezibel, Institut für Lärmbekämpfung der Süddeutschen Eisen- und Stahl-Berufsgenossenschaft in Mainz (Hrsg.), Berlin 1975.

HOFFMEISTER, J., Wörterbuch der philosophischen Begriffe, 2. Aufl., Hamburg 1955.

HOLLAND, J. G. und SKINNER, B. F., Analyse des Verhaltens, München 1971.

HOYOS, GRAF C., Arbeitspsychologie, Stuttgart 1974a.

HOYOS, GRAF C., Kompatibilität, in: SCHMIDTKE, H. (Hrsg.), Ergonomie 2, München 1974b, S. 93–112.

IfaA (Hrsg.), Betriebsverfassungsgesetz 1972 und Arbeitsstudium, Vorträge, Schriften des IfaA, Nr. 26, Köln 1972 (unveröffentlicht).

IfaA (Hrsg.), Körpermaße als Grundlage der Arbeitsgestaltung – Synopse wissenschaftlicher Untersuchungsergebnisse, Köln 1973a.

IfaA (Hrsg.), Neue Arbeitsstrukturen in der europäischen Metallindustrie, Mitteilungen des IfaA (1973b) 41, 42; (1974) 43, 44, 45, 46, 47, 48, 49, 54.

IfaA (Hrsg.), Angewandte Arbeitswissenschaft, Mitteilungen des IfaA (1975) 56.

IfaA (Hrsg.), Arbeitsstrukturierung mit MTM, Schrift 1 (1975), Arbeitsstrukturierung in der deutschen Metallindustrie, Schrift 3 und 5 (1975), Fortschrittliche Arbeitsgestaltung, Schrift 6 (1976), Neue Unternehmens- und Arbeitsstrukturen in der französischen Metallindustrie, Schrift 7 (1977) der Schriftenreihe des IfaA.

Institut Mensch und Arbeit, Tätigkeitsspezifische Eignungstests, Göttingen 1975.

JÄGER, A. O., Personalauslese, in: MAYER, A. und HERWIG, B. (Hrsg.), Handbuch der Psychologie, Bd. 9, Betriebspsychologie, Göttingen 1970, S. 613–667.

JANSEN, G., Lärm im Betrieb, RKW (Hrsg.), Reihe Arbeitsphysiologie – Arbeitspsychologie, 2. Aufl., in Vorbereitung (1977).

JÜRGENS, H. W., Forschungsbericht aus der Wehrmedizin, Körpermaße 20jähriger Männer als Grundlage für die Gestaltung von Arbeitsgerät, Ausrüstung und Arbeitsplatz, BMVg InSan Nr. 2/69, 1971.

JÜRGENS, H. W., Körpermaße 25–40jähriger Männer zur Prüfung der anthropometrisch-ergonomischen Bedeutung altersbedingter Veränderungen der Körperform, BMVg InSan Nr. 3571-V-072, 1973.

JÜRGENS, H. W., Körpermaße und Bewegungsraum, in: Mitteilungen des IfaA (1973) 35, S. 18–35.

KAMINSKY, G. und PILZ, E., Gestaltung von Arbeitsplatz und Arbeitsmittel, RKW (Hrsg.), Reihe Arbeitsphysiologie – Arbeitspsychologie, Berlin – Köln – Frankfurt a. M. 1963.

KARLOWSKI, R., Vorbereitungen eines Betriebes im Zusammenhang mit der Arbeitsstättenverordnung, in: Angewandte Arbeitswissenschaft, Mitteilungen des IfaA (1975) 58, S. 27 f.

KAUSCHITZ, R., Hinweise für die praktische Gestaltung von Arbeiten unter Einfluß von Stäuben, Gasen und Dämpfen, in: Stäube, Gase und Dämpfe in der Metallindustrie, Schriften des IfaA, Nr. 38, Köln 1976 (unveröffentlicht), S. 73–87.

KEIDEL, W. D. (Hrsg.), Kurzgefaßtes Lehrbuch der Physiologie, Stuttgart 1975.

KIRCHNER, J.-H. und ROHMERT, W., Ergonomische Leitregeln zur menschengerechten Arbeitsgestaltung – Katalog arbeitswissenschaftlicher Richtlinien über die menschengerechte Gestaltung der Arbeit – BetrVG §§ 90 und 91, München 1974.

KLIX, F., Information und Verhalten, Bern – Stuttgart – Wien 1971.

KLOIDT, H., DUBBERKE, H.-A. und GÖLDNER, J., Zur Problematik des Entscheidungsprozesses, in: KOSIOL, E. (Hrsg.), Organisation des Entscheidungsprozesses, Berlin 1959.

KLOSTERKÖTTER, W., Extraaurale Lärmwirkungen durch Arbeitslärm? In: Arbeitsmedizin – Sozialmedizin – Präventivmedizin 10 (1975) 4, S. 68–70.

KNAUTH, P. und ILMARINEN, J., Continuous Measurement of Body Temperature during a Threeweek Experiment with Inverted Working and Sleeping Hours, in: COLQUHOUN, P., FOLKARD, S., KNAUTH, P. und RUTENFRANZ, J. (Hrsg.), Experimental Studies of Shift Work, Forschungsberichte des Landes Nordrhein-Westfalen, Nr. 2513, Opladen (1975), S. 66–73.

KNAUTH, P. und RUTENFRANZ, J., Untersuchungen über die Beziehungen zwischen Schichtform und Tagesaufteilung, in: Internationales Archiv für Arbeitsmedizin 30 (1972a), S. 173–191.

KNAUTH, P. und RUTENFRANZ, J., Untersuchungen zum Problem des Schlafverhaltens bei experimenteller Schichtarbeit, in: Internationales Archiv für Arbeitsmedizin 30 (1972b), S. 1–22.

KOELSCH, F., Lehrbuch der Arbeitsmedizin, Bd. 1, Allgemeine Physiologie – Pathologie – Fürsorge, 4. Aufl., Stuttgart 1963.

KROEMER, K.H.E., Bedienteile an Handpressen und anderen Werkzeugmaschinen, Forschungsberichte des Landes Nordrhein-Westfalen, Nr. 1269, Köln – Opladen 1963.

KROEMER, K.H.E., Was man von Schaltern, Kurbeln und Pedalen wissen muß, Berlin – Köln – Frankfurt a.M. 1967.

KUGEMANN, W. F., Lerntechniken für Erwachsene, Stuttgart 1972.

KÜHN, R. und BIRETT, K., Merkblätter „Gefährliche Arbeitsstoffe", München 1974.

LANGE, W. und SCHNAUBER, H., Beanspruchung des Menschen durch mechanische Schwingungen, Arbeitsphysiologischer Hinweis Nr. 42, Wirtschaftsvereinigung Eisen- und Stahlindustrie und Verein Deutscher Eisenhüttenleute, Düsseldorf 1972.

LAST, G., Musik in der Fertigung, RKW (Hrsg.), Fachbuchreihe, Berlin – Köln – Frankfurt a.M. 1966.

LAURIG, W., Grundlagen der Arbeitsgestaltung als Voraussetzung planmäßiger Arbeitsunterweisung, in: Grundlagen der Arbeits- und Berufspädagogik bei der Deutschen Bundespost, Teillehrgang 2, Institut zur Entwicklung moderner Unterrichtsmedien e.V., Bremen 1975.

LAURIG, W. und ROHMERT, W., Ergonomische Methoden zur Beurteilung des Teilsystems „Mensch" in Arbeitssystemen, in: SCHMIDTKE, H. (Hrsg.), Ergonomie 2, München 1974, S. 113–145.

LEHMANN, G. (Hrsg.), Handbuch der gesamten Arbeitsmedizin, Bd. 1, Arbeitsphysiologie, Berlin – München – Wien 1961.

LEHMANN, G., Praktische Arbeitsphysiologie, 2. Aufl., Stuttgart 1962.

LEHMANN, G. und SCHMIDTKE, H., Die Arbeitszeit, in: LEHMANN, G. (Hrsg.), Handbuch der gesamten Arbeitsmedizin, Bd. 1, Arbeitsphysiologie, Berlin – München – Wien 1961, S. 895–912.

LEHMANN, G. und STIER, F., Mensch und Gerät, in: LEHMANN, G. (Hrsg.), Handbuch der gesamten Arbeitsmedizin, Bd. 1, Arbeitsphysiologie, Berlin – München – Wien 1961, S. 718–788.

LENTGE, H. und SCHWARZBACH, E., Gesundheitsgefährliche Arbeitsstoffe 1 (Gase – Stäube – Dämpfe), in: Ausbildung Sicherheitsfachkräfte, Bundesanstalt für Arbeitsschutz und Unfallforschung und Hauptverband der gewerblichen Berufsgenossenschaft e.V. (Hrsg.), Köln 1976.

LEWIS-SMITH, M. Q., Short-term Memory as a Processing Shift, in: American Journal of Psychologica 88 (1976) 4, S. 605–627.

LOSKANT, H., Arbeitsmedizinische Kriterien für die Auswahl und Überwachung von Schichtarbeiten, in: Arbeit und Leistung 24 (1970) 2/3, S. 38–40.

MADSEN, T. L., Direkte Messung der thermischen Behaglichkeit – Ein neues Gerät für die Praxis, in: Arbeitsmedizin – Sozialmedizin – Präventivmedizin 9 (1974) 12, S. 269–273.

Maximale Arbeitsplatzkonzentrationen 1977 der Kommission zur Prüfung gesundheitsschädlicher Arbeitsstoffe der Deutschen Forschungsanstalt, Bek. des BMA vom 1. September 1977 – III b 4 – 3745.81 – 2615/77, abgedruckt in: Arbeitsschutz (1977) 10, S. 266–277.

MAYER, A. und NEUBERGER, O., Autorität im Betrieb, in: GAUGLER, E. (Hrsg.), Handwörterbuch des Personalwesens, Stuttgart 1975, S. 512–522.

MCCONNELL, W. J. und SPIEGELMAN, M., Reactions of 745 Clerks to Summer Air Conditioning, in: Heating, Piping and Air Conditioning 12 (1940), S. 317 ff.

MCCORMICK, E. J., Human Factors Engineering, 2. Aufl., New York 1964.

MCCORMICK, E. J., JEANNERET, P. R. und MECHAM, R. C., A Study of Job Characteristics and Job Dimensions as Based on the Position Analysis Questionnaire (PAQ), in: Journal of Applied Psychology 56 (1972), S. 347–368.

MENZEL, W., Menschliche Tag-Nacht-Rhythmik und Schichtarbeit, Basel 1962.

MORAY, N., Attention – Selective Processes in Vision and Hearing, New York 1970a.

MORAY, N., Towards a Quantitative Theory of Attention, in: SANDERS, A. F. (Hrsg.), Attention and Performance III, Amsterdam 1970b, S. 111–117.

MORSE, N. C., Satisfactions in the White-collar Job, Ann Arbor 1953.

MÜLLER, E. A., Die physische Ermüdung, in: LEHMANN, G. (Hrsg.), Handbuch der gesamten Arbeitsmedizin, Bd. 1, Arbeitsphysiologie, München – Berlin – Wien 1961, S. 405–441.

MÜLLER-LIMMROTH, W., Ermüdung und Erholung aus der Sicht des Physiologen, in: WACHSMUTH, W. (Hrsg.), Ärztliche Problematik des Urlaubs, Berlin – Heidelberg – New York 1973, S. 15–21.

MURRELL, K.F.H., Ergonomie, Düsseldorf – Wien 1971.

NACHREINER, F., FRIELINGSDORF, R., ROMAHN, R., KNAUTH, P., KUHLMANN, W., KLIMMER, F., RUTENFRANZ, J. und WERNER, E., Schichtarbeit bei kontinuierlicher Produktion, Forschungsbericht Nr. 141 der Bundesanstalt für Arbeitsschutz und Unfallforschung (Hrsg.), Dortmund 1975.

NADLER, G., Work Systems Design – The Ideal Concept, Homewood 1967.

NADLER, G., Arbeitsgestaltung – zukunftsbewußt, München 1969.

NAEF, R. D., Rationeller Lernen lernen, Weinheim 1971.

NATZEL, B., Gestaltung von Arbeitsstätte, Arbeitsplatz und Arbeitsablauf – Individuelle und betriebsverfassungsrechtliche Rechte und Pflichten, in: Leistung und Lohn (1973) 37/40, S. 7–71.

NATZEL, B., Die Arbeitsstättenverordnung – Bedeutung, Rechtslage, Anforderungen, in: Angewandte Arbeitswissenschaft, Mitteilungen des IfaA (1975) 58, S. 3–21.

NAYLOR, J. C. und BRIGGS, G. E., The Effect of Task Complexity and Task Organization on the Relative Effectiviency of Part and Whole Methods, in: Journal of Experimental Psychology 65 (1963), S. 217–224.

NEISSER, U., Cognitive Psychology, New York 1967.

NESSWETHA, W., Bioklimatische Wirkungen auf die Arbeit, in: MAYER, A. und HERWIG, B. (Hrsg.), Handbuch der Psychologie, Bd. 9, Betriebspsychologie, Göttingen 1970, S. 323–332.

NEUBERGER, O., Das Mitarbeitergespräch, München 1973.

NEUBERGER, O., Messung der Arbeitszufriedenheit, Stuttgart 1974.

NEUBERGER, O., Führungsverhalten und Führungserfolg, Berlin 1976.

NEUMANN, J. und TIMPE, K.-P., Arbeitsgestaltung, 3. Aufl., Berlin 1971.

NEUMANN, K. und GREINER, P., Anschriftenverzeichnis Lärmminderung, 1000 Anschriften aus Wissenschaft, Technik, Wirtschaft, Staat und Gesellschaft mit Angaben über Erzeugnisse, Aufgaben, Zuständigkeiten, 1970 (Bezug: VDI-Dokumentationsstelle, siehe Adressenverzeichnis).

NUTZHORN, H., Leitfaden der Arbeitsanalyse, RKW (Hrsg.), Bad Harzburg 1964.

OPFERMANN, R. und STREIT, W., Arbeitsstätten – Arbeitsstättenverordnung mit ausführlichen Erläuterungen, Arbeitsstätten-Richtlinien, sonstige für Arbeitsstätten wichtige Vorschriften, Regeln und Normen, Wiesbaden 1977.

PAHLEN, K., Musik-Therapie, München 1973.

PETERS, T., Arbeitswissenschaft für die Büropraxis, Herne 1973.

RAL Farbtonregister 840R, Ausschuß für Lieferbedingungen und Gütesicherung vom Deutschen Institut für Normung e.V. (Hrsg.), (Bezug: Beuth Verlag, siehe Adressenverzeichnis).

RAMSEY, J. D., Threshold Limits for Workers in Hot Environments – Proceedings, in: HEMP, R. und LANCASTER, F. H. (Hrsg.), The Mine Ventilation Society of South Africa 1976, S. 249–253.

REFA (Hrsg.), Das REFA-Buch, Bd. 1, Arbeitsgestaltung, 10. Aufl., München 1961.

REFA (Hrsg.), Methodenlehre des Arbeitsstudiums, Teil 1, Grundlagen, 3. Aufl., München 1973a.

REFA (Hrsg.), Methodenlehre des Arbeitsstudiums, Teil 3, Kostenrechnung, Arbeitsgestaltung, 3. Aufl., München 1973b.

REYNOLDS, R., Effects of Double Stimulation: Temporary Inhibition of Response, in: Psychological Bulletin 62 (1964) 5, S. 333–347.

RKW (Hrsg.), Menschengerechte Arbeit – Erfahrungsaustausch zwischen Forschung und betrieblicher Praxis, Dokumentation zum RKW-Kongreß am 6. und 7. April 1976 in Essen, Frankfurt a.M. 1976.

RÖBKE, R., Zeitliche Auswirkungen ausgewählter, produktionsorientierter Unternehmensentscheidungen und Möglichkeiten ihrer Simulation, Diplom-Arbeit an der TU Berlin 1971 (unveröffentlicht).

RÖBKE, R., Aufmerksamkeitsgebundene Verhaltensvariabilität als Unfallursache, Diss. TU Berlin 1974.

RÖBKE, R., SCHULTE, B. und THIMM, K., Verhaltensvariabilität des Menschen als Unfallursache, Forschungsbericht Nr. 113 der Bundesanstalt für Arbeitsschutz und Unfallforschung (Hrsg.), Dortmund 1973.

ROETHLISBERGER, F. J. und DICKSON, W. J., Management and the Worker, Cambridge 1939.

ROHMERT, W., Ermittlung von Erholungspausen für statische Arbeit des Menschen, in: Internationale Zeitschrift für angewandte Physiologie einschließlich Arbeitsphysiologie 18 (1959), S. 123–164.

ROHMERT, W., Untersuchungen über Muskelermüdung und Arbeitsgestaltung, Berlin – Köln – Frankfurt a.M. 1962.

ROHMERT, W., Maximalkräfte von Männern im Bewegungsraum der Arme und Beine, Forschungsberichte des Landes Nordrhein-Westfalen, Nr. 1616, Köln – Opladen 1966.

ROHMERT, W., Umdrucke zur Vorlesung Arbeitswissenschaft I, TH Darmstadt 1968 (unveröffentlicht).

ROHMERT, W., Über die Wirkung eines Leistungsanreizes bei isometrischem Muskeltraining von Kindern, in: Das öffentliche Gesundheitswesen 32 (1970), S. 392–401.

ROHMERT, W., Aufgaben und Inhalt der Arbeitswissenschaft, in: Die berufsbildende Schule 24 (1972) 1, S. 3–14.

ROHMERT, W., Kräfte im Bewegungsraum, in: SCHMIDTKE, H. (Hrsg.), Ergonomie 1, Grundlagen menschlicher Arbeit und Leistung, München 1973a, S. 133–149.

ROHMERT, W., Psycho-physische Belastung und Beanspruchung von Fluglotsen, Berlin – Köln – Frankfurt a.M. 1973b.

ROHMERT, W., Grundlagen der Technischen Arbeitsgestaltung, in: SCHMIDTKE, H. (Hrsg.), Ergonomie 2, München 1974, S. 9–23.

ROHMERT, W., Podiumsdiskussion über „Menschengerechte Arbeit – Ergebnisse und Entwicklungen", in: RKW (Hrsg.), Menschengerechte Arbeit – Erfahrungsaustausch zwischen Forschung und betrieblicher Praxis, Dokumentation zum RKW-Kongreß am 6. und 7. April 1976 in Essen, Frankfurt a. M. 1976, S. 70–85.

ROHMERT, W. und JENIK, P., Maximalkräfte von Frauen im Bewegungsraum der Arme und Beine, Berlin – Köln – Frankfurt a. M. 1972.

ROHMERT, W., RUTENFRANZ, J. und LUCZAK, H., Arbeitswissenschaftliche Beurteilung der Belastung und Beanspruchung an unterschiedlichen industriellen Arbeitsplätzen, Forschungsbericht für den Bundesminister für Arbeit und Sozialordnung, in: ROHMERT, W. und RUTENFRANZ, J., Arbeitswissenschaftliche Beurteilung der Belastung und Beanspruchung an unterschiedlichen industriellen Arbeitsplätzen, Bundesminister für Arbeit und Sozialordnung, Referat Öffentlichkeitsarbeit (Hrsg.), Bonn 1975.

VON ROSENSTIEL, L., MOLT, W. und RÜTTINGER, B., Organisationspsychologie, Stuttgart 1972.

ROSENSTOCK, H. A., Die Entscheidung im Unternehmungsgeschehen, St. Gallen 1961.

RUTENFRANZ, J., Probleme der Schichtarbeit, in: Werksärztliches (1971) 2/3, S. 1–27.

RÜTTINGER, B., Konflikt und Konfliktlösung, München 1977.

SANDERS, A. F., Psychologie der Informationsverarbeitung, Stuttgart 1971.

SANDIG, C., Die Führung des Betriebes, Betriebswirtschaftspolitik, Stuttgart 1953.

SASSOR, H.-J. und KRAUSE, H., Auswirkungen mechanischer Schwingungen auf den Menschen, in: RKW (Hrsg.), Reihe Arbeitsphysiologie – Arbeitspsychologie, Berlin – Köln – Frankfurt a.M. 1966.

SCHEIN, E. H., Organizational Psychology, Englewood Cliffs 1965.

SCHMALE, H., Das Sehen bei der Arbeit, RKW (Hrsg.), Reihe Arbeitsphysiologie – Arbeitspsychologie, Berlin – Köln – Frankfurt a. M. 1965.

SCHMIDT, H., Schalltechnisches Taschenbuch, VDI-Verlag (Hrsg.), 2. Aufl., Düsseldorf 1976.

SCHMIDT, H.-G., Chemische Stoffe, in: SCHMIDTKE, H. (Hrsg.), Ergonomie 2, München 1974, S. 271–283.

SCHMIDT, J., Gestalten von Arbeitsplatz und Arbeitsmittel – Beispiele zu arbeitswissenschaftlichen Leitsätzen, Prüfungsarbeit an der FH Hannover 1975 (unveröffentlicht).

SCHMIDTKE, H., Die Ermüdung, Bern – Stuttgart 1965.

SCHMIDTKE, H., Überwachungs-, Kontroll- und Steuerungstätigkeiten, RKW (Hrsg.), Reihe Arbeitsphysiologie – Arbeitspsychologie, Berlin – Köln – Frankfurt a. M. 1966.

SCHMIDTKE, H. (Hrsg.), Ergonomie 1, Grundlagen menschlicher Arbeit und Leistung, München 1973.

SCHMIDTKE, H., Bedienungs- und Steuerarmaturen in: SCHMIDTKE, H. (Hrsg.), Ergonomie 2, München – Wien 1974a, S. 42–67.

Schmidtke, H. (Hrsg.), Ergonomie 2, Gestaltung von Arbeitsplatz und Arbeitsumwelt, München – Wien 1974b.

Schmidtke, H., Ergonomische Bewertung von Arbeitssystemen – Entwurf eines Verfahrens, München – Wien 1976.

Schmidtke, H. und Dupuis, H., Arbeitstische, Konsolen und Sitze, in: Schmidtke, H. (Hrsg.), Ergonomie 2, München – Wien 1974, S. 24–41.

Schmidtke, H. und Schmale, H., Arbeitsanforderung und Berufseignung, Methodik der eignungsdiagnostischen Normenfindung, Bern 1961.

Schober, H., Das Sehen, Leipzig 1954.

Schöppner, H., Entscheidungshilfen für die Anschaffung von persönlichem Gehörschutz, in: Arbeitsmedizin – Sozialmedizin – Präventivmedizin 11 (1976) 8, S. 221–223.

Schulte, B., Die Arbeitswissenschaft im Blickfeld menschengerechter Arbeitsbedingungen und wirtschaftlicher Zielsetzungen, in: Verband der Metallindustrie Baden-Württemberg e.V. (Hrsg.), Plädoyer für eine humane Arbeitswelt, Stuttgart 1973, S. 32–52.

Schulter, G., Zur funktionalen Organisation langzeitiger Speicherung, in: Zeitschrift für experimentelle und angewandte Psychologie 12 (1975) 1, S. 113–137.

Schweizerische, Österreichische und Deutsche Lichttechnische Gesellschaft (Hrsg.), Handbuch für Beleuchtung, 4. Aufl., Essen 1975.

Seiter, K., Folgerungen der neuen Arbeitsstättenverordnung für einen Betrieb der Metallindustrie, in: Angewandte Arbeitswissenschaft, Mitteilungen des IfaA (1975) 58, S. 29–45.

Sherif, M., Harvey, O. J., White, B. J., Hood, W. R. und Sherif, C., Intergroup Conflict and Cooperation: The Robbers Cave Experiment, Norman 1961.

Siemens, Handbuch Arbeitstechnik, o.O. 1967 (unveröffentlicht).

Simon, A., Körpermaße als Grundlage der Arbeitsgestaltung, in: Mitteilungen des IfaA (1973) 35, S. 11–17.

Simon, A., Maße zur Gestaltung des Arbeitsplatzes, Schrift 2 der Schriftenreihe des IfaA (1975).

Simon, H. A., The New Science of Management Decision, New York 1960.

Simon, H. A., Perspektiven der Automation für Entscheider, Quickborn 1966.

Skiba, R., Taschenbuch Arbeitssicherheit, 2. Aufl., Berlin 1975.

Solf, J., Kleine Griffkunde oder: Was der Designer vom Ergonomen lernen kann, in: Bundespreis „Gute Form" 1975 (Katalog).

Stier, F. und Meyer, H. O., Physiologische Grundlagen der Arbeitsgestaltung, Kurt-Hegner-Institut, Darmstadt o.J.

Strydom, N.B. u.a., Oral/Rectal Temperature Differences during Work and Heat Stress, in: Journal of Applied Physiology 20 (1965), S. 283 ff.

SWENSSON, A., Spezielle gesundheitliche Gefährdung von Nacht- und Schichtarbeit einschließlich deren Vorbeugung, in: RUTENFRANZ, J. und SINGER, R. (Hrsg.), Aktuelle Probleme der Arbeitsumwelt, Schriftenreihe Arbeitsmedizin – Sozialmedizin – Arbeitshygiene, Bd. 38, Stuttgart 1971, S. 45–60.

SYMANSKI, H. (Hrsg.), Handbuch der gesamten Arbeitsmedizin, Bd. 4, Arbeitshygiene, 2 Teilbände, Berlin – München – Wien 1963.

TANNENBAUM, A. S., Social Psychology of the Work Organization, Belmont – London 1969.

TAUSCH, R. und TAUSCH, A. M., Erziehungspsychologie, Psychologische Vorgänge in Erziehung und Unterricht, Göttingen 1970.

THOMAE, H., Der Mensch in der Entscheidung, München 1960.

TREISMAN, A.M., Verbal Cues, Languages and Meaning in Selective Attention, in: American Journal of Psychology 77 (1964a), S. 206–219.

TREISMAN, A. M., Selective Attention in Man, in: British Medical Bulletin – Experimental Psychology, Volume 20 (1964b) 1, S. 12–16.

TRIEBE, J. K., Eignung und Ausbildung, Vorüberlegungen zu einem eignungsdiagnostischen Konzept, in: Schweizerische Zeitschrift für Psychologie 34 (1975), S. 50–67.

TRIEBE, J. K., FISCHER, H. und ULICH, E., Auswahl von Bewerbern für den öffentlichen Dienst – Problemstudie zur Informations- und Entscheidungsfindung, in: Studienkommission für die Reform des öffentlichen Dienstrechts, Bd. 10, Baden-Baden 1973.

TRIEBE, J. K. und ULICH, E. (Hrsg.), Beiträge zur Eignungsdiagnostik, Bern 1977.

ULICH, E., Zur Frage der Belastung des arbeitenden Menschen durch Nacht- und Schichtarbeit, in: Psychologische Rundschau 8 (1957), S. 42–61.

VALENTIN, H., KLOSTERKÖTTER, W., LEHNERT, G., PETRY, H., RUTENFRANZ, J. und WITTGENS, H., Arbeitsmedizin, Stuttgart 1971.

VALENTIN, H., KLOSTERKÖTTER, W., LEHNERT, G., PETRY, H., RUTENFRANZ, J. und WITTGENS, H., Arbeitsmedizin, 2. Aufl., im Druck.

VDEh (Hrsg.), Lärmminderung in der Industrie; Bd. 1, Beiträge zur Praxis der Lärmminderung in industriellen Betrieben, Düsseldorf 1971, Bd. 2, Planung und Organisation, Düsseldorf 1972.

VERNON, H. M. und WARNER, C.G., The Influence of the Humidity of the Air on Capacity for Work at High Temperatures, in: Journal of Hygiene 32 (1932), S. 431 ff.

VROOM, V. H., Work and Motivation, New York 1964.

WARNECKE, H.-J., Neue Arbeitsstrukturen in der Produktion, in: Fortschrittliche Arbeitsgestaltung, Schrift 6 der Schriftenreihe des IfaA (1976), S. 16–28.

WEIL, R., Gedanken über die Bedeutung des Begriffes „Menschengerechte Gestaltung der Arbeit", in: Mitteilungen des IfaA (1973a) 38, S. 2–13.

Weil, R., „Menschengerechte Arbeitsgestaltung" – Kritische Anmerkungen zu einer gewerkschaftlichen Broschüre, in: Mitteilungen des IfaA (1973b) 38, S. 14–21.

Weingart, S. R., Understanding Management Decision, in: Journal of Systems Management 20 (1969) 4, S. 37–39.

Wenzel, H. G., Möglichkeiten und Probleme der Beurteilung von Hitzebelastungen des Menschen, in: arbeitswissenschaft 3 (1964) 3, S. 73–83.

Wenzel, H. G., Klimatische Arbeitsbedingungen, in: Mayer, A. und Herwig, B. (Hrsg.), Handbuch der Psychologie, Bd. 9, Betriebspsychologie, 2. Aufl., Göttingen 1970, S. 302–322.

Wenzel, H. G., Stoffwechsel und Energieumsatz, in: Schmidtke, H. (Hrsg.), Ergonomie 1, München 1973, S. 30–42.

Wenzel, H. G., Klima, in: Schmidtke, H. (Hrsg.), Ergonomie 2, München – Wien 1974a, S. 146–163.

Wenzel, H. G., Klimamessung und Klimabewertung, in: Schmidtke, H. (Hrsg.), Ergonomie 2, München – Wien 1974b, S. 164–173.

Wild, J., Führung als Prozeß der Informationsverarbeitung, in: Macharzina, K. und von Rosenstiel, L. (Hrsg.), Führungswandel in Unternehmung und Verwaltung, Wiesbaden 1974.

Winter, K.-H., Zum Problem einer Bewertung von Produktionsmutationen in sozio-technischen Fertigungssystemen, Diss. Köln 1977.

Witte, E., Phasen-Theorem und Organisation komplexer Entscheidungsverläufe, in: Zeitschrift für betriebliche Forschung 20 (1960) 10, S. 625–647.

Wittgens, H. (Hrsg.), Handbuch der gesamten Arbeitsmedizin, Bd. 5, Arbeitspsychologie, Medizinische Berufskunde und Grenzgebiete, Berlin – München – Wien 1961.

Wöllersdorfer, E., Experimentelle Beiträge zur Theorie des Kurzzeitgedächtnisses, in: Zeitschrift für experimentelle und angewandte Psychologie 12 (1975) 1, S. 347–366.

Wyatt, S. und Marriott, R., Night Work and Shift Changes, in: British Journal of industrial Medicine 10 (1953), S. 164–172.

Wyndham, C. H., A Survey of the Causal Factors in Heat Stroke and of their Prevention in the Gold Mining Industry, in: Journal of South African Institute of Mining and Metallurgy, November 1965, S. 125 ff.

Wyndham, C. H., Research in the Human Sciences in the Gold Mining Industry, in: American Industrial Hygiene Association Journal, März 1974, S. 113 ff.

Yaglou, C. P., Temperature, Humidity and Air Movement in Industries: The Effective Temperature Index, in: Journal of Industrial Hygiene and Toxicology 9 (1927), S. 297 ff.

Zangemeister, C., Nutzwertanalyse in der Systemtechnik, 2. Aufl., München 1971.

Rechtsvorschriften

(Bezug des Bundesgesetzblattes bei der Vertriebsabteilung Bundesgesetzblatt der Bundesanzeiger Verlagsges. mbH, Bonn, siehe Adressenverzeichnis)

Arbeitssicherheitsgesetz, Gesetz über Betriebsärzte, Sicherheitsingenieure und andere Fachkräfte für Arbeitssicherheit vom 12. Dezember 1973, BGBl. I S. 1885, geändert durch das Jugendarbeitsschutzgesetz vom 12. April 1976, BGBl. I S. 965.

Arbeitsstättenverordnung vom 20. März 1975, BGBl. I S. 729.

Arbeitsstoffverordnung, Verordnung über gefährliche Arbeitsstoffe vom 17. September 1971, BGBl. I S. 1609, i.d.F. der Bek. vom 8. September 1975, BGBl. I S. 2493, geändert am 12. April 1976, BGBl. I S. 965.

Arbeitszeitordnung vom 30. April 1938, RGBl. I S. 447, zuletzt geändert durch Zuständigkeitslockerungsgesetz vom 10. März 1975, BGBl. I S. 685.

Ausführungsverordnung zum Gesetz über Unterkunft bei Bauten vom 21. Februar 1959, BGBl. I S. 44, geändert durch Verordnungen vom 1. August 1969, BGBl. I S. 901 und vom 20. März 1975, BGBl. I S. 759.

Berufskrankheiten-Verordnung vom 20. Juni 1968, BGBl. I S. 721, i.d.F. vom 8. Dezember 1976, BGBl. I S. 3329.

Betriebsverfassungsgesetz vom 15. Januar 1972, BGBl. I S. 13, zuletzt geändert durch Artikel 238 des Einführungsgesetzes zum Strafgesetzbuch vom 2. März 1974, BGBl. I S. 469.

Bundes-Immissionsschutzgesetz, Gesetz zum Schutz vor schädlichen Umwelteinwirkungen durch Luftverunreinigungen, Geräusche, Erschütterungen und ähnliche Vorgänge vom 15. März 1974, BGBl. I S. 721, berichtigt S. 1193, zuletzt geändert durch Artikel 45, Gesetz vom 14. Dezember 1976, BGBl. I S. 3341.

Gesetz über explosionsgefährdete Stoffe (Sprengstoffgesetz) vom 13. September 1976, BGBl. I S. 2737.

Gesetz über gesundheitsschädliche oder feuergefährliche Arbeitsstoffe vom 25. März 1939, RGBl. I S. 581, derzeitig i.d.F. des Einführungsgesetzes zum Gesetz über Ordnungswidrigkeiten vom 24. Mai 1968, BGBl. I S. 503, und des Artikels 247 Einführungsgesetz zum Strafgesetzbuch vom 2. März 1974, BGBl. I S. 469.

Gewerbeordnung für das Deutsche Reich, i.d.F. vom 26. Juli 1900, RGBl. S. 871 (mit zahlreichen späteren Änderungen).

Heimarbeitsgesetz vom 14. März 1951, BGBl. I S. 191, zuletzt geändert durch Gesetz (Heimarbeitsänderungsgesetz) vom 31. Oktober 1974, BGBl. I S. 2878.

Jugendarbeitsschutzgesetz, Gesetz zum Schutze der arbeitenden Jugend vom 12. April 1976, BGBl. I S. 965.

Maschinenschutzgesetz, Gesetz über technische Arbeitsmittel vom 24. Juni 1968, BGBl. I S. 717 (mit mehrfachen späteren Änderungen).

Mutterschutzgesetz, Gesetz zum Schutze der erwerbstätigen Mutter, i.d.F. vom 18. April 1968, BGBl. I S. 315, zuletzt geändert durch Artikel 246 des Einführungsgesetzes zum Strafgesetzbuch vom 2. März 1974, BGBl. I S. 469.

Reichsversicherungsordnung vom 19. Juli 1911, RGBl. S. 640 (mit zahlreichen späteren Änderungen).

Schwerbehindertengesetz, Gesetz zur Sicherung der Eingliederung Schwerbehinderter in Arbeit, Beruf und Gesellschaft, i.d.F. vom 29. April 1974, BGBl. I S. 1005, zuletzt geändert durch Artikel 2, Achtes Gesetz über die Anpassung der Leistungen des Bundesversorgungsgesetzes vom 14. Juni 1976, BGBl. I S. 1481.

Strahlenschutzverordnung, Verordnung über den Schutz vor Schäden durch ionisierende Strahlen vom 13. Oktober 1976, BGBl. I S. 2905, berichtigt in der Berichtigung zur Strahlenschutzverordnung vom 21. Januar 1977, BGBl. I S. 184, weiterhin berichtigt S. 269.

Verordnung über Arbeiten in Druckluft vom 4. November 1972, BGBl. I S. 1909.

Verordnung über besondere Arbeitsschutzanforderungen bei Arbeiten im Freien in der Zeit vom 1. November bis 31. März, Verordnung vom 1. August 1968, BGBl. I S. 901, geändert durch Verordnung vom 23. Juli 1974, BGBl. I S. 1569, i.d.F. der ArbStättV.

Verordnung über die Beschäftigung von Frauen auf Fahrzeugen vom 2. Dezember 1971, BGBl. I S. 1957.

Verordnung über elektrische Anlagen in explosionsgefährdeten Räumen vom 15. August 1963, BGBl. I S. 697, zuletzt geändert durch § 68 Bundes-Immissionsschutzgesetz vom 15. März 1974, BGBl. I S. 721, berichtigt S. 1193.

Unfallverhütungsvorschriften der Berufsgenossenschaften

(Bezug: Heymanns Verlag KG oder Zentralstelle für Unfallverhütung, siehe Adressenverzeichnis)

UVV Lärm, Unfallverhütungsvorschrift der gewerblichen Berufsgenossenschaften VBG 121 vom 1. Dezember 1974 einschließlich Durchführungsregeln und Erläuterungen.

UVV Schutz gegen gesundheitsgefährlichen mineralischen Staub, Unfallverhütungsvorschrift der gewerblichen Berufsgenossenschaften VBG 119 vom 1. April 1973.

Richtlinien, Normen, Empfehlungen

Allgemeine Verwaltungsvorschriften

(Bezug: Bundesanzeiger Verlagsges. mbH, Köln, siehe Adressenverzeichnis)

Allgemeine Verwaltungsvorschrift über das Zusammenwirken der Technischen Aufsichtsbeamten der Träger der Unfallversicherung mit den Betriebsvertretungen vom 21. Juni 1968, in: Bundesanzeiger (1968) Nr. 116 vom 27. Juni 1968, S. 1.

Allgemeine Verwaltungsvorschrift über das Zusammenwirken der Träger der Unfallversicherung und der Gewerbeaufsichtsbehörden vom 26. Juli 1968, in: Bundesanzeiger (1968) Nr. 142 vom 2. August 1968, S. 1.

Arbeitsplatzlärmschutz-Richtlinie

Richtlinie des BMA über Maßnahmen zum Schutz der Arbeitnehmer gegen Lärm am Arbeitsplatz vom 10. November 1970, abgedruckt in: Arbeitsschutz (1970) 12, S. 345–352.

Arbeitsstätten-Richtlinien (ASR)[1]

(Bezug als Sonderdrucke beim Kohlhammer Verlag, siehe Adressenverzeichnis)

ASR 6/1, 3, Raumtemperaturen, Bek. des BMA vom 2. April 1976 – III b 2-8752.10-6240/76, abgedruckt in: Arbeitsschutz (1976) 4, S. 130, berichtigt in: Arbeitsschutz (1977) 5, S. 98.

ASR 7/1, Sichtverbindung nach außen, Bek. des BMA vom 2. April 1976 – III b 2-8752.10-6240/76, abgedruckt in: Arbeitsschutz (1976) 4, S. 130 f.

ASR 7/4, Sicherheitsbeleuchtung, Bek. des BMA vom 2. April 1976 – III b 2-8752.10-6240/76, abgedruckt in: Arbeitsschutz (1976) 4, S. 131 f.

ASR 8/1, Fußböden, Bek. des BMA vom 14. April 1977 – III b 2-3752.10-6160/77, abgedruckt in: Arbeitsschutz (1977) 5, S. 98 f.

ASR 8/4, Lichtdurchlässige Wände, Bek. des BMA vom 21. Januar 1977 – III b 2-3752.10-6018/77, abgedruckt in: Arbeitsschutz (1977) 2, S. 50 f.

ASR 8/5, Nicht durchtrittsichere Dächer, Bek. des BMA vom 21. Januar 1977 – III b 2-3752.10-6018/77, abgedruckt in: Arbeitsschutz (1977) 2, S. 52.

ASR 10/1, Türen, Tore, Bek. des BMA vom 2. April 1976 – III b 2-8752.10-6240/76, abgedruckt in: Arbeitsschutz (1976) 4, S. 132, berichtigt in: Arbeitsschutz (1976) 9, S. 318.

ASR 10/5, Glastüren, Türen mit Glaseinsatz, Bek. des BMA vom 2. April 1976 – III b 2-8752.10-6240/76, abgedruckt in: Arbeitsschutz (1976) 4, S. 132 f., berichtigt in: Arbeitsschutz (1976) 9, S. 318.

---

[1]) Die hier aufgeführten Arbeitsstätten-Richtlinien sind Bekanntmachungen (Bek.) des BMA vom April 1976 bis zum November 1977. Weitere Arbeitsstätten-Richtlinien zu den übrigen Paragraphen der Arbeitsstättenverordnung wird das BMA in unregelmäßiger Folge bekanntgeben.

ASR 13/1, 2, Feuerlöscheinrichtungen, Bek. des BMA vom 3. Mai 1976 – III b 2-3752.10-6395/76, abgedruckt in: Arbeitsschutz (1976) 5, S. 175 f.

ASR 17/1, 2, Verkehrswege, Bek. des BMA vom 26. Juni 1976 – III b 2-3752.10-6551/76 (ersetzt Ausgabe April 1976), abgedruckt in: Arbeitsschutz (1976) 9, S. 318–320.

ASR 18/1–3, Fahrtreppen und Fahrsteige, Bek. des BMA vom 14. April 1977 – III b 2-3751.10-6160/77, abgedruckt in: Arbeitsschutz (1977) 5, S. 99–103.

ASR 20, Steigeisengänge, Bek. des BMA vom 3. Mai 1976 – III b 2-3752.10-6395/76, abgedruckt in: Arbeitsschutz (1976) 5, S. 176–178.

ASR 25/1, Sitzgelegenheiten, Bek. des BMA vom 25. Mai 1976 – III b 2-3752.10-6462/76, abgedruckt in: Arbeitsschutz (1976) 6, S. 217.

ASR 29/1–4, Pausenräume, Bek. des BMA vom 25. April 1977 – III b 2-3752.10-6225/77, abgedruckt in: Arbeitsschutz (1977) 6, S. 141 f., berichtigt in: Arbeitsschutz (1977) 10, S. 282.

ASR 31, Liegeräume, Bek. des BMA vom 25. April 1977 – III b 2-3752.10-6225/77, abgedruckt in: Arbeitsschutz (1977) 6, S. 142.

ASR 34/1–5, Umkleideräume, Bek. des BMA vom 25. Mai 1976 – III b 2-3752.10-6462/76, abgedruckt in: Arbeitsschutz (1976) 6, S. 215–217.

ASR 35/1–4, Waschräume, Bek. des BMA vom 26. Juni 1976 – III b 2-3752.10-6551/76, abgedruckt in: Arbeitsschutz (1976) 9, S. 320–322, berichtigt in: Arbeitsschutz (1977) 10, S. 282.

ASR 35/5, Waschgelegenheiten außerhalb von erforderlichen Waschräumen, Bek. des BMA vom 3. Mai 1976 – III b 2-3752.10-6395/76, abgedruckt in: Arbeitsschutz (1976) 5, S. 178 f., berichtigt in: Arbeitsschutz (1976) 9, S. 318 und (1977) 10, S. 282.

ASR 37/1, Toilettenräume, Bek. des BMA vom 26. Juni 1976 – III b 2-3752.10-6551/76, abgedruckt in: Arbeitsschutz (1976) 9, S. 322–324, berichtigt in: Arbeitsschutz (1977) 5, S. 98 und (1977) 10, S. 282.

ASR 38/2, Sanitätsräume, Bek. des BMA vom 3. Mai 1976 – III b 2-3752.10-6395/76, abgedruckt in: Arbeitsschutz (1976) 5, S. 179 f.

ASR 39/1, 3, Mittel und Einrichtungen zur Ersten Hilfe, Bek. des BMA vom 3. Mai 1976 – III b 2-3752.10-6395/76, abgedruckt in: Arbeitsschutz (1976) 5, S. 180–183, berichtigt in: Arbeitsschutz (1977) 5, S. 98.

ASR 45/1–6, Tagesunterkünfte auf Baustellen, Bek. des BMA vom 17. Oktober 1977 – III b 2-3752.10-6707/77, abgedruckt in: Arbeitsschutz (1977) 11, S. 333 f.

ASR 47/1–3, 5, Waschräume für Baustellen, Bek. des BMA vom 17. Oktober 1977 – III b 2-3752.10-6707/77, abgedruckt in: Arbeitsschutz (1977) 11, S. 334 f.

ASR 48/1, 2, Toiletten und Toilettenräume auf Baustellen, Bek. des BMA vom 17. Oktober 1977 – III b 2-3752.10-6707/77, abgedruckt in: Arbeitsschutz (1977) 11, S. 335 f.

DIN-Normen, Normen des Deutschen Instituts für Normung (DIN)
(Bezug: Beuth Verlag GmbH, siehe Adressenverzeichnis)

DIN 1946 vom April 1960, Lüftungstechnische Anlagen (VDI-Lüftungsregeln); Blatt 1, Grundregeln, Blatt 2, Lüftung von Versammlungsräumen.

DIN 2403 vom März 1965, Kennzeichnung von Rohrleitungen nach dem Durchflußstoff.

DIN 4549 vom August 1968, Büromöbel – Schreibtische, Schreibmaschinentische – Außenmaße.

DIN 4551 vom Oktober 1975, Bürodrehstuhl mit verstellbarer Rückenlehne mit oder ohne Armstütze.

DIN 4552 vom Oktober 1975, Drehstuhl mit in der Höhe nicht verstellbarer Rückenlehne mit oder ohne Armstütze.

DIN 4844 vom Februar 1977, Sicherheitskennzeichnung; Teil 1, Grundsätze, Teil 2, Sicherheitsfarben.

DIN 5034 vom Dezember 1969, Innenraumbeleuchtung mit Tageslicht – Leitsätze; Beiblatt 1 vom November 1963, Berechnung und Messung, Beiblatt 2 vom Juni 1966, Vereinfachte Bestimmung lichttechnisch ausreichender Fensterabmessungen.

DIN 5035 vom Januar 1972, Innenraumbeleuchtung mit künstlichem Licht; Blatt 1, Allgemeine Richtlinien, Blatt 2, Spezielle Empfehlungen für verschiedene Beleuchtungsaufgaben.

DIN 5381 vom September 1976, Kennfarben.

DIN 30 600 (Ausgaben von 1971 bis 1977), Bildzeichen (insgesamt 1970 Blatt).

DIN 33 400 vom Oktober 1975 (Vornorm), Gestalten von Arbeitssystemen nach arbeitswissenschaftlichen Erkenntnissen – Begriffe und allgemeine Leitsätze. Anmerkung: Zu allen ergonomischen Normen (Reihe 33 400) sollen Beiblätter herausgegeben werden, die die Normen beispielhaft erläutern. Bisher liegen nur Vorschläge und (z. T. verabschiedete) Manuskripte vor.

DIN 33 401 vom Juli 1977, Stellteile – Begriffe, Eignung, Gestaltungshinweise.

DIN 33 402 (im Druck), Körpermaße des Menschen – Begriffe, Meßverfahren, Meßmittel.

DIN 33 403, Klima am Arbeitsplatz und in der Arbeitsumgebung; Teil 1, Entwurf vom Oktober 1975, Klimaermittlung, Teil 2, Entwurf vom Oktober 1975, Einwirkung des Klimas auf den Menschen, Teil 3, Entwurf vom November 1976, Arbeit in Klimazonen und unter Wärmestrahlung. Anmerkung: Diese Entwürfe werden auf Grund der vielen Einsprüche voraussichtlich eine Reihe von Änderungen erfahren.

DIN 33 404 vom Juli 1977, Akustische Gefahrensignale, Teil 1, Begriffe, Anforderungen, Prüfung, Gestaltungshinweise.

DIN 33 405, Entwurf vom September 1976, Psychische Belastung und Beanspruchung – Allgemeines, Begriffe, Zusammenhänge. Anmerkung: Der Entwurf wird auf Grund der eingegangenen Einsprüche voraussichtlich geändert.

DIN 33 406, Entwurf vom November 1977, Arbeitsflächen-, Sitzflächen-, Fußstützenhöhe im Produktionsbereich.

DIN 45 630 vom September 1967, Blatt 2, Grundlagen der Schallmessung – Normalkurven gleicher Lautstärkepegel.

DIN 45 634 vom September 1974, Schallpegelmesser und Impulsschallpegelmesser – Anforderungen, Prüfung.

DIN 45 635 vom Januar 1972, Blatt 1, Geräuschmessung an Maschinen – Luftschallmessung, Hüllflächen-Verfahren, Rahmen-Meßvorschrift.

DIN 45 641 vom Februar 1975, Mittelungspegel und Beurteilungspegel zeitlich schwankender Schallvorgänge.

DIN 45 645 vom April 1977, Teil 1, Einheitliche Ermittlung des Beurteilungspegels für Geräuschimmissionen.

DIN 45 661 vom September 1962, Schwingungsmeßgeräte – Begriffe, Kenngrößen, Störgrößen.

DIN 45 664 vom Juli 1963, Ankopplung von Schwingungsmeßgeräten und Überprüfung auf Störeinflüsse.

DIN 45 666 vom Februar 1967, Schwingstärkemeßgeräte, Anforderungen.

DIN 55 550 vom November 1974 (Vornorm); Blatt 1, Verpackung, Manuelles Handhaben von Packstücken, Grundlagen, Blatt 2 (Entwurf in Vorbereitung), Handhaben von Packstücken, Richtwerte für erträgliches Packstückgewicht bei bestimmten Handhabungsformen.

RAL Farbtonregister 840R, Ausschuß für Lieferbedingungen und Gütesicherung vom Deutschen Institut für Normung e.V. (Hrsg.), (Bezug: Beuth Verlag, siehe Adressenverzeichnis).

VDI-Richtlinien, Richtlinien des Vereins Deutscher Ingenieure (VDI)

(Bezug: Beuth Verlag, siehe Adressenverzeichnis)

VDI 2057, Beurteilung der Einwirkung mechanischer Schwingungen auf den Menschen; Blatt 1, Entwurf vom Februar 1975, Grundlagen, Gliederung, Begriffe, Blatt 2, Entwurf vom Januar 1976, Schwingungseinwirkung auf den menschlichen Körper, Blatt 3 (Entwurf in Vorbereitung), Schwingungsbeanspruchung des Menschen.

VDI 2058, Blatt 1 vom Juni 1976, Beurteilung von Arbeitslärm in der Nachbarschaft, Blatt 2 vom Oktober 1970, Beurteilung von Arbeitslärm am Arbeitsplatz hinsichtlich Gehörschäden.

VDI 2266, Messung der Staubkonzentration am Arbeitsplatz – Messung der Teilchenzahl; Blatt 1 vom August 1968, Messen mit dem Thermalpräzipitator, Blatt 2 vom August 1968, Messen mit dem Konimeter, Blatt 3 vom Dezember 1971, Messen unter Benutzung von Membranfiltern.

VDI 2449 vom Oktober 1970, Blatt 1, Prüfkriterien von Meßverfahren – Datenblatt zur Kennzeichnung von Analyseverfahren für Gas-Immissionsmessungen.

VDI 2457, Messung gasförmiger Emissionen – Gas-chromatographische Bestimmung organischer Verbindungen; Blatt 1, Entwurf vom Juni 1977, Grundlagen, Blatt 2 vom Februar 1974, Gas-chromatische Bestimmung von 1.1.1-Trichloräthan (Methylchloroform), Blatt 3 vom Mai 1976, Gas-chromatische Bestimmung von Trichloräthylen, Blatt 4 vom Dezember 1975, Gas-chromatische Bestimmung von Tetrachloräthylen (Perchloräthylen), Blatt 5, Entwurf vom August 1974, Gas-chromatische Bestimmung von Benzol, Toluol und Xylol, Blatt 6, Entwurf vom September 1975, Gas-chromatische Bestimmung von Essigsäureestern mit Siedetemperatur < 90° C.

VDI 2460, Messung gasförmiger Emissionen; Blatt 1 vom März 1973, Infrarotspektrometrische Bestimmung organischer Verbindung – Grundlagen, Blatt 2 vom Juli 1974, Infrarotspektrometrische Bestimmung von Dimethylformamid, Blatt 3, Entwurf vom November 1974, Infrarotspektrometrische Bestimmung von o-, m- und p-Kresol.

VDI 2462, Messung gasförmiger Emissionen; Blatt 1 vom Februar 1974, Messen der Schwefeldioxid-Konzentration, Jod-Thiosulfat-Verfahren, Blatt 2 vom Februar 1974, Messung der Schwefeldioxid-Konzentration, Wasserstoffperoxid-Verfahren, Titrimetrische Bestimmung, Blatt 3 vom Februar 1974, Messung der Schwefeldioxid-Konzentration, Wasserstoffperoxid-Verfahren, Gravimetrische Bestimmung, Blatt 4 vom August 1975, Messung der Schwefeldioxid-Konzentration, Infrarot-Absorptionsgeräte UNOR 6 und URAS 2, Blatt 5, Entwurf vom Februar 1975, Leitfähigkeitsmeßgerät, MIKROGAS-MSK-SO$_2$-E1 – Messen der Schwefeldioxid-Konzentration, Blatt 6 vom Januar 1974, Überprüfen der Kalibrierung automatischer Schwefeldioxid-Konzentrationsmeßgeräte an Feuerungsanlagen.

VDI 2560, Entwurf vom November 1974, Persönlicher Schallschutz.

VDI 2570, Entwurf vom Februar 1975, Lärmminderung in Betrieben – Allgemeine Grundlagen.

VDI 2660 vom Oktober 1971, Hygienemerkmale lebensmittelverarbeitender Maschinen und Anlagen.

VDI 2780 vom Mai 1971, Körpermaße als Grundlage für die Gestaltung von Sitzen und Arbeitsplätzen (Anthropometrie).

VDI 3491, Blatt 1, Entwurf vom Juli 1975, Messen von Partikeln – Prüfkriterien und Prüfmethoden für Verfahren und Geräte zum Bestimmen partikelförmiger Beimengungen in Gasen – Begriffe und Definitionen.

VDI 3720, Lärmarm Konstruieren; Blatt 1, Entwurf vom Oktober 1975, Allgemeine Grundlagen, Blatt 2, Entwurf vom Juli 1977, Beispielsammlung.

Berufsgenossenschaftliche Richtlinien, Merkblätter und Grundsätze

Berufsgenossenschaftliche Grundsätze für arbeitsmedizinische Vorsorgeuntersuchungen, Hauptverband der gewerblichen Berufsgenossenschaften e.V. (Hrsg.), Loseblattsammlung mit laufender überarbeiteter Ergänzung, Stuttgart

1971 (Bezug: Gentner Verlag oder Zentralstelle für Unfallverhütung, siehe Adressenverzeichnis).

Bleimerkblatt vom 9. Juni 1941, ZH1/124.

Merkblatt über den Umgang mit Lösemitteln vom April 1973, ZH1/319. (Bezug der Merkblätter: Heymanns Verlag oder Zentralstelle für Unfallverhütung, siehe Adressenverzeichnis)

MAK-Werte

Maximale Arbeitsplatzkonzentrationen 1977 der Kommission zur Prüfung gesundheitsschädlicher Arbeitsstoffe der Deutschen Forschungsanstalt, Bek. des BMA vom 1. September 1977 – III b 4-3745.81-2615/77, abgedruckt in: Arbeitsschutz (1977) 10, S. 266–277.

Stahl-Eisen-Betriebsblätter (SEB)

(Bezug: Verlag Stahleisen mbH, siehe Adressenverzeichnis)

SEB 905 001-64 vom November 1964, Durchführung von Geräuschmessungen.

SEB 905 002-65 vom April 1965, Planung lärmarmer Maschinen und Anlagen.

SEB 905 003-65 vom September 1965, 2. Ausgabe, Gewährleistungsbedingungen für lärmarme Maschinen und Anlagen.

SEB 905 004-66 vom Juni 1966, Abnahmemessungen und Abnahmebericht.

SEB 905 005-75 vom April 1975, Werkslärmkarten (Lärmtopographie).

Internationale Normen und Empfehlungen

(Bezug: IEC, ISO beim Beuth Verlag, ILO beim International Labour Office, siehe Adressenverzeichnis)

Europäische Gemeinschaften, Angleichung der Rechts- und Verwaltungsvorschriften der Mitgliedstaaten über die Sicherheitskennzeichnung am Arbeitsplatz, Richtlinie des Rates der Europäischen Gemeinschaften vom 25. Juli 1977 (77/576 EWG), Amtsblatt der Europäischen Gemeinschaften Nr. L 229 vom 7. September 1977, S. 12, abgedruckt in: Arbeitsschutz (1977) 11, S. 319–321.

IEC 184 von 1965, Methods for Specifying the Characteristics of Electro-mechanical Transducers for Shock and Vibration Measurement.

ILO, Übereinkommen 127 über die höchstzulässige Traglast für einen Arbeitnehmer, Genf 1967.

ILO, Empfehlung 128 betreffend die höchstzulässige Traglast für einen Arbeitnehmer, Genf 1967.

ISO R[2]) 1996 vom Mai 1971, Acoustics – Assessment of Noise with Respect to Community Response.

---

[2]) R = Recommendation (Empfehlung).

ISO 1999 vom August 1975, Acoustics – Assessment of Occupational Noise Exposure for Hearing Conservation Purposes.

ISO 2631 vom 1. Juli 1974, Guide for the Evaluation of Human Exposure to Whole Body Vibration.

DDR-Standards

(Bezug: Zentrale Bestellstelle, siehe Adressenverzeichnis)

DDR-Standard, TGL[3]) 22 315 vom August 1968, Blatt 1, Gruppe 062, Arbeitshygiene, Arbeitsplatzmaße, Körpermaße.

Zusammenstellungen

Fachverzeichnis der Regeln und Vorschriften der Technik zum Schutz gegen Lärm vom November 1976, Gemeinschaftsausschuß der Technik, GdT-Informationsstelle über Technische Regelwerke beim DIN (Hrsg. und Bezugsquelle, Anschrift siehe Adressenverzeichnis).

NEUMANN, K. und GREINER, P., Anschriftenverzeichnis Lärmminderung, 1000 Anschriften aus Wissenschaft, Technik, Wirtschaft, Staat und Gesellschaft mit Angaben über Erzeugnisse, Aufgaben, Zuständigkeiten, 1970 (Bezug: VDI-Dokumentationsstelle, siehe Adressenverzeichnis).

Verzeichnis deutscher und internationaler technischer Regelwerke, Herausgeber und Vertriebsstellen, Ausgabe (1975) 3 (Bezug: Gemeinschaftsausschuß der Technik, GdT-Informationsstelle, siehe Adressenverzeichnis).

Verzeichnis der Einzel-Unfallverhütungsvorschriften der gewerblichen Berufsgenossenschaften (Bezug: Heymanns Verlag oder Zentralstelle für Unfallverhütung, siehe Adressenverzeichnis).

Adressenverzeichnis

Auergesellschaft GmbH, Vertriebszentrale Frankfurt a.M., Hanauer Landstr. 213, 6000 Frankfurt a. M. 1.

Betriebsforschungsinstitut VDEh, Institut für angewandte Forschung GmbH, Sohnstr. 65, 4000 Düsseldorf. Lärmmessungen führt die Betriebstechnik GmbH (gleiche Adresse) durch.

Beuth Verlag GmbH, Burggrafenstr. 4–7, 1000 Berlin 30 und Kamekestr. 2–8, 5000 Köln 1.

Bundesanstalt für Arbeitsschutz und Unfallforschung, Vogelpothsweg 50–52, 4600 Dortmund-Dorstfeld.

Bundesanzeiger Verlagsges. mbH, Postfach 10 80 06, 5000 Köln 1.

Bundesanzeiger Verlagsges. mbH, Vertriebsabteilung Bundesgesetzblatt, Postfach 1320, Kessenicher Str. 100, 5300 Bonn 1.

---

[3]) TGL = Technische Güte- und Lieferbedingungen.

Bundesministerium für Arbeit und Sozialordnung, Rochusstr. 1, 5300 Bonn-Duisdorf.

Bundesverband der Deutschen Industrie e.V. – BDI – Arbeitskreis für Rationalisierungsfragen, Oberländer Ufer 84, 5000 Köln 51.

Deutsche Gesellschaft für Arbeitsschutz e.V., Hamburger Allee 26–28, 6000 Frankfurt a.M. 90.

Deutscher Arbeitsring für Lärmbekämpfung e.V., Graf-Recke-Str. 84, 4000 Düsseldorf.

Deutsches Institut für Normung e.V., Burggrafenstr. 4–7, 1000 Berlin 30.

Drägerwerk AG, Postfach 1339, Moislinger Allee 53–55, 2400 Lübeck 1.

Fördergemeinschaft Gutes Licht, Stresemannallee 19, 6000 Frankfurt a.M.

Gemeinschaftsausschuß der Technik, GdT-Informationsstelle über Technische Regelwerke beim DIN, Burggrafenstr. 4–7, 1000 Berlin 30.

Gentner Verlag, Postfach 688, 7000 Stuttgart 1.

Gesellschaft für Arbeitswissenschaft e.V., Postfach 1508, 4600 Dortmund 1.

Hauptverband der gewerblichen Berufsgenossenschaften, Langwartweg 103, 5300 Bonn (mit der Zentralstelle für Unfallverhütung und Arbeitsmedizin).

Heymanns Verlag KG, Gereonstr. 18, 5000 Köln 1.

International Labour Office – ILO – Postfach 6, 154, route de Lausanne, CH 1211 Genf 22.

Institut für angewandte Arbeitswissenschaft e.V., Marienburger Str. 7, 5000 Köln 51 (Marienburg).

Institut für Lärmbekämpfung, Wilhelm-Theodor-Römheld-Str. 15, Postfach 3780, 6500 Mainz 1 (Weisenau).

Kohlhammer Verlag, Heßbühlstr. 69, 7000 Stuttgart 80.

Kommission zur Prüfung gesundheitsschädlicher Arbeitsstoffe der Deutschen Forschungsgemeinschaft, Kennedyallee 40, 5300 Bonn-Bad Godesberg 1.

Rationalisierungs-Kuratorium der Deutschen Wirtschaft e. V., Gutleutstr. 163–167, 6000 Frankfurt a. M.

Sartorius-Membranfilter GmbH, Postfach 142, 3400 Göttingen.

VDI-Dokumentationsstelle, Fachdokumentation Lärmminderung, Postfach 1139, 4000 Düsseldorf 1.

Verband für Arbeitsstudien – REFA – e.V., Wittichstr. 2, 6100 Darmstadt.

Verlag Stahleisen mbH, Postfach 8229, 4000 Düsseldorf.

Zentrale Bestellstelle für DDR-Standards, Postfach 966, X7010 Leipzig 1.

Zentralstelle für Unfallverhütung und Arbeitsmedizin, Hauptverband der gewerblichen Berufsgenossenschaften, Langwartweg 103, 5300 Bonn.

Stichwortverzeichnis

Um dem Leser das Nachschlagen eines gefragten Sachverhaltes zu erleichtern, wurde das Stichwortverzeichnis breit angelegt und teilweise erläutert. Die Erläuterungen schließen sich durch Binde- oder Verhältniswörter direkt an das Stichwort an, oder sie sind in *runden Klammern* () hinzugefügt.

Eckige Klammern [ ] enthalten dagegen weitere, sinnverwandte oder assoziative Stichwörter. Die Seitenangaben beziehen sich dann sowohl auf das gesuchte als auch auf die in eckigen Klammern angegebenen Stichwörter. Diese Regelung bietet neben einer umfassenden Information den Vorteil, daß gesuchte Textstellen durch ein einziges Stichwort gefunden werden können, ohne langwierig Verweisen nachgehen zu müssen.

Halbfetter Druck weist auf besonders wichtige Stichwörter sowie (bei den Seitenangaben) auf Textstellen hin, in denen der mit dem Stichwort angesprochene Sachverhalt ausführlich behandelt ist.

A

Abendtyp 36, 207
Abduktion 85 f., 88
A-bewertete Schalldruckpegel, A-Filter 175
abgeleitete SI-Einheiten 14
Ablaufabschnitt bei Belastungsstudien 68
Ablesbarkeit von Meßanzeigen 143
Ableseschnelligkeit an Instrumenten 115
Abmagerungsmittel 43
Absaugung von Schadstoffen 172
Absentismus [Fehlzeiten, Fernbleiben von der Arbeit, Krankenstand, -zahlen] 22 f., 31, 130, 224 f., 235
Abstellen von Lasten **137**
Abstimmungsschwierigkeiten an Bändern 236
Aceton 44
Adaptation [Anpassung der Sinne an Umweltreize] 76, 147, **193**
Adaptationsblendung 146
Adaptationsniveau 195
Adduktion 85 f., 88
Aggressionen 61
AKERBLOM-Knick 103
Aktivation, Aktiviertheit, Aktivierung, Aktivierungsniveau, Aktivitätsniveau, Aktivitätspegel [Erregungszustand, Wachheitsgrad, -pegel] **60 f.,** 63, 72 f., **81,** 130, 204
Akzeleration 46, 51
Alkohol 43–45, 61
Allergie [Überempfindlichkeit] der Haut 167, 170
Allgemeinbeleuchtung, arbeitsplatzorientierte 197
Alter 31, 46, 51, 54, 124, 175, 211
altersbedingter Fähigkeitswandel 29, **30 f.,** 33
Ampere 14
Amplitude (Schwingungen) 183, 185
Analoganzeigen 114, **116,** 140, 142 f., 146
Analyse von Arbeitsplätzen [Arbeitsanalyseverfahren] 216
analytische Methode des Lernens 220 f.
Anämie und Nachtarbeit [Blutarmut] 210
anatomisch maximaler Greifraum 88, 90
anerkannte sicherheitstechnische, arbeitsmedizinische und hygienische Regeln 239–241, 243
Anerkennung für Leistungen 223
Anforderungen der Arbeit an den Menschen 64–66, **216–219**
Anforderungsprofil 219

Angebot gemischter Arbeitsstrukturen 233
Anlagen [Erbanlagen] 29 f., 33 f.
Anlernung 220–222
Anlernzeit 124, 235
Anordnung von Greifbehältern 90
Anordnung von Stellteilen und Anzeigen 154 f.
Anpassung der Arbeit an den Menschen 11, 20, 82 f., 245
Anpassung der Sinne an Umweltreize [Adaptation] 76, 147, **193**
Anpassung des Menschen an die Arbeit 11, 20, 245
Anpassung von Griffen an die Hand 150 f.
anregende Wirkstoffe [Benzedrin, Koffein, Pervitin] 30, 34, 38, 41
Anregungsfrequenz [Erregungsfrequenz, -schwingung] 184, 186 f.
Anspruchsniveau und Zufriedenheit 21
Anstrengung bei der Objekterkennung 125
Anthropometrie [Industrieanthropometrie, Körpermeßkunde] **46**, 83
Antihistaminika 38
Anzeigeänderung und Stellbewegung [Bewegungsanalogie, Kompatibilität] **121–124**, 148, 155
Anzeigeelemente 121, 124, **142–147**
Anzeigeformen 140 f.
Anzeigen [Meßanzeigen] **113–116, 121–124, 140–148**, 155
Anzüge als Schallschutzmittel [Helme, Kapseln, Stöpsel] **178–182**
Apparate (Reflexionsgrad) 190
Appetitlosigkeit und Nachtschicht 209
Apostilb 189
arabisches Ziffernsystem 142 f.
Arbeiten im Freien (Arbeitsrecht) 242
Arbeiten in Druckluft (Arbeitsrecht) 242
Arbeiten in Gruppen [autonome Gruppen, Gruppenarbeit, teilautonome Gruppen] 40, 228, **230–233**, 237

Arbeitgeber 43, 238–241, 245–248
Arbeit-Klima-Kombinationen 163
Arbeitnehmer 207, 238, 241, 245–248
Arbeitnehmerschutzgesetze (Gewerbeaufsicht) 243
Arbeitsablauf (Gestaltung) 20, 40, 45
Arbeitsanalyseverfahren [Analyse von Arbeitsplätzen] 216
Arbeitsaufgabe 64–66, 71, 75
Arbeitsbeanspruchung [Arbeitsbelastung, Beanspruchung, Belastung] 23, 30, 32 f., 42, 44, **64–79**, 163–165, 187, 201, 230, 234
Arbeitsbedingungen 40, 83
Arbeitsbekleidung [Berufskleidung, Schutzkleidung] **44**, 75
Arbeitsbelastung [Arbeitsbeanspruchung, Belastung, Beanspruchung] 23, 30, 32 f., 42, 44, **64–79**, 163–165, 187, 201, 230, 234
Arbeitsbereicherung [Job Enrichment, vertikale Arbeitserweiterung] 223, **230 f.**, 236
Arbeitsbereitschaft [Bereitschaft, Leistungsbereitschaft] **33–41**, 45, 206–209, 222
Arbeitsenergieumsatz 66
Arbeitserleichterung durch Armstützen 109
Arbeitsermüdung [Ermüdung] 23, 30–32, 36, 38, 45, **77–81**, 94, 106, 168, 187 f., **201–204**
Arbeitserschwernis durch Lärm 173
Arbeitserweiterung [Arbeitsvergrößerung, Erweiterung des Arbeitsumfanges, horizontale Arbeitserweiterung, Job Enlargement] 223, **230 f.**, 236
arbeitsfreie Zeit 206–208, 214 f.
Arbeitsfreude 130 f., 229, 236
Arbeitsgestaltung [Arbeitsplatzgestaltung, Gestaltung der Arbeit,...] 11, 17, 20–22, 24, 27, 41, 50, 58 f., 68, **82–134**, 185, 208, 243–245, 247
Arbeitsgestaltung (Begriff) **20**
Arbeitsgestaltung (Vorgehensweise) **24–26**
Arbeitsgestaltungslehre 20

Arbeitshaltung 89, 95, 106
Arbeitshöhen 50, 83, **94–97**, 99, 100 f., 106 f., 111
Arbeitsinhalt 40, 229, 236
Arbeitsinseln 232
Arbeitskleidung [Berufskleidung, Schutzkleidung] **44**, 75
Arbeitsmusik [Musik am Arbeitsplatz] **129–133**
Arbeitsmusikprogramm 133
Arbeitsplatzanalyse 216
Arbeitsplatzanordnung 233
Arbeitsplätze im Freien 241
Arbeitsplatzgestaltung [Arbeitsgestaltung, Gestaltung der Arbeit, . . .] 11, 17, 20–22, 24, 27, 41, 50, 58 f., 68, **82–134**, 185, 208, 243–245, 247
Arbeitsplatzkenntnisse, -merkmale 216 f.
Arbeitsplatzlärmschutz-Richtlinie 178 f.
Arbeitsplatzmaße 27, 47, 50, 51, **82–120**
arbeitsplatzorientierte Allgemeinbeleuchtung 197
Arbeits(platz)wechsel [Arbeitsstellenwechsel, Arbeitswechsel, Aufgabenwechsel, Job Rotation, Platzwechsel] 32, 96, 187, 223, 227, **230 f.**, 236, 243
Arbeitspulsfrequenz 80
Arbeitsräume (Arbeitsrecht) 238 f., 241
Arbeitsraumgestaltung 82–133
Arbeitsrecht 238–248
Arbeitsschutzrecht, staatliches 239–245
Arbeitsrhythmus und Arbeitsmusik 132
Arbeitsschutz, -sicherheit [Unfallschutz, -sicherheit, -verhütung] 20, 22, 25, 42, 74, 181, 233, 239–245, 247
Arbeitsschutzausschuß 248
Arbeitsschutzvorschriften [UVV, Unfallverhütungsvorschriften] 169, 240, 243–246
Arbeitsschwere 76, 80, 157 f., 160, 163, 165

Arbeitsschwierigkeit 81
Arbeitssicherheit, -schutz [Unfallschutz, -sicherheit, -verhütung] 20, 22, 25, 42, 74, 181, 233, 239–245, 247
Arbeitssicherheitsgesetz [Gesetz über Betriebsärzte . . .] 23, 169, 243, 245, 247
Arbeitssitze [Arbeitsstühle, Sitze, Stühle] 50, 83, **102–109**
Arbeitsstätte 179, 238, 240, 242, 244–246
Arbeitsstätten-Richtlinien 17, 23, 75 f., 83, 172, **241**, 245
Arbeitsstättenverordnung [ArbStättV, Verordnung über Arbeitsstätten] 17, 23, 76, 83, 178 f., 186, **239-241**, 245
Arbeitsstellenwechsel [Arbeits-(platz)wechsel, Arbeitswechsel, Aufgabenwechsel, Job Rotation, Platzwechsel] 32, 96, 187, 223, 227, **230 f.**, 236, 243
Arbeitsstoffverordnung [ArbStoffV, Verordnung über gefährliche Arbeitsstoffe] 169, 242, **245 f.**
Arbeitsstrukturierung [flexible, neue Arbeitsstrukturen, Humanisierung der Arbeitswelt, moderne, neue Arbeitsformen, neue Formen der Arbeitsorganisation, Neu-, Umstrukturierung der Arbeit] 33, 40, 82, **229–237**
Arbeitsstudium 68
Arbeitsstühle [Arbeitssitze, Sitze, Stühle] 50, 83, **102–109**
Arbeitssystem 64 f.
Arbeitstisch [Tisch, -höhe] 83, 90, 96 f., 99, 102, **104–107**
Arbeitsumgebung 20, 22, 30, 41, 45, 74–76, 82, **156–201**
Arbeitsunfälle [Unfälle] 44, 121, 246
Arbeitsunterbrechungen [Pausen] 32, 43 f., 80, 186, **201–206**, 208
Arbeitsunterweisung 20, 32
Arbeitsvergrößerung [Arbeiterweiterung, Erweiterung des Arbeitsumfanges, horizontale Arbeitserweite-

rung, Job Enlargement] 223, **230 f.**, 236
Arbeitsvertrag 238
Arbeitswechsel [Arbeits(platz)wechsel, Arbeitsstellenwechsel, Aufgabenwechsel, Job Rotation, Platzwechsel] 32, 96, 187, 223, 227, **230 f.**, 236, 243
Arbeitswissenschaft 11, 17
arbeitswissenschaftliche Erkenntnisse [gesicherte Erkenntnisse der Arbeitswissenschaft] 27
Arbeitszeit, -gestaltung, -ordnung, -organisation, -regelung 61, **201–209**
Arbeitszufriedenheit [(Lebens-)Zufriedenheit, Zufriedenheit mit der Arbeit] 21 f., 24, 65 f., 72, 75, 222, 224 f., 228–230, 236
ArbStättV [Arbeitsstättenverordnung, Verordnung über Arbeitsstätten] 17, 23, 76, 83, 178 f., 186, **239–241**, 245
ArbStoffV [Arbeitsstoffverordnung, Verordnung über gefährliche Arbeitsstoffe] 169, 242, **245 f.**
Ärger 61
Arme 55, 70, **83 f.**, **88–91**, 100
Armauflage 100, 105
Armbewegung 83
Armfreiheit 83
Armhaltung 70, **98, 100**
Armkräfte 53
Armstützen 100, 104 f., **109 f.**
Arrhythmie [Unregelmäßigkeit] der Pulsfrequenz 72 f.
Arzneimittel 38, 43
Arzneimittelmißbrauch 43
ärztliche Kontrollen und Untersuchungen 135, 210 f.
Asbestose, Asbeststaublunge 168
A-Schalleistungspegel 178
Assoziationen 63
Assoziationsfelder im Gehirn 63
Atemfrequenzmessung 72
Atemgeräusch (Schallstärke) 176
Atemnot durch Schwingungen 184
Atemschutz 172
Atemwege (Beeinflussung durch Schadstoffe) 167

Atmungsschwierigkeiten bei gebeugter sitzender Haltung 95
Attribute (Persönlichkeitseigenschaften) 217, 219
Aufenthaltsbereiche (Trennung von Gefahrenbereichen) 171
Aufgabenwechsel [Arbeits(platz)wechsel, Arbeitsstellenwechsel, Arbeitswechsel, Job Rotation, Platzwechsel] 32, 96, 187, 223, 227, **230 f.**, 236, 243
Aufklärung über Schadstoffe 171
Auflösungsvermögen des Auges 142
Aufmerksamkeit 35, 43, 81, 132, 204
Aufschaukelungen von Schwingungen 186
Aufstiegschancen 233 f.
Aufstiegshoffnung 226
Auge 87, 142, **191–193**
Augenbewegungen 84, 93, 193
Augenhöhe 49, 97, 101, 106
Augenschutz 172
Ausbilder 222
Ausbildung 20, 30, 32, 64, **220–222**
Ausbildungsmethode 220
Ausbildungsort, -stätte 240
Ausführbarkeit einer Arbeit 21, **65**, 75
Ausführungsverordnung zum Gesetz über Einheiten im Meßwesen 13
Ausschuß, -kosten, -quoten 28, 189, 235 f.
Außenklima 156
Autohupe (Schalldruckpegel) 176
Automatikstationen 232
Automatisierung 232, 236
autonome Gruppen [Arbeiten in Gruppen, Gruppenarbeit, teilautonome Gruppen] 40, 228, **230–233**, 237
autonomes Nervensystem [vegetatives Nervensystem, Vegetativum] 34, 36, 39, 130, 208
AZO-Pause 202

B

Band [Fließarbeit, -band] 230–233, 236 f.

Bandagen zum Lastentragen 135
Barbiturate [Beruhigungsmittel, dämpfende Wirkstoffe] 30, 34, 38, 41, 43
Basis-Effektiv-Temperatur 161, 163
Basiseinheiten 13 f.
Basisgrößen 13 f.
Bauchdecke (Schwingungen) 185
Baumwollstauberkrankung [Byssinose] 168
Baustellen (ArbStättV) 240 f.

Beanspruchung [Arbeitsbeanspruchung, Arbeitsbelastung, Belastung] 23, 30, 32 f., 42, 44, **64–79,** 163–165, 187, 201, 230, 234
Beanspruchungsermittlung, -messung 71–74
Beanspruchungsgrößen 66, 71
Beanspruchungshöhe 80
Beanspruchungsstudie 71 f.

Bedeutungszuordnung von Farben 125 f., 145
Bedürfnisse, Bedürfnisgebundenheit 39 f., 60, 63, 76, 202, 207 f.
Beeinträchtigung der Gesundheit durch Schadstoffe 166–168
Befinden [Wohlbefinden] 21 f., 34, 37, 39, 41, 45, 74
Befindlichkeitsstörungen bei Wechselschicht 209
Beförderung [Manipulation] von Lasten [Lastenhandhaben, ...] **134–140**
Befragungen zur Zufriedenheit 22
Befragungsverfahren 228
Behaglichkeit, Behaglichkeitsempfinden, -empfindungen 74 f.
Behaglichkeitsbedingungen (Klima) **157 f.**
Behaglichkeitsklima, -temperatur 158
Behälter mit Schadstoffen 171
Behinderte 243
Beinbewegung 83
Beine 70, **88–91**
Beinfreiheit, -raum, -raumhöhe [Freiräume für die Beine] 83, **88–93,** 117–120, 233
Beinkräfte [maximale Tretkraft] 93

Bekanntmachungen hinter Glas (Blendung) 195
Bekleidung und Wärme [Kleidung und Wärme] **157–160,** 165
Belastbarkeit 42
Belästigungen 75, 166 f., 170, 173
Belastung [Arbeitsbeanspruchung, Arbeitsbelastung, Beanspruchung] 23, 30, 32 f., 42, 44, **64–79,** 163–165, 187, 201, 203, 234
Belastungsabschnitt 68 f.
Belastungsdauer 66, 69, 71, 75
Belastungsfaktoren 69, 71
Belastungsgröße 66, 68 f., 71, 75
Belastungshöhe 24 f., 66, 68 f., 71, 81
Belastungsstudie 68, 71
Belastungswechsel 25, 230, 234
Belehrungspflicht des Arbeitgebers 245 f.
Beleuchtung 45, 74, 76, 127, 129, 154, **187–201,** 241
Beleuchtung von Anzeigen 142, **146–148**
Beleuchtungsanlagen (Planung) 196 f., 199 f.
Beleuchtungsart 197
Beleuchtungsaufgaben 191
Beleuchtungsfaktoren 187–196
Beleuchtungsmaße 188 f.
Beleuchtungsmessung 200 f.
Beleuchtungsplanung 197–201
Beleuchtungstärke, -werte 76, **187–192,** 195 f., 199
Beleuchtungsstärkeniveau 198
Beleuchtungstärkeverteilung 200
Beleuchtungsverbesserungen 187
Beleuchtungsverhältnisse 233
Beleuchtungswirkungsgrad 198 f.

Belohnungssystem 226
Benzedrin [anregende Wirkstoffe, Koffein, Pervitin] 30, 34, 38, 41
Beobachtungsinterviews 216
Beobachtungsverfahren 69, 228
Beratungsaufgaben und -pflichten des Betriebsrates 246, 248
Bereichsmarkierungen bei Meßinstrumenten 145

Bereitschaft [Arbeits-, Leistungsbereitschaft] **33–41**, 45, 206–209, 222
Bereitschaftsräume 76, 179, 240
Berufsgenossenschaften 244 f.
Berufskleidung [Arbeits(be)kleidung, Schutzkleidung] **44**, 75
Berufskrankheiten (Arbeitsrecht) 246
Berufskrankheiten-Verordnung 169
Beruhigungsmittel [Barbiturate, dämpfende Wirkstoffe] 30, 34, 38, 41, 43
Beschickung von Maschinen 138
Beschwerden bei Wechselschichtarbeit 209
Beschwerden durch Schwingungen 184 f.
Bestgestaltung der Arbeit 20
Betätigungselemente, -teile [Schalthebel, Stellhebel, Stellteile, Steuerelemente] 53, 59, 64, 88, 90, 112, 114, **117–119, 121–124,** 147 f., **148–155**
Betätigungskräfte und -momente der Hand 53, 90, 95, 98
Betriebsärzte 243, 248
Betriebsbesichtigungen 248
Betriebseinrichtungen (Arbeitsrecht) 238 f., 244
Betriebsgelände im Freien (ArbStättV) 240
Betriebsklima 45, 130, 225, **227 f.,** 235
Betriebsrat 246–248
Betriebsumfragen 228
Betriebsvereinbarung 246
Betriebsverfassungsgesetz [BetrVG] 11, 17, 23, **246–248**
Betriebsvorrichtungen (SchwBG) 238 f.
Betriebswirkungsgrad von Leuchten 198
BetrVG [Betriebsverfassungsgesetz] 11, 17, 23, **246–248**
Beurteilungskonflikt 224, 226 f.
Beurteilungspegel von Schall **177–179**
Beurteilungsverfahren beim Schall **177 f.**

Bewegungsanalogie [Anzeigeänderung und Stellbewegung, Kompatibilität] **121–124,** 148, 155
Bewegungseinseitigkeit 45
Bewegungsfreiheit der Arme 100
Bewegungsleistung 62
Bewegungsmangel 45
Bewegungsräume 83–94, 233
Bewegungsrichtung des Armes 86
Bewegungswinkel des Armes 84
Bewertung der Gestaltungsmöglichkeiten, - von Alternativen 25
Bewertung von Schadstoffen 169–171
Bewertungskonflikt 224, 226
Bewertungsverfahren (Arbeitssysteme) 25, 236
Bezifferung von Anzeigen 144–147
Bezugsschalldruck 175
Bier 43
Bilderzange 151
Bildung (im Urlaub) 44
Bildungseffekt der Arbeit 30
Bildungsniveau als Ursache für Arbeitsstrukturierung 230
Bildzeichen 154
bindendes Recht (UVV) 244
Biotonus und Farbe 129
Blasenreizung durch Schwingungen 184
Bleimerkblatt 169
Bleirauche 172
Bleistaub 167, 170
Bleivergiftung 167
Blendschutzbrillen 195
Blendung 188, **193–196**
Blendungsbegrenzung, -bekämpfung 195–200
Blickfeld 51, 95
Blickneigung, -winkel 51, 93, 101 f., 115
Blutarmut [Anämie und Nachtarbeit] 210
Blutdruck 35, 76
Bluthochdruck als Folge seelischer Störungen 39
Blutkörperchen, rote [Hämoglobin] 79, 210

Blutstauungen durch falsche Sitzgestaltung 104
Bodenbelag 108
Bodenfarbe (Reflexionsgrad) 190
Brandgefahr 166
Brandschutz 168
Breite über den Ellenbogen 49
Brenztraubensäure 203
Brustbeinhöhe [Sternalhöhe] 49
Bückstellung, Bücken 94 f.
Bundes-Immissionsschutzgesetz 169
Büroarbeit, -tätigkeit 131
Bürodrehstuhl 105
Bußgelder (Gewerbeaufsichtsamt) 243
Byssinose [Baumwollstauberkrankung] 168

C

Candela 14, 76, 189
Chlor 168
Cliquenbildung 227
COMFYTEST 158, 165
consideration 223, 228
continental rota 213
cos-Fehler 200

D

Dächer (ArbStättV) 241
Dämmerung (Stäbchensehen) 192
Dampf (-rohre, Farbkennzeichnung) 126
Dämpfe 38, 74 f., **166–168, 171,** 238
dämpfende Wirkstoffe [Barbiturate, Beruhigungsmittel] 30, 34, 38, 41, 43
Dämpfungssystem gegen Schwingungen 186
Darmgeschwüre und Nachtschicht 210 f.
Darmtemperatur 160
Dauerbeanspruchungsgrenze 66, 80
Dauerbelastungsgrenze, -leistungsfähigkeit, -leistungsgrenze, -leistungsgrenzwert 29, 33, **66, 77–79,** 81, 203, 214
Dauerhaltung 95
dB(A) [Dezibel A] 76, 175
Decken (Reflexionsgrad) 190

Decken (ArbStättV) 241
Dehnungsmeßstreifen-Prinzip 54
Delegation von Aufgaben 223
Denken, Denktätigkeiten, -vorgänge 59, 61 f., 81
Dezibel A [dB(A)] 76, 175
Diabetiker [Zuckerkranke und Nachtschicht] 211
Dickdarmentzündungen [Kolitis] als Folge seelischer Störungen 39
Digitalanzeigen, -anzeiger, digitale Anzeigen **115 f.,** 140 f., 146
diskontinuierliche Arbeit 214 f.
Disposition 54, 231
Doppelanzeiger 146
Dorsalflexion 86
Drehbereiche der Gelenke 83–88
Drehen (Stellbewegung) 118
Drehknöpfe, -schalter 117 f., 123, 153
Drehstuhl 105
Drehwinkel (der Augen) 84
Dreischichtsystem 215
Druckknopf 153
Drucklufthammer (Schalldruckpegel) 176
Drucktaster 153
Dunkeladaptation 146
Dunkelheit und Sehen 191 f.
Durchblutung der Finger (Beeinträchtigung durch Schwingungen) 185
Durchschnittslast 139
dynamische Muskelarbeit 67, 73, 79, 81

E

Effektiv-Temperaturen, 76, **161–165**
Effektoren 60, 63
Ehrgeiz 226
Eigenfrequenz, -schwingung 184–187
Eigeninitiative [Mitarbeiterinitiative] 232–235
Eigenkontrolle 234
Eigenreize, -stimulation 60
Eigenverantwortlichkeit [Verantwortung] 223, 231, 233, 236

Eignung 32 f., **216–219**
Eignung für Hitzearbeit **165**
Eignung für Lastentransport **135**
Eignung für Nachtarbeit 210
Eignungsanforderungen 216–219
Eignungsauswahl, -ermittlung 20, 22, 135, 165, 210, **216–219**
Eignungstests [Tests] 20, 22, 217, 219
Einarbeitungskosten 32
Einarbeitungsverlauf, -zeit 32
Einatmung von Schadstoffen 167
einförmige Arbeit, - Tätigkeiten [Eintönigkeit, kurzzyklische Tätigkeiten, Reizarmut, repetitive Handarbeit] 61, 94, 130 f., 142, 204, 229, 232
Einheiten des Internationalen Einheitensystems **14**
Einheiten im Meßwesen **13 f.**
Einheitenzeichen 14
Einlegearbeiten 138
Einnehmen von Mahlzeiten 205
einseitige (dynamische) Arbeit 67
einstellbare Markierungen bei Anzeigen 145
Einstellungen der Mitarbeiter untereinander 227
Einstellung als Persönlichkeitsmerkmal 220
Einstellung zu einer Schallquelle 174
Einstellung zur Arbeit 30, 38, 41
Eintönigkeit [einförmige Arbeit, kurzzyklische Tätigkeiten, Reizarmut, repetitive Handarbeit] 61, 94, 130 f., 142, 204, 229, 232
Einzeiger-Instrumente 140
Einzelarbeitsplätze 230–233, 237
Einzelplatzbeleuchtung 197
Einzelteilfertigung und -bearbeitung (Arbeitsstrukturierung) 233
Einzel-Unfallverhütungsvorschriften 169
elektrische Anlagen 169
elektrische Augenaktivität 73
elektrische Stromstärke 14
Elektroenzephalographie [Gehirnströme] 72 f.
Elektromyographie 72 f.

Elektrookulogramm, -graphie 72 f.
Elevation 85
Ell(en)bogen, -höhe 49 f., 101, 106
emotionale Belastung und Beanspruchung [geistige -, mentale -, nervöse -, nichtkörperliche -, psychische -, psychomentale -] 44, 66, 68, 73, 81, 202, 204 f., 234
Emissions-Richtwerte 178
Emotionen, Empfindungen [Gefühle] 39, 61, 130
End- oder Zwischenproduktmontage (Arbeitsstrukturierung) 233
Energieumsatz, -verbrauch 68 f., 95, 160, 163
Entfaltung der Persönlichkeit 233 f.
Entkopplung von manuellen Arbeitsplätzen und Automatikstationen 232
Entscheidungen, Entscheidungsfindung, -prozesse bei der Arbeitsgestaltung **24–26**
Entscheidungsfreiheit 234
Entscheidungskompetenz, Entscheidungsmöglichkeit und -spielraum für Mitarbeiter 223, 229, 236
Entscheidungsregeln 25
Entscheidungsstruktur als Konfliktursache 226
Epileptiker und Nachtarbeit 211
Erbanlagen [Anlagen] 29 f., 33 f.
Erfahrungen, Erfahrungsgut 30–32, 61, 64, 223, 239
Erfahrungsvermittlung 220
Erfolgserlebnis 61
Ergänzungsfarben [Gegenfarben, Komplementärfarben] 127 f.
Ergonomie 20
ergotrope Phasen und Schaltung 35, 38
Erhaltung der Gesundheit 42
Erholung 35, **44 f., 77–81**, 138, **201–205**, 207
Erholungseffekt 202
Erholungsprozesse 201 f.
Erholungspulssumme 80
Erholungspulsverlauf 80
Erholungswert 203
Erholungswirkung 202

Erholungswirkung kurzer Pausen 204
Erholungszeit, Erholungszuschlag, Erholzeit, -bedarf 61, 78, **80 f.**, **203**
Erinnerungen als Einflußfaktor bei der Reizauswahl 61
Erkennbarkeit von Objekten und Ablesewerten 125
Erkenntnisvorgang bei der Informationsverarbeitung 62
Erklärung als Ausbildungsmethode 220
Erkrankungen 167 f., 209 f.
Erleben der Arbeit 30, 39, 41, 78
Erlebnisqualitäten und -werte 41
Ermüdung [Arbeitsermüdung] 23, 30–32, 36, 38, 45, **77–81**, 94, 106, 168, 187 f., **201–204**
Ermüdung (Begriff) 77 f.
ermüdungsähnliche Zustände 79, 130
Ermüdungsgrad 203
Ermüdungsrest 207
Ernährung 42 f.
Erregerfrequenz, -schwingung [Anregungsfrequenz] 184, 186 f.
Erregungszustand [Aktivation, ..., Wachheitsgrad, -pegel] **60 f.**, 63, 72 f., **81**, 130, 204
Ersatzvornahme (Gewerbeaufsichtsamt) 243
Erschlaffungsphasen bei dynamischer Muskelarbeit 203
Erschütterungen [mechanische Schwingungen, Vibrationen] 35, 45, 75 f., **183–187**
Erste Hilfe (Arbeitsrecht) 244 f.
erträgliche Belastung, Erträglichkeit, Erträglichkeitsgrenzen 21, 33, **65 f.**, 74 f., 159, 163 f.
erträgliche Klimabedingungen 159 f., 163 f.
Erweiterung des Arbeitsumfanges [Arbeitserweiterung, Arbeitsvergrößerung, horizontale Arbeitserweiterung, Job Enlargement] 223, **230 f.**, 236
erworbene Fertigkeiten 32 f.
Erziehung zur Arbeit 38

erzwungene Schwingungen 183 f.
Essen 42 f.
experimentelle Schichtarbeitsuntersuchungen 73
Explosionsgefahr 166
explosionsgefährdete Räume 169
explosionsgefährdete Stoffe 169
Explosionsschutz 168
Extension 85
Exterozeptoren [Rezeptoren] 60 f., 63

F

FAA [Fragebogen zur Arbeitsplatzanalyse] 216
Fachkräfte für Arbeitssicherheit 243, 248
Fähigkeiten 29, 41, 65, 75, 217 f., 245
Fähigkeitsniveau 33
Fähigkeitsstruktur 31
familiäre Belastungen durch Nachtarbeit 211
Farbabläufe 129
Farbcharakter eines Raumes 129
Farbe 125–129, 191 f.
Farbensehen 76
Farbgebung, -gestaltung [farbliche Raumgestaltung] 45, 74, **125–129**, 233
Farbkennzeichnung 125–128
Farbkontrast 127
Farbkreis 127
farbliche Raumgestaltung [Farbgebung, -gestaltung] 45, 74, **125–129**, 233
Farbmarkierungen bei Anzeigen 145
Farbwiedergabeeigenschaft (Beleuchtung) 196 f.
Fehlerquoten, -zahl 130 f.
Fehlzeiten [Absentismus, Fernbleiben von der Arbeit, Krankenstand, -zahlen] 22 f., 31, 130, 224 f., 235
Feierabend 207
Feiertagsarbeit 209
Feinarbeit, Feinst- (Arbeitshöhen) 96, 99, 101
Feinstaub (Quarzgehalt) 170

281

Fenster (ArbStättV) 241
Fernbleiben von der Arbeit [Absentismus, Fehlzeiten, Krankenstand, -zahlen] 22 f., 31, 130, 224 f., 235
Fernsehaufzeichnung als Beobachtungsmittel 69
Fertigkeiten 30–33, 65, 75, 220
Fertigungskosten (Arbeitsstrukturierung) 236
Feuchttemperatur 161 f.

Figur-Grundgesetz 128
Figurwertigkeit 128
Filmaufzeichnung als Beobachtungsmittel 69
Filtergerät zum Auffangen von Schadstoffen 172
Filtermechanismus bei der Informationsauswahl 60 f.

Flächenbeleuchtung 190
Flächenhelligkeit 189, 195
Flexibilität beim Personaleinsatz 230
flexible, neue Arbeitsstrukturen [Arbeitsstrukturierung, Humanisierung der Arbeitswelt, moderne, neue Arbeitsformen, neue Formen der Arbeitsorganisation, Neu-, Umstrukturierung der Arbeit] 33, 40, 82, **229–237**
Flexion 85, 87 f.
Fließarbeit, -band [Band] 131, 195, 230–233, 236 f.
Fluktuation, Fluktuationsrate 23, 32, 130, 224 f., 230, 235
Fluor 168
Flußdiagramm an Meßwänden 147
Flüssigkeiten (Farbkennzeichnung von Rohrleitungen) 126
Flüssigkeitsschall 173
Flüssigkeitsskalen 140
Flüstern (Schalldruckpegel) 176

Formmarkierungen bei Anzeigen 145
fotografische Aufnahmen als Beobachtungsmittel 69
fovea centralis [zentraler Netzhautbereich] 191
Fovealsicht 84

Fragebogen, -verfahren 72 f., 228

Fragebogen zur Arbeitsplatzanalyse [FAA] 216
Frauen 54, 57, 106 f., 139, 205
freie Schwingungen 183 f.
Freiheitsvergrößerung durch Arbeitsstrukturierung 233
Freiheitsvergrößerung durch Gleitzeit 207
Freiräume für die Beine [Beinfreiheit, -raum, -raumhöhe] 83, **88–93, 117–120**, 233
Freizeit, -beschäftigung, -gestaltung 42, **44**, 212
Freizeitstreß 44
Fremdkontrolle 234
Frequenz (Schall) 173–176
Frequenz (Schwingungen) 183–185
Frequenzanalyse 177
Frequenzumfang [Hörbereich] **173–175**
Frühschicht 207
Fühlschwelle 185
Führungskonzept, -verhalten 222–228
Funktionstüchtigkeit des Kreislaufes 31
Fürsorgepflicht des Arbeitgebers 23, 42 f., **238 f.**, 246, 248
Fußböden (ArbStättV) 241
Fußböden (Rutschsicherung) 111
Fußgelenk 88
Fußhebel, -pedal, -schalter, -stellteil 58, 88, 90, 114, 117, 119 f.
Fußknöchel 88
Fußraum 51
Fußstützen 88, 108, **111**

G

Ganzfeld, homogenes 193
Ganzheitlichkeit des Menschen 41
Ganzheitsmethode 220 f.
Ganzkörperschwingungen 185
Gas (-rohre, Farbkennzeichnung) 126
Gaschromatographie 171
Gase 38, 74 f., **166–168, 170–171**, 238

Gasspürröhrchen [Prüföhrchen] 170 f.
Gebäude, -einrichtungen (ArbStättV) 241
Gebotsschild (Lärm) 178
Gedächtnis 59, 62 f.
Gefährdung, Gefahren 121, 125 f., 156, 164, 183, 238–240, 243, 246, 248
Gefahrenbereich 171
Gefahrenkennzeichnung (Podeste) 111
Gefahrensymbole (Schadstoffe) 171
gefährliche, schädliche Arbeitsstoffe [Schadstoffe] 45, **166–173**, 242
Gefühle [Emotionen, Empfindungen] 39, 61, 130
Gegenfarben [Ergänzungsfarben, Komplementärfarben] 127 f.
Gehirn [Großhirn] 63
Gehirnströme [Elektroenzephalographie] 72 f.
Gehör [Hörorgan, Ohren] 131, 175, 182
Gehörschutzhelme, -kapseln, -mittel, -stöpsel **181f.**
geistige Arbeit und Musik 174
geistige Belastung und Beanspruchung [emotionale -, mentale -, nervöse -, nichtkörperliche -, psychische -, psychomentale -] 44, 66, 68, 73, 81, 202, 204 f., 234
geistige Fitneßprogramme 42
geistige Leistungshergabe 35
geistige Routinearbeit 131
geistige Tätigkeit 179
Gelenke (Drehbereiche) **83–88**
Gelenke (Schäden durch Schwingungen) 185
Gemeinschaftseinrichtungen 43
geometrisch maximaler Greifraum 90 f.
Geräte, Gerätschaften (Arbeitsrecht) 238 f., 244
Geräusche [Hörschall, Lärm, Schall] 38, 45, 61, 76, **173–182**, 210 f., 233
Geräuschminderungsmaßnahmen 178
Geräuschpegel 154
Gerüche 167

Gesamtschallpegel 177
Gesang, -darbietung (Arbeitsmusik) 132
Gesäß-Beinlänge 49
Gesäß-Knielänge 49
Geschlecht 30, 46, 51, 167
Geschwüre als Folge seelischer Störungen 39
gesellschaftliche Erwartungen als Ursache von Arbeitsstrukturierung 230
Gesetz über Betriebsärzte ... [Arbeitssicherheitsgesetz] 23, 169, 243, 245, 247
Gesetz über Einheiten im Meßwesen 13
Gesetz über explosionsgefährdete Stoffe 169
Gesetz über technische Arbeitsmittel [Maschinenschutzgesetz] 169, 242
Gesetz über Unterkunft bei Bauten 242
gesicherte arbeitsmedizinische, technische, arbeitswissenschaftliche Erkenntnisse, gesicherte Erkenntnisse der Arbeitswissenschaft 239–241, 243, 245, 247 f.
Gesichtsfeld [Sehfeld] 51, 83 f., **87**, 93 f., 125 f., **193–195**
Gesichtsfeld-Leuchtdichte 194
Gestaltung der Arbeit, der Arbeitsstätte, der Arbeitsumgebung, des Arbeitsablaufes, des Arbeitsplatzes [Arbeitsgestaltung, Arbeitsplatzgestaltung] 11, 17, 20–22, 24, 27, 41, 50, 58 f., 68, **82–134**, 185, 208, 243–245, 247
Gestaltung der Arbeitszeit 201
Gestaltung von Stellteilen 153 f.
Gestaltungsarbeit 47, 51
Gestaltungsmöglichkeiten (Bewertung, Entwicklung) 25
Gesunderhaltung 42 f., 44 f.
Gesundheit 42–45, 166–168, 183, 238–240, 243
Gesundheitserziehung, -fürsorge 42
Gesundheitsgefährdung, -gefahren, -schaden, -schädigung, -störungen 42, 72, 74, 77, 156, 166, 168, 173, 183, 209

Gesundheitsniveau, -zustand, 22, **31–33,** 159
gesundheitsschädliche Stoffe 172
Gesundheitsschutz, -vorsorge 22, 246
Gewerbeaufsicht, Gewerbeaufsichtsamt, Gewerbeaufsichtsbehörden 206, 243–245
Gewerbeordnung, GewO 169, 243
gewerbliche Wirtschaft (ArbStättV) 239, 241
Gewöhnungsprozesse 22
Gifte 61, 168
gleichförmige Reize (Aktivitätspegel) 204
Gleichgewichtsorgan (Schwingungen) 185
gleitende Arbeitszeit, Gleitzeit **206 f.,** 209, 230, 234
Globethermometer 162
Glühlampen 188
Graduierung von Strichskalen 143 f.
grafische Stufungen bei der Zifferneinteilung 144
Gravimeter 170
Greifarten 53 f., 59
Greifbehälter 90
Greifraum [Griffbereich, -feld] 50, 83, 88, **90 f.,** 107, 233
Grenzlasten 139 f.
Grenzwerte beim Lärm 38, 178
Griffbereich, -feld [Greifraum] 50, 83, 88, **90 f.,** 104, 117, 233
Griffe 53, **148–155**
Griffeigenschaften 150
Griffkastenanordnung 91
Großraumbüro (Beleuchtung) 195
Grundfähigkeiten 29–33
Grundgreiftypen 52 f.
Grund- und Rohstoffverarbeitung (Arbeitsstrukturierung) 233
Gruppenarbeit [Arbeiten in Gruppen, autonome Gruppen, teilautonome Gruppen] 40, 228, **230–233,** 237
Gruppenautonomie 232
Gruppenbeziehungen [soziale Beziehungsstruktur in der Gruppe] 41, 232
Gruppenbildung 227

Gruppenbonus 226
gruppendynamisches Training 226
Gruppenführung 232
Gruppengröße 41, 232
Gruppenleistung 236
Gruppenmitglieder 40, 236
Gruppenstruktur 232
Gruppenzwang 234
Gruppierung von Anzeigen und Stellteilen 147 f.
Gültigkeit [Validität] 217
Gürtel als Hilfsmittel beim Lastenhandhaben 135

H

Halogen 168
Haltearbeit 67, 73, 79, 81, 138, 203
Haltedauer 58
Haltekraft 57
Halten von Lasten 137 f.
Haltezeit 81
Haltungsarbeit 67, 73, 95
Hämoglobin [rote Blutkörperchen] 79, 210
Hand (Betätigungskräfte, -momente) 53, 90, 95, 98, 150 f.
Hand (Schwingungen) 70
Handarbeit 90, 96 f., 99
Handel (ArbStättV) 239, 241
Handgelenk 84, 86
Handgriffe 51, 59
Handhabungssysteme 171
Handhebel, -stellteile 114, 118
Handlungs- und Entscheidungsspielraum, Handlungsfreiheit 25, 234, 236
Handtremor 73
Handwerk (ArbStättV) 239, 241
Hängesitz 108 f.
Hauptmontageband (Arbeitsstrukturierung) 232
Haut (Schutz) 44, 104, 167, 172
Hautekzeme als Folge seelischer Störungen 39
Hautresorption 170
Hauttranspiration (Handschuhe) 172
HAWTHORNE-Effekt 228
Heben und Abstellen von Lasten **137**
Heimarbeit 238

Heimarbeitsgesetz 238
Helligkeitsdifferenz, -kontrast, -unterschied 127, 193
Helligkeitseindruck 190
Helme als Schutzmittel [Anzüge, Kapseln, Stöpsel] **178–182**
Herzfrequenz [Pulsfrequenz] 72, 76, 79 f., 160, 203
Herzinfarkt 45
Hilfsmittel für das Lastenhandhaben 135
Hintergrundmusik **131**
Hitzearbeit, -belastung 31, **163–165,** 202 f.
Hitzearbeit (Eignung) 165
Hocken 69 f., 94 f.
Höchstkonzentrationen von Gasen oder Schwebestoffen 170
Höchstleistungen 29
Höchst- und Dauerleistungsfähigkeit [maximale Leistungsfähigkeit] 33, 37
Höchstleistungsgrenze 33
Höhe der Arbeitsfläche 90
Höherqualifizierung 230, 233, 236
homogenes Ganzfeld 193
Homogenisierung (Angleichung von Parteien) 226 f.
Hörbereich [Frequenzumfang] **173–175**
Hörgrenze, untere [Hörschwelle] 174–176
Horizontalbeleuchtungsstärke 199 f.
horizontale **Arbeitserweiterung** [Arbeitsvergrößerung, Erweiterung des Arbeitsumfanges, Job Enlargement] 223, **230 f.,** 236
hormonelle Schwankungen 30, 33, 41
Hörorgan [Gehör, Ohren] 131, 175, 182
Hörprüfungen 179
Hörschall [Geräusche, Lärm, Schall] 38, 45, 61, 76, **173–182,** 210 f., 233
Hörschwelle [untere Hörgrenze] 174–176
Hüftgelenk (Schwingungen) 185
Human Engineering 20
Humanisierung der Arbeitswelt [Arbeitsstrukturierung, flexible, neue Arbeitsstrukturen, moderne, neue Arbeitsformen, neue Formen der Arbeitsorganisation, Neu-, Umstrukturierung der Arbeit] 33, 40, 82, **229–237**
human relations 223
Hygiene 43 f., 181
hygienische Einrichtungen 74 f.
Hyperextension 84, 87
Hypertonie 39

I

Immissions-Grenzwerte, -Richtwerte (Schall) **177–179**
Immissions-Schallpegel 179
individuelle Abweichungen von der Kurve der physiologischen Leistungsbereitschaft 207
Industrieanthropometrie [Anthropometrie, Körpermeßkunde] **46,** 83
Industrieroboter 171, 232
Infeld-Leuchtdichte 194
Informationsbeschaffung für Entscheidungen 24
Informationsverarbeitung im Menschen [Verarbeitung von Informationen] **59–64,** 204
informatorische Beanspruchung 78, 81
Infraschall 174
Ingenieurpsychologie 20
initiating structure 223, 228
Innenbeleuchtung 196–201
Instrumententafel (Reflexionsgrad) 190
Internationales Einheitensystem 14
inter- und intrapersonelle Konflikte 224 f.
Interviews zur Gewinnung von Arbeitsplatzinformationen 216
Investitionen zur menschengerechten Arbeitsgestaltung 23
Investitionskosten bei der Arbeitsstrukturierung 236
Isodynen 57
Isoliergeräte (Atemschutz) 172

J

jahresrhythmische, jahreszeitliche Schwankungen 30, **33 f.**, 41, 208
Job Enlargement [Arbeitserweiterung, Arbeitsvergrößerung, Erweiterung des Arbeitsumfanges, horizontale Arbeitserweiterung] 223, **230 f.**, 236
Job Enrichment [Arbeitsbereicherung, vertikale Arbeitserweiterung] 223, **230 f.**, 236
Job Rotation [Arbeits(platz)wechsel, Arbeitsstellenwechsel, Arbeitswechsel, Aufgabenwechsel, Platzwechsel] 32, 96, 187, 223, 227, **230 f.**, 236, 243
Joule 14
Jugendliche 205, 239, 242
Justiertätigkeit (Beleuchtung) 194

K

Kälteempfindungen 159
Kantinenessen 43
Kapseln als Schallschutzmittel [Anzüge, Helme, Stöpsel] **178–182**
Kapselungen von Maschinen 180
kaschierte Pausen 202
Katecholaminausscheidung 72 f.
Kelvin 14
Kennzeichnungsfarben 126
Kesselschmiede (Schalldruckpegel) 176
Ketone 44
Kieferresonanz 184
Kinetosen [Seekrankheit] 185
Kippschalter 117 f.
Kippsicherheitsmaß (Drehstuhl) 105
Kleidung und Wärme [Bekleidung und Wärme] **157–160**, 165
Klima [Raumklima] 38, 45, 61, 74, 76, **156–165**
Klimabedingungen 161, 163
Klimabedingungen, belastende, Klimabelastungen [thermische Belastungen, Wärmebelastungen] 159–161, 164 f.
Klimabelastungsindices 164 f.
Klimabeurteilung 156 f., 165

Klimafaktoren 156 f., 160
Klimagrenzen, -toleranzgrenzen 163–165
Klimakombinationen 164
Klimameßgeräte 158, 162, 165
Klimasummenmaße (-werte) 75 f., 160 f., 164 f.
Klimawirkungen 156, 160
Knie (Bewegungsraum) 88
Kniegelenk 88
Knieraum 50, 96
Koffein [anregende Wirkstoffe, Benzedrin, Pervitin] 30, 34, 38, 41
Kognitivität 62
Kohlenmonoxid 61, 168, 173
Kohlenwasserstoffe 168
Kolitis [Dickdarmentzündungen] als Folge seelischer Störungen 39
Komfortempfinden (Beeinflussung durch Schwingungen) 183
Kommunikationsstruktur 41
Kompatibilität [Anzeigeänderung und Stellbewegung, Bewegungsanalogie] **121–124**, 148, 155
Komplementärfarben [Ergänzungsfarben, Gegenfarben] 127 f.
Konfliktanalyse 224
Konfliktaustragung 225
Konflikte 39, **224–227**, 236
Konfliktgegenstand 225
Konfliktlösungen 225
Konfliktsituationen 41
Konfliktunterdrückung 225
Konfliktursachen 225–227
Konfliktvermeidung 225
Konimeter 170
Konsolen (Gestaltung) **112–120**
Konstitution 42, 167
Konstruktion von Stellteilen 153
Konstruktionsarbeit 51
Kontaktmöglichkeiten zwischen Gruppenmitgliedern 227
kontinuierliche Arbeit 209, **213–215**
Kontraktionsphasen (Muskelarbeit) 67, 203
Kontrast 126, **193 f.**
Kontrast bei Anzeigen 142, **146–148**
Kontrastfarben 125
Kontrolle von Entscheidungen 26

Kontrolltätigkeiten 79, 81, 194
Kontrolluntersuchung von Nachtarbeitern 211
Konzentration und Alkohol 43
Konzentration und Körperhaltung 94
Konzentration und Monotonie 81
Konzentrationsfähigkeit (-vermögen) 37, 43
Kooperationshaltung 227
Kooperationstraining 226
Kopf (Bewegungsraum) 70, **83 f.**, 87
Kopfbewegungen 93, 193
Kopfschmerzen durch Kohlenmonoxid 168
Kopfschmerzen durch Schwingungen 184
Körperarbeit und Klima 156 f., 163
Körpergröße, -höhe 47–50, 98, 100, 106
Körperhaltung 45, 68 f., 94, 97
Körperkräfte [Kräfte, Muskel-] **51–59**, 81, 118 f., 150
körperliche Arbeit [Muskelarbeit, muskuläre Arbeit] 31, 43, 67, 69, 77, 79, 81, 157, 174, 202 f.
körperliche Belastung und Beanspruchung [muskuläre -] 44, **64–78**, 80, 203 f., 230, 234
körperliche Fitneßprogramme 42
körperliche Schwerarbeit 31, 80, 202
Körpermaße 27, **46–51**, 82 f.
Körpermeßkunde [Anthropometrie, Industrieanthropometrie] **46**, 83
Körperschall 173, 183
Körperschutzmittel (Arbeitsrecht) 243
Körperstellungen und -haltungen 70
Körpertemperatur 35, 76, 156, 160
Korrekturentscheidungen 26
korrigierendes Mitbestimmungsrecht des Betriebsrates 247
„korrigierte" Effektiv-Temperatur 163
Kraftangriffspunkte 54, 59, 136
Kräfte [Körperkräfte, Muskel-] **51–59**, 81, 118 f., 150
Kraftmessungen 53, 57
Kraftrichtung 54, 59
Kraftrichtungssinn 54, 59
Kraftstellteile 52 f.
Kraftwirkung der Arme im Sitzen 95
Kragen bei Stellteilen 154
Krankenstand, -zahlen [Absentismus, Fehlzeiten, Fernbleiben von der Arbeit] 22 f., 31, 130, 224 f., 230, 235
Krankheiten 31, 36, 44, 61
Kreislauf 79, 156
Kreisskalen, -sektorskalen 140, 145–147
Küchen (Hygiene) 44
Kugelgelenk 84
Kurbeln 118
Kurzpausen, kürzeste und kurze Pausen 33, 202–204, 207 f.
Kurzzeitspeicher der menschlichen Informationsverarbeitung 60, 62
kurzzyklische Tätigkeiten [einförmige Arbeit, Eintönigkeit, Reizarmut, repetitive Handarbeit] 61, 94, 130 f., 142, 204, 229, 232
K-Wert [Wahrnehmungsstärke K von Schwingungen] 75 f., 185 f.

L

Lagerräume (ArbStättV) 240
Lagerwesen (Arbeitsstrukturierung) 233
Lampen, -art 188, 197 f.
Länge des Unterschenkels 49 f.
Langeweile (Arbeitsmusik) 130
Langzeit-Elektrokardiographie 72
Langzeitspeicher der menschlichen Informationsverarbeitung 60, 62 f.
Lärm [Geräusche, Hörschall, Schall] 38, 45, 61, 76, **173–182**, 210 f., 233
Lärmausbreitung 180
Lärmbereich (Kennzeichnung) 125, 178 f.
Lärmeinwirkung 180
Lärmentstehung 180
Lärmmessung und -beurteilung 177 f.
Lärmminderung (Anschriftenverzeichnis) 182
Lärmschäden 180–182
Lärmschutz 177

Lärmschutzwände 180
Lastenhandhaben, -heben, -tragen, -transport, -umsetzen [Beförderung, Manipulation von Lasten] **134–140**
Lastwagen (Schalldruckpegel) 176
latente Konflikte 224 f.
Laugen (Farbkennzeichnung von Rohrleitungen) 126
Laugen (schädliche Stoffe) 167
Lautstärke, -pegel 76, 176
Lebensqualität als Ursache für Arbeitsstrukturierung 230
(Lebens-)Zufriedenheit [Arbeitszufriedenheit, Zufriedenheit mit der Arbeit] **21–24**, 65 f., 72, 75, 222, 224 f., 228–230, 236
Lehrverhalten 222
leichte Arbeit (Ellenbogenhöhe) 101
Leistung, menschliche 27–41, 74, 124 f., 130, 166, 187–189, 223, 228, 234
Leistungsaufnahme von Lampen 197
Leistungsbegriff 27–29
Leistungsbereitschaft [Arbeitsbereitschaft, Bereitschaft] **33–41**, 45, 206–209, 222
Leistungsdisposition 174
Leistungserbringung [-hergabe] 23, 40, 42, 45
Leistungserleben 234
Leistungserwartungen 28, 30
Leistungsfähigkeit [-vermögen] 23, **29–33**, 41, 44 f., 71, 78, 156, 159, 183, 208, 236
Leistungsfreisetzung durch optimale Arbeitszeit 202
Leistungshergabe [-erbringung] 23, 40, 42, 45
Leistungsminderungen 156
Leistungsmotivation [Motivation] 23, 30, 32, **39–42**, 61, 77 f.
Leistungsverhalten 224
Leistungsvermögen [-fähigkeit] 23, **29–33**, 41, 44 f., 71, 78, 159, 183, 208, 236
Leistungsvoraussetzungen 42–45
Lendenstütze (Rückenlehne) 103
Lernarbeitsplätze 232
Lernaufwand 221

Lerneinheiten 221
Lernen 29, **220–222**
Lernerfolg, -fortschritt, -kurve, -prozeß, -verlauf 220 f.
Lernmaschinen 221
Lernmotivation 221 f.
Lernprogramm 220
Lernpsychologie [pädagogische Psychologie] 220
Lernschritte 221
Lerntechnik 221
Lerntransfer [Transfer, Übertragung des Gelernten] 222
Lernverhalten 221
Lernziele 220
Lesbarkeit von Ziffern 142
Leuchtdichte 76, **189 f.**, 195–197
Leuchtdichtegrenzkurven 200
Leuchtdichteniveau 194 f.
Leuchtdichteunterschied 194
Leuchtdichteverhältnis 127, 194, 196
Leuchtdichteverteilung 196, 198, 200
Leuchten 188, 196, 198 f.
Leuchtenanordnung 197, **199 f.**
Leuchtenart 197
Leuchtenbestückung 199
Leuchtenbetriebswirkungsgrad 199
Leuchtenzahl 198 f.
Leuchtstofflampen, -röhren 188, 195
Licht 38, **187–196**, 238
Lichtausbeute 197
Lichtempfindung 191
Lichtfarbe 196 f.
Lichtgebung 129
Lichtstärke 14, 76, **189**, 195 f.
Lichtstärkeverteilung 197, 199
Lichtstrom 76, **188 f.**, 193, 197 f.
Lichtstromanteile 199
Lichtstromrückgang durch Verstaubung 198
Lichtstromverteilung 197–199
Liege- und Stillräume 76, 179, 239 f.
limbisches System 63, 130
lineare Skalen 147
Lohn (Arbeitsstrukturierung) 233–235
Lösemittel 44, 167–169

Lösungen 167
Lösungsvorschläge für Arbeitsgestaltung 24
Luft (Farbkennzeichnung von Rohrleitungen) 126
Luftanalyseverfahren 171
Luftbewegung, -geschwindigkeit [Windbewegung, -geschwindigkeit] 76, 156–158, 161
Luftfeuchtigkeit 37, 76, 156 f., 161, 164
Luftschall 173, 183
Lufttemperatur [Raumtemperatur] 37, 76, **156–165**
Luftverunreinigungen 166–173
Lumen 76, 188
Lustgefühl, -gewinn, Lust [Unlust, -gefühl] 39
Lux 76, 188

M

Magen- und Darmerkrankungen (Schichtarbeit) 210 f.
Magengeschwüre als Folge seelischer Störungen 39
Mahlzeiten während der Nachtschicht 211
Mahlzeiteneinnahme (Mittagessen) 205 f.
MAK-Werte-Liste [Maximale Arbeitsplatz-Konzentration, Schwellenwerte] 75, **169–171**
manifeste Konflikte 224
Manipulation [Befördern] von Lasten [Lastenhandhaben, ...] **134–140**
Männer 46, 54–57, 106 f., 139 f., 205
manuelle Arbeitsplätze 232
Markierung bei Anzeigen 145–147
Maschinen (Arbeitsrecht) 238 f., 244
Maschinen (Reflexionsgrad) 190
Maschinenarbeit 96, 99
Maschinenfarben 128
Maschinenräume (ArbStättV) 240
Maschinenschutzgesetz [Gesetz über technische Arbeitsmittel] 169, 242
Maschinenuntergrund (Farbe) 128
Masse 14
Massenerzeugnis (Arbeitsstrukturierung) 236

Materialdisposition (Arbeitsstrukturierung) 231
Maximale Arbeitsplatz-Konzentration [MAK-Werte-Liste, Schwellenwerte] 75, 169–171
Maximale Emissionskonzentration [MEK-Werte] 170
maximale Gewichte von Traglasten 139
maximale Haltezeit 57
Maximale Immissionskonzentration [MIK-Werte] 170
maximale Körperkräfte, Maximalkräfte **51–59**, 136
maximale Leistungsfähigkeit [Höchst- und Dauerleistungsfähigkeit] 33, 37
Maximale Organkonzentration [MOK-Werte] 170
maximale Tretkräfte 93
mechanische Schwingungen [Erschütterungen, Vibrationen] 38, 45, 75 f., **183–187**
Mechanisierung und Arbeitsstrukturierung 232
Medianwert einer Verteilung 47
Mehrzeiger-Instrumente 140, 145
MEK-Werte [Maximale Emissionskonzentration] 170
Mengen- und Gütemerkmal als Leistungsmerkmale 28
menschengerechte Arbeitsgestaltung 11, **20–24**, 42, 74, 229, 239, 245, 247
menschliche Leistung 27–41, 74, 124 f., 130, 166, 187–189, 223, 228, 234
mentale Belastung und Beanspruchung [emotionale-, geistige-, nervöse-, nichtkörperliche-, psychische-, psychomentale-] 44, 66, 68, 73, 81, 202, 204 f., 234
mentale Ermüdung 81
Meßanzeigen [Anzeigen] **113–116, 121–124, 140–148,** 155
Meßbereich von Anzeigen 144
Meßinstrumente 145
Meßinstrumente (Eignung für Wahrnehmungsaufgaben) 141, 148

Meßmethoden der Belastung und Beanspruchung 71–74
Messung der Beleuchtungsstärkeverteilung 200 f.
Messung des Betriebsklimas 228
Messung nervöser Ermüdung 204
Messung und Beurteilung von Schwingungen 185 f.
Messung von Schadstoffen 169–171
Meß- und Beurteilungsverfahren (Schall) 177 f.
Meßwände [Schaltpulte, -tafeln, Steuerstände] 83 f., **112–120, 147 f.**
Metallindustrie (Arbeitsstrukturierung) 231 f.
metropolitan rota 213
Mikrobar [μbar] 175 f.
MIK-Werte [Maximale Immissionskonzentration] 170
Milch 43, 167
Milchsäure 203
Mitarbeiterinitiative [Eigeninitiative] 232–235
Mitarbeiterkommunikation 25
Mitbestimmungsrecht des Betriebsrates **246–248**
Mittagessen [Mahlzeiteneinnahme] 205 f.
Mittagspause 205 f., 208
mittelschwere Arbeit (Ellenbogenhöhe) 101
Mittelungspegel (Schall) 177
Mitwirkungsrecht des Betriebsrates **246–248**
Möbel, Möblierung (Reflexionsgrad) 190
moderne, neue Arbeitsformen [Arbeitsstrukturierung, flexible, neue Arbeitsstrukturen, Humanisierung der Arbeitswelt, neue Formen der Arbeitsorganisation, Neu-, Umstrukturierung der Arbeit] 33, 40, 82, **229–237**
MOK-Werte [Maximale Organkonzentration] 170
Mol 14
Monotonie, -gefühl 45, 79, 81, 130, 233 f.

Montagearbeiten (Bewegungsfreiheit der Arme und Hände) 84, 100
Montagebänder (Arbeitsstrukturierung) 231
Montageinseln 233
Montagetätigkeit (Arbeitsstrukturierung) 231
Montagetätigkeit (Beleuchtung) 194
Morgentyp 36, 207
Motivation 23, 30, 32, **38–42**, 61, 77 f.
Müdigkeit, Müdigkeitsgefühle 78 f., 206
Mundtemperatur 160
Musik am Arbeitsplatz [Arbeitsmusik] **129–133**
Musiksendung, -übertragung **131 f.**
Muskelarbeit [körperliche Arbeit, muskuläre Arbeit] 31, 43, 67, 69, 77, 79, 81, 157, 174, 202 f.
Muskeldurchblutung 203
Muskelermüdung [physische Ermüdung, muskuläre Ermüdung] 203 f., 208
Muskelkräfte [Körperkräfte, Kräfte] **51–59**, 81, 118 f., 150
Muskelspannung, -tonus (Schwingungen) 76, 185
Muskelsysteme 60, 63
muskuläre Arbeit [körperliche Arbeit, Muskelarbeit] 31, 43, 67, 69, 77, 79, 81, 157, 174, 202 f.
muskuläre Belastung und Beanspruchung [körperliche -] 44, **64–78,** 80, 203 f., 230, 234
muskuläre Ermüdung [physische Ermüdung, Muskelermüdung] 203 f., 208
Mütter, stillende, werdende (Arbeitsrecht) 239, 242
Mutterschutzgesetz 239

N

Nachbilder 128
Nachtarbeit, -schicht [Schichtarbeit, Spätschicht, Wechselschicht] 36, 43, 72, 132, 207, **209–215**
Nachtblinde 211

Nachtschlaf 210
Nahrung 42
Nahrungsaufnahme 43, 207, 211
Nahsehbereich (Mindest-Sehwinkel) 142
NAMEL-System 143
Nasenatmung 167
Nässe 74 f.
Naturnorm 121 f.
Nebel 166
Nebenlinie (Fließarbeit, Arbeitsstrukturierung) 232
Nebenräume (ArbStättV) 240
Nennbeleuchtungsstärke 191 f., 196, **198–200**
Nervensystem 39, 77
nervlich-geistig-seelische Leistungsfähigkeit 208 f.
nervöse Belastung und Beanspruchung [emotionale-, geistige-, mentale-, nichtkörperliche-, psychische-, psychomentale-] 44, 66, 68, 73, 81, 202, 204 f., 234
nervöse Ermüdung 204, 208
Netzhaut [Retina] 191, 193
neue, flexible Arbeitsstrukturen, neue, moderne Arbeitsformen, neue Formen der Arbeitsorganisation, Neu-, Umstrukturierung der Arbeit [Arbeitsstrukturierung, Humanisierung der Arbeitswelt] 33, 40, 82, **229–237**
neurotische Scheinermüdung 78
Neutralklima, neutrale Klimabedingungen 156
Newton 14
nichtkörperliche Belastung und Beanspruchung [emotionale-, geistige-, mentale-, nervöse-, psychische-, psychomentale-] 44, 66, 68, 73, 81, 202, 204 f., 234
Nichtraucher 43
Nikotingenuß 44
nitrose Gase 168
Normal-Effektiv-Temperatur 161 f.
Normalleistung 32
Notausgänge, -ausschalteinrichtungen, -bremsen (Farbkennzeichnung) 125

Nullsummenspiel, -situation (Konflikte) 226

O

Oberkörper (Abstützung) **100**
Oberlichter (ArbStättV) 241
Oberschenkeldicke 49
offene (manifeste) interpersonelle Konflikte 224 f.
Ohren [Gehör, Hörorgan] 131, 175, 182
Oktavpegel 177
Operationsbeleuchtung 192
optimale Arbeitsstelle an Tischen 90
optimaler Griffbereich, - Greifraum **91, 117**
optimaler Sehwinkel 142
optimales Leuchtdichteverhältnis 194
Optimalklima 156
Ordnungsfarben [Sicherheits-, Warnfarben] **125 f.**
Organisationsziele 225
organisierte Pausen 202–205
orientierende Wahrnehmung (Anzeigen) 141, 147
Orientierung (Beleuchtung) 192

P

pädagogische Psychologie [Lernpsychologie] 220
Palmarflexion 86
PAQ [Position Analysis Questionaire] 216 f.
Paradoxalschlaf 210
Parallaxe 145
Partnerplätze, -arbeitsplätze 40, 232
parts per million [ppm] 171
Pascal 14, 176
Patellar-Sehnenreflex 76
Pausen [Arbeitsunterbrechung] 32, 43 f., 80, 186, **201–206**, 208
Pausen beim Lernen 221
Pausengestaltung, -regelung, -regime 80, **201–206**, 243
Pausenlänge, -zeit 202 f.
Pausenräume 76, 179, 240
Pedale 93, 153

Pendelsitz 108
Personalauswahl, -einsatz, -entscheidungen 82, **216–219**
Personalführung 82, 222–228
Personenmerkmale 216 f., 220
Personenumgebung 30, 40
persönliche Freiheit (Gleitzeit) 207, 209
persönliche Schutzmaßnahmen gegen Schall **178–182**
persönlicher Gefahrenschutz gegen Schadstoffe 172 f.
Persönlichkeitseigenschaften, -merkmale 22, 216 f., 220
Pervitin [anregende Wirkstoffe, Benzedrin, Koffein] 30, 34, 38, 41
Perzentile 47, 82
Pfannengelenk 84
Phon 76
photometrisches Verfahren (Gasanalyse) 171
physikalisch-chemische Arbeitsumgebung 30, 34, 38–40
physiologisch maximaler Greifraum 91
physiologische Bereitschaftslage,
- Leistungsbereitschaft [physische -] 30, **33–39**, 41, 130, 206 f., 209
physische Belastung und Beanspruchung [körperliche -, muskuläre -] 44, **64–78**, 80, 203 f., 230, 234
physische Bereitschaft, - Leistungsbereitschaft [physiologische -] 30, **33–39**, 41, 130, 206 f., 209
physische Ermüdung [muskuläre Ermüdung, Muskelermüdung] 203 f., 208
Platzwechsel [Arbeits(platz)wechsel, Arbeitsstellenwechsel, Arbeitswechsel, Aufgabenwechsel, Job Rotation] 32, 96, 187, 223, 227, **230 f.**, 236, 243
Podeste 107, **111**
Polarisationsbrillen 195
Polsterung [Sitzpolsterung] 103 f.
Position Analysis Questionaire [PAQ] 216 f.
ppm [parts per million] 171
Prägnanz des Erkennens 128

Präzisionsarbeiten 100, 109
Preßatmung (Schwingungen) 184
Privatsphäre 41
Produktgestaltung 20
Produktionsbänder (Arbeitsstrukturierung) 230–233
Produktionsflexibilität (Arbeitsstrukturierung) 230, 235 f.
Produktivität 225
programmierte Unterweisung 221
Pronation 86
Propriozeptoren 63
Prüfröhrchen [Gasspürröhrchen] 170 f.
psychische Belastung und Beanspruchung [emotionale -, geistige -, mentale -, nervöse -, nichtkörperliche -, psychomentale -] 44, 66, 68, 73, 81, 202, 204 f., 234
psychische Bereitschaftslage, - Leistungsbereitschaft 30, 33, **35–41**
psychische, seelische Störungen 209
psychische Sättigung 130
psychomentale Belastung und Beanspruchung [emotionale -, geistige -, mentale -, nervöse -, nichtkörperliche -, psychische -] 44, 66, 68, 73, 81, 202, 204 f., 234
psycho-physische Leistungsfähigkeit 29 f.
Puffer (Arbeitsstrukturierung) 33, 232
Pulsfrequenz, -messung [Herzfrequenz] 72, 76, 79 f., 160, 203
Pulsverlauf 80
Pulte (Gestaltung) **112–120**
Punktziffern 143
Pupillenweite 193
P4SR-Index 165

Q

Qualifikation (Arbeitsstrukturierung) 230, 233 f.
Qualität von Produkten 25, 230, 235
Qualitätsprüfung (Arbeitsstrukturierung) 231
Quarzfeinstaub 170, 172
Quarzgehalt von Staub 170

R

Radiosendungen als Arbeitsmusik 132
RAL-Farben, -Farbtonregister 126
Rasse (Körpermaße) 46, 51
Rauche 166–172
Rauchen am Arbeitsplatz **43**, 45
Räume für körperliche Ausgleichsübungen (ArbStättV) 76, 240
Raumfarben 128 f.
Raumklima [Klima] 38, 74, 76, **156–165**
Raumtemperatur [Lufttemperatur] 37, 76, **156–165**
Raumwirkungsgrad (Beleuchtung) 198 f.
Reaktionsvermögen (Arzneimittel) 43, 204
Reaktionszeit (Einfluß des Wetters) 37
Recht, bindendes (UVV) 244
Reflexionsgrad 189–191, 196, 198 f.
Reflexionsgrad bei Anzeigen 142, **146–148**
Regelwerke (Schadstoffe) 169
Regelwerke (Schall) 182
Rehabilitation 42
Reichsversicherungsordnung [RVO] 169, 247
Reichweite des Armes 49
Reifung 29
Reinigungsbenzin, -mittel 44
Reizarmut [einförmige Arbeit, Eintönigkeit, kurzzyklische Tätigkeiten, repetitive Handarbeit] 61, 94, 130 f., 142, 204, 229, 232
Reizgase 168
Reizungen der Haut 167
rektale Reizung (Schwingungen) 184
relative Blendung 195
Reliabilität [Zuverlässigkeit] 217
Reparaturarbeiten (Arbeitsstrukturierung) 231
repetitive Handarbeit [einförmige Arbeit, Eintönigkeit, kurzzyklische Tätigkeiten, Reizarmut] 61, 94, 130 f., 142, 204, 229, 232
Reservearbeitsplätze 232
Resonanz von Schwingungen, Resonanzschwingungen 180, **184–186**
Resonanzfrequenz 184 f.
retikuläre Formation, -Strukturen, Retikulärformation, Retikularformation [Wachsystem] 63, 81, 130, 204
Retina [Netzhaut] 191, 193
Rezeptoren [Exterozeptoren] 60 f., 63
rhythmische Funktionsordnung 204, 207
Richtlinien der Berufsgenossenschaft 244
Richtwerte (Schadstoffe) 42, 170
Richtwerte (Schall) 178
Rohrleitungen (Farbkennzeichnung) 126
Rohstoffverarbeitung (Arbeitsstrukturierung) 233
Rollsitz 108
römische Ziffern 143
Rotation bei Abduktion 85
Rotation des Kopfes 87
rote Blutkörperchen [Hämoglobin] 79, 210
Rückenlehne 102–105, 109
Rückenschmerzen durch Schwingungen 184
Ruhepausen 205–208
Ruhepulsfrequenz 80
Rumpf (Bewegungsraum) 70, 83 f.
RVO [Reichsversicherungsordnung] 169, 247

S

Sanitärräume, Sanitäts- 76, 179, 240
Satzungsrecht der Berufsgenossenschaften 244 f.
Sauerstoffaufnahme, -verbrauch, -versorgung 67, 79 f. 164, 203
Sauerstoffschuld 79
saure Stoffwechselprodukte 203

Säuren (Farbkennzeichnung von Rohrleitungen) 126
Säuren (Schadstoffe) 167
schädigende Einflüsse am Arbeitsplatz 45
Schadstoffe [gefährliche, schädliche Arbeitsstoffe] 45, **166–173**, 242
Schadstoffe (Begriffe) 166
Schadstoffkonzentration 170
Schall [Geräusche, Hörschall, Lärm] 38, 45, 61, 76, **173–182**, 210 f., 233
Schall (Begriffe) **173–177**
Schallarten 177
Schalldämmung (Schallschutzmittel) 181
Schalldämpfer 180
Schalldruck, Schalldruckpegel [Schallpegel] 76, **175–178**
Schallemission 177
Schallempfindlichkeit 175
Schallerzeuger 173
Schallfrequenz 174–176
Schallhöhe 174–176
Schallimmission 177
Schallintensität 175
Schallpegel [Schalldruck, Schalldruckpegel] 76, 131, **175–178**
Schallpegelmesser 175, 177 f.
Schallpegelrichtwert 179
Schallschutz 180–182
Schallschutzanzüge 181 f.
Schallschutzfenster 180
Schallschutzkabinen 180
Schallschutzmittel [Anzüge, Helme, Kapseln, Stöpsel] **178–182**
Schallstärke 174 f.
Schallverlauf 174
Schalthebel [Betätigungselemente, -teile, Stellhebel, Stellteile, Steuerelemente] 53, 59, 64, 88, 90, 112, 114, **117–119, 121–124, 147–155**
Schaltpulte, -tafeln [Meßwände, Steuerstände] 83 f., **112–120,** 147 f.
Schaltstellungen 153
Scharniergelenk 88
Scheinermüdung, neurotische 78
Schichtarbeit [Nachtschicht, -arbeit, Spätschicht, Wechselschicht] 36, 43, 72, 132, 207, **209–215**

Schichtpläne, -systeme, Schichtwechselformen, Schichtwechselzyklus **212–215**
Schilddrüsenüberfunktion und Nachtarbeit 210
Schlaf 35, **44 f.,** 204, **206 f.,** 210
Schlafdauer, -zeit 45, 61, **206**
Schlafmangel, -defizit, -verkürzung, 44, 78, 206 f., 210 f., 214
Schläfrigkeit 79
Schlaftyp 207
Schlaganfall 45
Schleimhäute (Schadstoffe) 167
Schleppzeiger 145
Schlichtungsinstanzen zur Konfliktlösung 226
Schmerzen durch Schwingungen 184
Schmerzschwelle (Schall) 175
Schraubstock, verstellbar 82
Schreibmaschinentisch (Höhe) 96
Schreibtischarbeiten 100
Schreibtischhöhe 96, 101
Schritthöhe 49
Schuhwerk beim Lastentransport 135
Schulter (Bewegungsraum) **84**
Schulterbreite 49
Schulterhöhe 106
Schulterpolster zum Lastentransport 135
Schulung für den Lastentransport 135
Schürzen zum Lastentransport 135
Schutzkleidung [Arbeits(be)kleidung, Berufskleidung] **44,** 75
Schutzmaßnahmen gegen Lärm 177, **180–182**
Schutzmaßnahmen gegen Schadstoffe **171–173**
Schutzmaßnahmen gegen Schwingungen **186 f.**
Schutzvorrichtung (Überwachung, UVV) 244
Schwämme 173
Schwebstoffe 166
Schweißabgabe 76
Schweißdrüsentätigkeit 156
Schweißrauche 172
Schwellenwerte von Schadstoffen [MAK-Werte-Liste, Maximale Ar-

beitsplatzkonzentrationen] 75, **169–171**
Schwenksitz 108 f.
Schwerarbeit, schwere Arbeit 67, 71, 160, 168, 203
Schwerbehinderte 239
Schwerbehindertengesetz 239
Schwierigkeitsgrad der Arbeit (Einarbeitung) 32
Schwingungen, mechanische [Erschütterungen, Vibrationen] 38, 45, 75 f., **183–187**
Schwingungsbeanspruchung (-einwirkung) und Schwingungsbelastung (-auswirkung) **183–186**
Schwingungsbeurteilung [-messung] **185 f.**
Schwingungsbild 186
Schwingungseinfluß 186
Schwingungsentstehung 183
Schwingungsmessung [-beurteilung] **185 f.**
Schwingungspausen 183
Schwingungsrichtung 183
Schwingungsübertragung 183
Schwingungsweite 183 f.
Sechs-Stufen-Methode von REFA 26
Seekrankheit [Kinetosen] 185
seelische, psychische Störungen 209
Segmentziffern 143
Sehanforderung 90, 98, **101 f.**
Sehaufgaben **192,** 196
Sehbedingungen 93
Sehbereiche 51, **114 f.**
Sehen 84, 87, 114, **187–196**
Sehentfernung 51, 94, 101 f.
Sehfeld [Gesichtsfeld] 51, 83 f., **87, 93 f.,** 125 f., **193–195**
Sehleistung 101 f.
Sehnen (Schäden durch Schwingungen) 185
Sehnenscheidenentzündung 33
Sehschärfe 76, 193
Sehwinkel 114, 142
Selbstverwirklichung 208
Selbstwertgefühl 234
Sendegeräte zur Übertragung von Meßgrößen 71

Sendezeiten (Arbeitsmusik) 133
sensibilisierende Stoffe 170
Sicherheit 121, 124, 154
Sicherheitsausschuß, -beauftragte (RVO) 247 f.
Sicherheitsbrillen 44
Sicherheitsfarben [Ordnungs-, Warnfarben] **125 f.**
Sicherheitshandschuhe 44
Sicherheitshelme 44
Sicherheitshinweise 171
Sicherheitsschuhe 44
Sichtkontakt 25
SI-Einheiten 14
Signale 140–148, 154
Signalwahrnehmbarkeit 181
Silikose 168
simultane Abhebung, simultaner Farbkontrast, Simultankontrast 127 f.
Sinnesorgane 60 f.
Sinusschwingungen, -töne 173, 176
Sitz-Arbeitsplatz 92 f., 96, 98, 106
Sitze [Arbeitssitze, Arbeitsstühle, Stühle] 50, 83, **102–109**
Sitzen 69 f., 90, **93–104,** 185
Sitzbreite 49, 105
Sitzfläche 103
Sitzflächenhöhe [Sitzhöhe] 49 f., 83, 94, **96–98,** 101, **104–106,** 111
Sitzhaltung [-position, -stellung] 100, 103, 119 f.
Sitzhöhe [Sitzflächenhöhe] 49 f., 83, 94, **96–98,** 101, **104–106,** 111
Sitzplatz 92
Sitzpolsterung [Polsterung] 103
Sitzposition [-haltung, -stellung] 100, 103, 119 f.
Sitz-Steh-Arbeitsplätze [Steh-Sitz-Arbeitsplätze] **106,** 233
Sitzstellung [-haltung, -position] 100, 103, 119 f.
Sitztiefe 49, **104 f.**
Skalen, -form **114–116,** 123 f., 143–147, 154
Somatogramm 69
Sommerurlaub 208
Sonderformen von Sitzen 107–109

Sonnenlicht (Ultravioletteinstrahlung) 36
Sonntagsarbeit 209
Sortierarbeit (Bewegungsfreiheit der Arme und Beine) 100
soziale Beziehungen (Schichtarbeit) 211
soziale Beziehungsstruktur in der Gruppe [Gruppenbeziehungen] 41, 232
soziale Einrichtungen 74 f.
soziale Schichten (Körpermaße) 46, 51
sozialer Friede 22
sozialer Kontakt 40 f., 230
sozialer Status (Arbeitsstrukturierung) 234
Sozialkosten 22
Sozialprestige 28
Sozialräume (ArbStättV) 241

Spannungssituation 224
Spätschicht [Nachtarbeit, -schicht, Schichtarbeit, Wechselschicht] 36, 43, 72, 132, 207, **209–215**

Sperre (Stellteile) 154
Spiegelung (Blendung) 195

Sprachbeeinflussung durch Schwingungen 184
Sprachbereich (Frequenzumfang) 174
Sprachverständigung 181
Sprechen (Schalldruckpegel) 176
Sprunggelenk des Fußes 83

staatliches Arbeitsschutzrecht 239–245
Stäbchen der Netzhaut 76, **191–193**
stationsgebundene Arbeit (Arbeitsstrukturierung) 232
statische Arbeit, -Daueranspannung, -Haltearbeit, -Muskelarbeit 57 f., 67, 79, 81, 94 f., 109, 151, 203
Staubanalyse 169
Staubanfall 182
Stäube 38, 74 f., **166–171**, 238
Staublungenerkrankung 167
Staubmessungen 169 f.
Steh-Arbeitsplatz 99 f., 106

Stehen, stehende Arbeits-, Körper-, Stehhaltung 69 f., 93–95, 97–99, 101 f., 104, 106, 108
Stehhilfe, Stehsitz 99 f., 108, 111
Steh-Sitz-Arbeitsplätze [Sitz-Steh-Arbeitsplätze] **106**, 233
Stein-Schneidemaschine (Absaugung von Schadstoffen) 172
Steinstaublunge 168
Stellaufgabe 152
Stellbereich 117
Stellbewegung 152, 155
Stell-Bildzeichen 154
Stellenbeschreibung 226
Stellgröße (Erkennung) 154
Stellhebel [Betätigungselemente, -teile, Schalthebel, Stellteile, Steuerelemente] 53, 59, 64, 88, 90, 112, 114, **117–119, 121–124,** 147 f., **148–155**
Stellkräfte 152–155
Stellrichtung 154
Stellteile [Betätigungselemente, -teile, Schalthebel, Stellhebel, Steuerelemente] 53, 59, 64, 88, 90, 112, 114, **117–119, 121–124,** 147 f., **148–155**
Stellungskräfte 55, 57, 151
Stellwege 151–155
Stellwiderstand 152, 154 f.
Sternalhöhe [Brustbeinhöhe] 49
Steuerelemente [Betätigungselemente, -teile, Schalthebel, Stellhebel, Stellteile] 53, 59, 64, 88, 90, 112, 114, **117–119, 121–124,** 147 f., **148–155**
Steuerstände (Gestaltung) [Meßwände, Schaltpulte, -tafeln] 83 f., **112–120,** 147 f.
Stilb 189
Stillegungsverfügungen (Gewerbeaufsichtsamt) 243
stillende, werdende Mütter (Arbeitsrecht) 239, 242
Stimmung, Stimmungslage des Menschen 30, **38 f., 41,** 125, 128, 130, 132, 225
Stoffe, sensibilisierende 170
Stoffmenge 14

Stoffwechsel 31, 156
Stöpsel als Schallschutzmittel [Anzüge, Helme, Kapseln] **178–182**
Störschall 131
Störungen durch Schwingungen 184 f.
Strahlenschutzverordnung [Verordnung über den Schutz vor Schäden durch ionisierende Strahlen] 242, 245
Strahlung 75 f.
Strahlungstemperatur 158, 163
Strichdicke von Ziffern 143
Strich-Graduierung, Strichskalengraduierung 143 f.
Strichskalen 140, **142–145**, 148
Stromstärke, elektrische 14
Struktur von Gruppen 232
Strukturierungsprinzipien (Arbeitsstrukturierung) **230–233**
Stühle [Arbeitssitze, Arbeitsstühle, Stühle] 50, 83, **102–109**
Sukzedankontrast 128
Supination 86
Sympathicus 208

T

Tafeln (Gestaltung) **112–120**
Tagesgang, -rhythmik, -rhythmus 37, 212
tages-, wochen-, jahreszeitliche Schwankungen 30, **33–38**, 41
Tagschlaf 210
Taktabstimmung (Arbeitsstrukturierung) 235
Taktbindung (Arbeitsstrukturierung) 233
Talkumstauberkrankung 168
tätigkeitsspezifische Eignungstests 217
Tauglichkeitsmerkmale für Hitzearbeit 165
technische Aufsichtsbeamte 247 f.
technische Hilfen (Arbeitsstrukturierung) 232
technologische Entwicklung als Ursache für Arbeitsstrukturierung 230
Tee 43
Teflon [Tetrafluoräthylen] 168

teilautonome Gruppen [Arbeiten in Gruppen, autonome Gruppen, Gruppenarbeit] 40, 228, **230–233**, 237
Teillichtströme 198
Teilmontageband (Arbeitsstrukturierung) 232
Temperatur, thermodynamische 14
Terzpegel (Schall) 177
Testprofil 219
Tests [Eigungstests] 20, 22, 217, 219
Tetrachlorkohlenstoff 168
Tetrafluoräthylen [Teflon] 168
thermisch neutrale Bedingungen 163, 165
thermische Behaglichkeit 158 f.
thermische Belastungen [belastende Klimabedingungen, Klimabelastungen, Wärmebelastungen] 159–161, 164 f.
thermodynamische Temperatur 14
Tiefensehen 76
Tiefschlaf 207
Time Budget Studies 72
Tisch, -höhe [Arbeitstisch] 83, 90, 96 f., 99, 102, **104–107**
Toiletten, -anlagen, -räume 44, 76, 240
Toleranzgrenzen (Klima) 163
Tore (ArbStättV) 241
toxische Gase und Dämpfe 168
Tragdauer von Lasten 138
Tragegeräte für Lastentransport 135
Tragekomfort von Schallschutzmitteln 181 f.
Tragen von Lasten 137 f.
Träger der gesetzlichen Unfallversicherung 244 f., 247 f.
Traggurte für Lastentransport 135
Traglasten (maximale Gewichte) 139 f.
Training, Trainingsstand 29–31, 33, 42
Transfer [Lerntransfer, Übertragung des Gelernten] 222
Transport von Lasten 68, **134–140**
Transport von Schadstoffen 172
Transportbänder (Farbgestaltung) 125

Transportstrecken und -wege 138
Traumschlaf 210
Tremormessung 72
Treppenstufen (Farbgestaltung) 125
Tretkräfte, maximale 93
Trichloräthylen 168
Trockentemperatur 161 f.
trophotrope Phasen, -Schaltung 35, 38, 208
Türen (ArbStättV) 241
Türen (Farbgestaltung) 125

U

Üben, Übung 29–33, 42
Überbeanspruchung [Überforderung] 22, 33, 38, 78, 207
Überbelastung 78
Überempfindlichkeit [Allergie] der Haut 167, 170
Überforderung [Überbeanspruchung] 22, 33, 38, 78, 207
überlappende Arbeitsplätze 232
Übermüdung 208
Übertragung des Gelernten [Lerntransfer, Transfer] 222
Überwachungsaufgaben und -pflichten des Betriebsrates 246, 248
Überwachungsleistung 146
Überwachungstätigkeiten und Wachsamkeit 79, 81
Überwachungsuntersuchung von Schichtarbeitern 211
Übungsgrad 32
Übungsverlust 32, 36
Ulkusanamnese (Schichtarbeit) 211
Ultraschall 174
Ultraviolette instrahlung 36
Umfeld (Beleuchtung) 194
Umfeld-Leuchtdichte, Umgebungsleuchtdichte 147, 194
Umgebungsbedingungen, -einflüsse 34, 44, 69, **74–77,** 245
Umgebungssignale -reize, Umweltreize (Informationsverarbeitung) 59
Umgebungstemperatur 161
Umgebungstemperatur (Richtwerte) 157
Umkleideräume (Hygiene) 43
Umkleideräume (ArbStättV) 240

Umlaufsystem (Arbeitsstrukturierung) 232
Um-, Neustrukturierung der Arbeit
[Arbeitsstrukturierung, flexible, neue Arbeitsstrukturen, Humanisierung der Arbeitswelt, moderne, neue Arbeitsformen, neue Formen der Arbeitsorganisationen] 30, 40, 82, **229–237**
Umrechnungen von Einheiten **14**
Umsetzen von Lasten 138
Unbehagen durch Schwingungen 184
unbehagliche Klimabedingungen 159 f.
Unfälle [Arbeitsunfälle] 44, 121, 246
Unfallgefährdung, -gefahren 43, 124, 195, 206, 239
Unfallquote am Montag 44
Unfallschutz, -sicherheit, -verhütung [Arbeitsschutz, -sicherheit] 20, 22, 25, 42, 74, 181, 233, 239–245, 247
Unfallverhütungsvorschriften [UVV, Arbeitsschutzvorschriften] 169, 240, **243–246**
Unfallverhütungsvorschrift Lärm [UVV Lärm] 178 f.
Unfallversicherungsträger 244 f., 247 f.
Unfallzahlen (Verminderung durch menschengerechte Arbeitsgestaltung) 22
Unlust, -gefühl [Lustgefühl, -gewinn, Lust] 39
Unregelmäßigkeit [Arrhythmie] der Pulsfrequenz 72 f.
untere Hörgrenze [Hörschwelle] 174–176
Unterforderung 22
Unterhaltung (Schalldruckpegel) 176
Unterkunft bei Bauten (Arbeitsrecht) 242
Unterrichtungs- und Belehrungspflicht des Arbeitgebers 245 f.
Unterschenkellänge 49 f.
Unterschiedsempfindlichkeit für Helligkeiten 193–195
Unterweisung 220–222
Unterweisung zum Lastentragen 135
unwillkürliche Bewegungen 62

Urlaub 44, **207–209**
Urlaubsdauer 44, 208
UVV [Unfallverhütungsvorschriften, Arbeitsschutzvorschriften] 169, 240, **243–246**
UVV Lärm [Unfallverhütungsvorschrift Lärm] 178 f.

V

Vagus 208
Vakuum (Farbkennzeichnung von Rohrleitungen) 126
Validität [Gültigkeit] 217
vegetatives Nervensystem, Vegetativum [autonomes Nervensystem] 34, 36, 39, 130, 208
Vehikelsubstanz 167
Verantwortung [Eigenverantwortlichkeit] 223, 231, 233, 236
Verarbeitung von Informationen [Informationsverarbeitung im Menschen] **59–64,** 204
Verarbeitungsmechanismus bei der menschlichen Informationverarbeitung 60, **62 f.**
Verdauungsschwierigkeiten durch falsche Haltung 95
verdeckte (latente) Konflikte 224 f.
Verfolgen von Meßwertentwicklungen 141
Vergiftungen 43, 167
Verhalten 34, 39 f., 221
Verhaltenserwartungen 27 f.
Verhaltenstraining von Vorgesetzten 224
Verkehrswege (ArbStättV) 240 f.
Verkehrswege (Farbgestaltung) 125
VERNONsches Globethermometer 162 f.
Verordnung über Arbeitsstätten [Arbeitsstättenverordnung, ArbStättV] 17, 23, 76, 83, 178 f., 186, **239–241,** 245
Verordnung über den Schutz vor Schäden durch ionisierende Strahlen [Strahlenschutzverordnung] 242, 245
Verordnung über gefährliche Arbeitsstoffe [Arbeitsstoffverordnung, ArbStoffV] 169, 242, 245 f.

Verstärker für richtiges Verhalten 221
Verstaubung von Lampen 198
verstellbarer Schraubstock 82
verstellbarer Stuhl 82
Verstellbereich von Arbeitsmitteln 83
Verteilungskonflikt 224, 226
Vertikalbeleuchtungsstärke 199
vertikale Arbeitserweiterung [Arbeitsbereicherung, Job Enrichment] 223, **230 f.,** 236
Verwaltungen (Arbeitsstrukturierung) 233
Verwaltungsvollstreckungsrecht 243
Verwarnung, Verwarnungsgelder (Gewerbeaufsicht) 243
Vibrationen [Erschütterungen, mechanische Schwingungen] 38, 45, 75 f., **183–187**
Vier-Stufen-Konzept (Bewertung von Arbeitssystemen) 21, 65
Vier-Stufen-Methode von REFA 26
V (λ)-Korrektur 200
Vorgabezeiten 28
Vorsorgeuntersuchungen (gefährliche Arbeitsstoffe) 169
Vorsorgeuntersuchungen (Lärm) 179
Vorwärtselevation 85

W

Wachheitsgrad, -pegel [Aktivation, ..., Erregungszustand] **60 f.,** 72 f., **81,** 130, 204
Wachsamkeitsabfall, -störungen (Monotonie) 79, 81
Wachsystem [retikuläre Formation...] **63, 81,** 130, 204
Wahrnehmung 81, 147
Wahrnehmungsaufgaben, -empfindlichkeit, -genauigkeit, -leistung 141, 146 f.
Wahrnehmungsstärke K von Schwingungen [K-Wert] 75 f., 185 f.
Wände (ArbStättV) 241
Wände (Reflexionsgrad) 190

Wärmeabgabe und Sitzpolsterung 104
Wärmebelastungen [belastende Klimabedingungen, Klimabelastungen, thermische Belastungen] **159–161**, 164 f.
Wärmebildung im Körper 157–165
Wärmeempfindungen 76, 156, 159
Wärmeentwicklung von Lampen 197
Wärmestrahlung 156, 163
Warnfarben [Ordnungs-, Sicherheitsfarben] **125 f.**
Warnzeichen hinter Glas (Blendung) 195
Waschgelegenheiten, -räume 43, 76, 240
Wasser (-rohre, Farbkennzeichnung) 126
Watt 14
WBGT-Index 165
Wechselschicht [Nachtarbeit, -schicht, Schichtarbeit, Spätschicht] 36, 43, 72, 132, 207, **209–215**
Weganfangs- und -endmarken bei Stellteilen 154
werdende, stillende Mütter (Arbeitsrecht) 239, 242
Werkzeuge im Greifraum 90
Werkzeughöhe bei Maschinenarbeit 99
Wettbewerbshaltung als Konfliktursache 226 f.
Wetter, -abhängigkeit, -fühligkeit 30, 34, **36–38**, 41, 44
Willensanstrengung, -einsatz 33, 201, 204
Willkürbewegungen, -motorik 62, 81
willkürliche Pausen 202
Windbewegung, -geschwindigkeit [Luftbewegung, -geschwindigkeit] 76, 156–158, 161
Winterurlaub 208
Wirbelsäule 84, 103, 135, 138
Wirkraum der Arme und Beine **83–94**
Wirkungsgradverfahren (Beleuchtungsplanung) **198 f.**
Wirtschaftlichkeit einer Beleuchtungsanlage 197

Wissensvermittlung 220
Wochenende 36, 207 f., 214 f.
Wochenendstreß 44
Wochenschwankungen 30, 33 f., **36**, 41
Wohlbefinden [Befinden] **21 f.**, 34, 37, 39, 41, 45, 74
Wohnbedingungen (Nachtarbeit) 211

Z

Zahnschäden durch Schadstoffe 167
Zangen 151
Zapfen der Netzhaut 76, **191**
Zeiger an Instrumenten 116, 123 f., 140–142, **145 f.**, 148, 154
Zeigerform 145 f.
Zeitdruck und Arbeitsmusik 130
Zeitstudium 68
zentraler Netzhautbereich [fovea centralis] 191
Zielerreichungsgrade 25
Zifferblatt 145 f.
Ziffern für Skalen **142–148**
Ziffernart, -formen 115, 142 f., 146
Zifferneinteilung 144
Zifferngröße, -höhe 142 f.
Ziffernsysteme 142 f.
Zuckerkranke [Diabetiker] und Nachtschicht 211
Zufriedenheit mit der Arbeit [Arbeitszufriedenheit, (Lebens-)Zufriedenheit] **21–24, 65 f.**, 71, 75, 222, 224 f., 228–230, 236
Zumutbarkeit einer Arbeit 21, **65 f.**, 74 f.
Zusammengehörigkeitsgefühl in einer Gruppe 227
Zusammensetzung einer Gruppe 41
Zuverlässigkeit [Reliabilität] 217
Zwangsgelder (Gewerbeaufsichtsamt) 243
Zweizeiger-Instrumente 140
zwischenmenschliche Kontakte 234
Zwischenproduktmontage (Arbeitsstrukturierung) 233
Zykluszeit (Arbeitsstrukturierung) 230 f.